U0081381

大連的花季少女

方亞先——著

兩岸人情
皆文章

序言　人情練達即文章

方亞先

二〇一一年三月二十五日我從廈門飛越半個中國到大連會見未曾謀面的女網友魏美花，經過這一次天南海北會大連，僅僅三日兩人一見鍾情互許終身。五月十二日我倆再度相會大連城，盤桓五日也見到她的姑娘王溫新兩次，十七歲的小姑娘初中剛畢業，就讀中專一年級的幼教科，五官精緻，小巧可愛，小名叫媛媛，給人留下美好的第一印象，剛好小我四十歲呢！

我回到南方後，小魏隨即要求我幫她輔導姑娘的做人做事及社會常識，她每天忙於工作精疲力盡，自己的學歷只有初中畢業，面對姑娘的提問再無能力回答，而且孩子的生活作息不良，精神狀態欠佳。我想輔導孩子家教或社會常識都不成問題，我有四個孩子，最小的三十歲了，小學階段我親力親為輔導他們讀書運動，講解做人做事的道理，學習成績在班上都是名列前茅。

因為相隔千山萬水遙遠，不能當面耳提面命或者面授機宜，只能採用函授學校作法，那就是隔空教育法，好在我有廈門號手機，在金門海邊能收到中國移動的信號，打電話或發短信都不成問題，在單位辦公室有電腦可以使用電子郵件交換意見，因此我便答應下來，願意勉力一試，效果如何？且看將來。

五月十七日媛媛從媽媽的手機看見我的短信後，給我發來信息說《你很仁義》－大大，您好，我媽給我看你發的那條信息了。覺得你特細心能留心發現小事，在相處的時間裡感覺你很仁義，不拘小節，而且健談。然後我給她回復了，從此魚雁往返不絕，直到二〇一五年三月八日告一個段落，四年之間來往的書信文字高達三十三萬多字。我對寫作略有心得，與口頭表達能力及溝通能力相較不遑多讓，言為心聲，文字也是言語的一種形式，而且其傳播力更長更久，寫作是三不朽當中的立言，所以說文章是濟世之本，也可以說人情練達皆文章。

雖然兩岸的政治制度與社會背景有所差異，但是人與人之間的交往基本不變，講究誠實做人，信用為本，來者是客，必然待之以禮。我生在金門長在金門，二〇〇六年起有幸踏上廈門，見識到什麼是地大物博、山川秀麗，深以身為中國人為榮。曾經遠赴東北佳木斯停留一周，與當地朋友同飲同食，一手拿大蔥一手拿大餅蘸著大醬吃得津津有味，朋友們說我是他們的兄弟。也曾飛往西北蘭州，和朋友吃完牛肉刀削麵，還有羊小排及肉夾饃，真是一方水土養一方人物，蘭州古名金城，想必是固若金湯，堅不可摧，正好跟金門的縣城金城鎮同名！

俗話說人情世故是做人的根本，做人的道理也是一通百通，不外同理心或將心比心，或者稱為換位思考，何況同樣是炎黃子孫，思考方向及行為準則都是一脈相承的。台灣海峽將大陸與台灣相隔三百公里，仍舊隔不斷中華民族的血脈相連，台灣分離四百年，最終仍與中國合。況且，金門位於九龍江口，跟一衣帶水的廈門僅僅相距十公里，兩地風土民情語言習俗自古相通，同文同種，同屬閩南文化，人們來往不絕，又同樣隸屬於福建省，如今往返便利形成一日生活圈。

雖然海峽兩岸分隔分治長達五十年，但是，在二〇〇一年廈門與金門開航小三通船班後，增進兩岸人員來往和相互了解，求同存異、互補互利雙贏。開通二十年，往來人員達到二千二百萬人次，近年來一年往返人數超過二百萬人次，提供兩岸人員的便利及互通。我在十六歲走出金門，踏上台灣，五十歲踏入廈門，胸懷中國。世紀疫情來襲之下，不得已暫時關閉航班將近三年，今年初經過有關人員努力之下，終於在二〇二三年一月七日開始有序復航，為兩岸返鄉過年旅客提供更方便的路徑，各自回家過一個快樂的春節。

2023/01/12

目錄

第一回　姑娘說我很仁義，我說妳聰明早慧

2011/05/17

2011/05/17－2015/03/08

媛媛說「大大，您好，我媽給我看你發的那條信息了。覺得你特細心能留心發現小事，在相處的時間裡感覺你很仁義，不拘小節，而且健談，可以和我媽互補。她就屬於不善表達，但是會為人處事。我也要不斷去完善自己，看見你對我的成長發育比較在意，我也很著急。但這個不是一朝一夕能改變的，我也要持之以恆堅持鍛鍊，補充營養，但願結果是理想的，感謝你對我的關注、細心。」

大大說「小姑娘，妳好，這次到大連與妳見面很愉快，妳不但聰明可愛，小舅媽王文芳／表舅張則杰媳婦說妳像韓國洋娃娃，有禮貌也有教養，討人喜歡。喔…妳對我的觀察及理解很到位，妳說妳媽個性過於內向及內斂，很有見地。一個人在成長過程中，

必須要養得好，沒病沒痛；也要教得好，聽話懂事；還要長得好，腦筋、臉蛋及身子骨均衡發展，這可是一輩子的事喲！長身體不外是飲食營養及運動習慣雙管齊下，方可見效，即使不長個子，也能長身子啊！建立正確的吃飯原則及運動習慣是妳的當務之急，妳一定能做到，加油！至於用錢不必擔心，妳媽會給妳最大程度的支持，再不然妳還可以告訴大大。」

媛媛說「大大，我收到您的信息，謝謝。剛才在上課沒來得及回信息，我知道您很細心，尤其是對我的身體健康。我會聽取您給我的建議，重要的是，您跟我媽媽在一起能幸福。」

大大說「瞧妳的小嘴兒真會說話，難不成妳嘴上也抹蜜了？妳說的真對呀，大大跟媽媽在一起能幸福，謝謝妳的祝願！」

媛媛說「大大的郵箱多少？以後可以在網上聊，電話打字不方便。」

大大說「美少女，我這邊的信號不佳，經常時有時無，通信要有耐心，我有郵箱歡迎妳來信喔！年輕人吃飯要吃到十分飽才能長身體，而四十歲以後的中年人及老年人只能七分飽，到處跑。妳說的沒錯，媽媽跟大大在一起能幸福還能快樂呢！妳也看到她最近改變很大，而且是好的是正面的改變。對不對？」

媛媛說「《想對您說的話》－大大，我在寫觀後感，我知道大大一直很關心我。媽媽現在狀況有點緊張，我也要體諒她，以後減少不必要的開銷，也不會給您帶來負擔，總之，我還要改進很多。

跟您接觸短短的時間裡，我從中學到一些人生的真諦，雖然有些還似懂非懂，但是您的為人處世值得我去學習。有一顆細膩的心，還有一雙善於捕捉生活中點滴的眼睛。媽媽總是跟我提起您，這更加驅使我想瞭解您，第一面看見您，第一感覺就是很仁義，很容易接觸，不會有所謂的代溝，言語也是風趣幽默。使我對您的印象很深刻，雖然只見過寥寥幾面，但是您的舉手投足很不凡。在我腦海不斷縈繞，這就是我對您淺淺的印象，我想還需要不斷的相處，相互瞭解。」

大大說「小姑娘，我今日早上醒來就在想著上周到大連的一段回憶很愉快，就寫下一首小詩做為紀念寄給妳媽，並把副本傳給妳，請妳欣賞一下《老頭愛丫頭二》——再度相會大連城，如魚得水盡歡顏，百般綢繆猶未盡，難分難捨淚雙垂。

2011/05/15

我這趟去大連之前就同妳媽說好，要陪妳去逛大街血拚一下，那一天與妳相約在勝利地下街購物廣場會面開展，不承想隨便吃過麻辣燙之後，地下街要打烊只好作罷，好

大連的花季少女
——兩岸人情皆文章

可惜！留待下一回我到大連，一定請妳當我的導購員，好好逛一逛。」

媛媛說「文采非凡呢！從詩句的字裡行間流露著您細膩的心思，很溫暖的感覺。以後時間會很充足的，這次您來的比較匆忙，主要還是和我媽多逛逛啊。今後您再來大連，我會負責做一名合格的嚮導啊！」

大大說「《媛媛聰明又早慧》－美少女，妳在第一封郵件《想對您說的話》中，把我說得太好了，太過於誇獎了。其實我很平凡平常，自然正常，我的最大缺點就是沒有什麼優點。只是我對於做人處世一直很有興趣，很關注；注重將心比心，以及換位思考，能夠體諒別人，也能體恤不如我的他人，如此而已。就像妳說的妳媽不善於表達，但是善於做人處事，那是一丁點也沒錯的。

其實還沒跟妳見面之前，通過妳媽對妳的敘述，我知道妳不但聰明可愛，而且心細懂事，能夠理解和諒解媽媽持家的辛苦及難處，比同齡的少男少女的心智要早熟三年五年。只可惜妳沒有得到完整和足夠的親情和關愛，不過，就這一部分，希望將來我能夠對妳有所幫助，如果妳有什麼疑問或需要的話，也可以跟我講的。我自己帶過四個孩子長大成人，雖然不夠聰明，但是在生活上及家教上卻能擁有寶貴的快樂童年，所以長大後都能生活與工作愉快、開心。

這一趟大連之行，能夠見到小姑娘與小舅媽非常高興，共進午餐十分輕鬆和諧，唯一美中不足的是沒有陪妳好好逛大街和血拼，下回到大連，肯定要優先安排這件事，請美少女負責擔任嚮導，咱們就此約定了。前天我有提到吃飯的三大作用，其一是吃飽，滿足腸胃，填飽肚子是最大的功用也是最基本的功用；其二是美食，滿足口腔或味蕾，要挑選可口合味的飯菜，經濟條件好的人常常會到處尋找美味；其三是營養，滿足身體，人體需要各式各樣的養份，才能將身體的功能發揮到最大最好的地步。

所以要均衡攝取營養，最忌諱的就是偏食，光吃那麼幾樣喜歡的飯菜而已，比如天天吃一客牛排，或是每餐吃肉卻不吃蔬菜，都是錯誤的飲食習慣。上個月我們聽老師講課談養生食療，他的總結一句話是『好吃的東西未必是好東西，難吃的東西未必是壞東西』，有營養的東西一定要吃。」

媛媛說「大大，您好，聽了您的話，我真的受益匪淺，有所收穫，我對您的印象逐漸加深，同時更敬佩您。我喜歡你的談吐大方、不俗，而且處事井井有條，尤其是對我的關注，我很感謝您。有時候被您的思維所牽引，還有時會被您的問題搞得思維停滯不前，我想還是我們的接觸過少，我是一個慢熱的人，跟人相處時都需要一段時間。但是我相信，我們會相處的很融洽。大大，有時在車上會嘈雜，而且我不太善於表達，就是靦腆型，一時不知道怎麼回應。希望您能理解，我還需要鍛鍊、需要您的指導啊。」

大大說「十七歲的年紀不大不小，是個花季少女，算得上是半個大人了，再過二年三年就是大人，可以自己管自己了。但是在這個階段難免會有些許躁動不安，或者是急著要成為大人，而忽略掉本身的職責所在。這種心情是可以理解的，但是實在不需要著急長大，反正一年一年過去自然都會長大，重要的是要長得好長得扎實，才不會長成一個膿包、長成一個空包彈呀！每個人在進入社會之前，或是進入職場之前，最重要的是先充實自己。不但要學會做事的知識，更要學會做人的常識，而且在社會中往往是做人比做事還重要呢！

我的談話要領與技巧，都是來自七年的寶貴歷練，對於溝通和協調的原則，都能清楚把握住，可見磨練的機會是非常可貴的。當然啦，我也是一個老頭子，今年五十七歲，大女兒三十六，大孫子十五了。

越是慢熱的小姑娘，將來積累的熱量就越是強大！早晨妳在公交車上那麼嘈雜確實不適合談話，今後我就不會在這個時候給妳電話。當然，妳是一棵好苗子，值得用心培育及灌溉，日後自然就會蓬勃盛開，多學習、多鍛鍊當然是不能夠缺少的。

我相信我們能夠相處融洽，互相關注，互相學習，一起成長，一起向上提升。」

媛媛說「《用知識武裝自己》－大大，您真的是善解人意，不光發現事情的表面，而且能更透徹的體會事情的根本所在。我知道您的意思，就是首先是外在，其次是做人的技巧；但是我不這麼認為，我覺得應該首先用知識去武裝自己，從內心深處散發出的魅力才會得到認同及肯定。再其次就是為人處世方面，應該放得開，談吐大方，掌握好與人溝通的技巧，才能得到社會的肯定。我會牢牢記住您對我的意見，我們還需要繼續交流，得到您更多的真傳。」

大大說「小姑娘，瞅妳把我誇得太好了，真叫我找不著北，回不去大連了！妳的看法在程序上雖然與我的看法有所不同，結果卻是相同，但是這並不存在誰對誰錯的問題，不同的起點卻是奔向相同的終點，這不就是殊途同歸嘛！

人群的地方，就是談話的地方，俗話說：好話一句三冬暖，壞話一句六月寒，可見得說話的技巧非常重要。我們要儘可能養成逢人但說好話的習慣，利己更利人呀！現代工商社會強調企業管理，其核心就在溝通與協調，說白了也就是說話與聽話的技術而已！話語術不能憑空得來，都是需要經過不斷的訓練。我們應該多多交流，互相切蹉互相關心。」

媛媛說「對的，我還要多向大大學習經驗，活到老、學到老啊！我會虛心接受您的教導，真的十分感謝您對我的照顧與體貼。我今天收到您寄來的中藥，媽媽說您是特地去廈門郵寄的，一定費了很多心思和體力。

您對待我的每一件事，我都看在眼裡，記在心裡，我會不斷的進步，不辜負您對我的希望。您對我的發育問題一直很關心，常常提起我的成長發育，需要如何改善，我也聽取您的建議。但願，我能夠像您所說的一樣，能夠變成德智體美勞，全面發展的人。也感謝您，在百忙之中與我探討一些人生的真諦，給我灌輸人生的哲理。」

大大說「昨晚妳第一次喝過轉大人的中藥湯，好像味道苦澀一點，但是妳要有正確的認識，一方面是良藥苦口利於身體，另方面是好吃的東西未必是好東西，難吃的東西未必是壞東西。所以妳要勇敢的把湯喝下去，期待有好的結果出現。我年輕的時候沒有吃過這種藥，而我孩子都有吃過，因此我小學畢業時一米三六公分，他們是一米五三公分。但我聽過相熟的老中醫談過這帖藥功效宏大，他最擅長的是婦科及兒科，這處方他開過無數次。

其實，妳只要有心改善及調整自己的體質，趁妳在少年時期進行最恰當了，我和妳媽會從旁提供建議和協助，應該會見到成效的。任何事只要認識清楚，值得去做便可放手大膽地去做就對了，切忌蹉跎時光，白白浪費時機，屆時空留遺恨。樹人如樹木，怕只怕先天不足，又加後天失調，再好的苗子也不能長成大樹啊！雖然我們相隔很遠，天各一方，但是拜今日電子科技的發展迅猛，天涯若比鄰，我們可以用電話、短信、網絡多元渠道保持通信和聯絡，十分便捷，可以隨時隨地溝通，無遠弗屆，立即交流。

妳現在要做的第一件事，就是量身高及體重，並且做成記錄，等到半年後或者一年後，再來加以比對及驗証。」

媛媛說「我不會用太多華麗的語言，去抒發對你的謝意，我都記在心裡。將來當我重新測量身高體重時，我一定會有一個大的突破，因為有您和媽媽做我的堅強後盾，功夫不負有心人，相信一定會有成效的。我現在能做的就是堅持鍛鍊，補充營養，藥雖苦，但裡面承載著您的一片真心，一份愛意濃濃的關懷，我會堅持喝中藥的。

等待著未來，我能夠有個好的發展，當然這一切，也絕對離不開您對我的無限教誨。我真的慢慢懂得了，人生就是一場漫長的旅行，每個人都是一名旅行者，在旅行的途中，會發生太多太多的事情，會受挫，會驕傲，會氣餒。但是這一切都靠自己去掌控，您現在就是我旅行途中的指明燈，指引我前進的方向，不會讓我迷失在漫漫的人生旅途。將來我有所發展了，第一個要報答的人就是您和媽媽。我相信我現在許下的諾言，能夠夢想成真。」

大大說「《寫文章會有文如其人的現象》」妳這信寫得很好呀！因為內容真誠、真實最可貴，才是文章當中的主角，詞藻的華麗只是用來裝飾外觀而已，可有可無，不過是文章的配角嘛。我們說寫作文章的目標是文情並茂，詞藻是文句，而內容才是實情，往往是內容更勝於詞藻的。

至於妳說對我的謝意，從妳在信中後段的敘述一再強調，我知道妳是很珍惜別人對妳的關懷及愛護，這是很好很難得也很可貴的情操，正是妳所以懂事受人喜歡的原因。

凡事只要妳自信可以成功，加上全力以赴去執行，假以時日必然會有成果。妳只要有決心邁向目標，定期喝下中藥，妳的身高和體重總會有改善，我和妳媽始終都會做為妳的後盾，這叫鐵三角，也可以說是三人同心，其利斷金。目前妳在校學習，我們只能從旁提供些許協助，等將來妳要踏入社會進入職場的時候，也能提供一些選擇的諮詢，取得有益的決定，避免浪費轉行的時間。

妳說的一點沒錯，人生路是一場漫長的旅行，也是一場馬拉松的賽跑，有些人贏在起跑點，有些人勝在中段，而有些人是輸在後段，不一而足，不能一概而論。但勝負是以終點來論定的，前段或中段的領先還是輸贏未定，俗話不是說：小時候胖不是胖嗎？沒錯，在旅途中或賽跑中會有太多的變數加進來，有成功有失敗，需要自己去判斷和選擇，也需要親人和朋友的幫助和輔導，更要堅持自己的理想及目標，將來妳就一定會有所發展，一定能夠夢想成真。今日身高一米五八釐米、體重八十一斤。」

媛媛說「您真的太客氣，我跟你比簡直就是小巫見大巫，我還差得遠呢！我的經驗欠缺很多，需要前輩幫我積累經驗。我現在的知識儲備還很淺，我只有通過學習，去為將來打下基礎。好比蓋一棟樓，沒有堅實的地基，上層就未必會穩定了。不能夠急於求成，要一步一個腳印，踏實的走下去，大大，你說對不對呢？

我現在要全心全意的專攻學習，將來的路途還很曲折，也很漫長。需要靠我的能力去掌握，依舊要感謝大大，您對我的殷勤希望，我會伴隨著您的祝福，越走越遠、越走越好的。」

大大說「《標點符號的運用很重要》－妳這封信寫得不如前天那一封。其實，這不是課堂上的作業必須趕時間交卷的，不必著急嘛，妳在寫完後可以輕輕鬆鬆看過一遍再發出去，有錯誤的加以修改，有疏漏的給予補正，當作自己在欣賞。將失誤減到零或者是降到最低，這樣的訓練及養成，一定會值得，終身受益的。

我看這信最大的缺失不是意思的表達不完整，而是標點符號的運用不恰當，並且因此造成意思的表達不夠精準。在現代白話文的寫作中，標點符號運用得宜的人不多，真的是很少！可是我卻能拿捏得宜，恰到好處，運用準確，可以說是我的強項。所以我將妳的來信，就標點符號重新定位一下給妳做為參考，妳看看是否有所不同？此外，我建議妳如果有興趣把標點符號弄通的話，不妨再把它找出來細細讀過掌握住。

妳說到小巫見大巫這個詞，倒是蠻生動、蠻活潑的，我們且來說這小和大之間的關係。妳對我有這種看法，正如我對別人也有這種看法，因為別人比我好、比我行嘛。

也就是說每個人都會有他不如別人的地方，這個很自然也很正常，好比年齡或地位，總會有人的年齡比我大，有人的地位比我高，能有這種體認才是謙卑的起始。會謙虛有禮貌是做人必不可少的，有禮貌並不是吃虧，甚至有時候還能得到便宜呢！因為我有禮貌，別人願意幫助我、願意照顧我，這樣子我豈不是落到好處了嗎？

經驗通常是來自本人的親身經歷，可是每個人的經歷畢竟非常有限，更多的是來自別人的寶貴經歷，因此，吸取別人的經驗才是一個聰明的做法。我們能夠認知本身的知識及常識有所不足，自然要虛心和認真的去學習去充實，才不會虛度光陰啊！一步一腳印的學習雖然不能速成，卻是最踏踏實實了。何況千里之行始於足下，只要妳踏出步伐總會有成功的一天，如果不跨出第一步，那不就像天橋的把式－光說不練嗎？

人生路不論是漫長的旅行，或是馬拉松的賽跑，都是很漫長也很曲折的。除了本身要堅定信念、立定志向以外，就是要勇敢而快樂的走出去，並且踏穩每一腳步，通過自己的努力和能力，並接受親人朋友的輔導及協助，自然會在一路上越走越遠、越走越好。」

媛媛說「謝謝大大您給我細心指教，我會認真改進的。『感恩的心』每當這首沁人心脾的歌曲響起，我都會情不自禁地想起身邊的人，家人、同學、老師。尤其是這幾天與您的接觸，我衷心的感謝您的諄諄教導，祝願您在今後的生活中能夠一帆風順，我們還需要繼續磨合，不斷吸取您的經驗。

今天是第二次喝中藥，藥雖苦，但是有您的一份關心，我會喝下去。」

大大說「《長身子更重於長個子》－妳真是招人喜歡！妳喝的藥是有我的關心、有妳媽的愛心、也有妳自己的用心啊！其實以妳的身高一米五八釐米，體重八十一斤而言，合理體重九十六斤，身高蠻正常，倒是體重偏輕顯得太瘦了！所以，妳當前的課題是長身子更重於長個子，妳說是不是呢？

妳在前一天的信中寫得很好，可是到第二天妳的回信就不如前一天了，為什麼呢？因為妳急躁、因為妳著急。所以我才勸妳寫完後再看一遍改正錯誤，將失誤減到最低，養成這樣的訓練及習慣，自己將會終身受益。」

媛媛說「《樣樣通，樣樣鬆》－謝謝大大對我提出的建議，我都虛心接受，我確實很急躁。做事總是三分鐘熱度，沒有腳踏實地的去做好。總是急於求成，而不去注重過程，像是在應付差事。樣樣通，樣樣鬆，這就是我。對一切新奇的事物都感興趣，但總是半途而廢，到最後，一無所獲。這是我最大的弱點，就是性子急，無論對待什麼，總是著急，想去馬上完成，不注重品質的好壞。總是急於求成，想馬上達到目的，好高騖遠，眼高手低。不能腳踏實地的走好每一步，將來不會有什麼成就的。

我要借助大大您的前車之鑒，吸取您犯下的教訓。我現在要適當去改變自己的個性，儘量放平心態，不再那麼急躁。腳踏實地，一步一個腳印邁向成功的大門。」

大大說「《媛媛寫的三好文章》－妳昨天的信還要比前天那封寫的更好喔！怎麼說呢？因為內容好、文字好、標點符號也好，真的是三好文章！第一內容好，妳對自己的個性充份了解是屬於三分鐘熱度的急躁，這種自知之明是相當難能可貴的；一般人的通病總是認識別人容易，認識自己困難，難得妳能認清自己。人有缺點是在所難免，重要的是能不能認識到？更重要的是能不能改進？只要妳能勇於認清、勇於改進，這種態度就是可取的、向上的，至於能改進多快、改進多大，就是儘量去做了！

第二文字好，信中沒有任何錯別字，就這一點我可以做一個建議，凡是沒有把握的字詞寧可捨棄不用，務求百分之百的正確用字。第三標點符號好，沒有錯用一處，雖然有一兩處可以用得更好一些。

妳說自己樣樣通，樣樣鬆是個缺點。但是依我的了解及社會現象而論，這只是個特徵倒不是缺點！因為任何人的聰明才智縱有不同或者差距很大，但是每個人的時間和精力都一樣，也都是有限的。沒有人能夠通曉天下各種各樣的知識或常識，所以只能就各種學識的寬度或深度去下功夫，寬度注重通才，樣樣懂一點，深度注種專才，精通某一樣。即使是通才最多也只會那麼一小部分而已，專才也是只會那麼一些程度而已。

現代社會分工越加精細，從前分三百六十行，現今恐怕有十倍百倍以上了，每個人進入哪一行謀生，殊難逆料。我認為出社會看機會，要發展看本事，就是說要進入社會參加工作，很多是看機會或碰運氣，參加工作後能不能出人頭地，就得看各人的本事，這包括做人和做事的本領，而且我個人的看法是認為做人比做事還重要。」

媛媛說「《不甘平凡》－謝謝大大您對我的獨到見解，我真的很榮幸。能夠得到您的認可，我很開心。

我像一棵小樹，需要您的不斷栽培才不會長歪，您會在第一時間給我指導改正，將來或許我不會有很大的成就，但是我想只要用心，任何小事都會不平凡。

您分析的很透徹，當今社會缺的是全能型人才，但我不肯定我是所謂的全能人手。我只是對新事物能一知半解，但懂得並不透徹，不會鑽研，沒有這股勁。如果我學會踏實做好每件事，那麼我一定不會是現在這個狀態，我會更出色。我不甘平凡，我要發揮自己的長處，完善自己的優點，改正缺點。我事做得不漂亮，但是我首先要學會做人，先做人，後做事，大大說的對。」

大大說「《小樹勤灌溉終會成大樹》－看到妳回信說很開心，我也高興，妳只要專心致志地做好每一件事，雖然小事也有不平凡的地方。先把事情做對了，加上精益求精，再把事情做好了，便是對自己的一種肯定，即能享受那種自我肯定的成就感。比如妳每天將所看到的好文章用心地讀上兩遍，細細品嚐含義、慢慢咀嚼文字和句法，掌握其中的精神及要領後，再予以寫作或者回復，假以時日妳必然會有所收穫的。

是呀！每棵大樹都是由小樹長成的，但是每棵小樹並不一定都會長成大樹的，因為小樹必須要經得起風吹雨打的考驗，仍然屹立不搖，才能卓然長大啊！小樹不能長歪了，更不能倒下去，所以我們要用愛心來培植灌溉，還要盡心加以扶直扶正，這樣子將來要不長成大樹也難啊！

當今社會的分工越加精細，需要各行各業的專才貢獻心力，然後就會需要通才，也就是某一類型的全能型人才來統攝及領導各種專才。所以，我們每個小市民或小老百姓必須具備的是生活的常識及謀生的知識或專業，妳說對嗎？

對新事物有興趣和了解的態度已經很可貴了，我看過很多人在中年四十歲或老年五十歲以後，心態改趨封閉，甚至是排斥，再也沒有學習的意願，殊不足取！如妳所說對各種學識的寬度要大於深度，這是個特徵倒不是缺點，妳能夠對新事物一知半解，已經很不錯了。今後妳可以試著對自己特別有興趣的事物或科目專注一兩樣去下功夫，可能會得到妳意想不到的另一番成果，進而讓妳更加出色。比如妳的語文基礎很好，不妨多看書、多讀書、多寫作、多練習，在社會上很多行業或地方都會使用到文章或報告的寫作，用處不少呢！要想不平凡就要痛下功夫，所以說要想出頭必先低頭，還要埋頭苦幹。

前幾天妳在信中引述感恩的心這首歌的歌詞確實很好，人能懷抱感恩的心，基本上就很可取了，即使眼前沒有能力做出回報也不要緊。做人最忌現實薄情以及過河拆橋，蓋因此種人殊無感恩之心，更別提什麼回報之心了！妳說的沒錯，這首歌的曲調非常溫馨感人、沁人心脾，詞曲均能洗滌人心不平之氣、煩躁之氣，引來一片清平之氣。文學、戲劇、歌曲感化人心的力量無與倫比，它雖然柔軟，但是穿透力和感染力卻是無遠弗屆的。

時常懷念週遭的家人和親人，關心他們的起居生活與身體健康，並且接受他們對自己的關懷及呵護，快樂的成長，順利的學習，小樹自然不會長歪了；等到小樹長成大樹後才有能力回饋心中的恩情，這是非常可貴的情懷與情操。雖然我們相隔千山萬水，距離那麼遙遠，由於科技文明如此發達，真是海內存知己，天涯若比鄰了，我們可以隨時隨地互通信息，互相交換意見，不必客套不必見外，真實真誠以對，一起向上一起成長啊！」

媛媛說「《做自己就好》－大大，您說的對，應該懷一顆感恩的心。積極樂觀的面對生活，不驕傲、不氣餒。能夠戰勝自己，那就是最棒的。不需要與任何人進行攀比，只做自己就好，這也許就是一九九〇年後的一個對生活的態度。並不是所說的我行我素，但是我們有自己的主見，不甘被束縛，想靠自己自由的去施展。

大大，我們可以天天在一起互相探討問題，這就是我的榮幸，我得到太多、太多媽媽沒給過我的特殊見解。

昨天真的不好意思，有些事情，一時疏忽了，沒有看全您給我發來的郵件。回復的也只是寥寥無幾的幾行字，真的很慚愧。我反復看了您給我發的郵件，仔細的品讀您字裡行間流露的哲理，也領略其中的人生道理。我要常常與您相互交流，您也會幫我解決疑問。我知道，有時我做事的態度很不對，我急躁，做事態度不認真，三分鐘的熱度，這個毛病真的太害人啦。我一定要學會穩，三思而後行，做事儘量達到精益求精。不斷謙虛謹慎的做人，會使我有很大改觀的。有時，總是強調我還小，不夠成熟。但是，我想不成熟不是理由，是沒有給自己定位，真正找到人生的方向。說長大，就是轉瞬即至，眨眼間會一下子成人，需要經歷更多的事。現在要為自己打下基礎，學會做人、處事。」

大大說「《養子不教誰之過》－妳的反應還真快哦！前天晚上我在電話中給妳提起想要跟妳談的三件事，一是表達完整的話語，二是時間管理的要旨，三是社會上的角色分工。不承想，妳在夜裡的信中已經寫到家裡的角色，真是舉一反三，挺聰明又伶俐的，果然不愧是棵好苗子。沒錯，社會是一個大的家庭，而家庭是一個小的社會，社會角色的分工如同家庭中的分工一般。妳從這個角色分工中也能體會出妳所處的家庭，以及現存的缺失，真是不簡單哦，叫大大不得不誇獎妳呢！

從標點符號裡句號。的功能是，表達一個意義完整的句子，使我很早就聯想到我們在談話中的要點，不也是在向對方表達一個完整的意義嗎？當我們要告訴對方一件事情，如果不是對方所熟悉或了解的事物，就必須要做適當的說明背景或者來龍去脈，才能讓對方明白接受。不能光是自說自話了一大堆，卻叫對方摸不著頭腦或理解錯誤了。

時間管理並不是把每天二十四小時變成三十或四十小時，而是把一天裡想要做的事情安排在這二十四小時裡。有時候事情太多了，我們跑來跑去消耗掉一多半的時間還是做不完，那該怎麼辦呢？唯有一個辦法，那就是要割捨。把沒有時間去做的事捨棄掉，不去做它，把時間及精力放在最重要和最緊急的事情上，務必要將它完成。把其次的、再其次的排在後面，把不重要的、不緊急的排在最後面，到時候有時間可以做可以不做，如果沒有時間就不用做了。

角色分工在我們從小到大都會看到也會碰到，我們只知其然卻不知其所以然。角色分工，是指社會上每一個角色都有人去扮演，至於這個角色需要如何扮演？社會對他有一定的要求和期望，能照這個要求和期望完成的人就是角色扮演成功，否則便是不成功。例如，做為一個老師，社會對他的要求是作育英才、教育學生讀書寫字和為人處事。作為一個單位的員工，是要求他盡心盡力在工作時間內在工作崗位上把工作完成好。作為一個單位的領導，和一般員工又自不同了。再如父親和母親，傳統上父親是一家之主要挑起全部的責任，母親是掌管一家人的生活起居以及吃穿。雖然現代社會分工主張男女平等平權，有些家庭情況並非如此，但是不可否認的，也都是從這一原型發展出來的，這叫萬變不離其宗！

我記得妳在那一天信中的結尾時，說起妳得到太多、太多媽媽沒教過妳的特殊見解。我就知道妳的成長過程中的缺憾在哪裡，但這並不是妳媽的過錯，因為她的角色扮演已經很好、很成功了，妳所缺少的是來自另一個角色扮演者不成功的原故。一個家庭中的雙親對子女的最大責任是養育和教育，其中通常是由母親擔任養育的角色，而父親是擔任教育的角色。在傳統上我們都會說養子不教父之過，這便是我們的社會價值觀。」

媛媛說「您的言語，讓我懂得不少。您說的對，家就像一個舞臺，家裡的成員扮演不同的角色。母親要扮演的就是打理我的日常生活，而父親應該教會我怎樣做人的道理。而我恰恰就是唯獨得到母親的愛，缺失一份來源於父親的愛。但是，大大您幫我填補了這份缺失，我要感謝您。」

大大說「《角色的替代》－妳從我在電話中跟妳提起角色分工的理論，便能運用到家庭像一個舞台中，真個是舉一反三的明証了。在家裡母親打理孩子的一切生活，父親教導孩子做人處世的道理，兩者的角色分工是一柔一剛，才能達到剛柔並濟的功效。在這種家庭長大的子女，對他的身心成長有極大的益處，能夠導正子女的人格和心理狀態正常化、社會化；所謂社會化，是指個人的行為能符合社會大眾的要求和期望，不會有出格的表現。相反地，如果家庭中缺了一位母親或者父親的角色，就形成了缺失或缺位，是不健全、不齊全的家庭，現在常稱為單親家庭。這樣對孩子的心理成長有極大的不利，即使另一個角色能夠一兼二職，也難期望他能勝任二個角色，因為二個角色的功能幾乎完全不同。單親家庭的孩子最容易出濫七八糟的狀況，因此單親家庭也常常是問題家庭。

單親家庭如果不能儘快補足缺位的角色時，比較好的一種補救做法是替代性，就是由家庭外另一個人來扮演替代角色，以彌補該角色的不足或缺位，這另一個人可以是親人或者友人。在實務上，此一替代角色的功能通常都比一兼二職的角色要理想及勝任。

妳的家庭環境是有得到完整的母愛，卻沒有獲得一丁點父愛，父親的角色幾乎就是禿子頭上的虱子－擺設而已，是不是呢？我曾經在信中提到只可惜妳沒有得到完整和足夠的親情和關愛，不過，就這一部分，希望將來我能夠對妳有所幫助，這一部分指的便是父愛。也就是像妳所講的由大大幫妳填補這份缺失，這對妳少年時期的人格成長有極正面的意義，而且，我已經開始在這麼做了，當然妳也感受得到。

《矯正急躁個性》－妳在信中分析自己的缺失，一是個性急躁，一是三分鐘熱度，所以要改變自己的個性，要放平心態。其實依我看，每個人或多或少都會有這兩種小毛病，只是程度還不到嚴重或者叫人痛心疾首的地步而已。妳分析過自己的缺失後，也深自期許自己能踏實的做好每件事情，將來會更出色，會有發展，妳也願意跟大大一起探討問題。在前天妳又重提自己的兩大缺點，一是個性急躁，二是凡事三分鐘熱度。

通常一般人了解別人容易，了解自己困難；而妳能如此了解自己的缺點實在是很難得，而且妳也有心要去改善。基於此點，我和妳媽都很願意幫妳改變或矯正，我相信只要妳有信心、有決心，妳就一定能做到、能做好，那將是妳自己終身受益！我的提議如下，而且就從今天做起，那就是妳把每天看到的好文章，好好的讀上兩三遍，細細品味文中的含義，掌握其精神和要領，然後就這文章做出回應，不論是回信或者讀後心得都可以。第一是寫作的時間儘量保持在三十分鐘以上，第二是寫作的篇幅至少維持在三百字以上，第三是寫完後檢查一遍，務期將錯別字減到零，標點符號正確運用。

妳知道我們寫毛筆字的用途除了把字寫得好看以外，另一個作用就是磨練性子，甚至是修身養性；今天我們也可以拿寫作來磨練妳的個性，矯正妳的急躁，我相信從這裡起步妳一定會有收穫的。我談了很多的人生哲理後，恐怕妳看完之後會不會消化不良？

所以，明天如果有時間我就講些比較有趣的事，比如早戀、早婚、早熟。」

媛媛說「《慢慢磨練自己》－謝謝大大，您能透徹瞭解我的個性，我很高興能得到您給我的見解以及建議，我會努力改造自己。我是能認識到自己的缺點，但是要想改不是件容易事，需要一點點循序漸進，才能從根處改善。我會嘗試著您所說的那樣，慢慢磨練自己，安靜的靜下心練練字，心境學會平和，對待任何事物都要不急不躁，也是鍛鍊自己的個性。

我能得到您的諸多建議和實例，我一定能夠改掉這些說大不大說小不小的缺失，它也可能會是我成功路上的絆腳石，不趕緊剷除，會帶來些麻煩。謝謝大大，天天在百忙之中抽出時間指導我，最近我們要考試了，有時會不上網，但是能夠得到大大的肯定我很高興。

反復揣摩您的諸多話語，真的受到很大的啟發，讓我重新給自己定位。我知道您的意思就是想讓我學會怎樣去完善自己，給我舉出很多例子，我都一一接受您的意見。

有時真的是自己積累的墨水不夠豐富，您的一句話，使我的思緒禁錮了，不知道怎麼樣下結論，有時想了好久，才細細體會到其中的道理，從根處抓住要點，一針見血指出我的缺陷。我真的很感激您，因為您可以說是我的一個朋友，又是一位無所不知的老師，教會我怎麼做人，我是擁有了雙倍的財富。」

大大說「《戀愛及初戀和早戀》－依我個人的看法與分法，十二歲以前或小學階段屬於兒童期，最聽老師的話和父母親的話；十三歲至十八歲或初中、高中階段屬於青少年期，最聽同學的話，十三至十五又稱為青春期前段，十六至十八又稱為青春期後段；十九歲以上稱為成人，不知妳是否同意？

戀愛，實在是一件美好的事情，是男女異性相吸相愛最迷人、最動人的一件事情，自青少年到老年遇上了，無不扣人心弦、刻骨銘心的。初戀，是指每一個人一生當中的第一次戀愛，雖然青澀的初戀所帶給人的痛苦及快樂並不大，但是它對於每個人所留下的印象深刻、影響深遠，卻是無與倫比的，所以說最難忘的是初戀情人。初戀成功能夠結成配偶的機率不大，很少超過百分之三十吧！早戀，是指初戀的時間太早了，在成年之前的青少年階段發生的初戀均屬於早戀。早戀是來得早，退得也早，能夠修成正果結成配偶的機率更少，很難超過百分之十吧！

按理說正常的戀愛，理想時期應該是在十九歲以後的成年，因為此時個人的身體及心智各方面方才發展完成，比較具有安定性或穩定性。但是，天下事不按牌理出牌的所在多有，更何況哪個少年不多情？哪個少女不懷春？我粗估有百分之八十的男女在青少年時期，或多或少會有早戀的事情，可見得那是無法阻擋的一種現象，因為感性往往會戰勝理性啊！

既然是擋不住的現象，那又何必禁絕它？何不順勢疏導它呢？甚至輔導它呢？所以，在初中及高中階段，躁動的青春確實應該加以引導上正確的交友之途，結交異性朋友也是一種社交禮儀。古代人說要發乎情止乎禮，現代人說要懂得保護自己、保護對方。如此說來，早戀也未必全是壞事啊！不管是女孩或男孩，在交往過程中的首要課題，就是要懂得保護女孩，千萬不能讓女孩在早戀的青少年時期懷孕，那樣將會很大程度的妨礙或影響女孩的一生及前途。為了確保不讓女孩懷孕，最安全的做法是千萬不要有性行為，不能跨越女孩的那一道最後防線，不是嗎？」

媛媛說「您說的這些是媽媽一直想跟我說，又不知道怎麼樣對我表達，我懂得您的意思，同時不免能找到我們這個時期普遍的影子，做事的方法，跟您說的十分吻合，我領略到您的意思。青春期由於身心的發展以及生理現象，早戀一詞，已經散佈在我們同齡人的周圍。

我一直保持中立，以家長的角度看就是不要早戀，會有影響，一切都是弊大於利，執意不支持早戀。在我們的角度看就是，早戀沒有什麼稀奇，是青春期這一階段的現象，只要把握一個度，心中有數，就沒有問題。

每一片花瓣都帶有我真摯的祝福，款款關懷、綿綿祝福、聲聲問候，拜托清風傳送，願鮮花與綠葉結伴，點綴您絢麗的人生，願您父親節快樂。需要大大的細心照料，還有那份充滿愛意的藥，我不會辜負您的一片心意，會慢慢改變的。」

大大說「謝謝妳對大大的關心與用心，我也會把妳關懷在心底，除了在人生道理上與妳探討外，更會在行動表現出來，就像我在《角色的替代》裡面所說的。剛才聽妳媽說妳最近吃飯的食欲很好，食量增加很多，真是可喜的現象，一切都往好的方面和預期的方向發展，真是皇天不負苦心人！只要這種情況繼續維持三、五個月後，到時候就能測量身高體重了！」

大大說「《結婚和適婚及早婚》—結婚，是男女異性相吸、相親相愛最美好的一件事情，更是男女雙方談戀愛最終的結果和理想，也是最完美的結局，所以說願天下有情人終成眷屬。戀愛是結婚的前奏，結婚是戀愛的歸宿，我記得有一句廣告詞說得極好『愛她就是要跟她結婚』。不過，結婚可不等於戀愛哦！因為，結婚所需要面對的課題還要超過戀愛，我認為，只要異性相吸就足夠做為談戀愛的條件了，但是要結婚還需要互相討論是否合適？結婚之後所要共同面對的種種問題是否能夠承受得起？雖然，適合

大連的花季少女

——兩岸人情皆文章

結婚的對象通通適合談戀愛，但是，適合戀愛的對象卻未必都能適合結婚，也就是說戀愛所要考慮的問題比較單純，而結婚所要考慮的問題比較複雜一些。

我發現，在台灣的戀愛與大陸的戀愛有很大的不同，由於社會制度及社會背景不同，在戀愛上兩地有著極明顯的差異。在台灣談戀愛沒有任何責任的，不但可以談情說愛，還可以同居生活，合意了可以走向結婚，不合意互相說再見，大家好聚好散。在大陸談戀愛大都是以結婚做為前提，只要確立兩人的戀愛關係，幾乎就是半婚姻狀態，要分手就非常困難了。

適婚，指的是適合結婚的年齡。在農業社會的適婚年齡普遍比較早，大部分是在二十歲前後，但是到了商業社會的現代，卻大都延遲到三十歲左右。到目前為止，我還沒有看過有關於結婚年齡的探討，只是從政府的統計數字和週遭家人及親人的結婚年齡作為比較，真是越來越晚婚，大齡青年比比皆是。其實，適婚年齡在每個社會或每個時代都不大一樣，但是所考慮的因素卻是大同小異，不外是身體成熟、心智成熟、社會能力等等。以身心成熟來論，二十歲是很恰當，而社會能力也就是養家活口的能力，恐怕要三十歲才恰當了。因此將這三種因素綜合起來加以折衷一下，依我看，二十五歲應該是最理想的適婚年齡，是不是呢？

早婚，所指的是在正常的適婚年齡之前結的婚，那當然就是說我了！我結婚那年二十一歲，距離生日尚差半年，是不是太早了一些？而且我結婚也不是由我的父母親給我決定，給我選擇對象的；完全是我自己決定的，當時要考慮結婚的對象總共有八位讓我挑選，我逐一看過之後挑的不是前半段，倒是後半段的對象。我不選好的，也不選壞的，與我的個性有密切關係，雖然是適當的對象，卻不是理想的對象，差只差在優生學及基因遺傳上，因為我後來發現孩子得自母親的遺傳遠大於得自父親的遺傳，而我家孩子的母親並不如父親出色或優秀，這是唯一的美中不足之處。」

媛媛說「《我選擇晚婚》－您所說的早婚之類的話讓我似懂非懂，覺得離我非常遙遠，但又像近在咫尺。畢竟每個人對自己的定義不同罷了，有些人渴望結婚所帶來的愉悅、幸福，但另一種人則追尋的是自由，沒有束縛感的生活。我則選擇後者，呵…呵…之前所謂的算命說過我在三十五歲以後結婚。

早婚因為兩個人年紀較輕，很多事情大了以後心理會發生變化，感情也不例外，有感情破裂的危險，有很多離異家庭就是因為結婚過早導致的。晚婚的好處就是因為年紀都已經成熟了，愛情觀、價值觀都已經很堅固，不容易改變，兩個人在一起比較穩定，不會像年輕那麼輕浮；而且兩個人一路走過來，有堅實的感情基礎，晚年會很幸福美滿。

早婚沒有什麼好處，至少我是這麼認同的，開明的婚戀觀，別過早或過度地依賴婚姻，把婚姻當成出路！要建立一個獨立自強、完善的人格，這樣才能贏得一個精彩有意義的人生！所以說，從現在開始我要為自己的將來做好準備，打好堅實的基礎。」

大大說「《成熟與早熟及早衰》－成熟，指的有生命的物體成長到足夠的時間或程度，能夠獨立自主或發揮最大的作用及功能。物體的生命週期，是由幼兒或萌芽成長到成熟，再由成熟成長到老化或退化。心理學宗師弗洛依德說人的生命有三種本能，生之本能、死之本能、性之本能。所謂本能，是不需經過學習，只需經過成長，時間到了便自然而然就會做的事情或本事，性和愛亦是如此，所以人類才會繁衍茂盛，六十多億的人口將要擠爆地球了！

人體的成熟可分成兩方面，一方面是身體，另方面是心智；身體的成熟表現在每個人的外表和器官，心智的成熟表現在談話做事和思維能力。雖然地球上有各色人種，黃皮膚、黑皮膚、白皮膚，但是在五官及外觀上，都能判別出年齡大小和成熟程度。

現今在東方與西方人種上，我們可以比較其成熟現象，那真是東西有別。尤其是以美國人為參考對象，中美人種在心智年齡方面不相上下，沒有什麼區別，但是在身體年齡方面，便存在著明顯的差異性，那便是美國人要比中國人早熟五年到十年，差異不可說不小！

早熟，在這裡是專指同樣的年齡表現在身體外觀上的提早成熟，以中美的差異可達五年至十年。我憑什麼如此說呢？好，我就舉一個實際的例子，三十年前美國有一位聞名全美的漂亮寶貝叫布魯克雪德絲，成名時才年僅十二歲，可她那種美麗動人，活脫脫是我們一個成年人的味道。再過三年，漂亮寶貝已經是個萬人迷，風靡美國人及外國人，尤其還是美國大兵的夢中情人，此時，她的成熟嫵媚，在中國人沒有二十五歲絕對沒有此種風韻，可她當時年齡才十五歲而已！這漂亮寶貝的姣好臉蛋和曼妙身材，也曾經使我深感上帝造人之不公平，真是獨厚西方人而薄於東方人了！

可是，隨後我就發現到美國人到中年以後那副德行，真是叫人不敢恭維，只見三、四十歲的美國男女，個個胖嘟嘟、肥嘓嘓的，胸圍和腰圍都是圓滾滾，活像是一粒球或汽油桶的好不嚇人，怎一個丑字來形容？至此，我方才相信上帝造人還是公平的，它給人早熟的同時，也給人早衰，因此我心頭的不平之氣也就消失於無形。

早衰，在此指同樣的年齡所表現在身體外觀上的提早老化、衰化的意思，以中美對比可能相差達五到十年！所以說西方人熟得早，但是衰得快；東方人熟得晚，可是衰得慢，兩下此消彼長之後，也大致扯平了！

不過，近年來自從西方的速食及高熱量飲食引進到中國來，年輕一代趨之若鶩，向西方速食文化傾斜。君不見滿大街的麥當勞和肯德基座無虛席，有些年輕人周周吃，天天吃，幾年下來也出現早熟的身體現象。其實，這種早熟的好處，會在往後伴隨著早衰的壞處，所以未必是福！吃西方速食只能淺嚐即止，也就是偶爾品嚐一下，每周吃一餐或每月吃一頓即可也。」

大大說「《社會新鮮人該知道的事情》－在上周二我就跟妳說寫了幾天的人生哲理，怕妳看完後會消化不良，改講一些比較有趣的話題如早戀、早婚、早熟，這三篇文章妳看過之後是否覺得有趣呢？依我看妳對早戀和早婚也有一些觀念和看法了，可見得妳很用心的，我們暫且不說對或錯的問題。但是，我知道每一個人對同一件事情，在不同的年齡會有不同的看法，甚至是恰恰相反的看法，這並不足為奇！只因年齡的不同、背景的不同、價值觀的不同，形成不同的看法，這勿寧說是正常的事。早戀、早婚、早熟這三篇倒是挺適合新鮮人用來認識社會的，值得介紹給青少年朋友讀一讀。

我也知道我是一個社會觀察家，而不是一個社會倫理家，平時留心觀察週遭的人事物變動，以及社會變動。社會倫理家是關注社會應該如何？社會觀察家是關注社會是如何？我更知道個人與社會的關連性，是個人要適應群體的社會，而不是社會來適應個人。有一種專門破壞社會秩序的人，最終落得政府要用公權力予以制裁，我們稱他是具有反社會人格。

二十年前最大的社會變化有三項事物，一是電腦，二是金融卡，三是手機。從前寫字不好的人在內心裡多少會有一絲自卑感，就像我一樣。直到看見在電腦上打字後打印出來的一律都是那麼漂亮的印刷體時，不由得眼睛為之一亮，趕緊加入學習電惱打字的行列。那時節在很多場合中的老師或領導演講時都會強調說，不會使用電腦打字便是現代文盲，我心想這樣子說法未免太誇張了吧？不承想十年過後不但應驗這句話，而且，有些人在工作崗位上由於不會電腦而遭到下崗的命運，方知此言一點不虛！

早年用錢的習慣，除了現金就是支票，後來使用金融卡，先是提款卡可以提領現金，後是信用卡可以先消費後付款，使用起來既方便又安全，真正進入塑膠貨幣的時代。手機的使用，更是無比便利，人走到哪裡手機跟到哪裡，好比跟屁蟲一般；使用的距離無遠弗屆，市內、國內、長途、國際全部是一機搞定。手機的數量，增加迅猛，不論大人或小孩幾乎是人手一機，不像傳統的座機或市內電話，都是一戶一部或者二部。而且由於通信祕密，即使一家人之間也不能完全知悉對方的通信內容。以上這三件事物深深改變了人們的生活型態，影響是非常深遠的。

十年前最大的社會變化，雖然還是電腦、金融卡、手機，但只是配角而已，主角換成是網絡了！不管是有線或無線，無論是網際網路或互聯網，透過網絡都能把每個人或每件事物迅速連結起來。以上這四件事物不但深深改變了人們的生活模式，並且擴大人們的生活空間及領域，影響更加深遠。

身為現代社會的新鮮人，除了要學習傳統上、書本上的常識與知識，也必須熟悉生活中四大事物的使用技巧，不知以為然否？」

媛媛說「《人生的意義》－您所說呈現出現實社會存在的一些要素，二十一世紀是個資訊時代，所以學好電腦也是一種技能。因為每個人的價值觀都不同，是指人們關於基本價值的立場、取向、態度等，根據每個人的人生追求和選擇都有關。世界觀是一個人對整個世界的根本看法，世界觀建立於一個人對自然、人生、社會和精神的科學的、系統的、豐富的認識基礎上，它還包括自然觀、社會觀、人生觀、價值觀。世界觀不僅僅是認識問題，而且還包括堅定的信念和積極的行動。例如，共產主義世界觀就不僅僅包括對共產主義的認識和知識，而且包括對共產主義的信念和為實現共產主義的奮鬥精神和積極地行動。

世界觀具有鮮明的階級性，不同的階級會有不同的世界觀：資產階級的世界觀就是要維護資本主義的剝削制度；無產階級的世界觀就是要推翻資產階級的剝削制度，建立更加公正、合理、平等的社會主義、共產主義制度。

資產階級世界觀所信奉的是唯心主義和形而上學的哲學；無產階級世界觀所信仰的是馬克思主義的辯證唯物主義和歷史唯物主義哲學。這兩種世界觀總是在不斷鬥爭，總是相互對立的。

作為一個人來說，世界觀又總是和他的理想、信念有機聯繫起來的，世界觀總是處於最高層次，對理想和信念起支配作用和導向作用；同時世界觀也是個性傾向性的最高層次，它是人的行為的最高調節器，制約著人的整個心理面貌，直接影響人的個性品質。可以講，世界觀決定一個人的價值觀和人生觀。價值觀是指人對客觀事物的需求所表現出來的評價，它包括對人的生存和生活意義即人生觀的看法，它是屬於個性傾向性的範疇。價值觀的含義很廣，包括從人生的基本價值取向到個人對具體事物的態度。人生觀被認為是對人生的意義和目的根本觀點。一個人的世界觀是否正確，將直接影響他的價值觀和人生觀。」

大大說「《資訊時代來臨》－妳昨天寫這篇《人生的意義》真是三好文章，其一是篇幅最長，其二是立論正確，其三是邏輯結構嚴謹。二十一世紀是電信加電腦再加上網絡而形成的資訊時代，二十年前我在課堂上聽老師講課的時候就說過：今後資訊時代來臨，誰掌握資訊誰就掌握權力，誰掌握資訊誰就掌握財富。以今日來看已經完全兌現，誠不我欺也！電信及網絡均由電信業者提供，個人必須具備的技能就在電腦使用上了。

至於每個人的價值觀不同，正如人之不同各如其面一樣。但是社會價值觀所指的是，一個社會當中多數人的共同價值觀，在這個社會中每個人都會有一些相同的價值觀。但是在不同的社會中，也會存在不同的價值觀，比如中國社會和美國社會的價值觀就不盡相同，這也就是形成不同國情的所在。

世界觀的層次的確最高，只是有很大部分是屬於哲學的範圍。講到哲學最後又常回到太極理論，太極生兩儀，一陰一陽，陰者柔陽者剛，相生相剋，既對立又合作，總是融為一體。

在那一篇《養子不教誰之過》我曾經提到一點點時間管理的概念。雖然時間管理並不是什麼不得了的大學問，但是它的重要性確實不容忽視，況且有句話不是說：雖小道亦有可觀焉！

如果我們不能善加支配時間的話，那就會看得到有些人整天手忙腳亂，忙得不可開交，就像無頭蒼蠅一般的疲於奔命，我們便曉得那個人不懂得時間管理。相反的，我們安排時間做事均能從容不迫，還能綽有餘裕，顯示擅長於時間管理了。

時間管理的核心，就是時間有限而事情無窮，所以要如何在有限時間內處理無窮事情，就必須有所講究。凡是最重要、最緊急的事情，第一優先處理；若是重要、緊急的事情，排在第二順位處理；都是不重要、不緊急的事情，排在第三順位處理；然後按照優先順位逐一處理，這樣子安排及執行，就能符合時間管理的要旨。至於那純聊天、純嘮嗑、純打屁的事情，等到閑著無聊的時候再去應付就得了。」

媛媛說「個人的智力水準、健康狀況、最佳用腦時間各有差異。家境、居住環境、條件各不相同，制定用時計畫要統籌考慮，因人而異。否則不但會加重負擔，也難以持久。而且現在我們正處在青春發育的高峰期，生理、心理上的發展給學生帶來很多新的問題和困擾，處在由不成熟邁向成熟的過渡階段。制定用時計畫一定要兼顧學習與娛樂，注意勞逸結合，遵循身心發展的規律。另外，制定用時計畫要機動、靈活、更加科學和切實可行。」

大大說「《早戀和早婚的認識》－我看妳對早戀和早婚的回應蠻廣氾的，也有自己的見解，顯示妳正在邁向成長的人生道路，真不錯。不像我在青少年時期的渾渾噩噩，雖然那時候的社會風氣保守，社會環境也閉塞，造就我們成為晚熟的人兒。妳的聰明和敏感，就從妳對早戀的回應中提到我所說的這些話一直是媽媽想跟妳說又不知道怎麼樣表達的話語中充分顯現出來，妳的敏銳細膩，不失為一個人精了。

妳可知道為什麼每到暑假結束後就是一波墮胎的高潮呢？那便是因為小青年情不自禁、意亂情迷之下，不能勇敢的拒絕好奇、嘗試及誘惑。結果一旦跨越那道防線之後，有了肉體關係的兩人便會一而再、再而三的發揮及體驗那種本能了！為人父母擔驚受怕的，最是不能看見這一幕啊！豈不知不怕一萬，就怕萬一啊！

早婚對年輕人來講總是一件遙遠的事而非切身之事，但是如果情勢翻轉，一旦發生懷孕的情況，多數人便會選擇早婚，將丑事變成喜事，這叫奉子成婚，不失為能解決難題的模式。結婚或不婚，對每個人來講都不必是選擇題，該結就結，不該結就不結；更不需要自己設定一個條件，要達到什麼年齡，或達到什麼成就，或達到什麼地位才要考慮結婚，這根本沒有必要。

結婚的要件，對自己的要求是身心成熟，或者二十歲以上，具備社會能力，也就是具有基本的經濟條件，方可加以考慮；對配偶的要求，那可是蘿蔔青菜各有所愛，環肥燕瘦各有所鍾了。擇偶首重投緣，須能相互欣賞，相互接受，相互包容最重要，至於外表容貌、文化程度、地位收入真的不須太重視，反而是人品及個性還要比財富權勢長遠。

早婚和晚婚互為優劣，如何選擇很難一概而論，還得看各人的實際狀況而定。不可否認，早婚確實比較不穩定，但如果是與父母親同住的話，多少能夠提高其穩定性。

比如我就是二十一歲早婚，首先我有固定的工作和穩定的收入，其次婚後與父母同住生活，大致安定。晚婚雖然相對穩定，但是選擇的機會也相對減少，尤其是女人一過三十就很被動了，何況江湖越老是膽子越小，年紀越大就越不敢結婚！

妳說別把婚姻當出路，實在是一句好話。我就親眼目睹過很多這種例子，有些女孩子的家庭貧窮或者破碎，小女孩在成長過程中就一直想要早早擺脫這種困境，可是因為自己沒有什麼一技之長或謀生能力，就把一切希望寄托在婚姻上，以為自己只要嫁得好，就可以從此過著幸福美滿的日子。找到一個差不多的對象就急急的把自己嫁出去，殊不知到了另一個家庭中才發現自己只不過是從一個坑跳進另一個坑中，叫她要如何幸福得起來？」

媛媛說「千招會不如一招熟，十個百分之十並不是百分之百，而是零。在這個現實的社會，真正實現個人價值，才是最體面、最有面子、最有尊嚴的事情。想知道需要學什麼，很多專業因為不具備專長的有效性，所以要找到正確的位置，合理規劃自己的未來。

社會生活環境日趨複雜，當今時代，是一個偉大變革的時代，社會環境複雜多變。社會發展在促進我國社會主義生產力發展和整個經濟社會發展的同時，也帶來一些腐朽、消極的東西，使我們的社會呈現出多種思想觀念並存的局面；就業方式以及人們生活方式日益多樣化；經濟全球化和網路資訊時代也促使人們不斷的進步，同時也帶來了腐朽的事物，這就要看我們如何去判斷和掌握了。」

大大說「妳說最體面、最有面子、最有尊嚴的事情，為真正實現個人價值，沒錯，確實如此，也叫自我實現。西方有位管理學大師馬斯洛，創立需要層級理論，認為每個人的需要分成五個層級，只有當低層級的需要滿足之後，才會想要滿足高層級的需要。需要層級的高低，依序為最低級生理的，安全的，尊嚴的，社交的，到最高級的自我實現的。

當今社會已經是進入到一個多元化的時代，顯現出社會現象是多麼複雜，有光明的一面，也有黑暗的一面，有進步也有墮落，有燦爛也有腐敗，端看我們如何選擇和如何掌握了。既然我們身為社會的一份子，對於社會的變遷，我們自然不能置身事外，更不能像鴕鳥一樣將頭埋在身軀裡對外界一概不聞不問。我們要隨時關注社會的發展，了解社會的脈動，明白社會價值觀的所在，隨時跟社會變遷保持一致，所作所為才能符合社會大眾的期望。不跟社會脫節，不能退居到社會的邊緣去，更不要站到社會潮流的對立面去。」

媛媛說「由於我的不足，又讓你費心，我知道勤能補拙，只要多多吸取您的意見，我一定會做的更好。

您說您像個老師，我認為您不單單是老師，更是我人生航行中的舵手，時刻指引我正確的方向，讓我少走彎路，尋找通向成功的方向。您把我分析的太透徹了，簡直比我自己還要瞭解我，字字都點到位了。的確我就是犯錯快認錯的也快，明明知道自己的不足，卻總是壓制不住情緒，事後才悔過不已。我想這也需要調整心態的，不能把所有情緒都毫無掩飾的表達出來，要事先考慮好，不能魯莽行事。」

大大說「《緩一緩》－瞧妳把我說成老師和舵手，真是太過獎了，究其實，我也只不過是先進或前輩而已！我的同學、同事或同輩當中，像我一般對人生或社會有些認識的人所在多有，也能侃侃而談其見解；但是能夠善用文字來表述的，十個裡面也就一、兩個罷了！我駕馭文字或語言的能力算是還可以，雖然我並非文學工作者，靠販賣文字維生者，只是在一個偶然的機會中涉足到寫作，才由青澀而趨於成熟，如此而已！倒是我觀察社會現象及生活原理，自小以來未曾間斷。

我很願意把我的所見所聞、所知所覺提出來與妳分享，或是作為參考，希望妳能吸取別人失敗和錯誤的經驗，避免重蹈覆轍，減少自己走彎路費時費力，儘早走上成功之路，多少能有一些幫助。

與妳的聰敏比較，我們四十年前的青少年就顯得木訥剛毅許多，木訥是沒有話說也說不出話來，剛毅是準備挨老師的板子和教訓，這跟時代不同、背景不同有關，也就各隨其便了。妳能體會出壓不住情緒的後悔，魯莽行事的結果又得自己出面收拾爛攤子的壞處而有意調整自己的心態，的確是難能可貴，是有益於自己的成熟和將來，真的很不錯！

妳想用理智克制衝動，不失為一個良策，不妨著手試試看成效如何？此外，我也提供妳另外一個參考方式，那就是先緩一緩，當妳面對任何事情、任何場合必須作出反應時的念頭動得再快，也不要立即開口或行動，也就是任何起心動念之時，不要立即採取表態或動作，先緩下一、兩分鐘，再決定要不要動口或動手，這樣子的模式可以考慮看看吧！」

媛媛說「您的社會經驗很多，學習您的社會處世方法並加以改善，因為畢竟時代不同了，社會在不斷進步，處世的方法也不同，總之是吃一塹，長一智。沒必要按長輩的老路走下去，但是要記住長輩的忠告。

大大說「妳說的沒錯，學習別人的方法及經驗，並且加以改正避免吃相同的虧，所謂前事不忘，後事之師。時代不同，價值觀有別，當然不應該再墨守成規，必須有所轉變，這叫與時俱進。吃一塹長一智，就好比是亡羊補牢時猶未晚。

我記得從小到大讀書以來，並沒有任何一位老師教過我怎麼用標點符號呢！好像書本的附錄還是補充教材哪裡有列出這種材料，課堂上也沒有講解過吧？沒關係，我們自己來解說一遍就是。

《忍耐、才華及個性》－我總覺得一個人的修養及品性的要素很多，一般共同要素一定少不了忍耐的功夫以及好個性、好脾氣，而一個人的成功要素肯定也少不了忍耐和好個性。忍耐，就是要能夠忍受、能夠等待。日常生活中我們需要忍耐的地方甚多，能忍者自己平安、自己心平氣和；不能忍者憤而挺身，落得自己受損吃虧。明乎此，豈可不忍、不慎乎？忍耐是一種人人必備的修持，忍一時之氣，免百日之憂；忍耐是一種等待而不是放棄，更不是屈服，等到時機成熟或適當，才會付諸行動。

我深深體會到有一句話說得非常有道理，那就是好才華不如好個性。起初，我乍聽之下頗不以為然，心想怎麼會是有才華反而不如沒有才華呢？才華，指一個人的學問能力。要擁有某一項才華是多麼不容易，怎會不如沒有才華的人呢？事實上，在社會上這種例子真是屢見不鮮！因為如果是同樣個性的人，有才華的人自然是比沒有才華的重要和受人歡迎；如果是同樣有才華的人，好個性的人自然要比壞個性重要和受人歡迎，以上這二項道理不說自明。

但是如果好個性沒有好才華的人，和有才華壞個性的人相比較，又是誰受歡迎呢？十之八九是好個性的人比有才華的人受歡迎！為什麼會這樣子呢？因為有才華的人大都有個性、有脾氣，做人處世不是那麼圓融、隨和，因此，一方面是別人會嫉妒他，另方面是他自己容易得罪別人。所以說不管妳能力再強、才華再好，如果做人不到位，做事就會事倍功半，大打折扣。雖然說不遭人嫉是庸材，但即使是人才也不必四處樹敵為宜！」

媛媛說「謝謝您細心的、一點點引導我，我會加以改正的。感謝您關注我的一點一滴，細心的關懷我，不斷叮囑我做人的道理，生活起居的細節，這些我都牢記在心，對您的謝意遠遠超出了文字的範疇。滴水之恩當湧泉相報，這句話說的正是您對我的恩，我目前還沒有能力去報答您，但是我一直銘記在心，我會為了目標去奮鬥，會讓你看到我用實際行動去回報您。」

大大說「妳說常懷感恩的心，就已經很不錯、很可取；至於說報答並不用放在心頭，我也只是希望妳的成長會更順利，妳的學習會更愉快，妳的人生會更美好，我便很開心了。如果將來妳有好的發展，妳有能力照顧家人和親人時，我相信妳一定會把媽媽排在第一位，那樣就足夠、就很好。」

媛媛說「下午考試，音樂加試過關了。德育，正常發揮，畢竟背了好久，還有好多沒考呢，大多都是需要背書，到了最後衝刺的階段，希望會在學期末畫上圓滿的句號。七月十號左右就放假了，聽媽媽說大大要來大連，上次時間太匆忙，沒跟你有太多的接觸，這次我可以做你的嚮導，一覽大連的風光。」

大大說「《安於現狀或不滿現狀》－我記得從少年讀書到青年參加工作以來，經常聽到老師、長輩、領導再三的提醒，要我們安於現狀，努力讀書專心工作，如此才能知足常樂矣。我總覺得這樣諄諄教誨，必然有他的堅強道理，自然是乖乖受教；可是當我發現自己所處的現狀有諸多不妥、不宜之處，我就會慢慢的懷疑是否應該繼續安於現狀呢？當現狀的不當之處越來越多、越來越明顯時，我逐漸不能接受它，此時，我便發現自己漸漸對現狀不滿意，甚至不能接受。

然後我就會想如果改變或調整現狀是不是會更好？是不是可以著手去實行呢？最後，我總在安於現狀或不滿現狀之間游移或徘徊。至於我們常常看到有人不滿現狀而張嘴罵人或破口大罵，那只是逞一時之氣或匹夫之勇，殊不足取，充其量只能說是潑婦罵街罷了！不滿現狀的人必須能充分明白現狀的缺點是什麼？合理及適當的現狀又該是什麼？要採用什麼手段或做法才能達到合宜的地步？這樣才是有建設性的建議。

不過，就我個人的看法，安於現狀是每一個人不得不接受的現實，而且一動不如一靜的安於現狀，無疑地，它所需的成本或付出的代價比較低。像我現在必須要繼續工作，不能輕易拋棄工作；像妳必須努力求學，為將來的順利求職作準備，妳說是嗎？但是社會的進步，其實都是來自不滿現狀的人作出的貢獻，就因為不滿現狀，所以有心人會積極作準備去尋求突破或改造，有志者事竟成，無志者一事無成，社會因此而改善而進步。安於現狀是消極中保持進取，不滿現狀卻是全心全意在積極中銳意進取。

不論是急躁或者是躁急都一樣，是指個性著急坐立不安，這幅景象跟從容不迫、優哉悠哉是截然不同，反差巨大。忍耐，是能夠忍受、能夠等待，而且是平心靜氣，不會浮躁、不會盲動。兩者之間也是互為短長，忍耐看似不溫不火，急躁形似風火雷電；但是人的個性可以忍耐可以平和，又可以怡情養性為宜，急躁常會急怒攻心，也會未傷人先傷己，真是何苦來哉！此間之利弊，顯而易見矣。」

媛媛說「您的言語逐漸灌輸到我的心中，我會認真思考，雖然沒能按部就班去完成，但是我會盡自己所能。一步一個腳印，腳踏實地去完成每一件事。原本急躁的性格明顯有所改變，知道如何去規劃自己的學習計畫，並且能夠井井有條的去完善自己。

大大說的對，安於現狀是每個人不得不接受的，但是如果不想安於現狀那麼就需要去不斷奮鬥，去改變目前的狀態，也讓自己有了前進的動力。」

大大說「我就是把自己所知道、所經歷過的人生經驗提出來與妳分享，也提供妳做為一個借鏡和參考。另外這種方式正好符合教育的要旨，叫循循善誘。我相信妳會在人生道路上越走越好，越來越有發展。現在妳能從我的文章中明白人生、明白事理，肯定會在無形之中樹立自己正確而有益的人生觀。至於能落實到生活中多少程度，那可就要看各人的用心了。

但是我們做任何事要立志宏大，目標高遠，如此才能取法乎上。也就是要立足點高，發展高，這總比目標低下或沒有目標的人生，要高出許多來。

安於現狀是現實，不滿現狀是理想；有了理想再化做改變現狀的動力，那麼即使想要不成功恐怕也很困難！」

媛媛說「成功與否，那就要看為之付出多少，有付出才會有回報，一分耕耘一分收穫嘛。現在年輕不能虛度光陰，不想安於現狀，就要靠勤勞與智慧去打造未來的一片天空。人生的道路並不會一帆風順，在追尋夢想的同時會遇到荊棘，都是在所難免的。但是不要輕易放棄，時間不等人，現在再不知道努力，虛度光陰，那就是大錯特錯。不要總是眼高手低，要接受現實，不斷奮進。」

大大說「《只問耕耘不問收穫》－成功與否？究其實半由人事，半由天定；人事的部分是藉由個人的努力，天定的部分便是運氣，說是時也、命也、運也。雖然運氣佔了很大的比例，但是個人沒有努力的話，成功卻是零，此所以前人會奉勸後人的總是要努力、要付出，並沒有錯。至於一分耕耘一分收穫，其重點在於先耕耘後收穫，而不在於一對一的比例；因為在現實生活中往往都是三分耕耘才能得到一分收穫，甚至是達到十分耕耘一分收穫。因此深諳社會實情的人還有另一種見解，就是只問耕耘，不問收穫；只問付出，不問回報。

年輕的時候，確實應該趁早充實自己，做好準備，不能成日光是幻想或夢想而已，妳的理解是正確的，也是很好的。我們常聽人說，人生不要留白，青春不要虛度，都是很有道理。」

媛媛說「您說的很確切，的確是這樣道理，有付出才會有回報，付出與收穫是成正比的，三分天註定，七分靠打拼。主要還是靠後天的不斷奮鬥，現在正是年輕的大好時光，也是奮鬥的好時期。留白的青春是可恥的，現在趁著大好的時光，不要虛度光陰，這些都明白了，下一步就是看如何去做。

最近沒上網，有一段時間沒跟您交流，但是考試已經結束，的確，功夫不負有心人，成績應該是還不錯。而且得到大大的鼓勵，時刻記住您所說的奮鬥二字，我一直激勵自己趁現在好好用功學習，為未來的夢想打下基礎，我現在所做的還不足以談未來，但是我想只要有毅力，就一定會實現的。」

大大說「《相處融洽相知相得》－台灣的閩南語歌曲『愛拼才會贏』雖然是流行歌曲／通俗歌曲，但歌詞都是鼓勵向上，三分天註定，七分靠打拼，說得直指人心，下次我們應該一塊去唱唱歌，自娛娛人。青春是可貴的，珍惜少年光陰，該唸書就唸書，該談戀愛就談戀愛，也不用害怕書唸不好或失戀，失敗為成功之母，下一次便會做得更好，等到了青年及成人後才不會徒然留下空白。但是也不要為情所困，更不要為情所傷，必須要快樂的成長，健康的成長，自立立人，先照顧好自己，行有餘力再來照顧家人及親人，由近而遠的推己及人。

妳媽有跟我談些妳的幼年、童年及少年成長的辛酸，對妳的付出及關愛不遺餘力，但是受限於現實環境一直力有未逮，不能給妳更好的環境與條件，又不能給妳完整的愛。也談到妳的聰明、機敏，最難得的是能夠體諒母親的用心及辛勞。妳是她生活中及生命中的支柱，即使再苦再累她都會盡力灌溉妳、栽培妳，希望讓妳過上好日子。

近年來妳已逐漸長成小大人，有時候也會反過來關懷她、體貼她，讓她倍感溫暖及窩心。

所以我跟她說妳們不但是母女關係，也是姐妹的情份呢！雖然她的皮膚白晰，但是臉色陰暗，看起來就是一幅不幸福、不快樂的寫照，等到她描述自己的婚姻及家庭後，果然便是如此！近來幾個月她的情緒受到很大鼓舞，不但有說有笑，而且眉開眼笑，氣色愉快，心情開朗許多。就像是尋找到第二春的氣息，一片燦爛和亮麗，迎接玫瑰人生的到來。

沒錯，我們相處融洽、相知相得是最重要、最美好的；但是有妳的理解、支持和接受也是非常重要的。所以我說妳很懂事，很受大大的歡迎，同樣地，我也會用心關注妳、幫助妳。

《交友之道》－妳說交朋友不能只看表面，時間會暴露出一切，確是一針見血。我們知道人是群居動物，人不能沒有朋友，但是也不能有壞朋友，更不能與壞朋友深交，要不然便會被出賣或傷害。古人說益友有三，損友亦有三，交友必須謹慎為之；所以在交朋友之初以淺交為宜，一旦發現對方是損友，便應及早踩煞車，到此為止，以免自己受到朋友的拖累或傷害。

而我看待社會問題了解，人的一生一定會結交不少朋友，有好的也有壞的，好的朋友自然適合深交，可以無所不談；壞的朋友可就不宜深交，必須有所防備。但是，壞的朋友也不要得罪他，以免招致他的反感及反擊，蓋所謂小人不能得罪矣！」

媛媛說「感謝您善解人意，媽媽看過您回的信息也很欣慰，她的心結也解開一大半。正因為有您的支持，媽媽為此得到一些滿足，有您這個踏實的避風港，讓她有依靠，心靈有歸宿。您很貼心，總會在小事上去包容和理解，同時又很用心，我很欣慰的是媽媽結識了您，讓她從此減輕些負擔，因為不需要將所有壓力都自己一個人扛，您會幫她一起分擔。

這件事就是例子，正因為有了磨難，才能看到是否能夠經得住考驗？雖然這只是個突如其來的小麻煩，但是您做的很到位，您做到了心胸寬廣，不斷開導安慰媽媽。您所做的跟我是不一樣的，您的一個體諒讓媽媽踏實許多，我真的很感激您。」

大大說「《體貼又關心媽媽》－妳真是有大人見識，也有大人的口吻，實在不簡單，又可愛又貼心又懂事，難怪媽媽對妳越來越放心，越來越贊賞，說女兒是媽媽貼心的小棉襖！是的，我很了解她的困擾來源，那又不是她的錯，誰無過去？只是對方不依不饒的打電話騷擾，分明就是一個無賴的行為嘛！一個人有了快樂，很喜歡跟朋友分享，有了煩惱，也希望與朋友分擔，並且獲得安慰。所以好的朋友正如一面鏡子，可以照見自己的不足和喜怒哀樂，但是壞的朋友卻如冤魂不散，形同鬼魅糾纏不休，往往是驅之不走揮之不去啊！

妳說的很好，雖然我和妳媽天南海北分隔兩地，但是我們真誠相待，有困難相互扶持，有煩惱相互協助，不會讓一個人獨自去扛。這件事雖然是個小麻煩，卻也是一個試金石，看看雙方的見解及反應，是否站在同一條陣線上？對事的理解和對人的諒解，正可以顯現出一個人修養的高低。從妳這兩天在信中關心媽媽的煩惱，以及對媽媽的維護，真是盡心盡力，用心良深，妳真的已經長大了，能夠己立立人，也能夠推己及人。

我覺得做人處事要能夠具備『老吾老以及人之老，幼吾幼以及人之幼』此種情懷；就是把朋友的父母當成自己的父母來尊敬，把朋友的孩子當成自己的孩子來愛護，那便是很不錯的修養，妳說是不是？」

媛媛說「又一次得到您的肯定，我很開心，我覺得並不是我的文筆好，而是我會將真心流露的話語，用筆寫下來，不需要任何修飾，因為這樣的篇幅才是最能感染人的。我想以我的水準去投稿還是有一些差距的，但是通過我不斷與您的交流，我的寫作能力一定會有很大的提高。那件不愉快的事，我看出了您面對問題的解決方法，不會急躁，會心平氣和的去交流。您有自己的主見，知道如何去把握，同時也讓媽媽得到您的理解，我想你做到了那一點，有快樂一起分享，有困難一起分擔。但是您做的更好，在媽媽心情低落時，您會用自己的方式去感染她，安慰她。是的，大大很有見解，我也理解您所說的道理。」

大大說「《上乘文章是文情並茂》－前次我們就曾經談過寫文章的上乘是文情並茂，文者指文筆、章句，情者指內容、情節，當然是要兩者並重，以收相得益彰之效，缺一不可。文筆猶如文章的骨骼，必須具備一定的骨架才能支撐起來，而內容好比文章的血肉，才能組成靈魂的面貌。假如光是文筆洗練，而內容乏善可陳，就會失之空洞和言之無物的缺陷；反之如果空有精彩的內容，卻無法運用熟練的文筆將它記述及發揮出來，也只能徒呼負負，所見和所寫之間便會出現極大的落差，文章的效果更是大打折扣！所以想要寫得好，就要通過眼睛的觀察，再經由大腦的解讀及分析，然後透過手和筆將之記錄出來，非但可以達到原樣重現的作用，還可以加入自己的評論及評價。

現如今妳能將自己的所感所知應用文字真實地重現出來，同時也能把自己真實的感情流露出來，這樣已經算是掌握寫作的核心及精髓了，而文筆的洗練也是可以逐步來培養及歷練的。至於投不投稿都不要緊，我覺得如果是為了投稿而寫作，那是大可不必；如果是有了相當的寫作數量以後才去投稿，反而比較輕鬆和愉快。

我對自己的寫作技巧，自認是不錯而已，但是就內容的涉及層面及呈現方面來講，應該算是比文筆還要好一些。而且，我還能以讀者的立場來看待自己的寫作，一方面是要能儘量表達完整和明白，另方面是要能增加趣味性和可讀性。」

媛媛說「得到您的建議，我又收穫了不少，您誇獎我的寫作水準，的確是您的寫作水準很高，我要向您不斷靠攏，您給我提出的寶貴建議我都聽取。您說的很對，寫作不單單是為了投稿，重要的是從中抒發自己的情感，通過文字來表現。」

大大說「《聊妳自個兒吧》－我記得是那晚第一次拜訪妳家，首次與妳見面，非常愉快；會面之前就已經知道妳很懂事、很有禮貌，見到之後果然如此。進到妳家坐下來一看，屋裡是麻雀雖小，五臟俱全，客廳兼飯廳、臥室、廚房、衛生間，一覽無遺。最重要的是室內窗明几淨，收拾得乾淨利索，井井有條，看得出屋子女主人的用心、細心，不愧是一個居家過日子的好幫手。所以看到妳媽把自己收拾得那麼乾淨清爽，一如她把自己的窩也整理得亮亮堂堂的，難怪當初朱阿姨說妳媽是一個特賢慧的女人，我還以為她是一個閑閑呆在家裡什麼都不會做的女人呢，原來並不是那個樣子！

妳倒了一杯水給我之後就躲進房間，害我沒有機會跟妳當面嘮嗑一會，好可惜哦！

第二天我們相約一起到飯店吃中飯，還跟小舅媽王文芳第一次碰面，妳媽要與妳約好上午十一點半會合，結果她卻誤說成是要妳十一點半從家裡出發，因此讓妳到得比預定時間晚，也比我們晚到。起初她還怪妳遲到，等妳說明白後她才醒悟到是她自己犯溝通了的錯誤，不能怪妳的。小舅媽直誇妳的模樣俊好像是韓國版的洋娃娃，超可愛的，我也認同她的看法及評價，卡哇依。吃過飯，妳趕著和同學相約去星海廣場玩，便提前離席；臨走之前，跟妳媽拿零花錢就二十元與五十元之間妳來我往的討價還價了好一會才敲定，看得小舅媽在一旁哈哈大笑不止，挺逗趣的。

到了晚上六點，我們又聯系上約好在勝利廣場地下街碰頭，準備有請妳來導購一番，不承想妳遲遲不能到來。等了好久才等到妳來領我們進地下街，草草吃過一些麻辣燙之後預備行動，只見地下街的商店已經紛紛在打烊，我們的購物血拼因此只得放棄，期待下回再來一圓美夢了。想不到那晚妳回家之後才說起妳的乘車卡給丟了，很可能是掉在地下街那家麻辣燙攤子上，因此次日早上，我和妳媽還專程重回那裡找尋和詢問店員，可惜都說沒有人看到或檢到乘車卡，害妳白白遭受不小的損失和不方便，真抱歉。

第三天下午妳媽上市場採買生鮮食材，大顯身手一展廚藝，要在家裡招待遠方的台灣同胞享受祖國的溫暖和美食。她交代我要在晚上七點正搭公交車去府上吃飯，所以我坐在賓館裡努力的殺時間，好不容易快到七點時，她才打電話問我到了沒有？小姑娘已經在終點站等了好久，我回說還沒有出門，怎麼到呢？我正準備出去坐公車啊！

原來她又把要我七點鐘到達誤說成是要我七點出發，起初她也怪我遲到，等我說明白後她才醒悟到是她自己又犯了溝通的錯誤，不能怪我的，正如前一天她跟妳說的時間情況一般無二！

她只好笑她自個兒了！我說明以後立刻衝出賓館，截住出租車就往妳家飛奔而去，十分鐘趕到，又勞妳來帶路。進家一瞅，哇塞！乖乖隆的咚，只見飯桌上豐盛的菜色擺滿滿，雞鴨魚肉、生猛海鮮，應有盡有，至少有十道菜。我先跟朱阿姨打過招呼，再和漂亮的女主人深深道謝，我說三克油，太隆重了，小生擔當不起耶！大家落坐後，我還以為有別人呢，女主人說全員到齊，總共四員，宣佈開動。有二道青菜，一道雞肉，蒸魚，鮑魚，大蝦，蜆子，香腸，現學現賣的涼拌雞爪，除了煎煮炒炸的菜以外，更難得的是還煲了一個羊肉湯。我知道北方的飲食習慣注重飯菜，鮮少做湯；而南方的吃食，是每飯有菜必有湯，真沒想到女主人還能整出這麼一道鮮美的煲湯來。

啊！我太幸福了、太有口福了！

次日我聽得妳媽提起在我尚未到家裡之前，朱阿姨曾經問過妳：『會不會怨恨朱阿姨，把妳媽介紹跟大大認識』？妳回說：『干嘛會怨恨？我還要感謝妳救了我媽，是妳將她從坑裡面拽出來呢』！我聽過妳回答的說話之後，不得不承認妳真是很懂事、很懂得妳媽的心事。為了妳自小就存在的恐懼感，她從來都不曾考慮過自個兒的幸福和快樂，為的就是要能給妳一個完整的家和完整的愛，這樣的堅持迄今為止也有十三年了，多麼不容易啊！因緣湊巧是來自朱姐與我相識四年，承蒙她看得起我，今年春天突然給我一個短信說要跟我介紹女朋友，就把電話號碼告訴我；自從與妳媽聯系上，我跟她講電話或發信息都很投機、很投緣，如此而來。

第四天早上妳打電話問妳媽說我要離開大連，想要買禮物送我，我告訴妳媽千萬別破費，大家見面開心、相處愉快最好；妳還說想要送我去機場，我也說那樣很浪費時間，有妳媽送我去就行了，期待下一次再會面時，大家更高興、更滿意就好。」

媛媛說「您讓我在各種網站查找您的名字，真的是得到意想不到的結果。『經過筆者分別與福建福安薛宋清、臺灣金門薛方先、新加坡薛永傳三人協商，發動四方聯合考查，終於恢復聯繫。金門方面派出五十八人的懇親團，回到福安廉村訪親拜祖』。

大大還真的是小有名氣呢。」

大大說「《網絡世界很驚奇》－就妳提到寫作水平的高低來論，其實妳是寫得挺好，想當年我在高中階段，都趕不上妳今天的水平呢！雖然當時我的語文課要比數理課的學習好一些，但作文卻是我的弱項，而寫字更是我的罩門，此所以今天我會這麼認真學習電腦打字，其故在此。因為我寫字又慢又難看，即使我對作文的構思再怎麼好，草稿再怎麼綱舉目張，但是要謄寫到考卷上，我就頭大了，就會吃了這個寫字又丑又慢的大虧了。而我寫字的缺點是在唸小學一年級時，因為痛恨老師而放棄寫書方造成的，所以從小沒有奠立正確及良好的寫字技巧，致使我在學習上一路吃癟啊！那個老師雖然去世很多年，我仍然記得他的大名，只是已經沒有恨意了！

我很清楚妳的腦筋和反應很好，妳的語文基礎很札實，確屬一棵好苗子，我很讚賞，很值得用心加以灌溉和栽培。雖然再過二年妳就要離開學校，踏入社會投進職場，但時猶未晚，仍然可以善加把握時光！在這二年內以及往後的歲月裡，做好準備打好堅實的基礎，對於妳一輩子都有正面的意義及作用，值得妳用心和努力。

雖然我們相隔甚遠，千山萬水阻隔，天南海北相距，但一點也不會妨礙我們之間的聯系和溝通，真是咫尺天涯，又是天涯若比鄰！除了我個人的經驗及見解論述之外，妳也可以就妳的處境及見識，提出妳的想法與看法，大家互相交流、交換意見。」

媛媛說「在短短的幾天打工裡，我體驗到錢是來之不易的，我也學到以前沒有經歷過的，有喜悅，同時也付出體力的勞動。讓我懂得了，將來的一切發展都是靠知識來做地基的。

最近都沒有上網，不會像以前整日面對電腦的顯示器無所事事，而是踏入社會去體驗前所未有的勞動，我想我會在今後的日子裡更加努力完善自己。感謝大大對我的關心、理解。大大什麼時候來大連啊？」

大大說「《體驗社會生活及現實生活》－我預訂在下月／八月二十號前後到大連，確定的日期必須等到跟票務公司定好機票才算數；本來打算在八月五號去的，預備停留十天，但是因故而改期。

是的，錢來之不易，除非是妳有一個富爸爸，要不然，掙錢可真是不容易！妳到飯店打工，付出體力和勞力，才更能體會身體是工作的本錢。所以說妳會明白人生的將來和發展，都是要靠知識和體力來作地基的，在積累知識的過程中，也必須同時鍛練健康的體魄。妳說對嗎？提早體驗現實的社會，未必不是一件好事；俗話說窮人的孩子早當家，他那種處境的困難其實比之暑期的打工更是有過之而無不及！妳原本的生活雖然並不富足，但是不用承擔家庭生活的一切開銷和責任，也可以無憂無慮的，因為一切都有父母打理妥當了，妳只要飯來張口，茶來伸手就得了，妳只要專心學習及聽話就行。一般來說，孩子應該交由別人來教訓和指導，這樣他的成長會比自己的父母教導來得快、來得有效，所以說是易子而教。

經過這次妳踏入社會親自體驗勞動，尤其是妳的身體目前還沒有發育完全、完整，妳還沒有能力勝任的情況下，妳會知道長身體對妳的重要性！等到妳的暑期打工結束後，重回到妳輕鬆愉快的校園生活時，妳便會更加珍惜妳原來舒適的生活環境了。因此妳才會說今後更加努力完善自己，讓自個兒將來有一個更好的起跑點或立足點，妳今朝的歷練確實很有價值、很有意義的。」

媛媛說「昨天您給我發送短信時，我沒能給您回復，我們的交流也逐漸減少，希望大大可以理解，等您來大連時，我們可以好好地交流一下。

您打算十九號來大連麼？這一次可以彌補上次沒完成的事，我們可以好好玩。」

第二回　擁有詩詞鑑賞力，做事不能與不為

2011/08/15

大大說「我這個禮拜五／十九號中午到大連，不知妳有沒有要我帶些什麼妳喜歡的東西嗎？要是有的話妳就告訴我，以便及早準備，不要客氣哦！為了出門以後清心，我正在趕寫這篇文章《薛氏一家親》大約五、六千字，目前已寫好六千字，打完五千字，再過一兩天就能完稿交稿了。」

媛媛說「大大您整理這段文章，費盡心思，我也用心看過了，但真是走馬觀花。您的心意我收到，我沒有什麼需要東西，您對我的關心我已經領略到了。」

大大說「要說《薛氏一家親》這種文章是要有相同背景的人，才會有興趣看，局外人很難靜下心來觀看門道。但是對我來講有一個對比，也是我個人的一項里程碑，緣起十二年前，我動筆寫的第一篇文章《薛氏祖墓之發掘與修建》，整整花了我三個月的時

大連的花季少女

——兩岸人情皆文章

間寫完二千五百字，再過半年後寫第二篇文章《珠山大樓還珠記》，花掉整整一個月時間寫出一千字，花費時間不可謂不長！現如今十二年之後，我寫《薛氏一家親》只花三天就寫了五千字，從這前後的數字對照起來，九十天與三天，二千五與五千，是不是相差了六十倍之鉅啊？所以我自己也挺欣慰、挺開心的！

這次暑期打工對妳來講意義重大，對妳的啟發，對妳的成長，都有很好的作用在，妳說是嗎？等打工結束後，妳也應該將身體及情緒好好放鬆一下，好好犒賞自己一下子，就陪大大逛街、購物、觀光及唱歌嗎？只要妳喜歡，有什麼不可以呢？」

媛媛說「你一定費盡心思，揮筆大作了這段記載，雖說看不太透徹，但是您的字字句句都透露著您對家族的重視以及尊敬，可是北方人就忽視了大家族的觀念。您也是個孝子吧？對家族盡心盡力。

您馬上就要來大連，這下子我的暑期工作結束了，也算度過一個充實的暑期。您來大連可以讓我的暑假生活畫上圓滿的句號，但願這次時間充裕，天空作美，我們可以一覽大連的秋季風光，把上次的遺憾都補回來。」

大大說「《老頭愛丫頭三》——再三相聚度蜜月，妳儂我儂情意濃；妳的名字叫大膽，敢把哥哥領回家。 2011/08/25 這趟大連度假十天十分快樂，只是佔用妳媽的時間，給妳造成生活上許多不方便，還請妳多多見諒才好！妳請客妳做東當然是好，但是由我買單也沒有什麼不好，妳不用在意的。」

媛媛說「大大能來我很開心，媽媽跟你在一起開心，我也很欣慰。」

大大說「轉發我的小女兒從美國來的回信說『哇！老爸，你變好帥哦！感覺你有比較瘦，而且精神氣色都很好，一定是常常運動的關係。大連感覺起來很都市化，比我想像中的熱鬧。你朋友很漂亮，看起來很溫柔，希望下一次可以介紹給我認識。剛好我月底要回台灣，看她有沒有喜歡美國什麼東西，我帶回來送給她呀』！」

媛媛說「從簡單的字裡行間體現出來，您女兒跟您一樣善解人意，同時也看出來你們父女的關係很融洽，她看到您幸福快樂，真摯的祝福你們。同時我看到您跟我媽相處的很和睦，我也打心底的開心，您跟我媽媽是很幸福，得到朋友和兒女的祝福，加上你們共同去經營，以後會很美好。」

大大說「《重游大連更加美好》－看過我女兒來信鑾窩心，其實我們的孩子原本都是很內向，不善於表達感情，只是小女兒嫁到美國去受到西方文化的影響，變得比較會表露感情的。數年前她從美國回來陪我住了一周，臨別要出門前她跟我說：『老爸，我回來一個禮拜很愉快，今天離開後不知何時再回家，臨走之前我有一個要求，不知道你能不能答應』？我說好啊，有什麼事妳就儘管跟我說好了，不用客氣。她說：『我要和老爸擁抱一下』。我一聽就笑了，說那很好啊，擁抱是一種很親切又很親熱的表示和禮節呀，我們父女倆就這樣第一次擁抱了一下子。

以前小女兒剛到台灣上大學的時候，我還擔心她能不能如期畢業呢？幸好她自己努力學習，從不好慢慢變好，還能順利畢業，我就覺得挺不錯的，其他三個孩子都是高中畢業而已。她承認自己的ＩＱ並不好，但是自認ＥＱ還不錯，所以她的生活及人生也過得很愜意就是了。只是她畢業之後到今天的工作及收入，反而遠遠不如她的兄弟及姐姐，但她依然生活非常愉快。

這一趟重游大連更加美好，一方面是與妳媽相處和諧幸福，另方面是與妳相處輕鬆愉快，我們仨都滿懷開心和喜悅。遲早會像小舅媽所說的，早日組成三口之家，妳說是嗎？我們不但有好的開始，而且一次比一次更協調、更融合，將來自然是越來越好囉！

聽妳媽說前天表姐的孩子剛滿百日喜慶，請親友吃飯，妳去參加遇上表姐的老婆婆一直誇讚妳一年來成長及變化不少，不但長成大人模樣，而且變得漂亮搶眼了。表姐則說妳的臉也長大了，還長得比她的臉大喔！其實表姐是開玩笑的說法，是一種比較誇張的形容法；可她老婆婆的稱讚卻是千真萬確的，妳長個子也長身子，確實瞞不過人民雪亮的眼睛！當然妳也可以去量一下身高、體重，究竟如何？

妳一年來長得好變得好，妳媽則是半年來過得好過得滋潤，家庭裡呈現出一種嶄新的氣象；我也替妳們高興，為妳們祝福，咱們仨一起迎接美好的明天，妳說好不好？」

媛媛說「我的一系列改變，都離不開您的關懷，堅持喝中藥、加強身體鍛鍊也有很大的改善，大家都看在眼裡，說明還是起了不少作用，這些功勞要歸功於大大。」

大大說「《媛媛的用心換來改變和改善》－我的願望是看到妳媽快樂生活，看見妳能快樂成長，如今兩項心願逐一實現，自己也感到非常開心，並祝願妳和媽媽的日子越過越好，越過越紅火。

其實妳的聰明和可愛一如妳媽，而且又本份又勤勞，當然應該過上好日子，目前只是因為某些原故，日子一時過得不如人意。但是過去的就讓它過去，展望未來再過二年，妳畢業之後參加工作，便會為自己和媽媽開啟新生活，充滿幸福及理想。況且，還有我的參與及加入，沒有理由不能迎接光明燦爛的明天。

妳只要好好長大，好好學習，家裡一定會因此興旺起來。妳的改變和改善，我們都能有目共睹，樂觀其成，除了要歸功於家人、親人的愛心及關心，也要歸功妳自己的一份用心。如此持續一年半載，妳就會是一個大姑娘、大美女了。

大連的花季少女

——兩岸人情皆文章

我對做人和修養的體認有一點是這樣的，要存好心、說好話、做好事。因為當一個人存了好心，他看待萬事萬物都是美好的、都是善良的；說出好話，別人聽了受用，自己也舒服，更何況千穿萬穿，馬屁不穿；做件好事，有益自己也好，有益別人更好，那豈不是皆大歡喜嗎！俗話說：吃虧就是佔便宜，原本用意常在勸人退一步海闊天空，其深層含意是說眼面前吃了虧，指不定在日後反而得到便宜；另一層含意是說在這一件事上面吃虧，說不定反而造成在別件事上面獲得好處或便宜。按邏輯來講這句話應該是：吃虧有時佔便宜。但千萬不能說成：吃虧等於佔便宜。」

媛媛說「中秋節快樂，不知道在廈門你們當地人過不過中秋節，但是在我們這裡是很重要的傳統節日，大家都準備好月餅，家人團聚在一起，共同賞月，其樂融融。你最近好麼？收到您的祝福很開心，同時也祝願您節日快樂、身體健康。」

大大說「廈門當地過中秋節可熱鬧了，叫做瘋中秋，是從農曆八月初一到三十整整一個月的熱鬧。地方上舉辦博中秋狀元活動，用擲六顆骰子比賽，先分很多區比出很多狀元，最後在中秋節當天比出一個總冠軍的狀元，那彩品可不得了，是一部小汽車呢！整個廈門都要瘋狂了！」

媛媛說「沒想到南方的中秋節這麼隆重，這樣一對比好像北方人略顯簡單，只是吃吃月餅感受下中秋的氣氛。」

大大說「《天天運動的習慣》－我寫的那兩篇《媛媛的用心換來改變和改善》、《吃虧有時佔便宜》，其實都很不錯，妳有沒有什麼看法要發表嗎？但是我的家鄉並非廈門，而是一水之隔相距十公里的金門。我從小過中秋節的活動跟妳相同，在吃過晚飯之後，一家子大小和老少，拿把小凳子、小桌子放在院子或門口空地上，大家圍坐一起賞月話桑麻，將月餅、柚子、汽水擺在小桌子，各人隨意取用，起碼會呆到十點過後才進屋入睡。觀賞月亮的禁忌是不能用手指頭指著月亮，那是大不敬，會遭到月亮婆婆降罪割傷耳朵的。

我有時候回顧一下自己的前半生，我很幸運的養成一個天天運動的習慣，不受時間也不受場地限制的運動，對於我的目前身體健康起到很大的作用。我很多同學、同事、同齡的朋友，在現今或多年前患病受罪的人還真不少，我很慶幸身體及精神都跟十年前、二十年前毫無改變、毫無病痛，不僅是活蹦亂跳，而且是生龍活虎一般。俗話說男人身體好不好，只有女人最知道，這可真是實話哦！下次見到妳，媛媛一定會更加漂亮和可愛，妳問我何時能相見？我想大約在冬季。」

媛媛說「好久沒有跟您交流，您女兒回來您一定很高興吧，難得團聚的機會當然要好好度過了。

北方的天氣逐漸變涼，出門時總有一絲絲寒意，今年的冬天來的算是比較早。希望您下次來的時候能夠依舊精神煥發，期待您能在冬季來大連。」

大大說「國慶節快樂！國恩家慶，薄海歡騰，四海之內的中國人，共同慶祝生日快樂。很久沒有交流，怕妳沒有時間。」

媛媛說「不知道您假期怎麼度過的？馬上就要上學了，這個假期還算充實，遺憾的是沒能跟媽媽一起回姥姥家，希望等到有機會能夠回去看看，您近來還好麼？很久沒有與您交流了。」

大大說「《媽媽凌晨回家跟妳說些什麼》－是啊，很久沒有和媛媛交流了，因為我發現妳這個學期從九月一號開學後的作息跟上個學期比較，顯得心不在焉的，好像放暑假的心還沒有收回來，在郵件的回復上不如上學期那般用心和認真，這樣妳的受益就有限、我的付出和思緒便會縮減。妳回頭瞅瞅，我跟妳說那兩篇《媛媛的用心換來改變和改善》、《吃虧有時佔便宜》，其實都很不錯，妳有沒有什麼看法要發表嗎？結果妳兩次都沒有回信，我甚至懷疑妳可能連看都沒有看吧？

小女兒在九月二十二號來家陪我住了四天，本來是很高興的，但是到後來聽她說起在美國的生活我可是又心酸、又難過。第三天晚上我倆聊天到夜裡十點肚子有點餓了，我能忍得住不吃東西，但是她把桌子上一塊吃剩一半的西式麵包拿起來要吃下，我勸阻她了，我說這個麵包是妳周四晚上從外面帶回來的，今天已經是第三天，不能吃，要不然會吃壞身體。她看了看麵包說雖然時間久一點，可是還沒有發霉，應該還可以吃。在美國她吃一條吐司麵包，常常要吃好幾天，直到發霉了才扔掉不吃的，我說那妳也是節儉得過頭，小心得了毛病喔！妳看我聽她這一講能不難過嗎？

我們沒有十一長假，還是照常上班和工作，所以沒有度假的打算，這邊的國慶日是十月十號，又稱雙十節，放假一天。我預訂元旦之前去看望妳們，所以說大約在冬季，到時候請妳看看我是否依然如此呢？

妳今天凌晨二點半給我寫郵件，那時候媽媽剛回家，妳在睡夢中醒來陪她談了一會話，她跟妳提起我，談了一些什麼？

早上我說妳本學期比較心不在焉，是依據妳的回信長度及內容而論的，我記得曾經給妳建議說每天練習寫作或回信至少在三百字以上，然後逐漸增加字數；內容是將所讀的書文或信件詳細讀過一遍或二遍以上，掌握其精華及要旨，再據以回答，並發揮自己的看法與見地，如此反復練習，必將能夠成長自己。

在放暑假之前，妳有幾篇回信在字數及內容上頗有可取之處，我都給妳指明出來，但是暑假之後，妳卻沒有一篇的字數能維持三百以上的，妳不是做不到，而是妳不想去做到，真的很可惜唷！要是妳的能力做不到，別人是無法勉強妳的，那叫不能。若是妳的能力做得到而不去做，別人只能替妳感到惋惜，那叫不為。一般評價他人，是以他的不為來評價，而非以他的不能來評價，蓋不能就根本不用去評價了。妳現如今的狀況是不為，而非不能也，妳說是不是啊？

妳再回頭瞅瞅，我寫的信件裡面有很多是動輒一、二千字，內容有理論，也有實例，通篇是平順或流暢的白話文，沒有詰屈聱牙的文字，沒有艱深難懂的原理，要閱讀或理解殊無困難之處，妳只要慢慢看過一遍或二遍，實在是很容易消化和吸收的，是不是啊？再說，我寫在前頭，好比是個引子，妳看在後頭再加以答復，好比是個回應，對妳來講，毫無困難吧？何況，我寫上八百、一千，妳只須回應三百，何難之有呢？

早上十一點半給妳發郵件，沒想到半小時後妳就回信，妳的反應真迅速，我還沒有看到。一直等我下午三點過後再給妳發完第二封郵件，才看見妳中午的回郵，原來今天妳還在放假呆在家中。

看完妳的回郵，我很開心也很高興，因為篇幅有四百多字，此其一；內容充分顯示出妳對我早上郵件的用心及了解程度，此其二。下午我寫的第二封郵件《不能與不為》中，對妳在本學期的回信缺失說得很明白，不承想，妳的回郵已經把這些缺點都消除掉，真是很好、很難得！我一直認為妳是一棵好苗子，值得加以細心灌溉及培植，也可以說是一塊好璞玉，適合給予精心雕琢。此所以我為什麼願意花很多時間給妳寫信和打字，就是希望能在妳的長成大樹或呈現美玉之前，為妳做一些培植及雕琢的功夫，俗話不是說，君子樂見成人之美嗎？

暑假過後的收心操，一般來講也就一周而已，沒想到妳卻拖了一個月，無怪乎妳是一個慢熱的人！那一天的二封信妳既然有看過，不妨再找個時間用心把感想寫出來，可以統整妳自己的思路。妳的急躁、三分鐘熱度、三心二意的毛病，妳自個兒充分了解，這是不簡單的起步，如果能夠加以控制或改進，那就更不容易了。雖然妳有決心改正，但是沒有信心完全改變，真是難為妳了，妳最應該借助的幫手就是媽媽，她對妳的一切瞭如指掌，可以做妳的明明白白鏡子。」

媛媛說「《三心二意的毛病》－應該是一個暑期的過渡，精神上變得慵懶，沒有太多積極性，但是現在逐漸已經調整過來了，還要按部就班的去完成每件事情，您發的郵件我有看過，心裡明白許多，也受益許多，當時可能沒回復您的郵件。這就是我三心二意的毛病，我會儘量克制自己，有條有理的做自己分內的事。

大大，您提起您的女兒，我都很陌生，有時聽媽媽提過一嘴，知道那個姐姐在美國定居，生活上可能會有些不如意，但那也只是暫時的難關，因為都年輕，往後的路是靠自己掌握，相信憑她的能力，會慢慢改變現狀，打拼出一片光明的未來。您一定很牽掛她，相隔在大洋彼岸，會很惦記的。您首先照顧好自己的身體，就是對女兒最大的心安。」

大大說「看看網絡世界的變化，《觀念平台－網路十年的轉變》妳同意嗎？」

媛媛說「隨著時間的推移，科技不斷進步，一些高科技產品已經家喻戶曉，普通人也可以嘗試新產品。約伯斯大家都眾所周知，也是蘋果電腦產品的領軍人物。將來的社會還會不斷變遷，一步步發展。

吃海參確實是對身體好處多多，但是要經常吃才有效果，通常用海參進補一天一個海參就行。無家族過敏史的人都可以食用海參，感冒發燒腹瀉期間停止食用海參，另外，小孩應酌情減量。」

大大說「寄上一份《斷食加蜂蜜減肥法》，請媛媛看，並轉給媽媽看。」

媛媛說「聽媽媽說月底她要去廈門為您慶祝生日，我也提前祝您生日快樂。但是沒有想好送您什麼生日禮物好，如果您有什麼需要的也可以告訴我。

我媽是巨蠍座。大大您是天蠍座的吧，看看下面這段天蠍座的性格分析，是否與您相符？天蠍座的男人是杯烈酒，他是無敵鐵金鋼，他帶有魔鬼般的魅力，他有一眼刺穿你的本領，他總能輕易掌握你的弱點，他的醋勁強烈，他有著足以將你熔化的熱情，性能力往往是激烈的，他對自己的孩子是個教育家。

看過大大發來的減肥方法，應該會很管用，但是眼下我是想增肥，將身高增加些，我想這個減肥方法要等到將來或許會利用上。」

大大說「謝謝美少女的好意及媽媽的美意，非常感謝用心和愛心。我是下個月初生日，沒想到妳們這麼關心，我的內心真的感到充滿溫暖，等我到大連時再請妳們吃個便飯，聊表心意。

按照妳說的星座分析法對天蠍座如我的性格說法，我仔細比對了一下還真準，至少有百分之九十的正確度！其中提到對孩子的教育理念及態度是真真切切，也提到對孩子的態度可以多點溫柔的父愛，非常中肯有理。」

第三回　五個月十帖中藥，體重竟增加九斤

2011/11/06

媛媛說「有一段時間沒有與您交流了，聽媽媽說您一直很關心我的身體狀況，真的要謝謝您，同時電話裡也收到您溫暖的叮嚀與祝福，我很高興，也會聽取您給我的建議，會努力去完善，不斷進步。」

大大說「寄上一份《同鄉聚會歡笑多》短文，請美少女參觀和閱讀。」

媛媛說「看到您記敘這次聚會生動有趣，大家都其樂融融相聚，一起談天說地，真的是很愜意的一件事情。您說您的耳垂很大，一輩子都順風順水，我其實也長了一副大耳垂，但願以後的日子不會遇到太多荊棘坎坷，平平淡淡度過就好。

您提起上學時代的往事，會留下什麼遺憾麼？沒有按照自己的意願考進軍校，而是受到家人的阻礙。您說的對，條條大道通羅馬，有很多種方式去完善自己的一生，您現

在也很成功啊。擁有良好的心態，健康的身體，美麗的心情，這就足矣。希望您依舊保持現在的良好心態，樂觀面對這世間百態，沒有太多憂愁，天天有個好心情就好。」

大大說「早上看過妳發來的郵件知道妳有一對大耳垂，我相信妳將來一定會比我們更好命，一生平安。剛剛聽妳媽說昨晚妳秤了體重達九十斤，我記得妳喝中藥前是八十一斤，比之五月末妳開始喝藥迄今只有五個多月的時間就能看見巨大效果，整整增加九斤之多！可喜可賀！當時預估要半年或一年才能見效，不承想提速了。」

媛媛說「我也很開心啊，最大的功勞是大大，還有媽媽給我的調理，謝謝大大。祝您生日快樂，青春永駐。

最近一直在糾結一件事，就是增加體重以後，不知道是應該克制自己的飲食還是繼續肆無忌憚的吃。天天把體重秤搬出來稱一遍重量，重量一直是四十五千克，接下來我應該合理的調整自己，增肥是成功了，但還是希望有個良好的體質。要是身高能像體重增加的這麼快就好了，那我一定不用再天天苦惱這個問題。

按照您提的建議，我天天都照做，每天都有些許改變。也會越來越好的，冬季是發胖的季節，飲食沒有節制，吃的也都是高熱量的食物，跟夏季不同的是冬季胃口很好，也不用顧慮身材會走樣，冬季在厚厚的衣服包裹下也顯不出來，所以身邊的人都變得胃口很好，自然而然我也變成其中一個。」

大大說「《糾結的心事》－看完妳的糾結心事，我倒覺得妳挺可愛的，妳關心的事恰恰是妳最在意的事了，那麼我們就可以好好聊一聊！

我認可的體重標準計算法仍然是早期的公式－標準體重為單一數據，二十歲以上成年男性是身高減一百，成年女性是身高減一百一十。其特色為簡單好算，清楚明白，理想體重為伸縮數據，即是標準體重的上下五或增減五。

成年之前，由於人體的骨骼和肌肉都在成長期間，身體的發展還沒有穩定下來，其體重的計算法雖然可以引用或參照成年人，但是其變化較大，參考性質會大一些，也就是其理想體重的伸縮範圍也可以稍稍放大一些。以妳為例，高一米五八，重四十五，標準為四十八，理想為四十至五十，妳瘦了三公斤，這樣還是很接近標準體重了。

五個月前妳的體重四十，將近瘦了五公斤，妳增加這五公斤，已經可以從美少女晉升到美女喔！

好了，我們再回到妳糾結的事來，首先是恭喜妳增重成功，而且這增肥來得快又來得多；其次，應該轉而克制飲食，不能再肆無忌憚的大吃大喝，原本是吃到十分飽和十二分飽，今後必須注意吃到九分飽就該停止。體重能增肥，身材自然也能增高，妳會說為什麼？我告訴妳講道理很簡單，因為妳年輕才十七歲，一切都是來得及，都能趕趟呀！增高主要在於骨骼的伸展，除了飲食要多喝一些大骨頭熬煮的湯之外，那就需要運動和活動撐開手腳及筋骨，散步、跑步、做體操、俯臥撐都行。

妳所講的夏天與冬天的飲食現象都是正確的，可見妳的社會觀察能力很強，我沒有看錯妳！夏天享瘦和冬天發胖也是很自然的現象，對付冬天的傭懶的確需要很堅強的意志力，意志力就是表現在冬天早晨的起床上，只要能戰勝戀床的話，妳便會成功。

我就是在冬天能夠照常準時起床，戰勝寒冬，而且起床後寧願忍受寒冷，我也不穿一件衣服便開始在室內做半小時的運動，做完運動我是全身熱烘烘的，洗過熱水澡之後，我有半個鐘頭都不用穿衣服，也不會感冒呢！身體好要靠天天練，男人身體好不好，只有女人最知道！迄今我的身體真的是很健康，雖然我不敢說是強壯，精神也是很飽滿的。」

媛媛說「聽了您一翻講解，我似乎恍然大悟，原來我的那些擔心都是沒有必要的，最關鍵的是養成良好的作息習慣，經常鍛練身體，提高免疫力。我自認為我的運動細胞還是很發達的，算是擅長短跑，仰臥起坐，我喜歡上體育課，今天課堂上還測試跳繩，二分鐘跳三百六十個成績算是優秀了，我還喜歡仰臥起坐，最多一口氣做五十多下。不過我還是缺乏鍛練，沒有養成積極的鍛練習慣。

您的身體素質一直都很不錯，還是跟您多年的習慣有關係，冬天竟然可以起床就進行鍛練，也是需要長久磨練出來的毅力才可以做到的，我還要多多向您靠攏。」

大大說「《媛媛變漂亮》－看過我昨天的說明後，妳就會明白妳的擔心確實沒有必要的，妳已經在改變，而且都是改善，妳的糾結和擔心就能夠一掃而空了。增肥出乎意料之外的順利，可能是妳壓根都不敢想像的事吧？但這卻是鐵錚錚的事實啊！只是由於吃飯的好胃口還存在，才會引起妳的擔憂，是要照常大吃海吃？還是要開始進行控制？其實按照標準體重和理想體重的數據，妳這時候的體重最棒，位在標準體重之下，真是太好也沒有了，當然不要讓它超越標準體重那一條線！那麼就應該適當控制飲食，以便進一步控制體重，每餐飯就以九分飽為宜。不像我們四十歲以上的中年人，五十歲以上的老年人三餐均以七分飽為限。

妳的運動細胞發達自然有利於妳的保養身體，更重要的是妳要能養成良好的作息及運動習慣的話，不但能增強體力，還能提高免疫力，那妳就會終身受益！運動習慣最好能天天不中斷，但是在現實上卻沒有人做得到，偶爾有一段期間實在沒有時間，或者沒有場地可以做運動，那只能暫時用做體操或活動筋骨的方式來替代。所以就時間的頻率來說，每周最好能運動七天，如果受限於時間的話，至少每周要運動五天以上。

運動習慣就像建造羅馬，羅馬不是一天造成的，需要經年累月持之有恆，才能達成預期的效果和長久的效果。我的身體素質真的是來自三十六年的運動習慣鍛鍊出來的，但是當初只是單純的運動理念而已，時到今日我可以說是一個活生生的見証了。

本月小舅媽來家，看見妳的第一眼就說：媛媛變漂亮了。妳想想看半年前我們和小舅媽同桌吃飯時她是怎麼說的？她說妳長得像韓國洋娃娃，挺可愛的。意思是說妳還沒長大，像洋娃娃，就是個小女孩。她說妳今天變漂亮，還說妳長開了，長好了，也就是說妳已經從小女孩變成大姑娘。我也是說妳從小美女變成一個美女，一點也不小了。所以妳當前不是有機會才去測量身高，而是要在一兩天內趕緊去量身高，以便確定身高是多少？後續又該如何安排生活作息及飲食習慣，要長個子需長骨骼，就要多補充鈣質的食物，最好的食物就是大骨頭熬煮出來的湯汁。妳說是不是呀？」

媛媛說「您說的句句在理，我真是受益匪淺。有了您的建議和支持，我相信我會越來越進步的，我現在能做到的就是養成良好的作息習慣。不熬夜，經常鍛鍊身體，提高免疫力。

這個問題現在已經解決，我也沒什麼好擔心，正常發育就好，保持良好的心態。」

大連的花季少女

——兩岸人情皆文章

大大說「理解萬歲，妳看完我在昨天及前天的說明後，就能撥開雲霧見到青天白日，由此可見妳的悟性真的很好！問題既然沒有疑惑了，妳大可以開開心心安排妳的生活作息，長此以往，妳一定會越來越美好，而且越來越漂亮，妳喜歡嗎？妳看媽媽本來就漂亮，但是經過改變之後，就變得更加漂亮，更加光采動人，妳說是不是啊？

妳能跨上這九十斤的體重，便是晉級為漂亮大姑娘，不須再做為裝可愛的小女孩，這個轉型是必要而重要的，可喜可賀！接下來妳就無憂無慮的正常生活和發育就行了，迎接妳的美好青春和美好人生吧！養成良好的作息規律，妳就會終身受益無窮，不熬夜、不通宵，飲食均衡，睡眠充足，運動適度，心情愉快，妳就會展現出更亮眼的一面，那叫青春無敵！」

媛媛說「《寒意漸濃》－北風捲地百草折，胡天八月即飛雪。忽如一夜春風來，千樹萬樹梨花開。散入珠簾濕羅幕，狐裘不暖錦衾薄。將軍角弓不得控，都護鐵衣冷難著。瀚海闌幹百丈冰，愁雲慘澹萬里凝。中軍置酒飲歸客，胡琴琵琶與羌笛。紛紛暮雪下轅門，風掣紅旗凍不翻。輪台東門送君去，去時雪滿天山路。山回路轉不見君，雪上空留馬行處。

這首詩詞將冬季描寫的淋漓盡致，北方的冬季是寒風瑟瑟，每天清晨太陽還沒出來，我就要從床上很困難的爬起來去上學，走出家門去公車站也是一段艱辛的道路。留戀春天的美好時光，但是大自然就是這樣輪回的，生活在北方就要去適應。

最近我一直在留意我的體重，不增不減一直保持在四十五千克，身高倒是有些許改變，以前在客廳的牆壁上做過記號，現在一測量還是長了二公分左右，很興奮啊。雖然改變的速度比較慢，但是身體逐漸發生變化我也很高興，還多虧大大一直以來給的諸多建議，有了很大起色。

您昨晚還在電話中提到，關於媽媽做出離婚這項選擇的事，其實我很隨，但並不是我漠不關心。而是我一直看在眼裡，媽媽這些年付出的艱辛，沒有堅強的後盾，一直以來都在單槍匹馬的戰鬥，用雙手為我打造好的生活，而我和爸爸總是一副衣來伸手，飯來張口的姿態，沒有回報過她。所以我尊重她的選擇，也會支持她。我沒有什麼太多顧慮，您不用在意我會有什麼想法。」

大大說「《北方的冬天景色》－妳昨天的郵件《寒意漸濃》寫得非常好！文章的篇幅長、內容好、還引述了一篇塞外風格的詩，體現了北方的冬天景色，這應該是唐詩吧？我倒是從來沒有讀過呢！

這邊的氣溫很怪異，比往年的冬天來得晚！妳看今天的氣溫白天二十五度攝氏，夜晚二十三度，明明是冬天的季節，卻偏偏是秋天的氣候，人們雖然是穿著冬裝，但大都心不甘情不願，像我也不穿外套，只穿一件長袖襯衫得了！我想聖誕節和平安夜正是我們聚首的日子，妳有什麼節目安排嗎？

妳的信也寫得淋漓盡致，將妳的學生生活和心路歷程描繪得栩栩如生、活潑動人，勾起我的學子生涯，正如青青子衿，悠悠我心。年輕人總是戀床、戀睡眠的，每日裡沒有睡飽是不肯下床的；冬天戀的是早晨，離不開溫暖的被窩，夏天戀的是中午，那眼皮子一直往下掉，但最終還是要打起精神來幹活、唸書等等，妳說是嗎？

我上小學六年的活是幹啥呢？早上要去上學前，比別人早一兩個小時挽著一個竹籃子裝滿家裡自己炸的油條－北方叫大果子，到鄰近四個村莊去吆喝叫賣，不管有沒有賣完，時間一到再提著籃子到學校上課，背書就是在路上背熟的。到下午放學帶籃子回家結帳，交出貨款後，再背另一種籃子出外耙草或撿拾柴草，完工後才能回家吃飯。早起叫賣油條在冬天是最辛苦，也是最痛苦，但是別無選擇，更不能推辭啊，我就是這樣度過童年的！

妳的體重穩穩定在四十五公斤，不會是假的吧！增肥九斤成功，可喜可賀，而且身高也增加二公分，妳樂了吧，妳興奮吧，好生享受妳的成果。這五個月的變化，恐怕妳連想都不敢想像，會來得又快又有效，但卻是鐵錚錚的事實，不用懷疑哦！

自從和妳媽相識相愛以來，我們一直都很在意妳的反應，避免給妳帶來困擾和為難。幸運地，妳的態度和反應給我們很大的鼓舞，沒有讓我們遭受到任何妨礙，因此我們已立立人，也在思索妳的處境和身體方面的現象，提供妳適當和有益的建議，妳能採信及實行，也能立竿見影獲得效果，妳看是不是一舉多得呢？以後我們還是可以多多交流和交換意見，那不是利己利人嗎？

妳會尊重和支持媽媽的選擇及決定，她便沒有顧慮，可以放心地尋求第二春，以及追求自己的幸福，因為青春有限又寶貴，實在不應該再磋跎和白白浪費掉。如此一來，我沒有後顧之憂，也方便為將來做規劃及安排，就像小舅媽說的早日組成三口之家。」

媛媛說「《字字傳溫暖》－『很隨』說明我沒有太多意見。算是身邊交流時常常出現的用詞，或許是我沒有表達的太明確，很隨，其中也有很多種意思，但我就有一條，那就是強烈支持媽媽的選擇。

聽媽媽說您十二月十號左右會來大連，這個時間氣溫還算合適，您也選擇一個恰當的時節，這次您來大連，一定要充分領略下北方人冬季的過法，肯定與您在南方有很大的差異。

您回復的郵件生動有趣，敘述小時候上學生涯的事情，跟我現在對比起來，我這實在不算什麼。如果我不去克服，久而久之會養成一種懶惰的習慣，冬天是一個需要多動的季節，吃的多，運動量也需要同步進行運作，這樣才會提高免疫力，不會時常感冒，我會利用這個冬季，把以前沒有嘗試過的都體驗一回。

下次您來大連會是耶誕節？那這太巧了，可以在這個特殊的節日一起相聚，想想也是一件很愜意的事情，那麼就等到大大來的時候我們再具體商定，也很期待啊！時間過得飛快，馬上就要告別兔年，迎來龍年，今天在商場就充分感受到節日的氣氛，門口張燈掛彩，五彩繽紛的彩燈，在冬季夜晚的映襯下顯得阿娜多姿，十分好看，路旁的大樹也只剩下枝幹光禿禿的屹立在道路兩側。

我的體質強健許多，這足以證明大大這個後勤工作做得很到位，更少不了媽媽對我的精心培育。天天下班回家就鑽進廚房，每天想方設法為我做喜歡吃的，我總是理所應當的接受，但是現在我很理解媽媽，我會主動幫助她打打下手，而且我學會包餃子，媽媽說過我有做飯的天賦，當然只要我不懶還是可以向她學習的，將來您有機會也能嘗試下我的手藝，水準不敢保證，但是我有信心能夠練成這項本領。」

大大說「《取法乎上》－昨日我看妳的郵件標題《寒意漸濃》，可能就是這首詩的標題吧？妳說是嗎？對於很隨原來是一種當地的口語或俚語，就像妳媽所講的是土話。很隨說明了妳沒有太多意見，但是只有一條，那就是強烈支持媽媽的選擇。

回到主題－取法乎上這個詞，我記得以前曾經約略提起過吧！不曉得妳有沒有印象？取法的意思是效法，或者學習；乎上的意義乃是設定目標要高，或者要遠。也就是說我們人生在世立定志向要高遠，不要太淺短、太容易達成；人生目標要遠大、要長久；要有高度，也要有難度，或者說是要有挑戰性。

再說我們的背景不同，年齡不同，歷練不同，所以我們之間存在差異那是再自然不過的事。唯其不同，更有互相學習，互相成長的機會，這也是互補的作用。只是因為我的年紀大，所以有些人生歷練或經驗走在妳前面，也因為年紀老，所以讀過的書比較多一些，恰恰寫作的面向或數量多一些，如此而已。

在我們互相交流的過程中，其實還有互相發揚，教學相長的作用！妳千萬不要有詞窮或者沒詞的想法，妳就妳所了解的、妳的想法訴諸於筆下，自然會一天有一天的功用，為學或寫作之道，當然是離不開多讀多寫。何況妳已經有很好、很札實的寫作基礎，在同輩或同齡中只比人強、不比人差，要不怎會是語文課代表呢？

我們知道人體攝取營養必須豐富，同樣地還必須多元攝取，所以說要注意營養的均衡。同理在學習上也須顧及均衡，必須多元學習，不是單單對著教科書讀透讀爛，卻放棄課外讀物的吸收。在大多數的情況下，開券有益還是很有道理和價值的。」

媛媛說「那封郵件的名字與那首詩無關，詩的名字叫做《白雪歌送武判官歸京》唐／岑參，主要敘述戰爭年代戰士們在惡劣的冰天雪地下戰鬥，發揚中國人民的優良傳統。

大大您說的很有道理，敘述一件事之前，要條理清晰，這樣會使聽的人能夠明白意思，同時也能將事情概括的清楚，我還要多加改進，並多多向大大討教。」

大大說「《我要偷著樂了》－妳講我說的有道理，還要向我討教，真要叫我忘了我是誰啊？其實做人要多說好話，到處受歡迎，何苦張口專出烏鴉呢？

但是在敘述某一件事之前，要能做到條理清晰，聽者能充分明白，說者也能達到表露的作用，這才是溝通的目的及要旨。敘述的渠道不外語言及文字，也就是說話及寫作，語言的表達更需要反應迅速，文字的表達則需要周延完整，兩者都必須掌握條理清晰的要領，妳說的很對。即使來不及在敘述前做好條理程序，也可以在敘述中補充或自已更正此一條理，這樣能使接受者容易接受和明白，達到所要溝通的效果。像我自己在談話或寫作中，常會站在對方或讀者的立場思考，有不明白的地方，主動加以說明或介紹其背景資料，方便其接受。也會站在對方的角度，適當加入一些她所喜歡的內容，如此一來可以增加可讀性，以及趣味性，才不會顯得枯燥和乏味。

我看妳大前天的那篇《寒意漸濃》非常好，文章的篇幅長、內容好、還引述了一首唐詩。但是我再看一遍妳前天的這篇《字字傳溫暖》寫的內容更好、篇幅更長，只是昨日忘了給妳肯定，因此妳昨日的郵件就蔫了，妳好不現實哦！我昨日的回信是看完《字字傳溫暖》當時就已經構思到《取法乎上》的內容來了，主要在於闡釋立志要高遠和口語化的遣詞用字，所以沒有詳細閱讀妳的佳作，不承想，妳就洩氣了，這都要賴我，好嗎？如果妳能夠經常維持前天的寫作水平那將是很可取、很可觀的，下次我請妳吃熏肉大餅。

我預訂十二月十五號到大連，二十四號回程，今天正在聯系機票的日期與時間，還沒有確定。我往常有兩次獨自在元旦之前到大連跨年迎接新年的曙光，主題是要親眼觀看下雪，卻都徒勞無功，乘興而去敗興而歸，反倒是在今年三月中旬如願以償在大連街上瞧見雪花飄飄灑灑的景色，因此我想今年好運也該輪到我了吧！

回顧我的生平可以說大都是平凡、平淡、平常，自然正常，只是我在敘述的時候能夠加以生動和活化，使得聽的人和看的人覺得我的生活又豐富又有趣，如此而已。這就曾經讓我的一位年長領導／長官，在一次公開的場合中聲聲稱呼我叫薛兄，其實他年長我二十多歲，直誇我的文章寫作好，有妙筆生花之力哦！妳拿我作對比並沒有什麼不好，如果妳能因此取法乎上，妳就會有很大的進步和成長空間啊！而且妳也無須小看自己，只要功夫下得深，鐵杵磨成綉花針，將來妳也會跟我一樣，還會超過我呢。

說句心裡話，在我唸高中像妳這般年紀的時候，我的作文並不比妳好。我只是喜歡讀書、看書，寫作不擅長、也沒有什麼興趣，在十二年前一個偶然機會下才開始寫作，想不到越寫越來勁，還真像那麼一回事。居然有人在半路上把我攔下來告訴我說喜歡看我的文章，問我為什麼本地報紙很久沒有我的文章發表？那還是一個美女哦，可把我樂得都不行，當場承諾專為她寫一篇文章叫《拷土豆》，這是用閩南語發音，普通話的意思就是拔花生。還有一位老太八十幾歲了，當面告訴我只要我的文章發表，她是每篇必讀，還要求我能否將寫好的文章打印一份送她？我也當場一諾無辭，再怎麼說她也是一位資深美女嘛！

我們都知道運動的可貴在於有恆才有效果，但是東北的地理條件酷冷，冬天不適合室外運動，自然都要改為室內運動；室內運動最理想的場地是健身館，可付費健身館對個人來說是不小的開銷和負擔，所以要儘量利用自己的家裡了，但一般家裡狹窄擺不下器材，也難以負擔費用！最好的方式就是放棄器材和設備，完全採用徒手方式，以體操為主就是，這個我會當面做給妳看。

我的身體素質小時候並不好，二十歲參加工作以後開始鍛練一年才脫胎換骨的，這都是三十年如一日養成運動習慣帶來的好處，一朝一夕自然換不來這種成果的。對於北方寒冷的冬天，只要裝備齊全我會有足夠的抗寒能力。因此以我為例子，我能做到妳也能做到，就算不是強壯，至少能獲得健康。妳學會包餃子就是一個好的開始，也是學做飯的起點，我相信聰明的妳一定能夠把妳所想要學習的事情做好，做好家事妳會有更高的自我肯定呢！

天下事有很多事情是一通百通的，道理和原理是共通的，我祝妳馬到成功，心想事成。以前評價男人是要會賺錢養家，便是好男人，現在又要加上會做家事，才是新好男人。眼前來看，我只是一個舊好男人，卻不是一個新好男人。以我做鏡子，妳會做家事，將來當然會是一個新好女人啦！」

媛媛說「媽媽說，因為您沒有誇獎我，我回復的郵件就不認真了。其實不是這樣的，主要是我沒有太多事情講啊，之前是因為好久沒有跟您交流溝通，一下子總結了好多，過後您也給我做出回復，我都虛心接受。

您要定在十二月中旬到大連？正好趕上跨年，一切都是嶄新的開始，一年裡的不如

大連的花季少女

——兩岸人情皆文章

意也將通通結束，迎來美好的未來，期待您到大連的時候，我們又可以相聚在一起，談天說地，也能看到媽媽發自內心的喜悅。

您的文章寫得有條不紊，十分貼切，親近生活，而且耐人尋味。我跟您做比較，那絕對是小巫見大巫，但是我想定個高的起點，向您努力靠攏，相信我的寫作水準也會有提高。

新好女人這個詞兒真新鮮。做好家事遠遠不能稱為新好女人，我還要走的路很長，需要學習的也很多。」

大大說「《見賢思齊不嫉妒》－原本我跟妳媽說過，因為我還沒來得及誇獎妳，因此妳回復的郵件就不認真了。妳看我也對妳講過下面這一段『但是我再看一遍妳前天的這篇《字字傳溫暖》寫的內容更好、篇幅更長，只是昨日忘了給妳肯定，因此妳昨日的郵件就蔫了，妳好不現實哦』！這是因為我對比了前一天說法中有這一段『妳昨天的郵件《寒意漸濃》寫得非常好喔！文章的篇幅長、內容好、還引述一篇塞外風格的詩，體現北方的冬天景色，這應該是唐詩吧？我倒是從來沒有讀過呢』！

好了，妳說明白我也就清楚了，我們可以多多交流和交換意見，甚至也可以無話不談的，不管是文字或語言都行。是的，我把機票定好了，能夠停留十天陪妳再去逛街、吃飯、唱歌均無不可。新的一年充滿無限的新希望，同時送走一切舊的事物，所謂一元復始，萬象更新。迎接新年的同時，規劃一下新年的計劃和願望，給自己帶來一股新氣象，歡欣鼓舞跨新年。

妳對媽媽的了解和觀察非常細膩和到位，清楚她的喜怒哀樂；同樣的，知女莫如母，媽媽對妳的一舉一動也是瞭如指掌。我曾經跟她說妳們娘兒倆不但是母女，還活像是一對姐妹倆，時不時還會玩一玩諜對諜的遊戲呢？是啊！這八個月來她的改變鉅大而且明顯，更重要的是好的改變和快樂的改變，就像她自己所講愛情的力量真大呀！

妳親眼看見媽媽的喜悅及快樂是藏不住、掩不住的，並且是發自內心的，相由心生，內心的喜樂都會形諸於外表的，妳說的一點沒錯。

我說過我的一生平凡、平淡、平常，自然正常，只是我能夠加以生動和活潑的敘述而已。當然啦，我對於白話文寫作的要領－通順和流暢有一些心得，別人讀起來也容易明白和接受，這就達到淺顯明白的作用了。

妳想定下高遠的目標和對自己要求的起點，這就是取法乎上，自然是可取的，我樂見其成。妳以前也曾經講過要在寫作上向我靠攏，這也是合乎俗話說的見賢思齊焉，能夠承認別人的長處並加學習和仿效，當然會有所成長和進步的。

社會上有那麼一句新詞叫新好男人，我們大約能了解這詞的含義，自然我們也可以創造出另一個新詞叫新好女人。妳說的也對，單單做好家事，遠遠不能稱為新好女人。可是我可以給它定義成，新好女人，是指作為一個女人除了能在職場上獲得一份工作之外，同時也能在家庭中做好一切家事，也就是出得廳堂，進得廚房。像媽媽就是一個現成的例子，這樣子是不是很周延呢？」

媛媛說「實在不好意思，昨晚手機沒電一直在充電，沒有開機，沒接到您的電話，早晨是還沒睡醒也沒有精神聽您說的話，匆匆就掛斷了。媽媽跟我說完事後才明白原來是掛媽媽電話沒掛通，我又沒明白，真的是很抱歉。

大大，您昨天沒給我回復郵件，我一直都很被動啊，並不是您不回我不高興，我喜歡被您牽引著話題一起討論。我的寫作也可以隨之提升一個新的高度。有時候我會偷懶，不願意敲打鍵盤，在文字間昏昏沉沉的，有您的引導，我想我會有起色。」

大大說「不要緊，不論妳是主動或被動都行，只要有興趣隨時都可以談。」

媛媛說「您能理解我的意思就好，我們還是需要多多交流。您上次說的我跟媽媽諜對諜是什麼意思啊？」

大大說「妳是否還記得我們第一次四人同桌吃熏肉大餅，妳提前離開要跟同學相約去星海廣場嗎？當時妳跟媽媽要零花錢五十元，媽媽給妳之後又和妳討價還價好一陣子，再把五十元拿回來，換成二十元給妳。我在一旁看得很納悶，小舅媽卻忍不住笑了起來，說妳們娘兒倆真是逗趣耶！那晚上妳媽也提到這是妳們經常在玩的一種遊戲，妳猜測她、她也推估妳，討價還價尋找雙方的底線，所以我對她說了妳們這不是在玩諜對諜的遊戲嗎？真的很有趣，依妳說是不是呀？」

媛媛說「您觀察還真仔細，這些生活中的瑣事在旁人眼裡還是很有趣的，但是這十幾年來媽媽真的是含辛茹苦，為我做出太多的犧牲，我想我會用剩下的四十、五十年去報答她。

最近天氣陰晴不定，我也難逃一劫感冒，不停地打噴嚏、咳嗽。您在那邊的天氣怎麼樣呢？大大也要注意身體啊！今天體育課我們測試扔鉛球，一開始我心裡暗暗想，一定及不了格，之前的同學都人高馬大費了好大的力氣也沒有投過及格線。輪到我了，我無奈的把球向前拋，沒有想到我竟有如此大的爆發力，一下子就優秀了，六米四。聽見同學都傳來驚呼聲，沒想到我弱小的身軀蘊藏這麼大的力量。」

大大說「《媛媛真是優秀》－妳感冒的情況居然能在體育課發揮出妳意想不到的實力來，真是叫人開心喔！鼓掌︰︰鼓掌，比妳個頭高大的同學推鉛球都不能及格，誰知妳卻能輕易的推出六米四的成績來，真是太棒、太優秀，叫人不敢相信哪！無怪同學都會驚呼出聲，不敢相信的事實竟然出現在大家的眼前，一點也不假，妳一下子就優秀了。妳這半年來的大吃特吃可就出現奇跡了，雖然妳的體型和外表比較嬌小，但是飯食轉換成肌肉長了九斤，也轉換成體能和體力，真是一個好現象、好轉變。妳開心嗎？妳喜歡嗎？

人們總是要等到生病時才了解生病的辛苦、痛苦和不方便，總是要生病後才知道要避免生病，知道預防重於治療的真諦。不過，亡羊補牢，時猶未晚，深切明瞭健康的重要之後，做好下次避免生病的必要措施，正是前事不忘，後事之師的價值所在。季節交替的時節，氣候急速變化的時日，就是疾病猖獗的溫床，這個時候最需要做好預防動作。如果妳一整年下來沒有一次感冒發生的話，那便是表示妳的預防工作做得很到位。然後兩年三年都這樣子，那就是可以高枕無憂。妳說有理嗎？妳有沒有這種紀錄呢？

我看妳們娘兒倆的遊戲蠻有趣、蠻好玩的，其實這樣子的親子關係會更好、更緊密，母女之間更用心、更貼心。有句話說處處留心皆學問，非常有道理也非常有用處；就算不是學問也沒關係，至少可以讓妳培養社會觀察的興趣和心得，日積月累下來，自己能夠長進很多見聞。我常常自認為自己是一個社會觀察家，對任何社會事實和社會現象不加以個人的主觀認定，僅僅是客觀的認識就是，偶爾自己再給它歸納出一個心得或感想而已。」

媛媛說「多謝您對我的肯定，讓我更有信心，好像又攀登到新一級台階。讓我更加對今後的生活，充滿希望。

感冒了還真是不舒服阿！不但人憔悴，也沒有精氣神，我還要提高免疫力，預防疾病的侵害。」

大大說「妳回想一下，從表姐的老婆婆說妳長大、長漂亮，表姐說妳的臉比她大，正好說明妳開始在改變。接下來小舅媽說妳長開、長漂亮，妳伯母和堂姐都說妳長漂亮，眾口鑠金的說詞都一致，這跟妳自己照鏡子沒有兩樣！再回頭想想，自從妳食欲大增、胃口大開，海吃猛吃幾個月之後體重就長了九斤，這改變不能說不大。這次上體育課正好給妳檢驗一下成果，帶給妳不小的驚喜，快樂吧？高高興興的規劃自己美好的生活和學習，人生路上一片陽光燦爛等著妳。」

媛媛說「最近患了感冒還真是不在狀態啊。腦袋總是昏昏沉沉的，嗓子也疼，牙也疼。還是因為我平時沒有多注意保暖，教室很熱戶外很冷，冷熱交替就容易感冒。」

大大說「十月末妳曾患感冒請假一天，不到四十天妳又感冒請假，真是有些不注意，也嘗到種種不舒服與不方便，人的身心都蔫蔫，提不起勁來。從今以後要加倍防範生病，尤其是天氣發生變化的當下，要能立馬做出迅速及正確的反應及措施，預防疾病上身，妳要千萬記得！

再過八天，我將飛到大連與妳們相見歡，妳有沒有什麼喜歡的東西要我帶去呢？如果有妳就說，不用客氣。」

媛媛說「您真的太鼓勵我，我一天天改變，您總是很關注，很感謝您。我的一切成果都與您的支持分不開。這些還都是外在的，更重要的是我要用知識武裝大腦，這樣就是全面發展的全能型人才。哈……哈想的遠了點，但是我會用行動一步步向我的夢想攀登，腳踏實地的去追逐夢想。」

大大說「《預防感冒的要素》－沒錯，我也感覺在冷熱交替時，稍微不注意，沒有做出正確的反應，主要是沒有做好保暖工作或加穿衣服，很快就會患上感冒，妳的看法和我高度一致。對於同樣天氣或者環境的改變，有人容易受病，有人全然無礙，那個差別就在於各人的抵抗力或者稱為免疫力強弱之因素；身體好免疫力強者能挺得過去，而身體差免疫力低者便挺不住，被病菌打敗了。所以抵抗病菌的兩項要素，一是反應措施得當能夠立馬加穿衣服保暖，二是免疫力強者病菌無隙可乘進不了人體。

妳不用在意，我能做的只不過是在經驗上及道理上分析給妳知道以及做為參考而已，妳真的不用放在心上；能夠提出有用的意見讓妳做選擇，只要發生作用了，豈不是皆大歡喜，妳又何必在意呢？妳的改變都是往好的方面發展，這是我們所共同期待的，妳的成果也會使妳更加願意投入時間及精力去進行到底，這樣子的良性循環自然會將妳推向美好的人生，我們且拭目以待吧！妳逐漸形成妳的理想和夢想，慢慢的有了一個矇矓矓的雛型，立定志向逐步向它靠攏，妳就很不錯、很不容易了。當妳積累了常識、知識和智慧以後，妳的大腦和身心都會更有能量、更有能力。只要妳下定決心往妳的夢想去攀登，總有一天妳會美夢成真，心想事成的。

距離我們相見歡的日子越來越靠近，期待的心越來越雀躍，我的心理已經作好準備，物品也大致就緒。妳說大連此時正在降溫，恐怕我不能夠適應。謝謝妳的好意提醒，我會把裝備攜帶齊全，主要是保暖衣物，我的身體狀況也是在正常水準之上，我很樂意挑戰寒冬的天候，也願意試試看能否通過寒冷的考驗？一周後自然見分曉。」

媛媛說「多謝您的教誨。感冒有所好轉，今天出門逛街天氣不錯，氣溫有所回升，心情也跟著好起來。生命在於運動，出門呼吸呼吸新鮮空氣，對呼吸道也有幫助，咳嗽也減輕了，但是以後我還要多重視身體狀況，提高抵抗力。」

第四回　熱愛生活齊向前，歡度龍年春節到

2011/12/12

大大說「《媽媽要回娘家看姥姥》—好消息！剛剛聽媽媽說已經定好往山東青島機票，媽媽就要唱著—背起了小娃娃呀，回呀嘛回娘家。現在她不單是領著小姑娘回娘家看姥姥，還領著一個老小伙回家看丈母娘，妳說有趣不有趣呢？妳想想看媽媽肩上背著小娃娃，手上牽著小伙子，那可有多幸福啊！還有一項好消息也是來自媽媽說的，星期日正好趕上妳姥爺過生日，真是國恩家慶，雙喜臨門耶！

生病過後的人對於生命及身體都會別有一番感受在心頭呢！也會特別珍惜健康的可貴，預防再受病痛的侵襲，這不也是一種禍福相倚的情況嘛！小病小痛之後的體認，對身體的維護因此反而有所幫助呢，也可以說是塞翁失馬，焉知非福的體味。我感冒後以及生病後的感受，和妳真的沒有什麼兩樣，但是在一年半載之後，我往往就會掉以輕

心，一下子又疏於防範，一下子又缺少抵抗力的加強，歷史再度重演，不該生病的居然又是生病。

增強抵抗力，遠離疾病上身，再怎麼算都比吃藥看醫生划算。提高抵抗力最好的方法是運動，但是運動有千百種，作用各有不同，未必能達成養生及強身的用途，就算是運動員也未必是身體最健康。我的運動習慣雖然不是最佳強身及養生方法，卻也是很不錯的方法，只要持之以恆一年二年，十年二十年下來，那效果是很可觀的。我會把我每天必做的體操及運動做一遍給妳瞅瞅，另外妳也可以經常利用一點小時間或零散的時間做小運動，一是雙手交叉反舉過頂，二是抖動雙腳膝蓋，三是深呼吸或吐納。

我將於十五號中午到達大連與妳們會面，第二天下午或晚上一起飛往青島轉高密看望姥姥和姥爺，第四天再返回大連，這樣子妳喜歡嗎？」

媛媛說「您還真是熱愛生活，總是精力充沛。喜歡接觸新鮮的事物，聽媽媽說我們在山東駐留的時間也就不足兩天，時間很趕，但是能見見久違的親戚還是很興奮，也惦記姥姥、姥爺的身體狀況。還有三天，即將啟程了，等待您的到來。

大大，您好，二十六號是狂歡夜！祝您在新的一年裡，事事順心，青春永駐。對節日的概念也越來越淡，媽媽去燙頭髮，我自己在家裡面，沒有什麼安排。」

大大說「回顧一下我們三人結伴同行，返回山東看望姥姥及姥爺，《老頭愛ㄚ頭五》——福臨門重聚首，鳳凰於飛又十日；一家三口回故鄉，拜見爹娘笑顏開。2011／12／15」

媛媛說「我們開始期末考試，我對自己的成績還比較滿意，在音樂方面我的試唱得了滿分，看來我對音樂還很有天賦，也出乎我意料！最近複習比較緊張，還剩下二科就大功告成，但願我能夠勇往直前不斷向上攀登，有一番好的成就。」

大大說「《媛媛越來越優秀》－再過十天我們又能相見相聚，思之令人無比愉快，並且充滿期待，妳說是嗎？

期末考完畢妳就該享受美好的寒假及年假，加油，考一個好成績，增添自己快樂的元素，何樂而不為呢？妳自己也發現到音樂方面的天份很不錯，試唱得到滿分，可見得確實是一個鑑定的指標。從這個試唱的表現，和妳上次上體育課時扔鉛球的優秀表現，正如妳說自己的運動細胞很發達一樣，可以印証我說的左大腦和右大腦分工的原理，左大腦主管語文數理方面的學習，右大腦主掌藝術運動方面的功能。而妳的右大腦顯然是要比左大腦發達，妳對學習不是很擅長和有興趣，但是妳在運動和藝術有很好的天賦。

所以不論今後妳的工作或職業是什麼，你的天賦所在都要儘可能的維持住，就算它不是妳謀生的憑藉，卻是妳生活快樂的來源。比如我的興趣是閱讀及文學，幾十年來我從未中斷，更未放棄，長年累月的積累下來，我對文學的愛好，也提升我自己在文學方面的鑑賞水平。然而我的工作是我用以謀生的依靠，我努力過也盡力了，成績雖然不滿意，卻不會有任何怨恨或遺憾，因為我的生活重心可以轉移到我的興趣來，誠所謂失之東隅，收之桑榆，或者說塞翁失馬，焉知非福？」

媛媛說「已經考完試，一下子很輕鬆，還沒有安排好如何度過這個假期呢，眼看著您就要來大連過春節，我們又可以聚在一起共度二〇一二年。

這次我的成績還不錯，真是功夫不負有心人，畢竟我做好了複習，在考場上正常發揮，結果也不錯。」

大大說「轉寄一份小女兒來信以及我的回信，再寄一份山東的地理摘要。」

媛媛說「不知不覺就要迎來新年，還有一個星期您就到大連同我們共度龍年了，大連這幾天天氣很冷，放假我也沒有太多安排，天天都宅在家裡，過著百無聊賴的生活，沒有什麼特別的活動，平平淡淡的度過這個寒假。

您給我發的郵件我都沒有仔細看，晚上媽媽說我不用心，我真反思了下自己，確實是這樣，您認真的給我發來郵件我卻沒有及時給您回復，還拖了二天，希望您不要不高興。

放假了，一下子就解脫，神經也就不會那麼緊張，離開學校的束縛，時間觀念也不強了。有時候會晚睡、晚起，其實這樣把生物鐘打亂了對身體也沒有好處，我還是要合理安排自己的時間，不能因為放假就放肆了，以後我還是要多多跟您溝通，不犯懶。

還有三天咯，小年我們正好可以一起過，想想就很高興。我喜歡過年，到處都洋溢著喜氣洋洋的氣氛，街道張燈結綵，家裡人還可以團聚在一起，迎新年。」

大大說「《媛媛真可愛》－妳別在意，我沒有任何不高興。放假對一個學生來說真是一大解脫，當然要好好享受一下自由自在的感受，諸事拋開，把它睡一個飽睡一個夠呀！我從小學到高中讀了十二年的書，自然能理解這種情緒，再正常不過了；等到輕鬆幾日後才規劃假期的生活和安排。上學期間必須每天起早貪黑，其實並不容易也不輕鬆，特別是在寒冷的冬天早起，往往都還會質疑早起是為了什麼？真的早起的鳥兒有蟲吃嗎？

每每都會貪戀那一時半刻的溫暖被窩，戀戀不捨不肯離開！所以放假時有些晚睡晚起，也是平常得很，雖然生理時鐘被打破了，妳再慢慢調回來就行，到下學期開學時再儘快調到完全正常就很好囉！

妳沒有仔細看郵件，顯示妳有點心不在焉、不用心、不細心，這對於做事態度的養成確屬小缺點，雖然任何人都不可免，但仍是以越少越好，妳說對吧？我知道每個人對時間管理能力的好壞，正表示出他做事能力的高低，假如一個人每天都像無頭蒼蠅忙得不可開交，老是在嘴上掛著說忙死了這個詞，那麼他的時間管理肯定不及格，也不會做出什麼好的事業來。我們做人做事儘量要養成從容不迫，不慌不忙，氣定神閑，舉止有序的態度和步驟。有些事情如果不能在當下看個明白，處理妥當的話，一定要記得趕快找時間來把它處理妥善，尤其是重要的事或者有益的事。

妳確實很可愛，反思能力也很客觀，不會昧於事實，這一點很難得也很少見的。妳承認自己不用心，在妳眼前的郵件沒有仔細看分明，這足以表示妳的雜事太多，妳的分心太多。妳不是不能看明白，妳也不是不會答復，只是一個粗心和分心，把妳可以做得好的事變成做不好，來回差很多了！不過，也不用難過，今後把這小小缺點給它改正過來不就好了嗎？

明天晚上我又將重回大連，與妳們相見，自然是件快樂和高興的事體。接著我們一起過小年、過除夕、過大年，想想真叫人又興奮又開心，不是嗎？歡歡喜喜過新年，正是我們大家共同的心願，就讓龍年給我們帶來好運道！」

媛媛說「您真的很瞭解我。放假確實就鬆懈了，不應該做事不認真，每幹一件事都要腳踏實地，不能隨隨便便的應付，從回復郵件這件小事上就應該認真對待。放假的確很輕鬆，這幾天大連的天氣很好，已經達到零上的溫度，晴空萬里，空氣中也瀰漫著節日的喜氣，溫度適宜。正好您到大連可以多轉轉，好好享受下北方節日的氣氛，跟你們南方的習俗一定截然不同。

看了兩遍您跟女兒的信件交流，發現你們父女的關係很融洽，雖相隔遙遠，但你們之間的關係還是很好。您給她寄去北方的特產，那個姐姐收到也很開心，異國兩地收到您的東西，也很不容易，以後我們還是多多交流。」

大大說「《可愛的媛媛》－喔，妳今天放假在家收到郵件便立馬回復，真是天涯若比鄰，千里信息一線牽。其實我雖然不是十分瞭解妳，但至少懂得將心比心，也就是換位思考，把我設身處地放在妳的位置上作思考，這樣的感受就不會不靠譜嘛！

我一直有二個感想就是『做事要認真，做人不要太認真』，以及『做事容易，做人不容易』。對於這二點感想，年紀輕的人可能不太能接受，四十歲以後的中年人和六十歲以後的老年人大概就比較認同。這是我自己在社會中打滾三、四十年來的一點心得，不是從書本上獲知的。做事也不一定是做大事，即使是小事，只要把它做對、做好就是一個指標，尤其是能把小事做得比旁人好、比別人好，那就是對自己的肯定和成就。

像妳說的不應該做事不認真，就算小事也應該認真對待，妳在思想上有這種體認，如果在行動上也能有如此做法，妳一定會就此走上人生的康莊大道。

南北有別或南北差異，實在是一個很好的議題，值得我們去用心觀察和比較，這說來話長著呢！我先舉一個最簡單的例子，就是南北通婚生下來的孩子會更聰明，要不，妳媽媽為什麼一直想要給妳生下一個弟弟或妹妹呢？

我的孩子一向是從小就很懼怕我，因為我是扮演嚴父的角色，專門唱黑臉嘛！用意就是要讓孩子有畏懼心，要循規蹈矩，好好地安全長大，不要有任何意外發生。小女兒也不例外，只是她到美國生活幾年之後，受到外國文化的熏陶，融入一些西方文化的元素，所以有一些明顯的改變，比如她回來或者離開，就會張開手臂要跟我擁抱一下下，這是她自個兒告訴我的。異國他鄉的收到親人的禮物，那真是千里送鵝毛，禮輕情意重啊！我寄去的北方特產可都是很好的山產或乾貨，不但合吃而且滋補，那都是妳媽媽費錢費時間為她挑選購買的，所以她說要感謝魏大姐。她稱呼大姐是因為媽媽年輕又漂亮啊，我也稱呼魏大姐，是因為我有一顆年輕的心嘛。

說到生活習慣不外就是吃、穿、睡、動；吃要三餐正常，定時定量，不宜暴飲暴食，也不要飽一餐、餓一餐的。穿要注意保暖，再求美觀，不宜只求漂亮而不夠溫暖。

睡眠不但要求時間充足，還要時間正確及規律，不通宵、不熬夜，夜晚十一點之前一定要上床。運動先要動作正確、時間適當，避免運動傷害造成得不償失；其次貴在恆心，不僅月月作、周周動，最好是天天操練，最少一周要有五天以上的固定運動項目。

我看妳的感冒頻率偏高，就可知道妳的生活習慣不好，比如吃飯，經常不吃早餐，午餐也沒有餐餐吃，錯過吃飯時間太久，導致沒有飢餓的感覺更是容易傷害到腸胃。

冬天這麼寒冷，妳只穿二件上衣，真是太逞強了，很容易受涼和感冒的。一般人是在天氣突然變化，措手不及之下受涼，尚可說是情有可原，妳卻是明擺著自己要跟自己過不去嘛。至於運動，我想妳可能都還沒有著手實行吧？如果有的話，妳的抵抗力就不至於這麼差啊！加油吧，大姑娘，趁著新年伊始，制定一個生活習慣，並將它落實到底，妳到明年一定會更好！」

媛媛說「謝謝大大，您給的建議我都會按照去做，合理安排自己的生物鐘以及飲食習慣。同時也祝您身體健康，青春永駐。

大大，您好，我們今年共度春節，其樂融融，不知您滿意不滿意？媽媽精心照料我們一日三餐、飲食起居，我沒能太多協助她，但我還在不斷向她學習家務勞動，會完善自己。同時也對您提出的建議進行認真反思，我要積極面對生活，樂觀面對不足，希望下次我們見面時您會看到我的閃光點，跟媽媽和和美美。您在路上要注意安全，一路順風。媽媽也很掛念您呢！看她心情一下子很低落，或許以後時間允許了，我們就可以一直和睦的在一起。祝您事業順心，身體健康。」

大大說「我知道我們三口之家過大年，非常美好，因為媽媽把我們照顧得很好很到位，我真是太滿意了！寄望以後我們還要在一起過年，想念妳們。

今年的過年妳喜歡嗎？愉快嗎？我在大連過了一個開心又舒服的好年，這都要感謝妳媽的愛護及照顧，真是叫人快樂得不得了，期待以後再一起過大年，快樂翻倍！

妳還沒有開學，現在過完年，又在放假當中，整個生活步調都鬆散了，是吧？不過，從我們一塊生活好幾天，側眼旁觀，我大概能明瞭妳的生活習慣並不怎麼理想或正常，妳說是嗎？從前種種就像昨日都過去不談了，以後種種就從明日開始做起吧。因為明日是二月一號，適合定為改變的起始日，英文中稱為D日。所以我建議妳從明日開始執行新生活、新習慣，也就是吃、穿、睡、運動這四項，就像我在短信中跟妳提到的模式，妳願意試試看嗎？」

媛媛說「《自卑的現象加上作息不好》－多謝您的關心，自從您離開大連，大連的氣溫驟降，一下子零下十三度，出門的時候寒意濃濃，還要裹上厚厚的棉衣，不時還飄起雪花，地面也變得濕滑難走。

春節期間天空作美，我們外出也都很方便，突然氣溫下降這麼快，我還有點不適應，身體也略有不適；還是我的抵抗力太差，平時沒有良好的生活規律。以後我會按照您的建議，有條理的規劃自己的假期生活，不能太放肆自己，要有規律的安排好，下次您見到我的時候我一定會變得更好，改善自己的不足。

我總是對自己抱著消極的態度，對自己的外形整體都不是很滿意，我知道這是不恰當的，屬於自卑的現象。但是您給我提出的建議讓我豁然開朗，其實我沒有必要總是一味的尋找自己的不足，每個人先天的條件都是不同的，不可能都十全十美，所以我也沒有必要總是挑自己的毛病，但是我真的認識到我有不足，我會積極的加以改正，重新做好自己。

我的作息規律不好，經常晚睡晚起，熬夜通宵。知道這樣對身體的危害很大，我一定會杜絕這樣的惡習，以後十點半準時關電腦上床睡覺，給自己一個合理的規劃。每天按時吃早飯，不賴床，適當的做些運動，鍛練出一個良好的體質。您說我太逞強，穿的太單薄。其實這樣是對身體的一大危害，著涼感冒這都是必然的，以後出門我會適當的增減衣服，不能太為所欲為，要對自己負責，聽了您那麼多的教導我一下子明白了許多，我要開始按部就班的去完成。給自己一個合理的生活規劃，同時擁有良好的體質、素質。」

大大說「新年天氣晴朗，確實給人們帶來許多方便，加上有媽媽照料一日三餐及生活作息，我們真是幸福的人兒。我記得我也曾把《老頭愛丫頭六》——台灣選舉總統日，夫妻團圓恩愛時；攜手龍年迎新春，三口之家過大年。十個月中五度飛，愛妳愛進心坎裡；相親相愛只為妳，千山萬水等閒事。　2012/01/15　寄給妳，不知道妳看過之後有什麼意見嗎？

除夕的午夜是零下十四度，俺們仨從姨姥姥家出來在大街上打車苦苦等候半小時，也是冷得把耳朵都凍壞了。那一夜是我這一輩子遭遇最冷的冬天及低溫，不過在那兩周的低溫中，我的身體一切正常，可見得我的身體素質還真不賴，這都是平素鍛練有成！妳只要改變生活習慣，很快便能看見效果，何況妳又正當年輕。」

媛媛說「大大，午安，聽了您的一席建議，我按照正常的起居生活進行。今天早上八點二十就起來，吃過媽媽準備的早餐，又把房間的櫃子整理一番，這樣的感覺還不錯，早睡早起整個人一天當中都會變得很清爽，不會萎靡不振的。

最近這些天外出真的很困難，地面濕滑，寒風瑟瑟。媽媽還要天天頂著風去上班，她有多辛苦啊。我也應該懂事了，不讓她總為我操心，多多協助她。您說除夕那天是你一輩子遭遇最寒冷的夜晚，其實在大連那樣惡劣的天氣也不多見，體質不好的人還真吃不消。

我正在慢慢將生活步入正軌，還有將近一個月就要開學了，其實就是一眨眼的功夫。我怕鬆懈的度過一個假期，到了上學時五點就要起床的日子會很難熬的。還是要感謝大大給出我正確的見解，我真的是受益匪淺。」

大大說「《早睡早起身體好》－妳再度回到正常的生活軌道來，自己也感覺不錯，早睡早起精神好，不會萎靡不振，正是一日之計在於晨的最好註解，從睡覺這一點來說的確很不錯。上學期間五點多就要起床那是很辛苦的，正因為辛苦才是磨練一個人心志和毅力的最佳考驗，因為人的習性是從艱苦進入輕鬆容易，由輕鬆返回艱苦特難，此所以學生的作息就是要來養成吃苦的習慣啊！如果在學生時代養成的習慣一直能維持到成年以後，那更是受益良多。

妳今天一改假期習性起個大早，可以感覺到神清氣爽，足見妳能夠獲得早起的好處。其實妳在八點起床，比起上學期間五點起床，還是有充分的睡眠時間，如果妳在夜裡能夠在十一點之前上床的話，那麼一晚的睡眠時間九個小時，已經足足有餘了。究其實，如果睡眠質量好的話，一晚八個小時或七個小時的睡眠，就綽綽有餘。我建議妳明日早上要在八點以前起床，試試看是不是跟今日的精神一樣愉快？相反地，賴床十個小時以上，睡眠並不會更好，只會養成懶骨頭而已，這個現象，我相信妳是很清楚的。

妳能從自己外出困難，聯想到媽媽頂著寒風出門上班的辛苦，妳的理解力與同理心確實很不錯，妳能這樣想便是懂事的第一步，如果妳在家務活方面能再跟她學著點，分攤一點，那便是懂事的第二步。做家事對一個孩子或者年輕人並不是一件苦差事，那是用來訓練或者磨練一個人的心性和勞動的本性，真的是利己利人。假如妳能早日學好家務活，依賴媽媽的成份就會減低一些，更會增強自己獨立生活的能力，一舉兩得，何樂而不為呢？從早起和學習家事，做為妳在寒假的改變，不失為一件美事！

雖然我在大連期間外出的時間少，也就是中午和下午的下班時間到單位門口接妳媽下班，她開心我也喜歡，在氣溫零下九度以內，我還只穿一件長褲而已，妳媽也覺得穿太少。直到零下十度以外，我才會加穿一條羊絨褲保暖，說來我還真是身體不錯呢！而且，這兩周來我的身體並無任何的不適，不會讓媽媽操心著。

有一句嘲笑他人的話說：要錢不要命。假如用來形容愛美的極致也蠻傳神的：要美不要命。我們看到大街上那麼多靚女，在寒冬穿著那麼單薄的衣物，美則美矣，造福很多大男人、小男人得以大飽眼福，可是如果沒有做好防寒措施的話，那可是有害身體，要自己承受後果的。大年初四那天中午，俺們在全聚德吃烤鴨，我看妳穿得少就問妳穿幾件衣服？妳說只穿兩件，我說穿太少，況且那兩件也不是很厚重或保暖。所以我跟妳說穿得這樣少，妳真是太逞強了。雖然很勇敢，但可千萬不要凍著才好啊！

妳也知道承認穿太少會傷害到身體，容易受涼和感冒，那就要切切的改進！

我在家裡的生活雖然不美好，也不滿意，但是還挺規律的，從睡眠及起床時間，早起的運動都是持之以恆，幾無間斷過，這從我的體魄、精神、手腳及關節等都可以顯現出來。生活起居中沒有特別的嗜好，更沒有沉迷於某一項事物裡，說起來蠻單純或者單調，但也是很正常、很健康的。雖然我嫻熟於交際應酬的場合，了然應對進退的禮節，但是我更喜歡簡單的生活。」

媛媛說「您說的對，這樣長期下來對身體造成很多不利，等老的時候會患風濕病、骨質酥鬆、老寒腿。這些媽媽也說過我，我還是要對自己的身體負責，不能為所欲為的按照自己的心情去做，我會虛心接受我的這些不足。」

大大說「《審美觀》－個體對於人事物的喜歡與欣賞，因人而異，天差地別，稱為個人審美觀。群體對於相同人事物的喜歡與欣賞，則有同有異，求同存異，其中相同的部分，構成社會審美觀，也可以說是社會上多數人共同的審美觀。

話說那天我們仨在一起吃完飯，聽妳說妳的小腿太粗，妳還站起來讓我們看個明白，我和妳媽都說妳的小腿修長，比例勻稱，沒有粗細的問題啊。妳是用妳自己的個人審美觀看待妳的小腿，有些不滿意吧！我們是採用社會審美觀的角度來看待妳的小腿，非常滿意！那麼妳瞅瞅，同樣是妳的小腿，卻得到兩種不同的評價，一好一壞，真是見仁見智，妳能確認它的好壞在哪裡嗎？不容易吧？妳的評價是完全反映妳的好惡，我們的評價是充分體現事實的真相，這樣說妳能明白嗎？所以說一個人對其他人事物的評價有其價值存在，但是咨詢別人對同一個人事物而有不同的評價時，正足以說明評價的角度不同，具有參考的意義。

如果別人對之有相同的評價，正好可以支持自己的看法。此所以我說妳的體重與身高比例很勻稱，在標準值以內，沒有胖瘦或粗細的問題。妳的糾結實在多餘，別人羨慕妳的身材都來不及了，妳卻來自尋煩惱，著實沒有必要！妳的個子和身子可以放心的讓它自己去發展，妳只須快樂的過好每一天，養成每一天的良好習慣便行。

妳的年紀正好是十八姑娘一朵花，也是少年維特的煩惱年代，這是每一個人必經的過程，都是共同的正常現象，不是妳也不是她獨有的特別現象和問題。妳會逐漸形成妳的個人審美觀，有時候和社會審美觀吻合，有時候分歧，並不奇怪。愛美自然不是壞事，而且人生還會因為愛美，而更精彩、更豐富！但凡事總有一個度，是吧？如果愛美不愛命的話，那是不是太過了呢？如果愛美而妨害健康或犧牲健康，那當然不足可取，妳說是嗎？

依我的看法，妳的五官不但清秀，而且有味有型，如同小舅媽說的像個韓國洋娃娃那般可愛，招人喜歡著。妳的臉形小巧可愛，形同巴掌臉，絕不是柿餅臉那麼大一個。妳的體形纖細瘦俏，玲瓏有致，好看又耐看。做為小女孩，妳是可愛有餘，做為大姑娘，妳還有些漂亮不足，還得繼續長個子、長身子，小小的長、慢慢的長就行，不需要一下子突飛猛進的長五公分、十公分，長五斤、長十斤。妳只要在目前這種一米五八公分、九十斤身材的基礎下，一斤一斤，一分一分往上長就很棒了。

照我的看法，一個人的美麗與漂亮，不單在於外表和容貌上，還在於內在的身體健康和精氣神。而且，健康才是美麗的基礎，不健康或者失去健康，再有美麗的容顏頂多也只是病態美而已！健康下的美麗才能煥發出動人的色彩，才能勾勒出生命的顏色。比如我和妳媽擁有一項共同的優點，那就是健康的身體。

以前她的心情不開朗，臉色暗淡無光，但一年來她的氣色完全轉變，顯現出精神奕奕，容光煥發，就是這樣的漂亮，妳看她的容貌也沒有改變，卻幾乎是前後判若兩人，妳說是嗎？有她的例子，妳應該可以明白為什麼我們一直苦口婆心的勸妳要養成良好的生活習慣，維持健康的身體狀況，就是讓妳保持在最美麗的狀態下呀！可是妳卻遲遲不能建立自己的正常作息，光是把心思放在冥想的美麗上，卻不肯付諸於行動上，豈不是白白蹉跎時間、浪費光陰嗎？」

媛媛說「前幾天收到您寫的那些精美詩句，真的是合轍押韻，內容貼切。從字裡行間體現出您的細心，同時也很認真，能夠捕捉到身邊的一起事物的發展，您的文字運用的簡明扼要，內容既樸實又不失浪漫。小詩從頭至尾都流露出您的豐富情感，真的是民間佳句，以後我要多多向您靠攏，從中改正我的不足。

今天是正月十五元宵節，元宵節在中國已經有兩千多年的歷史，在此祝大大元宵節快樂，天天有個好心情。」

大大說「《說說過年有何不同吧》－送走昨天元宵節，龍年的春節至此告一段落，天天過年也就是到昨日為止了。回想今年過大年，妳認為跟往年有什麼不同？妳喜歡的有哪些？希望明年能改善的又有什麼呢？從妳在前天的回信中說的『但願會像您寫的詩中那樣，一直和和美美的度過』。

我想妳應該是對於今年的新年過得滿意吧？妳也喜歡和和美美過大年。我們小市民的人生就是希望能過上好日子，一年比一年好，那就很滿意、很滿足了，不是嗎？過大年也是期望能今年比去年好，明年更比今年好，是不是？

妳看看大年除夕，我們仨一起在姨姥姥的家和姨姥爺一家子吃年夜飯，多好、多溫馨啊！過了午夜零時，咱們再回到自己家裡迎接龍年到來，妳媽進到屋子先整理床鋪，整理到一半時突然發現在她的枕頭底下有一個紅包，打開一看，可把她樂得都不行了！她跟我說這可是她這一生中第一次收到紅包（五千元），我說怎麼會呢？小時候父母親不是都會給孩子發紅包嗎？她說從小過年時都有收到父母發壓歲錢，但是沒有加上紅包袋子，壓歲錢就是一元錢、二元錢，最多的錢就是二元。我聽了哈哈笑，說紅包是見紅帶喜氣嘛，只要妳開心、妳快樂就行。接著初一中午我們就一起住到妳表姐家，一直到初六才離開，這六天妳媽打理我們的一日三餐和生活起居，多麼舒服又方便！

今年從除夕到初六，我們仨都是生活在一起，又舒適、又愉快，媽媽不但笑容增加，她說還給她長臉不少呢。雖然今年有些像游牧民族一般從賓館遷移到姐姐家，但這是暫時的，就像小舅媽期許早日組成三口之家，那就更能開心的度過每一天。

我記得曾經就理論上說過兩三次時間管理的重要，只是妳似乎還不甚了了？闢如大年初四那天早上，因為跟同學有約，妳七點鐘起床之後光是梳洗一項就花了一個小時，沒有吃早飯就出門。我覺得梳洗是每個人每天必做的功課，每個人早就熟能生巧，按照自己的流程和順序一道一道做下來，頂多只須二十至三十分鐘，妳花的時間卻是別人的一倍以上，顯見得浪費不少時間，這項時間妳可以檢討改進，縮短在三十分鐘以內才合理和恰當。像我每天早上運動時間三十分，梳洗加上洗澡全部也就花一小時，增減不超過三分鐘。

再如我和妳到勝利廣場地下街看妳採購挺特別的，一般而言，逛街分有心購物的血拼和無心購物的閑逛二種，有心購物是我們缺少什麼物品，要專心去血拼，一定要買；無心購物是我們不缺少物品，純脆去閑逛，慢慢的逛，閑閑的逛，可買可不買。可是妳在看的時候，左邊竄一下，右邊竄一下，我看不出什麼名堂來，到後來妳又回到原點，又再重複一遍，我還是整不明白。

一般人到了四十歲過後的中年，一喝咖啡或綠茶都會妨害正常睡眠，我也是如此；但是過了十幾年，這二年來我喝咖啡或綠茶，好像又不會妨害到睡眠，挺奇怪的，但是吃過晚飯後，我還是不會輕易喝的。」

媛媛說「《媽媽過年的笑容增加》－是啊，年味兒已經淡下來，人們也開始整裝待發準備為自己的生活開始打拼。長大了慢慢對過年沒有小時候那麼興奮，一個月以前就翻日曆牌，天天盼著過年。其實家人和睦，身體健康，天天都是年，心情好，幹什麼都會有勁頭。就像媽媽，今年無時無刻的都在忙碌，可是我想她心裡一定很開心，能夠讓大家吃到她做的美味飯菜，而且能與您談天說地。

我想我已經長大了，不能什麼都依靠媽媽來打理，或許明年的蛇年您就會品嘗到我做的菜，最近我還不斷的練習呢，而且效果也很不錯，說明我對做飯有很大天賦，期待我明年為大家做頓年夜飯吧。

今年這個年過得其樂融融，一切都很順利，我也很高興。唯一不同的是媽媽臉上的笑容增加了，就算她不停在忙碌，也能感到她喜悅的心情。今年在姐姐家過的春節，雖然會有些不方便，沒有在家中那麼自在。但這只是暫時的，今後我們也會組建一個三口之家，每天都是開心的度過。

最近大連天氣晴空萬里，但是氣溫卻一直很低，出門寒意濃濃，但是到戶外呼吸下清新的空氣也很不錯！昨天跟媽媽在外奔波了一天，看出來她十分著急找工作，她也很要強，明明可以趁這段時間給自己放個小假輕鬆一下，但是她卻焦急的尋找下一個工作崗位，看出來她昨天很糾結，因為拿不定主意，那個食堂的工作有利有弊。但是媽媽做事總是考慮的很周全，思前想後還是很糾結，她做事總是滴水不漏，井井有條。

我要向媽媽學習的有很多，首先是沉穩、冷靜、不急躁。做事情要有規律，心裡有桿秤。昨天媽媽的心情很不好，多虧您的不斷開導，媽媽心情豁然開朗，您總是那麼細心、體貼，可謂是媽媽的精神支柱。有時候我做的也不到位，您雖然相隔甚遠，但您總是全心全意的為我們考慮，真是一個有心人。」

大大說「《媽媽是一個好幫手和賢內助》－妳對媽媽的觀察和了解，一如媽媽對妳的清楚和明白，所以我說妳們娘兒倆像是一對姐妹，也像一對間諜，有時候還會上演諜對諜的戲碼！妳說的沒錯，媽媽有好多優點在身上，只是以前沒有攤上一個好的對象，沒少吃苦，今後應該會少吃很多苦了。妳說的她這些優點其實都是連在一起的，如果一個人沉穩或內斂一些，他就會頭腦冷靜或鎮定，也就不會衝動或急躁，大致上而言，我的個性也比較屬於冷靜。她做事情心中自有一把尺，時時刻刻對於自己的所作所為和別人的作為加以衡量和比較，不致於有不靠譜的作法。她又熟悉人情世故，拿捏之間存乎一心，既得體又不失禮。她的身邊要是有一個臂膀可以依靠的話，她的日子更要過得有滋有味了，現在她至少也有一些依靠，不比以前都是孤軍奮鬥。

前天上班一整天她一直在猶豫著要不要把她被炒魷魚的事情告訴我知道？一直到了

晚上她才肯告訴我她的原來工作到昨天為止，她變成待業人員！我一聽既然領導已經這樣通知，沒有轉變的餘地，只有收拾心情做完最後一天，告一個段落，再來另外找活重新做起，天下沒有不散的筵席，此處不留人，自有留人處唄！前晚她心情很不好，昨日我再和她疏導之後，她的情緒就平和不少。今日她整理了一下心情，就給我寫了一條老長的信息，從她年輕時由山東到大連姨媽家一住五年，即使結婚離開十八年都一直惦記著姨父對她的關心及愛護之情，也不斷地予以回報，以及現在她和我的相處與將來的規劃。」

媛媛說「前幾天電腦出奇卡，而且打好的字因為卡住還得翻來覆去的重新整理。這幾天一直都呆在家裡，為開學做準備，開始完成假期作業，收拾收拾書本，預習預習。去逛街了，還是戶外的空氣好，回到家以後我親自做了一頓晚飯，媽媽連聲讚好。我也很欣慰，第一次做一頓晚飯。這個假期過得很平淡，轉眼間又要進入緊張的學校生活。但是今年的春節過得與眾不同，也很和諧、很開心。」

大大說「今年的寒假妳過得很平淡，但是春節過得很開心、很快樂，真正不錯喔！若依妳的看法，今年春節與往年大不相同之處在哪裡？妳能不能具體描述一下？我的小詩寫得簡單貼切，和聲押韻，誦讀起來蠻通順又流暢的，妳喜歡、我也喜歡。如果要投稿的話，那可就要拜托妳了，因為我想投到大連日報去，妳能幫我寄到報社去試試看嗎？能不能刊登都不要緊的。」

媛媛說「最近幾天沒怎麼上網，緣故是因為電腦系統出現問題，所以滑鼠經常卡住不能運作。我也在減少上網的時間，要適可而止，不能整天都掛在網上，對身體也有影響的。

我的寒假作業基本已經完成，這幾天會出門逛逛，沒有整天宅在家裡，也按照正常的起居習慣慢慢調整自己，馬上就開學，也要步入正軌了。今年的春節過得很愉快，也與眾不同，往年都是在家裡過，也很無趣，今年有這個機會大家聚在一起歡聚一堂，十分融洽。今年的紅包收的格外豐厚，這也是前所未有的，還要感謝大大的厚愛，對我的關心，我會珍惜的，心裡美滋滋的。而且二〇一二年有幸共同跨年，也是件開心的事情。聽媽媽說您要在大連購買房子，為了改變我們現有的居住環境，真是讓您費心了，這也是我們以前從未想過的。」

大大說「《電子郵件如何寫好和寫完整》－妳是班上的語文課代表，正是代表妳的語文課程度在班上數一數二，從妳跟我回信的內容來看，妳確實具有這般的水平。

但是妳在一般簡單的書信來往並沒有用心把它寫好，其實妳是可以寫得更好卻沒有寫好，而不是妳不能夠寫好，這一點妳完全清楚和明白。例如妳和我往來的郵件，我寫的長、內容完整，妳寫的短、內容又不完整，這顯示出妳閱讀的不夠細心、寫作的不夠用心，妳說是不是呢？妳不妨再把以前的郵件拿出來翻看一下，挑出一兩篇重新專心讀過，看看是否不同？再根據妳的心得和感受重寫回信，看看是否一樣？

若想將電子郵件寫好，我建議妳有一種簡單有效的方法，無妨試試看，那就是一面看著收到的電郵，一面用紙張把回復的郵件內容寫出來，全部寫完之後再編輯到電腦上；也就是拿紙張作為稿紙，將草稿寫完後經過檢查再打字，這樣的自我訓練肯定對自己的寫作能力會有所提升的。對於重要的文件或回信，這樣子做法也會有極大的作用，可以確保寫作的內容和水平，不知道妳是不是願意試一試呢？

聽妳說今年的春節過得愉快、有趣、融洽，我也開心，因為我有參與和妳一起過春節啊！妳今年的紅包（一千二）格外豐厚，也可以說是過一個好年，有好收成嘛！展望未來，更願一年比一年好，紅紅火火過日子，多美好。關於投稿的事，有現成的材料在妳的電腦檔案裡，把那六篇小詩全部交給報社去發表，能不能刊登都不要緊，就由妳去親身嘗試看看，用妳的名義或用妳的筆名發表都行，如果僥倖刊出的話，那小小的稿費就屬於妳，不用客氣了。

關於買房子的前提，是房價在宏觀調控之下發生降價的時機才考慮購買，因為受限於資金的金額。買房的用意自然是為了改善妳們的居住條件，能夠有一個舒適、合宜的居住環境。我們知道民生四大需要，食衣住行當中，能帶給我們生活最大的方便和快樂的，就屬住宅。在有些先進國家，甚至把住宅是人民的基本權利列入憲法中加以確定，由此可見它受重視的程度。一方面是目前房價高，二方面是我現有資金不足，雖然無法買下來，但是不能不為買房預做準備，觀察時機恰當時可以進場購買，至少要能出得起首付款，那大概是房價的一半數目吧？假如時機好就早買，假如時機不好只能緩買，緩一兩年或兩三年吧？所以現在所能做的是，有空就多留心房地產市場的動向和行情的走向而已。」

媛媛說「最近一直沒跟您有什麼過多的交流，不知道您近況如何？最近兩天發現媽媽的情緒很差，她也不跟我說，搞得我摸不著頭腦，我想知道究竟是什麼原因讓她一下子那麼痛苦？或許說出來比憋在心裡好受的多。我也無能為力，不知道怎麼樣才能夠排解她的壓力。有時候還會不理解她的用意，讓她增加負擔。

媽媽說這週五就要過去跟您見面了，希望能調整好自己的情緒，也能消除之前的不愉快。最近大連這裡的天氣不錯，能感受到春天的氣息，呼吸呼吸新鮮的空間比在家裡宅著有益，不知道您什麼時候能來大連？可以感受美麗海濱之城大連的春天氣息，面朝大海，春暖花開，一定很愜意，同樣是修身養性的好去處。」

大大說「我在忙著滅火哪，就是妳媽點燃的那一把火，叫做春天裡的一把火啊！這幾天她突然又在使性子、鬧脾氣，可能要等到周五見面後再好好談談吧，她好像有些按捺不住的情緒。

妳要開學了，心裡和身體是要準備進入軌道，這樣也好，恢復妳的生物鐘，開學後儘快在一周之內恢復常態為宜。

大連的隆冬及初春實在不好受，也不方便生活及行動，依我看每年十一月至次年二月為止都不適合外地人的活動。雖然我的自我考驗能通過，但是出外行動有諸多不便，除非是在此定居才沒有話講。」

第五回　都說溝通很重要，講究溝通的手段

2012/02/22

嫒嫒說「媽媽週五就要飛奔到你身邊，心情也好轉了，我也搞不清楚事情的原因，總之說開了就可以。擁有一個好心情很重要，不順心的事情總會在不經意間發生，主要是靠自己去調節心態，不要憋在心裡。」

大大說「再過二天媽媽就到廈門相聚，她的情緒已經平撫，一切煙消雲散，雨過天晴。不過，春節過後就是霧季，小霧還沒有什麼影響，大霧和濃霧就無法開船，金門和廈門只能隔海相望而興嘆。今天早上吹起一片的小霧，怕只怕後天刮起大霧便不妙。像上個月十四號我搭的船就遇上大霧，被迫取消船班，也耽誤了飛機，因此延後到次日才能成行。」

嫒嫒說「《希望您跟媽媽有一個美好時光》－但願一切順利，能夠和和美美度過這

幾天短暫的時光。今晚媽媽下班回家有點晚，晚飯又是我做的。更願天空作美，能夠雨過天晴，迎來一個大晴天。大連最近也是氣溫驟降，北部地方還下起鵝毛大雪，大連的氣溫降到零下，出門又會有些困難。

我現在對做飯的手藝越來越有自信，不但愛吃，而且還很有這方面烹飪的天賦呢，下次您一定能嘗到我的手藝，不會比我媽差的，她都連聲稱讚，不知道是真的好吃，還是鼓勵我？但我也在逐漸鍛鍊自己的動手能力了。

希望您跟媽媽相聚後有一個愉快和美好的時光，各自擁有愉悅的心情，下次見面還不知道是何時呢？大大在路上也要注意安全，祝您開開心心享受這幾天吧。

那一日您這麼說，反倒我不好意思了，不應該過多干涉你們的生活空間。沒關係，以後慢慢會逐漸變好的。我媽媽真的是一個居家過日子的好幫手，我要向她學習的也很多。您說她有時候會有情緒，其實應該是她壓力過大，您是可以聽她傾訴的人，有時候她不會過多的跟我說，有時候情緒也只能向您發洩，希望你們能夠相互理解、寬容。」

大大說「《五天美好時光》－但願一切順利，有五天美好的時光和心上人相聚，真叫人心嚮往之，明晚就能美夢成真。

每次聽到妳在我面前問媽媽，今天晚上要回家嗎？或者問明天晚上要回家嗎？我都很不好意思，我跟妳媽說我來到大連佔用妳大部分時間，而且還妨礙到小姑娘的生活起居，真的對妳對她很抱歉！雖然妳媽說不要緊，我還是覺得對不起妳，所以我想還是應該儘快組成三口之家生活在一起，就像大年初一我們住到姐姐家裡去，那才是又方便又理想。因此，我才會提醒她留意一下房價的行情，如果房子及價錢合適的話，我們要考慮購買一套房子，做為我們的安樂窩，妳說是嗎？

妳媽是溫柔體貼、百依百順的好女人，也是居家過日子的好幫手，姨姥爺在我和他第一次見面時，他就是給我大力讚賞妳媽的，我也認同他的說法，一點都不懷疑。媽媽唯一的小小缺點就是有時候突然使一使小性子，鬧一鬧小脾氣，但是很快地她也能省悟到自己的無理取鬧，鄭重澄清不再犯相同的錯誤。當然我也知道不用放在心上，依然好好對待她、呵護她、照顧她就是了。」

大大說「《溝通可以增進雙方的了解》－不要緊，有什麼話都可以說出來大家聽一聽或者參考一下，並沒有什麼不好，雖然有時候不見得能夠改變，但可以增進雙方的了解，這也是一種溝通的模式。何況妳這也不是干涉我們的生活空間，而只是妳的生活步驟被妨礙到的關係，所提出來的一種詢問。我實在不願意因為我自己的事情或需要，而妨害到別人的一切，所以我會覺得對妳很過意不去。

我也知道妳媽的情緒有些時候會顯得有點按捺不住，正如妳說她的壓力大，需要一個宣洩和傾訴的渠道，說出來之後她的心情會好過一些，不會鑽進牛角尖去。她從結婚後變成要自己一個人獨自扛起家庭的責任，大出她的意料之外，辛苦持家十八載之後真的很累，亟於尋找一個可以倚靠的肩膀，現如今雖然遇上一個合意的人選，千好萬好就是不能夠天天生活在一起，想想也是挺為難的，而且一年半載之內還不能改善，也是另一種苦，偶爾想要吐一吐苦水，我都能理解，也能包容的，請妳放心。

說真格的，相隔千里之外的異地戀是非常不容易維持的，首先要情投意合，其次要相互理解，其三要相互包容，缺一不可。我們都知道相愛容易相處難，廝守的相處難，異地的相處更難。但是我們期望天下無難事，只怕有心人，我們會好好相愛，用心維持。更何況在我們兩人世界中還有一個妳存在，妳可能扮演像潤滑劑的水分，將我們像沙子和石塊兩部分混合成堅固的混凝土。妳說是嗎？再說家庭的組成份子裡面，孩子正是一個凝固劑，能把一個家庭凝聚到一塊，所以說要組成三口之家，那就會比兩口之家更堅固，更完整，妳說是不是呀？

我現在要到飛機場去接妳媽，寫了一首小詩給她，妳看能喜歡嗎？《老頭愛丫頭七》——北雁二度向南飛，投進情郎懷抱裡；南來北往愛相隨，海誓山盟情意長。

2012／02／25」

媛媛說「《懂得彼此的心》－這首小詩寫得非常好呢！字字透真情，合轍又押韻。

您的這篇現代詩句，還真是值得回味，值得一品，細細的揣摩會在字裡行間透出您細膩體貼的豐富情感。等我諮詢一下，究竟如何發表？

您跟媽媽相處也有一段時間，或許出現摩擦，也有過開心。但是能相互理解，相互寬容，相互容忍，才能減少不必要的不愉快。有個真正懂你的人，是最大的幸福。這個人，不一定十全十美，但他能讀懂你，能走進你的心靈深處，能看懂你心裡的一切。最懂你的人，總是會一直的在你身邊，默默守護你，不會讓你不開心。但願你們會越來越有默契，相濡以沫。

大大您說兩地分離很不容易，其實這也是一個考驗。如果你想知道你們最終能否共度一生，那麼就先合談一場異地戀吧，這也是最好的考驗。如果能堅持下來的人更懂得付出，更懂得珍惜，更懂得理解。異地戀能堅持下來的都是真愛，祝願你們能夠有一個美好的結局。

天氣的不便捷，還真給外出帶來不少麻煩。正是雨季天氣霧濛濛的，交通工具也不能正常運行。希望能順利的抵達目的地，能夠見面。」

大大說「《相聚五天和和美美》－妳寫的這篇《懂得彼此的心》寫得真好，我也告訴妳媽，她說妳好像是有經驗的樣子呢？依我看是貴在妳的用心良深，擔心我們之間有什麼裂痕。其實我們這一次相聚五天，與從前那六次經過一樣的開心與快樂，和和美美，甜甜蜜蜜，妳的擔心真的過慮了。

我們相處總共十一個月，憑心而論，從未出現過摩擦或裂痕或者不愉快，實屬非常難得，彼此頗感意外，更覺值得倍加珍惜。本月初妳媽還告訴我愛人之間必須牢記八個字－信任、理解、寬容、默契，我們幾乎都是這樣子互相對待的，彼此小心翼翼的愛著對方，就像妳所說的一般。

妳說的有道理，擁有一個懂我和愛我的人，那真是讓人發自內心的喜悅和幸福，妳媽就是懂我和愛我的人哪！世無全物，亦無完人，人世間當然沒有十全十美的人嘛，此所以需要能夠理解和寬容。這一點我們都能體認到，也能落實到相處之中。

沒錯，異地戀是不容易，但也是一種考驗，能夠通過考驗的還是大有人在。我總服膺一句話說得好－事在人為，我們只要存著正向的想法，朝著正面的方向去做，早晚都會達到目標的，何況這還不是孤軍奮鬥，而是兩人同心，其利斷金。我相信空間不是難題，距離也不是問題，只要有信心、有決心，終會得到豐碩成果和美好結局的。

春節過後的南方開始進入霧季和雨季，在家或出門都不方便也不舒服，挺不好受的，也只能耐著性子了。幸好老天眷顧，我們這一趟的行程沒有遭受任何干擾或耽擱，一切順順當當，期待後會有期，下次重逢。」

大大說「《開學了》－今天開學，妳的生活又開始進入正常軌道，雖然起早貪黑的辛苦，卻也能把生物鐘調到正常位置，似乎也是一項不錯的生活步調。

南方的霧季已經到了，影響生活和交通，真是無可奈何，昨日及今日的船班就是停停開開的，很不方便！

謝謝妳的關心，我們在二月末相聚五天，一如既往和和美美，離別是下次重逢的開始，因此不會有太大的傷悲。

事實上，在我們的交往和相處之中，妳確實佔了一個很重要的角色和地位。如果妳反對、阻擾或杯葛，交往會受阻，也可能會中斷，幸好，沒有任何反對和杯葛。此所以妳回山東姥姥家的第一晚，大舅和舅媽一直給妳很多的提醒，要妳配合媽媽的步調，就怕妳會出現某種情緒性的反映，進而影響到我們之間的發展。那時候，由於妳的懂事和明白，大舅他們的擔心都已經不存在了。

就我的從旁觀察，我認為妳不但不會是我們的障礙，還會是我們的維護者和協助者，還能給我們增加很多方便的地方。因此我寫的那篇《溝通可以增進雙方了解》中說到，在我們兩人世界中還有一個妳存在，妳可能扮演像潤滑劑的水分，將我們像沙子和石塊兩部分混合成堅固的混凝土。

同理，我也是一直秉持愛烏及屋的心理，對妳儘量多加關懷以及付出，如果做得不多或不好，妳都可以跟我們講，我們很樂意盡力而為之，就像今年的春節，咱們一家三口在姐姐家過得舒適又開心。」

媛媛說「《您與人相處很仁義》－其實您的細心和認真，我一直看在眼裡，您注意細節，很體貼，什麼事情都考慮的很周到，跟人相處也很仁義，非常融洽。

我並沒有您說的那麼優秀，小毛病不少，但是您一直都在逐漸引導我往正確的方向發展。您是一個識大體的人，走親訪友這段時間，我一直默默注視您。總是能為他人著想，這點真的是現代人難能可貴的，從您身上我能發現很多閃光點。

媽媽跟您能夠和和睦睦，我當然開心，雖然有時候會有意見不統一或是有分歧的時候。您總是不慌不忙，用一顆寬容的心去接納，從不急躁，這一點我也非常欣賞，雖然我做的還不算很到位，但是我相信近朱者赤麼。以後會從您身上吸取許多經驗，以及為人處世的道理。」

大大說「《小老師飄揚我呢》－妳真是對我太誇獎了，給妳拍拍手，說聲謝謝妳。細心和用心，是我在做人處事方面的主要方針，雖然我的能力有限，我還是會儘量把事情朝正面及最好的方向看待。看人通常也都是從小事、從細節來觀察的，由小處加以放大，雖不中亦不遠矣。至於溫柔體貼，我認為這不僅是對女人的要求，對男人也是同樣的要求，粗魯和野蠻的男人一樣是叫人討厭，不受人歡迎的。與人相處，最重要的是要具有同理心，也就是能夠將心比心，懂得換位思考，這樣子雙方就不會出現過大的差異，容易和平和諧相處。

妳的心智成熟度比一般同齡的女孩要早二、三年，比同齡的男孩提早三、五年，這當然跟妳的家庭和成長環境息息相關，是妳的苦處，也是妳的甜處。俗話不是說－窮人孩子早當家嗎？早當家就要早成熟，提早進入成人世界，所以說小時候胖不是胖，小時候苦也未必是苦，反而是一種磨練，一種考驗，只要不走偏了，不走五迷三道，反而是一種寶貴的成長訓練啊！

妳的語文基礎非常好，只可惜沒有走上升學和唸大學的正規學術訓練途徑，要不然妳現成便是一棵好苗子，將來很有可能長成一棵大樹。雖然妳沒有走學術路線，將來妳進入社會和職場後，也不要將妳的優點拋棄，把妳的優點當成工作之餘的興趣和嗜好，作為妳最佳的休閑活動，養成閱讀和寫作的習慣。比如我從小學到初中的國文課，就是妳們的語文課，學習成績都不錯，老師鼓勵我們將寫作嘗試投稿到當地報紙，可我總是不敢。一直到了高一上學期第一次月考後，老師才在我們班上宣布說，高一全校三百多名同學的國文月考第一名，是你們班上的薛方先，卻把我嚇了一大跳，實在不敢相信這麼優秀。可是從此以後我的國文課幾乎都是包辦第一，真是不好意思。

我和妳媽相處將近一年，可以說得上是和諧和美，水乳交融，對我而言她的優點很多，而且恰恰又是我最在意的優點，她有好脾氣、好手藝、溫柔體貼、百依百順、心心相印、默契十足。她是感情上的伴侶，是身體上的伴侶，是生活上的伴侶，是個百分之百的好女人、好太太、好媽媽。

《往後如何安排呢》－自從我和妳媽第一次見面和相處之後十分合拍，分開不到幾天我們就已經開始討論往後如何安排？我倆共同的想法，也是相同的願望就是要廝守終身，也就是要生活在一起。可是我很快分析了一下彼此的現況和環境，其一是，我的工作和生活地點都在金門，工作不能提早退休，生活地點因此就不能移動。我的工作年齡最高到六十五歲，如果條件足夠可以提早退休，目前我的條件已經達到提前退休，隨時都能申請退休，可是我還不打算這麼早退休，因為距離最高年限我還有八年，不著急。

主要原因是退休前後的工資差距非常大，退休後的工資只能拿到在職時的三分之一而已，很不划算，提前個三兩年可以接受，提前八年或七年實在不願意。一旦退休，我的生活地點就可以自由移動，把大部分的時間安排在大連該有多好，但是目前的時機還不恰當。

其二是，妳媽的工作和生活地點，她本身能夠自由行動，或者到南方、到廈門來，如此一來我們的距離大大縮短，相聚的時間增加很多，殊為方便。但妳是她的心頭一塊肉，她不能割捨下妳呀，這二十年她辛苦、她忙累都是為了妳，妳是她的寄托，妳是她的希望。何況現在妳長到十八歲，就讀大專再有兩年就能畢業，離開學校進入社會、進入職場。在這最關鍵的兩年，她應該一如既往陪在妳身旁，照顧妳的起居生活安定，讓妳在求學的最後階段安心學習，讓妳在踏入職場的階段細心選擇，並且給予最大的協助。等到兩年後妳能順利找到合適及安定的工作，妳就能夠自立自強，也能夠回報她的養育和培育恩情。所以在這關鍵時刻，她絕不能離妳而去，否則妳的生活、學習、工作，將會因此而亂了套，而她含辛茹苦二十年豈不是要前功盡棄嗎？

上周我倆在廈門相聚五天甜甜蜜蜜，少不了還是要討論一下如何安排往後的生活？因為這樣子天南海北的異地戀，時間確實不能拖得太長，頂多也就是三、兩年還可以維持，再長就會疲乏和疲倦，到時候就沒有熱情沒有火花了！我這樣的說法，她雖然勉強能夠理解，但又不怎麼甘願接受。所以妳也可以發表妳的看法，是不是有更好的辦法呢？如果她暫時在廈門落腳的話，我們距離拉近、相聚增加，可以便利很多。」

媛媛說「《您打算買房子我很感激》－謝謝您考慮的如此周全，很感激您。您很用心的思前想後，一方面顧慮到自己的工作還走不開，還有就是我在大連上學需要媽媽的照顧，所以你們只能擠出來之不易的幾天在廈門和大連見上一面，時間不會很長，也不是長遠之計。

今天回到家很是不愉快，家裡的氣氛也不怎麼樣，跟我爸總是有矛盾，媽媽也大發雷霆，心情很差。我也很看不慣他的處事方式，一味的考慮自己，不會為任何人著想，有時候真的很反感，爭吵還是源源不斷的，心情也會很壓抑，有時候就會煩躁，想要儘快脫離這個惡劣的環境。

大大，自從您打算在大連為了改變我們的居住環境要買一處房子時，我真的很感激，從這一點也能看得出你是一個很有心的人，但買房並不是一個小數目。我媽一直打算先在甘井子區也不需要買太大的房子，離姐姐家近點，如果媽媽會去廈門我也好有個照應，讓姐姐暫時照顧下我的飲食起居，我想我也在不斷長成，也要慢慢學會獨立的。

您不必太照顧到我，如果您是想讓媽媽跟您在南方居住，我也不會反對。你們有自己的生活空間，我也不能一味的去讓你們來遷就我，現在我也慢慢學會獨立了，如果您今後有什麼新打算就跟媽媽商量吧。

等幾年之後，我要步入社會，盡可能的找到一個合適自己的崗位，也可能去廈門體驗下啊！畢竟從小都在大連土生土長，也可以適當嘗試一下新鮮的體驗，如果我合適在那邊發展，那麼我也會過去啊。」

大大說「《共同目標》－我和妳媽共同的目標，就是要走到一起，生活在一起，就像今年春節我們一家三口的生活多麼美滿，多麼幸福啊！妳們現在的住家五十平米稍嫌狹窄，環境也不理想，這些都可以忍受，也可以適應的，改變住所並非是那麼迫切。但是住家的氣氛卻特別惡劣，自妳小時候和懂事以來，到今天一、二十年了，一點沒變，一點也沒有改善，而且往後隨時都會發生不愉快，就像昨天那樣，因此，搬家或改變住所已經變得很迫切了，妳說是不是？不愉快的來源，妳和媽媽都很清楚不過，但一時半刻也只能忍耐，徐圖改善了。如果是租房子來搬家，心裡並不能踏實，如果是買樓來搬家，那就踏實和舒服多了，此所以我要妳媽留意一下房地產行情和資訊，就是要作為買房子的準備和參考。

自從我和妳碰面之後和媽媽一起經過幾次吃飯和談話，我們都一直拿妳當大人看待，咱們仨相處得非常和諧愉快，所以做什麼決定都會儘量告知妳，讓妳知道也能讓妳參與發表看法或意見，能夠力求周延和周到。

我在昨天那篇《小老師飄揚我呢》中就說，妳的心智成熟度比一般同齡的女孩要早二、三年，比同齡的男孩提早三、五年，這當然跟妳的家庭和成長環境息息相關，是妳的苦處，也是妳的甜處。事實証明，我們沒有錯看妳。

雖然妳媽跟我說完全同意和接受我的安排，不管南來廈門或者北往大連，但是我覺得在沒有把妳安頓好之前就離開妳，在這關鍵時刻的二年，對妳影響很大，甚至妨礙很大，到時候妳媽辛苦十八年的心血豈不是都白瞎了？我不忍心看她的努力受到折損，勸她事緩則圓，暫時還以妳為重，維持現狀。所以能做的便是從看房、買房做準備，慢則一年半載，快則一月兩月做一個選擇。

既然一勞永逸的長久之計一時之間還不可得，那麼過渡性質的權宜之計就只好像妳所說的只能擠出來之不易的幾天在廈門和大連見上一面，時間不會很長。但不論是過渡或權宜，都不適合把時間拖得太長或是無限期，必須有一個度啊！就像我昨天說的這樣子天南海北的異地戀，時間確實不能拖得太長，頂多也就是三、兩年還可以維持，再長就會疲乏和疲倦，到時候就沒有熱情沒有火花。

我看過很多親戚朋友在成長過程中處於不愉快或惡劣環境的家庭，早就思考著如何在長大之後儘速脫離原來的環境，結果呢？十之八九的結局並不美好或理想，尤其是女孩子，最方便及最快速的脫離方法，就是早早找一個人把自己嫁出去算了。可是遇人不淑之後才發現，原來自己是從一個坑跳進另一個坑裡，其實也好不到哪裡去！我覺得趨吉避凶是每一個人的相同本能，所以這種想法並沒有錯，錯只錯在對象的選擇上，人選對了一切都好，人選錯了後悔一輩子。妳若有此種想法，我不反對，但我建議妳千萬不要隨便找個人嫁出去喔，至少要請家人和親朋好友為妳把把關，提供一點意見或看法。

是的，媽媽希望住到姐姐家附近，就是方便讓她就近照顧妳一些，這一點她有提過，跟我的規劃並沒有衝突，首選地點就是在泉水區靠近姐姐住家。另外，也想加強妳的生活能力，提升妳的獨立能力，成為一個完整的新好女人啊！

二年後妳離開學校步入社會，最重要的事便是工作，能找到與妳專業對接的工作自然最好，若是其他工作也可以嘗試或重新學習，儘快熟悉和勝任工作，那才算是大功告成之日。那麼除了妳能夠自立自強之外，還能夠適當的回報媽媽，才算是一舉兩得。有一句話說得好－人是充滿無限可能的。妳在大連出生及成長，但有可能會到廈門工作或定居，這兩個城市十分相似，都是新興城市，適合年輕人打天下。在家鄉謀生有種種方便，卻也有不少限制；在他鄉討生活是百般不便，卻又充滿無限希望。所以年輕人出外打拼和奮鬥未必不是好事，指不定哪一天妳會把異鄉當故鄉，反而會將故鄉作異鄉呢，現在地球村時代，這種例子已經是越來越多，毫不足為奇呢！」

媛媛說「您想的太周全了，安排井井有條，你的處事也非常嚴謹。可見您也非常關注我們現在的居住條件，的確很糟糕，每天生活在一個連起碼的心情愉快都不容易，談何幸福了！

希望有一個合適的機會，能夠換個環境，不再過著壓抑不如意的生活，我也會憑藉自己的努力不斷向上，將來有一個好的成就。我倒沒有想過，嫁對人就萬事大吉，首先自身的能力是很重要的，要不斷的完善自己，充實自己。有一個屬於自己的社會地位，而不是一味的去想嫁個好人。過早的結婚不是把自己早早的就束縛起來了麼？我倒不希望草草的就決定自己的人生大事，您的擔心也是沒有必要的，我會好好地努力加強自己現有的狀態，會越來越好的。」

大大說「《家庭的認知》–我從小對家庭的認知，以為家庭中的每個成員都是一心一德、同心協力、一起奮鬥的。小時候，雖然家裡很窮也很苦，但是當時每個家庭都一樣的，覺得吃苦受窮是天經地義，理所當然的。在我還沒有懂事的年紀，也就是讀小學二、三年級時候，就已經要聽從父母的安排分擔家事，貢獻出自己那麼一點點的微薄力量。而且，到了小學五、六年紀時，為了從事農活每天挑著水桶澆菜五、六十桶，壓得我肩膀都無法伸直，所以小學畢業時我的身高只有一米三六釐米而已，初中三年我離開家鄉和農活，猛長二十釐米，高中再長二十釐米，我真的不敢相信；後來我的孩子小學畢業都在一米五三釐米，可見得生活環境對一個人的身體和心理影響有多大呀！

我認為一個家庭中的家長，首先要付出最大的心力來照顧這個家，力有不足時，自然可以要求其他成員共同出力，為家裡也為自己努力才對呀！所以說家長是應該對自己的家庭負起最大責任，照管全家的生活所需，如果該負責而不負責的話，如何說得上以身作則呢？又如何去要求其他的成員呢？當一個男人作為一家之長時，首要之務便是挑起養家活口的責任，即使能力有限，只要你先盡到最大努力了，家庭內或家庭外的人，還是會對你加以肯定和贊許的，所以想要成家的男人必須先有對家庭付出的決心，和照顧家庭的責任感。

我思考的雖然周全或周延，但具體方面卻還沒有採取行動或做出什麼事，因為我雅不願意輕舉妄動，以免盲目或衝動之下做錯事，到時候又得回過頭來更正或收拾爛攤子，徒然浪費時間及金錢和心神，我一向是謀定而後動，看準了該出手時就出手，儘量避免失誤。對於妳們現在的居住條件，環境方面一看就知道應該適時加以改善，但非迫切性；氣氛方面一聽妳媽的敘述確需改變，具有迫切性。妳說是嗎？要不然，在這種條件下很容易得病，得到文明病（精神方面的疾病）雖然要不了命，可是就沒有了那股勁呀！長期下去，氣色和精神蔫了，身體和健康也會跟著垮了。

所以妳說能有機會換個環境，就能換個心情，不需再過此種壓抑的生活，是很正確也很健康的，孟母三遷就說明了更換環境的必要性。妳想努力向上取得一個成就，取得一個立足點和社會地位，這個志向是很好也很重要。至於具體的做法，我建議妳就從現在起，用心和用力的做好每一件事，除了妳的學習之外，課本上及課本外的也要進行多元學習，家務活也要趕緊學習和操練，這能培養妳的獨自生活能力，然後再就妳有興趣和擅長的事物專心致志地，有系統地學習，那麼妳一定不會在起跑點上輸給別人。

對於適婚、早婚和早戀，我在以前講得蠻清楚也蠻有系統的，妳不妨再回頭去看一看，應該是挺有參考價值的。戀愛和早戀其實是一件美好的事情，像妳媽現在處於戀愛狀態中，改變有多大呀！簡直就是脫胎換骨，變得又漂亮、又年輕、又精神，妳想不到，她也想不到啊！早戀一般是指高中或初中階段談的戀愛，它的副作用有二項，一是耽誤學習，一是擔心懷孕。所以一般家長都不允許，會加以阻止或反對，以兩害相權取其輕的原則，反對顯然是要比放任好得多，但如果是輔導或疏導又要比反對來得溫和或有效，還能避免親子之間的反目或緊張關係。高中之後或大學階段的戀情就不算做早戀了，而且還能得到親友的祝福呢。

就像妳現在剛渡過不安定期，對於接觸異性的禮節或經驗，早晚都是妳必須學習的人生課題，妳無須對自己定下過多的限制，尤其是在戀愛方面。倒是結婚，一定要審慎而為之，經過戀愛之後再結婚，當然是一個很不錯的過程，也是一個必要的過程。

戀愛不需要什麼條件，主要是中意或不中意，結婚就不一樣，的確需要斟酌各項條件合適或不合適。結婚的首要條件不在對方而是在自己，比如年齡大小，心智成熟與否，生活能力有無，經濟能力有無，工作有無著落和有無保障，準備好了沒有等等。

再拿這些條件來過濾一下對方的狀況，是否恰當是否合適？例如我在二十一歲結婚，完全是我一個人的決定，父母親無法干涉我的選擇，當時我很清楚自己年齡小，心智不成熟，沒有獨自生活能力。但是我有工作有保障有收入也有心理準備，還有我的父母跟我同住，那三項不足的條件也因此獲得改善，後來証明我的決定是正確的，我同年的同事們也紛紛在我之後一兩年跟進結婚了。

妳不認為嫁對人就能夠萬事大吉大利，這個很有道理，過早的就草草的把自己嫁掉實在沒有必要。但是同樣的，把自己的愛情和婚姻束之腦後不理，錯過適婚年齡也是一個不正常、不健康的想法。在年輕的時候，在黃金年代跟著社會的潮流走並沒有什麼不好，何況談戀愛還是這麼一件美好的事情，先談戀愛後談結婚，我認為是恰當的，也是穩當的。戀愛的對方自然是結婚對象的第一人選，這叫有情人終成眷屬。總之，有戀愛的對象，有結婚的對象，值得考慮結婚的選擇，到時候遇上對的人、合意的人，確實可以考慮看看，千萬不要錯失了好對象和好姻緣。」

媛媛「《但願能買到一套價格合理的房子》－還真是讓您費心，不斷在關注房屋資訊，房屋的價格也是波段起伏，但願能夠等到一個恰當的時機，合理的價格購買一套房子。

您的文采真的是很棒，有時候跟您對話都感覺慚愧，感覺到了書到用時方恨少，詞彙量還是貧乏，您總是能夠侃侃而談，說的都很有道理，我也很贊同。您小時候的生活條件並不富裕，可以說是很艱辛，但您很頑強的擔起家庭的責任，而且在學習方面也很要強。或許由於小時候生活條件的不允許，您在生長發育時還出現了些影響，但您依然也長大成人，而且比常人更健壯，真的也是經歷了千辛萬苦，才有您今天的成就。

還有一個哭笑不得問題，您來給我分析下吧，就不是早戀早婚的事情。我們班全班都是女生沒有男生，而且我們關係都特別好，吃飯上課放學都是在一起，回家無聊的時候會用手機聯系，有時候也會嘮的時間很長。可能真的就是有共同語言，要是讓我跟一個素不相識的人在一起我也沒有話可講。之後媽媽就會很反感，說我有同性戀的傾向，當時真的是無語了；雖然學校也有這樣的人存在，但是我會很排斥，感覺非常怪異，有時候也會感覺不可理喻，但是沒想到她竟然是擔心我同性戀。一九七〇後與一九九〇後的差異就這麼大麼？很投機的朋友，也是同學一起朝夕相處兩年多，這不是一個很正常的事情麼？為什麼她能想到那兒？站在您的角度您是怎麼看待的？難道是我的性別取向有問題？導致大家都產生誤會了？真的是搞不懂。儘速給我個答案吧，真的是太讓人大跌眼鏡！」

大大說「《哭笑不得的問題》－妳有很多的顧慮是多餘，甚至也有些不正確和不必要的，妳的一些個人審美觀還不能達到社會審美觀的地步，妳對自己的外表過於自卑而沒有自信。以社會審美觀對一個女孩子或女人的評價來說並不一樣的，對女孩子的要求是青春飛揚，年輕活力，可愛多過美麗；對女人的要求是端莊賢淑，氣質高雅，美麗大方。二十或二十五歲之前的女性可以稱為女孩子，二十五歲之後的女性都是女人了，不管是已婚或未婚。

其實，妳百分之百是一個可愛的女孩子，再過一兩年妳只要順利渡過青春期到了二十歲，就是一個美麗的小女人。依妳現在的身高和體重的比例非常勻稱，濃纖適度，胖瘦合宜，可要羨煞多少胖妞和排骨妹？可妳還在那邊愁著呢！別人羨慕妳和嫉妒妳的人可多著呢！妳是不是身在福中不知福？

妳這個哭笑不得的問題，根本不存在，自然也不是問題。妳跟同學中有幾位特別談得來，談得特別投機，一天有十個小時生活和學習在一起，自然無話不談，回家之後還是繼續談著聊著，這完全是正常的，妳的性別取向更沒有任何問題。妳媽的反感和擔心來自於妳的生活規律不盡理想，不合她的意思及要求，因為妳的生活細節沒有完全按照她的規範去做，這是其來有自嘛。

還有妳媽之所以不能理解妳放學後還能跟同學那麼有話可說，一方面可能是妳冷落了她，何況她的工作那麼辛苦那麼累，也需要妳的溫言軟語撫慰她的疲憊心靈，另方面可能是她從前沒有唸過高中、大學，不曉得在這個時期的少男少女的心理波動不同於初中時期，所以她不能理解妳。妳最好的做法，不僅是密切觀察她的喜怒哀樂和情緒變化，也要付出關心的行動，跟她多交談，幫她做家事，這個時候不要忙著妳自己的事，不要只顧著跟同學上網或打電話，等到各自休息的時間妳再做自個兒的事情。

青年時期的孩子已經是半個大人，最不喜歡父母在身旁嘮叨，凡百事情都要跟同學同伴商議，在男孩叫死黨，在女孩叫死黨也叫閨蜜，那是再自然不過了。

妳自己明瞭沒有同性戀的傾向，那根本不是問題，問題只在於妳和媽媽相處的細節，妳多聽她的話，儘量順著她就是一片和諧了。至於同性戀的話題，我在唸高中偶爾也聽到一些似真似假的流傳，後來進入社會從報紙和小說裡有讀過幾篇文章，也無法辨別真假。現在台灣社會慢慢會接受或容忍同性戀的存在，在三十年前幾乎是過街老鼠一般，人人喊打，這是時代變遷的現象。雖然我不贊許同性戀，但也不排斥同性戀的世界，可是妳看一下統計數字就能知道一個大概，同性戀的份子只佔異性戀千分之一或萬分之一，是極少數中的少數，那當然不是一個主流文化，連次流文化也談不上。妳或許也知道一點點皮毛的就是樓上阿姨的事情，弄得家裡人的關係一團糟，那是很累、很辛苦的。」

媛媛說「您說的句句在理，我非常贊同。而且您也是過來人，您給我說的就太好了，其實我就是普通的不能再普通的人，但是我總是對自己不滿意，從各方面看都沒有出彩兒的地方，也沒有您說的那麼優秀。現在唯一的資本就是還年輕，充滿無限活力，可以憑自己的實力一步步完善包裝自己，用知識武裝大腦，是從內散發出來的一種氣質，而不是整天對著鏡子挑毛病。我認為充滿自信的人就是最美麗的，對自己有信心才能做好每件事，但並非是自大。

您為我分析的真的很透徹，讓我豁然開朗。我心裡舒服多了，為了不存在的事情我還耿耿於懷，對媽媽也抱著仇視的態度，我總感覺同性戀是身心發育不正常，而且我也很不能理解，所以說，這真的是哭笑不得。」

大大說「《溝通的橋樑》－我以前不是說過妳們母女倆的關係特有趣？妳還因此問我諜對諜是啥意思呢？妳看這回為了一句話說好像在搞同性戀，可把妳氣得、急得都不行了，妳媽說得太快，妳也特別在意。幸好妳跟我一提，我雖然不在現場，仍然可以判斷出是怎麼一回事，經我一分析，由這一篇《哭笑不得的問題》來看，果然不出我的意料，妳們也能深一層了解對方的本意在哪裡。現在好啦，雨過天晴，雲霧散去，雖然有些曲折，仍能回到正常軌道上。我也充當一個和事佬，或者是溝通的橋樑、溝通的平台吧！

妳的外表普通但沒有任何瑕疵，沒有特別突出的地方或部分，但是整體外觀非常和諧和順眼，也就是可愛。難怪小舅媽誇妳像個韓國洋娃娃，多麼討人喜歡，雖然現如今妳的身子嬌俏，比例非常均勻，慢慢增加一點身高和體重，妳就從可愛進入漂亮，其實，妳的外貌比妳媽有過之而無不及。妳媽現在算是挺漂亮，而且這把年紀了，她的身材保持得像個大姑娘一般苗條秀緻，絕無中女婦女的肥胖或臃腫，所以叫我對她愛不釋手。我沒有想到妳對自己是那麼不滿意，甚至可以說是自卑，依我看妳的自卑感可能是來自妳的心理因素，來自妳的家庭環境因素。由於妳的家庭條件相對較別人差一些，家庭氣氛又不愉快，妳的生活一直不順心著，所以妳慢慢就會自我否定，對自己不滿意，這是心理影響到事實。

究其實，妳的容貌在同學、同齡、同儕中，都比較是受喜歡、受注目的，妳千萬不要搞錯才好。同性戀的問題說來話長，我不排斥也不歧視，相較於別人來說，我還能有一些同情，有一些度量，有一些看法，等以後再聊也行。」

媛媛說「您說的沒錯，我的自卑是由於家庭背景的影響，還有生活的一些不如意，所以總是很悲觀，對自己沒有自信，我會慢慢改掉這一毛病，要學會樂觀向上的面對生活。

請不要再談論同性戀這一話題了，壓根沒有影兒的事沒有必要總提，我很是反感，因為在學校身邊的同學難免有這種現象，大家都是見怪不怪。但是我媽把它放到我身上，我才會火冒三丈一下子壓不住火就爆發了，我以後會克制我自己的脾氣，畢竟也是我做的不到位，才會引來媽媽的擔心，所以說雙方都沒有錯。」

大大說「《巴掌臉》－妳可曉得什麼叫巴掌臉？指的是臉部或臉型狹窄有如一個巴掌大小而已，能夠被一個巴掌覆蓋住，相對於大臉或大餅臉而言，所指的是一種小臉。巴掌臉的特色是小巧可愛，容易化妝，相較於大餅臉也容易討人喜歡，妳便是屬於此種類型，而不是姐姐說的大臉。加上妳的身高與身材苗條有致，妳的外表挺會吸引人的，妳的臉型配上妳的身型是蠻有看頭和想頭，容易帶給別人浮想聯翩的，一句話就是說－這人長得好。知道嗎？妳怎麼可以自卑呢？妳這豈不是長他人志氣，滅自己威風嗎？那可是智者所不為啊！

我果然沒有看錯，妳對自己的不滿意是來自心理因素，心理是來自家庭環境的因素。溯本追源而論，既然家庭環境一時之間無法改變，倒不如從心理去改變，也就是改變認知或對自己進行心理建設。改變認知，就是要知道再不好的環境條件，未必是最不好的，因為比上不足，比下有餘多的是啊！妳和我所處的環境再怎麼不好，比很多人不好，但是還有別人比不上我們的，還有少數人趕不上我們的，妳說是不是呢？這樣一想，不平之氣能消一些，心情也能好一些。

心理建設，便是要能認清自我和所處的條件有所不足、有所不滿，能夠化不滿和不足為力量，加緊充實自己的生存能力及條件，勇敢又樂觀的向上和向前去面對生活，早日擺脫現狀與困境，改善環境過上好日子，安慰自己和家人的未來。另外一種方法就是，支持媽媽的奮鬥和努力，讓她專心致志地在工作上發揮，妳儘量給她提供必要的後勤支援，也就是趕快幫她承擔一部分或大部分的家事，讓她下班後能享受一下天倫之樂以外，還能獲得充分的休息，與心理的安慰，這樣子保証她能夠笑顏常開，養足明天工作與打拼的精力。

妳現在十八歲，自認為懂的事也不少，期望別人拿妳當大人對待，這不足為奇；相對的妳在做人處事上也應該拿自己當大人看待，坐有坐相，站有站相，行事有板有眼，中規中矩，這都必須自己先來要求自己，才不會落的不懂事或不識相或白目的笑話。妳對媽媽的察顏觀色非常用心也非常到位，這是很難得，進一步的做法就是化為得體的行動，要動口也要動手，用溫言軟語撫平媽媽的心靈，用分擔家事減輕媽媽的辛苦，豈不是更具體和有益嗎？長遠來看，做家事一半是為媽媽，一半也是為自己，勞動是一種習慣，必須要靠學習和勤勞養成良好的習慣，如此將做家事當成勞動養成天天動、天天做的習慣，不是一舉兩得嗎？再有一層用意，做家事能夠提升自己的生活能力之外，還能照顧家人、親人、別人哪！

在三八婦女節那天你還給我飄揚著，說什麼『您的文采真的是很棒啊，有時候對話都感覺慚愧了，感覺到了書到用時方恨少，詞彙量還是貧乏，您總是能夠侃侃而談，說的都很有道理，我也很贊同』。真是好詞，我們都知道—學然後知不足，也是好詞，這話的意思就是說由於學習的緣故，才能夠知道自己所學有所不足。所以個人能夠有這個體認，就不致於妄自尊大，盛氣凌人，待人處事就比較會低調和謙虛，而為學與為人的道理正是相通的。

正因為我們承認自己的不足，別人的優點及長處，有值得我們向他學習的地方，這樣子想法我們並不丟人，還會有成長的機會和空間。每個人的年齡、性別、背景、歷練不同，各有其優點或缺點，當他的優點又是我們不足的地方，正是我們尊重他或向他學習請益的所在，至於缺點知道就好，基於隱惡揚善的原則不該給他傳播出去。

我的處世原則，對於年紀大的人禮讓三分，對於有才能的人尊敬三分，這正好暗合著敬老尊賢的旨意，對於年紀大又有才能的人，更該倍加尊敬。至於妳拿我作比較或參考，我的年紀大，讀書還不少，寫作能力行，參加工作三十多年，社會經驗豐富，人情世故和應對進退嫻熟，溝通能力流暢，表達意思完整，說話和做事的組織能力有條不紊，先後有序，節省時間體力，易收事半功倍之效，這是我比妳佔優勢的地方。

但是妳的語文底子札實，最大的本錢就是還年輕，充滿無限活力及希望和可塑性，可以逐步完善自己，更難得的是妳能有自己不足的體認，就不會妨礙自己的學習和成長。就像妳常說的我們要多多交流，互相發揚，一起成長。我認為對於世事多用心，又能借用手中的筆將所見、所聞、所思書寫出來，對自己或別人可以循著文字檢驗事實或現象。」

媛媛說「你這小嗑嘮的就太到位，給我誇了一大圈我都有點犯懵。根本沒有您說的那麼優秀，但是我會逐漸往好的地方靠攏，往優秀的地方發展。

您分析的相當透徹，讓我豁然開朗。沒錯，就是從小家庭的因素加上個人的自身條件等一系列的個性，導致我現在的狀態，對自己沒有太多自信，更多的是退縮。我想這一點我一定要努力克服，不要讓它成為我成功路上的絆腳石，我要逐漸調整自己。

您教我為人處世的道理我會慢慢領悟，都是您多年積累的經驗，前車之鑒。尤其是你說的所以個人能夠有這個體認，就不致於妄自尊大，盛氣淩人，待人處事就比較會低調和謙虛，而為學與為人的道理正是相通的。正因為我們承認自己的不足，別人的優點及長處，有值得我們向他學習的地方，這樣子想法我們並不丟人，還會有成長的機會和空間。我會努力的。」

大大說「《心理建設》－這一下妳曉得自己的特色在哪裡，世無全物，亦無完人，凡人當然會有缺點，只要能夠承認自己的缺點，並且有心加以改正或改進，就是一個很不錯的做人態度，而妳既然會承認也會改正缺點，便是可以走向正面的人生。

以外貌來說，女性的小臉要比大臉精緻耐看，也比較受男性的喜愛；大臉上的五官不容易長得那麼精巧，美麗的不多，通常只能走大氣和性感的路線，必須擅長於化妝，才能凸顯出優點，還需要個子高才能搭配合宜，也就是說小個子的女性不適合長那麼一張大餅臉。但是，男性的大臉就要比小臉受重視了，有的男人生就一張四四方方的國字臉，雖然不漂亮也不英俊，卻顯得多麼莊嚴和穩重，受男性和女性的歡迎，反而長得太俊俏的男性，多少帶些脂粉味或奶油味，不夠陽剛，稱為奶油小生，反而不受某些女性的青睞。

妳的巴掌臉在女孩子時期就很受男孩子喜歡和欣賞，將來到了女人時期越發長得漂亮，自然更受男人的歡迎，這一點妳應該目前能感受到，今後也能感受到。俗話說女大十八變，妳目前已經開始轉變，而且是越變越好，尤其是妳在五、六個月之間居然一下子猛長九斤肉，把整個骨架都撐起來，把上圍及下圍都長圓長鼓了，這一個轉變非常好，而且妳的臉也長開了，長得更好看，不再像之前五官緊緊的擠在一起。

其實，妳在長肉的同時，按比例妳的身高一定會跟著長起來，所以我一直叫妳去確實量一下高度，妳卻找不到量計。依我的推估，妳媽一米五八釐米，之前妳是一米五七，但是半年後的今天妳應該在一米五九以上，不信的話妳確實量看看。說到外表，妳只比別人好絕不比別人差呀，妳怎麼有自卑的權利呢？從今以後妳把自己的心理建設起來，或者武裝起來，快樂和開心的迎接美好人生，不是很好嗎？

人生的發展，半受遺傳決定，半受環境影響，遺傳決定高度，環境影響深度，這是符合科學發展觀的論述。妳的家庭影響到妳的成長和妳的心理，不佳的環境造成妳不良的心理十幾年了，唯今之計，是早早把這不正確的心理因素拋卻掉，重建起正確及健康的心理素質。妳有任何疑問都可以尋求媽媽咨詢或協助，媽媽若不了解，妳也可以問我，不必有什麼顧忌，妳看這一年來妳的疑問大都能從我嘴理或手裡得到滿意答案，不是很好嗎！妳對自己的心理障礙也有些明白了，像欠缺自信，退縮心理等等，應該儘早予以克服，才不致成為妳人生路上的絆腳石，才能走向成功。

俗話說心病還須心藥來醫，所以心理障礙就用心理建設來對付它、來克服它，這應該不是難事。如此便能對自己的做人做事建立信心，逐步走向奮發向上的道路，這樣的人生必能充滿陽光和朝氣。另外，妳還必須克服的是個性的急躁，雖然妳很清楚自個兒的毛病，但是妳沒有駕馭的能力，沒有堅定的自制力，遇事思考不到位就急著表態，壓不住火苗就爆發，像那爆竹的脾氣，一點就炸，難免有時候會失之衝動，招致失敗或得罪別人，埋下潛在的敵人，這一缺點也要隨時注意改進和控制。

我一向是這麼認為，做人處事低調和謙虛並非丟臉，我當然有許多不足的地方，別人不管他的年齡大小或地位高低，總有我不如他的地方，注意他的優點和長處，自然有向他學習或者借重的地方啊！所以我既不丟人也不吃虧，與人無敵，於己有益，何樂而不為呢！此外，低調和謙虛對自己的修養更能起到極大的作用，不會自大自滿，更不會到處討人厭，或到處樹立敵人，如此一來我不就是能夠專心致志做我自己想做的事嗎？而且修養能達到心平氣和的好處還多著呢，不會輕易生氣，不會惹禍上身，有益身心的健康。」

媛媛說「謝謝您為我指引前行的方向，我真的收穫不少，更重要的是感覺我們根本沒有代溝，可以暢所欲言，對不對？您很仁義，這是最值得我學習的一點，我要學著謙虛謹慎、不急不躁，做什麼事都要穩妥，腳踏實地。

您給我誇了個遍，我聽完心裡這個美啊！我知道我沒什麼大毛病就是欠缺自信，我在以後的日子會努力培養自己的自信心。」

大大說「《笑談人生樂傳承》－自從去年五月開始用手機跟妳發短信，然後改用電腦和網路與妳發郵件，迄今有十個月，我和妳來往的郵件總字數已達七、八萬字之譜，真是意想不到。起初只是短短的內容兩、三百字而已，後來逐漸變成長篇大論動輒千兒八百字，甚至達到一、兩千字，實在出乎意料之外。中間有一段期間我還擔心妳會對成人世界的一些人生道理無法理解而厭煩，改談一些趣味的人生插曲，雖然妳不能做出詳細的回應，至少妳也能看懂和讀懂文字的意義，因為妳的語文底子良好。

而且媽媽發現到她無法跟妳解釋和答復的問題，我卻能輕易的給妳講解明白，把她高興得要我代替她給妳回答問題，我也就盡力而為了，所以我常以過來人的經驗和見解跟妳回答生活及人生的題目，效果還挺不錯的嘛！我自認為像我這般年紀有相同或相似的人生歷練者很多，但是能像我這麼用心去觀察及思考人生及社會現象的人不多，尤其是要用口頭或文字把它敘述出來，那就更是少之又少了！

妳說的沒錯，我們的溝通打從一開始就沒有任何代溝的現象存在，也沒有溝通不良的地方，完全能夠各自暢所欲言，只是各人的立場和認知有所不同而已。

我的性格和行事風格其實很簡單，就是一個實事求是，不高調，不執著，平平常常，平平淡淡的對待他人和獨立自處。還有，便是將心比心，站在對方的立場設想不為己甚，己所不欲者勿施於人，不貪圖別人的好處或利益，不妄想別人的東西或財物，如此而已。我覺得待人接物貴在一個和氣，要能和顏悅色，不論對待年紀大或年紀小的人都是一樣，我知道俗語有句話叫寧欺老莫欺小，我卻是不欺小也不欺老，因為那句話說得更好『老吾老以及人之老，幼吾幼以及人之幼』，我把別人的長輩當做自己的長輩來尊敬，把別人的小孩看做自己的小孩來愛護就是了。

妳的自卑感是來自家庭環境造成的心理障礙，屬於內心世界的狀況，這一點外人是很難察覺到；妳的急躁源自深層的個性和本性，屬於身體外部的行為，這一點別人便能感受到。兩者算是妳比較明顯的缺點，但並非不能改正或改進，加強心理建設有利於改進妳的自卑，放緩或者放鬆對事物的反應，深思熟慮之後才發言或採取行動，就比較不會失之衝動，這兩點可以自己多加練習。除此之外，妳並沒有什麼大毛病，不難重建妳對自己的信心，何況妳還擁有聰明的頭腦，雖然不怎麼愛學習，又有可愛的模樣及身材，很快就能進入漂亮的行列，迎接妳的玫瑰人生。」

媛媛說「下次來我們一定要一起去唱歌，這次可以一飽耳福，領略您的歌喉。您現在教會我一些做人的道理，我也是似懂非懂，但是您很細心傳授給我您的經驗，我會一一去改善，我也清楚自己的不足之處。」

大大說「《唱歌自娛娛人》－說到唱歌真有趣，不但可以自己唱給自個兒聽，而且還可以唱給別人聽，這叫自娛娛人嘛。此外，唱歌不僅是娛樂的媒介，還是交際的手段，就跟吃飯、喝酒、打牌、跳舞的作用一般呢！我發現唱歌可以娛樂自己，也可以娛樂別人，還可以做為交際應酬的手段。我和媽媽通電話的時間中有一半是相互談話，有一半是我唱歌給她聽呢！

據媽媽說，想當初我們還沒見面認識之前，就因為我為她獻唱一首歌《遲來的愛》把她感動得下定決心要愛上我了，要是不相信妳可以問她看看是不是這樣子？妳瞅瞅她的說法如下『你知道我從什麼時候開始對你動心的嗎？就在你來大連之前的有一天在通話時，你得知我在下班途中發過信息，放下電話後專程跑到海邊去接收那條信息，然後回到家裡又為我唱那首歌《遲來的愛》那時。哇！我封閉多年的心門突然打開。我知道這是一個很有心的男人，又懂得浪漫，加上看照片上你健康強壯的身體，當時斷定這不就是我所想要的那種男人嗎』？

妳現在的年齡正當年輕，也稱為涉世未深，對於人生道路上的種種閱歷所知有限，體驗更少，所以我說的這些做人做事的道理，妳是似懂非懂。但是沒關係，我先把道理講在前面，將來妳在人生路上遇到類似的事情或情況時，到時候妳再加以思考或參照，也不無斟酌的價值。所以妳應該把這些我打印出來交給妳的郵件保存起來，日後有空時再加翻閱，可以溫故而知新，有機會時也可加以參考比較。妳說是嗎？」

媛媛說「您說唱歌要對自己有自信，不管聲音好壞與否，重要的是大家一起調節氣氛，也是抒發自己內心情感的一種方式，用歌聲去傳達，這樣也會感染身邊的人。」

大大說「《昨晚睡得好嗎》－俗話說計畫趕不上變化，昨天晚上八點突如其來的變化，叫妳和媽媽一時為之措手不及，整個生活步調改變不小，夜裡和媽媽睡在一起相互取暖，感覺很不一樣吧？我在夜裡將近十一點才從朋友那裡返家，打電話過去媽媽說晚上和妳一樣難過，妳跟她睡在同一張床上，一人一條被子，不知道妳昨晚睡得好嗎？

生活環境或條件對於每一個人都是至為重要，生活氣氛或關係同樣極為重要，所以一個居家條件影響一個人的身體及心情既深且遠。我以為一個家長的責任，就是要為家人提供一個安定及舒適的居住環境與氣氛，讓一家人生活愉快，和和美美的。生活環境自然是以房子為主，生活氣氛是家人之間的相互關係，兩者是等量齊觀，也是一樣重要，不可偏廢的。有些家庭的居住條件和物質條件雖然不是很好、很寬裕，但家人之間的感情濃厚關係和睦，生活氣氛愉悅，家庭關係仍然是正面的。相反地，有的家庭居住和物質條件很好、很寬裕，可家人之間的感情淡薄關係不睦，生活氣氛緊張，整個家庭依然是負面的。由此可見，生活環境和生活氣氛是同樣重要，缺一不可的。當一個家庭的環境不好，氣氛也不好時，最是糟糕了！

話說回來，危機有時正是轉機，這種情況也是所在多有呢！當我們體認到自己所處的不利環境，必須加緊改善時，有時它也是激勵我們奮發努力的契機，也是讓我們立志朝向目標奮鬥的原動力。例如我參加工作之後，以一份工資租屋養活自己一家六口以外，還要撫養二位老父母和二位弟弟，辛苦了十五年才能準備購買土地及建造房子，實現住者有其屋的夢想，越三年，當我的自有房屋落成喬遷時，我終於擺脫無殼蝸牛的夢魘。啊！那個快樂叫我興奮和激動得，無以復加啊！」

媛媛說「昨晚睡得不是很舒服，主要是媽媽心事重重總是翻來覆去，我心裡也不是很舒服呢！總感覺一塊大石頭堵在心底，很是壓抑，現狀是這樣，只能由我一點點去改變，但是目前的狀況還很是不理想。媽媽最近也上火，感冒了，我是看在眼裡，急在心裡，她有時候講話還會急躁，我知道她比我更犯愁，一天操不過來心，總是一味的為瑣事煩惱。我會幫她一同分擔的，現在的苦不算苦，我相信不用十年，生活狀態一定會有質的飛躍。不是紙上談兵，我希望能通過我的努力奮鬥，給媽媽一個安逸的未來，四十年前沒享受到的都會給她補回來，不再讓她整天像上了發條一樣地忙碌。

更重要的是，要報答您這段時間一直的幫助，對我不斷啟發引導，我相信我會往好的方向發展。」

媛媛說「最近您好麼？沒有太多的溝通不知道您近況如何，我正在一步步改變自己，正在往好的方向不斷發展。上學將近一個月，早已適應了學校生活，每晚十點上床，早上五點半準時起床，我會一直保持這樣正常的作息習慣，並且能早晨起床騰出時間來，晚上睡前也能夠喝上一杯牛奶，相信一直養成這樣的習慣，身高會有所突破，我會一直的保持下去。

媽媽這幾天一直為房子的事情忙來忙去，這個還是需要把握好時機，掌握好房屋資訊，這樣才能萬無一失，但願能順利的安排好這件事兒。媽媽之前還跟我提過要去廈門發展，我在這面讓姐姐幫忙照顧，我是沒有意見。

您好，聽說你今天生病住院了，一定要注意哦！您總叮嚀我要注意身體，您也要愛惜身體，不要等到病找上身了才在意，少喝酒，合理調養自己，祝您早日康復。」

大大說「謝謝妳的關心，我會注意保養自己身體。這個膽結石一直是我這幾年的一塊心病，早晚都要發作，發過之後必須澈底加以解決就是。

今天的治療進入正軌及有效範圍，前四天只是給小醫生做白老鼠！妳說的對，平時要愛惜身體不要折騰它，妳看媽媽因為掛念我而上火，連耳朵都出問題，教我好生不舍！妳就費心多開導她，也多照顧她吧！」

媛媛說「最近好麼？身體恢復的如何？俗話說病來如山倒，病去如抽絲。每個人都難免被疾病困擾，但是您畢竟上年紀了，雖然平時很注意保養，但是身體自身的緣故加上日積月累的習慣，常常會有頑固的小毛病。您的膽結石或許就是因為您經常不注意生活飲食造成的吧，說大不大，說小不小，但是放在每個人身上都不好受。

您不斷叮囑我注意生活習慣，您也要多愛惜自己啊，身體是自己的，越上歲數就越要學會保養，希望您病情恢復以後能更加健康，還等著咱們一起去唱歌呢。」

大大說「《計劃趕不上變化》—上月下旬本來想給妳說一說個人審美觀的一些看法，但是因為媽媽有一點工作上的空檔時間，我們就相約在廈門會面團聚。沒想到見面後第三天夜裡我的身體突然發生不適，折騰一宿才好轉，第四天以為恢復正常了，不料第五天早上回家上班後又發生相同的不適，撐到下午下班後看過醫生一晚也沒有改善，四月三號早上就去醫院掛號看診，立馬安排住院治療，十三號出院。我住院十天後已經出院五天了，今天早上開始做運動並測試一下體能狀況，但是在做俯臥撐和舉起槓鈴時，力有未逮，大概只有平常體力的八成而已，量了一下體重只有八十九公斤，比住院時候九十四公斤，瘦了十斤！

我在住院治療時也發現，病來如山倒，病去如抽絲。雖然出院休息，可是精神及體力大大消退，大約只得恢復八成左右，從住院到今天半個月來，我特別顯得懶散和沒勁，俗話說英雄最怕病來磨，何況我還只是個狗熊！妳說的很有道理，一個人上了年紀，全身的器官和系統多多少少都會有一些小毛病，最需要注意保養身體。這三、四年來我的身體健康檢查一般都還好，唯獨多了這一項膽結石，造成我最大的一塊心病，卻又揮之不去，叫我無可奈何！就好像是我身上的一顆不定時炸彈一樣，不知道它什麼時候會發作？這一次突然爆發，叫我吃了不小的苦頭，也不得不正式面對它！／治療膽結石使用抗生素，副作用是降低免疫力。

我估計此次調理身體尚需半個月的時間才能見到功效？下次我們見面時，肯定會有很多話題可以談，當然也可以好好的一起唱歌，分享開心和喜悅。」

第六回　六十萬元買套房，開創母女新生活

2012／04／25

媛媛說「買房子的事情總算是解決了，以後您也不用再跑到外面的旅店住，我們可以其樂融融的聚在一起，也沒有不方便的事情。想想也很快，我們第一次見面還是在去年，一晃就將近一年的時間，相處很融洽，希望以後我們能更加和諧，一起交心，隨心所欲的暢談。

您要多注意身體，過一段時間您就要來大連，這面的氣候陰晴不定。您可一定要做好預防，病來如山倒，生病的確是件難受事兒，只要您平時多注意保養就沒事。」

大大說「妳這幾天發來二次郵件我都能收到，但我發過去的郵件妳卻不能收到，大概就是我的郵箱被屏蔽那麼一回事，不打緊的。媽媽這一周來忙著買房子事情，忙得多麼開心。因為買房是她最大的夢想之一，有夢最美，希望相隨，築夢成真唷。我跟她說

買房子價錢那麼高，當然是一件大事，要謹慎以對；同時買房子也是一件喜事，要抱著開開心心、歡歡喜喜的心情把這事辦得圓圓滿滿的。媽媽另外一件最大的夢想之一是愛情，已經得到一年了，把她樂得都不行！這下子，我們就能像小舅媽所說的早日組成三口之家，或許在一兩個月之內就能實現，妳說好不好啊？」

媛媛說「大大，這次您到大連真的是遭罪了，媽媽沒注意飲食方面的忌口等等，導致您的病況加重，身體也不舒服，您只要保持一個好心情加上多注意保養，應該很快會緩解的。膽結石患者在飲食上要注意，可以最大限度的避免膽結石病情加重。」

大大說「《老頭愛丫頭九》——六十萬元訂套房，開創母女新生活；出發時生龍活虎，歸來唯見一病貓。２０１２／05／05　妳昨天發來的郵件有關膽結石注意事項非常完整有用，對於我的病情及身體健康一定有極大的用處及幫助，我非常感謝妳，妳也真是貼心的小棉襖。這次在五號晚上吃了不少忌口的食物，只是沒有在當天發作，而在六號中午又吃很多忌口食物後，終於爆發病情。

主要還是要怪自己貪吃，不能夠怪媽媽的，今後我們一起來監督、一起來把關就好，汲取這一次的慘痛教訓，下次不要再犯同樣的錯誤。」

媛媛說「身體恢復沒？給您的那些建議有按照那樣去做麼？其實那些建議有些也不

保準兒，喝牛奶究竟是好還是不好？每個專家都有不同的說法，還是要多注意自己在生活起居上合理的調節自己，根據自身狀況量力而行，多做運動，保持一個好心情，病一點點就痊癒了。」

大大說「三月十九日那晚家裡突然發生變化，整得妳和媽媽擠在一張床上睡不安穩，我就知道妳們的居住環境與居住關係必須及早做一個改變。

原本還想延到年底再做決定的，但是這個情況的出現導致有時間性和緊迫性，因此我就跟媽媽商量繼續尋找合適的房子。四月二十一日媽媽看中一套房子告訴我說她很中意，我聽了也能滿意，當晚她就拿出一萬元訂金和仲介及房主簽訂買房合同，首付款要在十五天內付清，我說首付由我負責在期限內帶到她手裡。我如期在五月四日把錢送交媽媽，再交給銀行做資金監管，其他的事情和手續由媽媽辦理，大約在六月末就能順利交屋，那時才算大功告成。昨天妳說我的身體情形，關鍵在於注意飲食，真是說的一點也沒錯，我會加倍留意。」

媛媛說「膽汁的儲存一般在夜間，但是膽結石患者的膽汁過於濃縮，臨睡前喝一杯全脂牛奶，可以降低夜間膽囊內膽汁的濃度，防止膽汁過度濃縮、析出、結晶，睡前喝杯牛奶同時也有安神的作用。

一直以來，感謝您對我和媽媽的關懷體貼，還順利購買了一套房子，為我們解除一個大問題。換個環境會在心情上有很大的改變，我們也會越來越好的。」

大大說「我們會越來越好的，頂多就是再忍耐一個多月吧？我在前天說了危機有時正是轉機啊！等妳搬新家之後，新的住家，新的環境，新的開始，新的生活，那是多麼美好啊！我們就能實現組成三口之家的願望。妳是那麼漂亮又聰明，那麼懂事又聽話，我和媽媽一樣關心妳、愛護妳，都在想方設法為妳提供一個舒適又愉快的生活環境，現如今這個夢想慢慢就要成真了，讓我們共同開心的一起來迎接吧！我的身體還在逐步復元中，因為住院打了十天的抗生素，在消滅體內病菌的同時也傷害到自己的健康細胞，造成元氣大傷，恐怕還得調養好幾個月才能完全復元。」

媛媛說「您這次來大連從臉色看就大不如以前那樣神采奕奕，看出了您的憔悴，多半是因為病情的影響加上住院期間飲食的不合理吧。這次來媽媽本想為您補一補，做了很多好吃的，卻忽略了您忌口的問題，飯菜做得味道都可以，只是您要忌辛辣、海鮮、和飲酒，還吃了很多蔥蒜。您一樣沒落，吃喝絲毫不在意，所以這次知道原因了，在家一定在吃的問題上多費心思，快快養好，恢復體力，恢復元氣吧。

大大，您一直在我和媽媽身上花費很多精力、物質、關懷，都是無微不至的體貼，媽媽也比以前心情舒暢很多，我也跟著開心。我們的大房子很快將搬進去入住，一個多月的時間就可以迎來嶄新的生活，真的很期待！很感激您讓我們的生活品質有了明顯的改觀，以後我們可以一直相處的很愉快。今天是母親節，我陪媽媽去逛街卻沒有買任何禮物。

我們正一步步往好的方向發展，過去的不順利，都將一一被解決，即將搬到新房子去居住，換個生活環境心情也變好，嶄新的生活也將來臨，這些都歸功於您的不斷關心。」

大大說「《新的住家新的生活》－其實，膽囊的作用是分泌膽汁，而膽汁的功用是消化食物，自然有其用途也有其重要性。就像盲腸也有它的作用與價值，輕易不要割除它，除非是器官已經壞死不得不動用外科切除手術。但是盲腸、膽囊和胰臟一旦遭遇急性病變時，一則疼痛劇烈，二則常會要命，必須即刻送醫就診，一刻也耽誤不得。

膽結石的控管首重飲食，以清淡為主，多吃青菜、水果；少量可以吃的是魚肉、雞蛋和酒；少吃為妙、要忌口的是油炸、油煎、高膽固醇食物，辛辣食物如大蔥、大蒜、辣椒；也不能夠暴飲暴食。以上這些飲食注意事項，妳都說得再明白不過，我會全力遵守並且做到。

送走母親節，又將迎來父親節，到時候我的身體大概可以完全復元，目前只能恢復到七、八成而已。身體虛弱的原因，應該是來自於住院十天中施打抗生素的關係，因為抗生素在體內消滅病菌的同時，也消滅了很多健康細胞，造成元氣大傷，打抗生素實在是一種不得不的手段，也是一種必要之惡。回到妳和媽媽的身邊，我的心情是多麼快樂，多麼飛揚，媽媽準備了豐盛、可口、營養的飯菜，我都非常喜歡。只是由於貪吃竟忘了忌口的要求，連著二天吃下那麼多辛辣的食物，才會遭罪，真是萬萬不能再掉以輕心，下次不敢了！

是的，我愛媽媽情深意重，媽媽愛我也是如此，我自然要處處為她來設想，盡力照顧她、呵護她，讓她幸福、讓她快樂，這些我都是一點一滴在做。雖然我們相隔天南海北那麼遙遠，也叫鞭長莫及，但是對於重要的事情盡量安排好，遇到困難為她設法排除，同時也要兼顧到妳的需要和妳的難處。妳們眼面前最迫切需要解決的便是居住環境，經過考慮和評估，還是以買房做為最澈底的改善方式，所以過完春節就一直在注意房地產資訊，以及市場的趨勢，大致獲得一些了解。原本是要稍微延後再等待最佳時機進場的，但是為了因應三月十九日突然的變化，只得提早出手，這也算是一個理想時機。或許下個月這時候，妳就能搬新家，到時候，新的住家，新的環境，新的開始，新的心情，新的生活，新的希望，那是多麼美好啊！而且，我們就能夠真正落實組成三口之家的願望。」

媛媛說「您說的沒錯，一家人不說兩家話，但是您為此作出的付出真的要回報您，以後等我有能力的時候，我們的生活品質一定會逐步升高，日子也會越來越美滿，我們一起攜手進步吧，幸福陽光的日子即將到來。

這個病三分治，七分養，只要多注意保養，就沒有大礙。您的身體素質很好，小病小災都算不上什麼。有點小病未必是壞事，會比一般沒病的人活的長壽呢。

馬上我們就變成三口之家，也減少許多麻煩，我的做菜本領也越來越有自信，做上一桌子葷素搭配的菜是不成問題，等著一飽口福吧，也可以讓媽媽歇歇了。」

大大說「《買房子費錢又費時間》－妳在郵件說買房子的事情算是解決了，這句話並不是很完整，對於事情的描述也不是很正確。因為買房子屬於不動產買賣，跟買電冰箱屬於動產買賣是不一樣的。動產買賣只要買方付款就可以立即把產品帶回家，或者由賣方將產品送到家；而不動產買賣買方照樣必須付款卻無法馬上把產品帶走，或者占用產品，必須先簽訂不動產買賣合同，支付一點點訂金，再支付頭期款，或者稱首付款，買賣雙方會同仲介公司到房地產交易市場辦理一系列的買賣手續，等支付末期款，或稱尾款，再辦理所有權過戶，等拿到房地產所有權証再辦理交屋，這樣才算全部完成。所以從開始簽訂合同到交屋拿到鑰匙，慢則二個月，快則一個半月吧，快與慢就看買賣雙方的手續準備是否齊全？

因此四月二十一日那晚，媽媽看中房子，拿出一萬元訂金簽訂合同，那僅僅是一個開始而已，當然不算是解決了，等到交屋拿到鑰匙才是真正的解決喔。從付訂金那一日起算二個月，大概要到六月下旬或者中旬才可能會拿鑰匙。這段時間內這些買賣過程的事，全由媽媽一手打理，現在每一個步驟都很穩妥，交屋應該不成問題，時間也可以預料得出來，甚至還能夠稍微提前十來天吧。

妳現在也可以開始規劃妳入住新居時的想法或安排了，也可以用文字或圖畫作一個規劃看看，動動妳的腦筋，如何開始新的生活，新的希望。當妳換個新的住家，新的心情，妳將能體會到這改善環境意義多麼重大，多麼喜悅，多麼歡欣鼓舞！妳對大大和媽媽最大的回報，就是開心的過上好日子，然後做好妳份內的事情，也為自己的將來努力做一些準備，快樂的學習，順利的工作，那是不是多麼美好啊？

想不到妳還曉得三分治病，七分養病，我以前可從來沒有聽說過呢！但是我這下可是非常注意飲食，忌口的食物能不吃就不吃，就算吃也是淺嘗即止，絕不敢大吃大喝。

妳說的也對，生場小病未必是壞事，起碼讓自己曉得自己可不是什麼無敵鐵金鋼，更不是生冷不忌，百毒不侵的身體。看來妳對做菜越來越有自信，真是不簡單，我很快就會有口福嘗一嘗妳的手藝呢！」

媛媛說「您說買房子是既費錢又費時間的事兒，其實也不是這樣，等待的時間雖然不短，但至少能獲得今後幾十年的安逸生活，俗話說，好事多磨麼。慢慢等，一點一點生活就在發生質的飛躍，也會更美滿的。事情辦得很順利，媽媽也不斷跑東跑西的，現在事情也算穩定下來了，接下來就該想如何打造這個新環境，我也想了好多種，等定下來我們可以一起想。採納大家的意見，讓每個人都滿意，居住起來心情也會舒暢。

大大您知道保養，這就很關鍵，天氣慢慢變熱了，食物也格外容易變質，在外面吃飯的時候更是要多注意，別吃小攤上的東西，回家自己親自動手買新鮮的食物自己做，會對身體有益的。自己照顧自己吧，等您到大連的時候，我也有能力給您烹調美味可口的食物了。」

大大說「《買房子是好事、大事、喜事》－成家立業可是人生的大事和好事，成家指結婚，完成終身大事；立業指建立事業及購置產業，都是一個人和一個家庭的頭等大事，也是第一等好事。在我們家鄉，更是把買房置產當作是一件像結婚一樣的喜事來操辦，歡天喜地，喜氣洋洋。所以在買房的過程中，就會預留一個比例的費用，百分之一或百分之五作為紅包之類的開銷或者公關費用，對於用錢不會像平常那樣子摳得緊緊的，就為了在買房時能夠順順當當的完成。

依我的看法，妳可能不了解買房的意義和過程，所以妳會簡單的以為買房子的事情算是解決了。因此我才會在昨天說買房子費錢又費時間，這主要說明的是買房的過程，手續非常繁瑣又複雜，怕妳不了解這些程序，誤以為已經買好了，怎麼還不能搬新家呢？也怕妳不了解這些程序而產生急躁和不耐煩，我才不厭其煩的告訴妳動產買賣與不動產買賣的區別在哪裡？

至於買房的意義，我在前一段從成家立業說起，那是人生的一件大事和好事，關係到一個人和一個家庭的興旺。俗話說好飯不怕晚，好事當然也不怕晚，對於買房是不能急也不用急的，在買前要下大功夫首先琢磨自己的需求是什麼？自己的負擔能力又是多少？其次要接觸市場了解行情趨勢，接著去看房和找房，由其中合意的篩選出一兩套來做最後的選擇，一旦選定之後絕不猶豫。最後在買賣過程中全心全意做好應行準備的所有証件及手續，以確保買賣的順利以及早日完成，遇到困難或阻礙迅速尋求解決的方案。這次買房的第一階段，買前的準備工作是由我和媽媽合計之後決定的，第二階段全由媽媽挑選之後再共同決定，第三階段我負責把首付款帶到之後全部交由媽媽處理。依妳看這過程是不是沒有什麼瑕疵或錯誤？給媽媽鼓鼓掌吧！

妳可以準備新的心情去適應新的環境了，也可以好好做些規劃，把新窩當做安樂窩，開始妳的新生活，到時候我們一家三口一起品嘗妳的手藝及美食，豈不是美事一樁嗎？」

媛媛說「您把成家立業比喻的淋漓盡致，的確我們買房對大家來說都是一件歡天喜地的好事，心裡總是美滋滋的，手續也快完成的差不多，馬上接近尾聲了，下一步就是按部就班的搬新家，週六還幫媽媽忙裡忙外的整理東西，一樣樣都打包好。

搬家也是件體力活，費力費神。費力：要一件件整理物品將物件都擺放在合理的位置，清掃家裡的衛生，家具的擺放等等，這些工作就交給我和媽媽完成吧，我們一定會整理的井井有條。費神：要考慮如何讓家裡煥然一新，首先要想好打造成一個什麼風格，我個人偏好於紫色系，在家中有些紫色的點綴會使房間清幽，大氣，也很溫馨。其次我也希望利用好客廳的空間，可以安放一個茶几，再擺上一套茶具，方便您飲茶。

沙發的色系也要重新改造，因為我們都感覺不是很符合整個的色調。牆壁可以適當貼壁紙或是刷漆。這樣就可以呼應整個房間，也不會很突兀。總體還是看你和媽媽的意見吧。」

大大說「《買房歡天喜地》－妳說的一丁點也沒錯，買房對大家來說都是一件歡天喜地的好事，心裡總是美滋滋的，買房的程序迄今已進行一個月，一切都很順利、很順暢，沒有遭遇任何困難和阻礙，頂多再一個月就能完成和交屋，甚至還能提前十天或十多天，剩下的程序都由媽媽負責打理，大概是不會有什麼意外的，妳就開始好好準備搬新家的構想吧！聽妳說上週六已經在整理東西和打包物品了，是的，在等待的這段期間，一方面可以準備作搬家的事情，另方面也可以作新家佈置的規劃。

到時候只要一拿到鑰匙，就把打包的物品帶走，帶到新家時立馬能夠將物品就定位，感受一下不同的氣氛。所以這段等待期間也不要白白浪費，好好思考，好好跟媽媽合作和合計，把妳的想法提出來參考參考，儘量把它容納進去，安排就會更周延，妳入住之後就能有溫馨的感受。

雖然搬家是體力活，費力又費神，可是那心理和情緒卻是飛揚及快樂的，這叫人逢喜事精神爽！打包工作妳已經開始，而且也作得很好，興致高昂著。佈置的工作妳和媽媽都有些概念和想法，大家都認同和喜歡的就可以動手去做，有不同意見者暫緩去做，以免日後還要再做調整和改變，如果日後意見統一了也可以再繼續做。妳的臥室喜歡紫色系，這個色系屬於浪漫型的，我和媽媽都會尊重妳，也會支持妳。媽媽的臥室會配合窗簾採米黃色系，我也很贊同。

寬敞的客廳唯獨缺少一座茶几，這必須要儘快添置，沙發的棗紅色確實跟屋子很不搭調，沙發套的顏色要改換，甚至整套沙發都要換過，牆壁儘量不去更動它的原貌，可以加掛一兩幅字畫作為裝飾。

前天晚上，我跟媽媽說妳是溫馨，她是溫柔，我就是溫暖，妳說有道理嗎？這套房子今後就是作為妳家、我家、我們家的安樂窩，我們要一起在這裡舒適、愉快的居住幾十年，入住前我們每一個人都可以提供意見，居住後我們每一個人仍舊可以發表意見，追求我們更舒服、更溫馨的生活環境，妳說好嗎？」

媛媛說「從春季一直張羅買房的事情，現在到夏季事情也收尾了，從冰冷中一點點走向溫暖，心裡也暖暖的，事情也順理成章的瞭解，馬上就可以煥然一新的開始嶄新的生活，那些不順心的瑣事也一一化解，真的是順順當當一切都往好的方向發展。

您採納我的意見了，我的房間以紫色為主，有種很浪漫典雅的感覺，您和媽媽的房間以米黃色為主，低調簡約，也很不錯，那客廳的擺設就留給您安排了。

總之，大家的心情愉悅幹什麼都有勁頭，下次我們就在同一屋簷下朝夕相處，想想也很愜意。溫馨、溫柔、溫暖，有意思，這三種象徵真的很貼切，媽媽賢慧能幹，您心胸寬廣，加上我的輔助，真的是一個和諧家庭。」

大大說「《大姑娘還飄揚老姑娘呢》－我曾經說過妳和媽媽母女倆的關係特有趣，有時像母女，有時像姐妹，有時又像間諜對間諜，是如此的多樣化、多元化。更沒想到妳昨日還會飄揚媽媽來，說她是賢慧能幹，也來飄揚我心胸寬廣，我就說妳有些時候也是挺可愛、挺有趣的嘛！

不錯，買房的事開始執行以後，一切步驟順風順水，不出一個月，應該就能夠進入收官，讓我們一齊擁有一個新的住家，新的生活。在愉快的等待期間，心裡可是充滿了溫暖的憧憬，幸福和美好的日子即將迎接我們的到來。

是的，房間的安排不外是色系的選擇，床鋪的安置，衣櫥的擺設，書桌的位置，走道的預留等等，都可加以思考，凸顯自己的喜好和特色來，妳的房間自然由妳來做主最理想。紫色系是浪漫與多情的象徵，正好適合少女到淑女年代的愛好，妳很有眼光嘛。米黃色系屬於溫暖與柔情，可以適合不同年齡層的喜愛。今後我們生活在同一個屋簷下，空間環境與家庭氣氛的改變，將會與過往完全不一樣，截然不同，我相信等妳進住之後，妳一定會深深感受到和體會到。正如妳說的大家擁有愉悅的心情，做什麼事情都會有勁頭，這個期盼，肯定不會叫妳失望的。

一家三口，正好個個都能有一個代表性的名詞，當然有意思啦！有溫馨的大姑娘，和溫柔的老姑娘，加上溫暖的小老頭，那是多麼美好的組合，自然會是一個和樂和美的和諧家庭啊！」

媛媛說「我跟媽媽之間細微關係您都看得出來，打打鬧鬧的確很有趣，我也十分體諒媽媽的不容易，含辛茹苦的為了給我一個良好的環境，現在有了您的一份巨大關懷，也讓媽媽一下子減輕巨大負擔，正因為有了您，我們的生活品質才有很大改善。的確把心態放平很關鍵，主要是不能掉以輕心繼續保養。」

大大說「《畢業生的心路歷程》－妳會體諒媽媽辛苦和不容易，就足以說明妳的懂事與乖巧及貼心，她自己也會覺得深感安慰了。雖然媽媽也知道自己心有餘而力不足，無法提供妳一個理想和美好的生活環境，但是她已經盡了全力，只因自個兒的能力有限。可以稍感寬懷的便是自家的條件，終究比上不足，比下有餘。這一點我從旁觀察確實如此，拿最近的一個例子來比較，四樓的朱阿姨一家三口跟妳家一樣，兩個大人的工作和收入又遠比妳家好得多，可是妳看她家的生活條件反而不如妳家。

這個巨大反差的因素在哪裡呢？我告訴妳講，這個差別就出在當家的身上，妳媽持家有道，雖然掙錢不如人家，但是用錢緊守量入為出的原則，硬是從牙齒的縫隙中摳出一點點積蓄作為生活當中的準備。十年、二十年下來，兩家的生活狀況居然是完全翻轉過來，這就是媽媽了不得、不得了的地方，值得人家佩服，也值得人家向她學習。況且一年來，妳家日子越過越有滋味，一個月後，日子更是越過越紅火，妳說是嗎？

妳昨天去參加應聘工作單位的面試，接下來就是等候通知是否順利錄取？不論結果如何，只要妳用心去面對應聘就算盡力，至於錄取與否就交給單位去決定好了。妳這是要開始進入實習的階段，一年後學校才算畢業，這一年等於是讓妳提早進入社會和進入職場去歷練，至關重要，妳還是應該保持在校學習的精神和態度。實習期間，妳等於是一腳踩在校內，一腳踩在校外，是準學生，也是準畢業生，這段實習關係重大，不可掉以輕心，也不可以隨隨便便的，其重要性妳將來一定能親身感受到。當妳一年後完成實習，妳才是真正的畢業生，到那時，妳的工作和妳的未來將會明白的呈現出一個輪廓來。

我們一起來分析一下各個階段的畢業生的心路歷程，前二階段小學和初中妳和我都是過來人，小學畢業生的心情是青春無敵，急著要快快長大，初中畢業生的心情是青春無悔，身體的變化帶來躁動的心思。高中畢業生的心理是青春無限，夾雜著少男和少女的煩惱，中專畢業生亦同。大學畢業生的心理是青春有限，脫離學校也脫掉學生的角色，面對茫茫人海及自己人生，不知從何起步？所以稱為社會新鮮人，大專畢業生亦同，碩士、博士研究生有同有不同，暫且不論。

社會上一般常以大學或大專畢業生的發展作為探討的重點，因為我們讀書或求學是為了什麼？簡單來說就是為了做人和做事，做人是要學會如何與週邊的人和平相處，做事就是工作，工作是為了生活，為了賺取生活所需。

做人和做事兩者是相輔相成的，並非相互對立的，做人成功，對於做事也會帶來方便和幫助，做事成功，對於做人也能帶來好的評價和名聲，兩者必須兼籌並顧，不可以傾注在單一方面，而完全拋棄另一方面，會造成失之偏頗。通常一個人開始投入職場時，都是為生活而工作；但是到了職場生涯後期時，卻是為工作而生活，這是指工作目的之前後不同。

所以，一個大專畢業生，也就是社會新鮮人最初踏入社會最重要的課題是什麼呢？那就是尋求工作，找事做，求職，從工作中謀生，養活自己，進而養家活口，繁衍子孫後代。可見工作的意義非同小可，如果一個人沒有工作，以上的這些需求就無從著落，失所附麗。如果我們再以讀書和工作，求學和求職這樣的關係來討論的話，求學最終是為了求職，求學是手段，求職是目的。當妳在求學階段中，有合適的工作可以就職的話，試問妳要如何選擇？繼續完成學業，還是提早就業呢？很可能是見仁見智吧！有人選前者，也有人選後者。

當一個人讀完大學，年紀二十二歲上下，從小學到中學到大學總共上學讀書十六年，算得上非常漫長，等他要離開他早已適應的學校生活，踏進茫茫人海的社會時，很多人內心是充滿惶恐、畏懼、無助、快樂、昂揚、朝氣種種，不一而足。這時候畢業生的心理是多麼複雜，多麼渴望有家人、師長、親友給予適當的指導和指引，最主要的就是能順利找到與自己專長對接的工作，才算是在社會上站穩自己的腳跟。假如畢業生自己不能建立正確的認知，又不能獲得家人親友的協助，他很可能沒有勇氣大步的踏入社會中就業，更可能因此而採取逃避的做法，不願意踏入職場。

現如今我們可以看到有一些大學畢業生提出種種的藉口，不肯離開學校投入工作，比如延後畢業，繼續升學，那無非是逃避的心理，大可不必如此。因為我們在前面說過，求學是手段，求職是目的，主從關係的定位非常明確，此所以不能以手段害目的，求學是過程，求職才是目標之所在。每一個人都必須勇敢的、儘快的投入工作方是正道，到了成年還在猶豫、逃避工作，早晚是會被社會所淘汰的，不能把脖子縮在學校裡不敢踏入社會。

當今新新人類創造不少新鮮語詞，其中不少有趣或有諷刺性的貶義詞，如靠老族、啃老族等。啃老族的定義是指，一個成年人有工作能力卻長期不肯就業，生活上種種所需完全仰賴父母的供應，尤其是二、三十歲正當青春年少者，一年二年甚至三年五載都是無所事事，游手好閑者，無業游民者。其實，二、三十歲年輕力壯者窩在家裡啃老，只要超過三年五載就會養成一身懶骨頭，再也不肯去出力勞動，形成一個廢人，是家庭的負擔，也是社會的累贅。

畢業生當中也有向上和奮鬥的人，那麼他的心理都是充滿朝氣、昂揚、快樂，都是那麼迫不及待要到社會中去打滾、去磨練，有吃苦的準備，也有吃虧的打算，絕不畏懼，絕不退縮，這類人的素質真可以說得上是好樣的。我相信大姑娘妳也是一個好樣的，妳要改善自己的生活條件，妳要回報媽媽對妳的愛和對妳付出的辛苦，妳一定會在工作上全力以赴，立定腳步，向前發展。」

媛媛說「《許你們一個好的未來》－媽媽這些年的辛苦和不容易，我都看在眼裡，的確她很會打理家裡的事情，安排的井井有條，從來不邋遢；是一個理財能手，雖說錢不多，但是她能把錢用在刀刃上。以後我要賺更多的錢，讓她這些年的付出得到回報，給她一個優越的條件度過晚年，她才四十歲，或許今後的四十年五十年就是我來安排你們了，讓您和媽媽不再為生活奔波，有一個安逸的生活。我有信心通過我的努力給你們一個好的未來，現在是你們為我做奠基，給我鋪路，我會好好努力的。

您分析的很有道理，也很透徹－從學生的角色，要逐漸演變成社會工作中的一員，不能像在學校那樣，一切都有人安排的很好，在殘酷的社會中競爭很激烈，要靠自己單槍匹馬的去闖蕩，多一些碰壁才能獲取經驗。

您說的對，當今社會的啃老族比比皆是，富二代也在其中。這一類人群就是在逐漸被社會淘汰掉，父母終究會老，不可能一輩子都依附父母養活，以後一定不會成大器，只想不勞而獲，衣來伸手、飯來張口的生活自認為過的很理所應當。其實這不被我看好，雖然我現在還沒有什麼經驗，也要靠知識來不斷武裝自己，先接觸下社會，看看自己存在什麼不足，以後還需補充什麼。這次實習就當做是一次感受社會的步調，要慢慢融入到這個社會的競爭中，不能總在媽媽的庇護下成長，我有信心我會幹的越來越好。」

大大說「《社會新鮮人的心理》－昨天我和妳的發信及回信的內容都很長，我的信將近二千字，妳的回信六百字，都是少見的長信哦！而且聽媽媽說妳把我的郵件看了三遍，是以前從來沒有過的事情，可見妳的用心。

我用過過來人的經驗，將每一個階段畢業生的心路歷程大致描述一下，而妳所知道的能夠印証看看，妳不知道的也可以親身體會一下，是不是都能夠具有參考價值呢？小學生青春無敵，初中生青春無悔，高中生青春無限，大學生青春有限四個階段大致符合吧？前二個階段的人格尚未獨立，第三階段是半獨立，最後階段是完全獨立，所以社會上對待各個階段的要求是不一樣的，畢業生對自己的要求也是不一樣的。社會和個人對大學畢業生的要求，已經是拿他當做大人看待，一方面是尊重，另方面是期望。

妳要開始進入實習，一年後期滿畢業，因此妳今後算是準畢業生，妳的學習還在繼續，不能有絲毫鬆懈，社會和職場對妳的考驗恰恰剛好開始，正是妳學習和爭取表現的開始，一切以主動及自覺為宜，建立自己給別人最佳的第一印象。這一年實習的成績和表現，對妳來年的畢業有重大及關鍵的影響，表現好的話，妳就能取得好的立足點，關係非常深遠，值得妳用心及用力去付出。只要妳的實習好，妳明年的畢業不但順利，而且畢業之後的找工作也方便。

我說求學是為求職作準備，工作是為生活而努力，是不是很有道理？明白之後，做人也可以為工作而產生潤滑作用，甚至還可能為工作而有加分的作用呢！所以說讀書是為了學習做人做事，而做人做事有時候看似一分為二，有時候它卻又是二者合一，並非截然分離的。簡單來說，做事的時候有時也要兼顧一下做人的需要，而做人的時候有時也要兼顧做事的方便，千萬不可為了做事而得罪人，也不必為了討好個人而放棄該做的事，如此而已。

我們分析大學畢業生的心理不外二種，一種是徬徨無助，畏縮恐懼者，其故是沒有建立起自己正確的人生觀，也沒有獲得家人親友的鼓勵和協助；一種是朝氣蓬勃，精神抖擻者，其故是建立奮鬥的人生觀，又能得到家人親人的輔導和指導，有信心也有決心接受社會的洗禮和考驗，迫不及待要到社會中去摸爬滾打，有吃苦的準備也有吃虧的打算。這二種心態，當然是以第二種為佳，這種畢業生的素質稱得上是好樣的，最值得社會新鮮人學習了，漫漫人生路上，唯有這種人才有可能獲得最後的成功。」

媛媛說「《我是急性子》－我有時候總是漂浮不定，很難靜下心來全心全意做好一件事，通過我們的郵件往來，看出來我是個急性子，什麼事都圖快，但是品質都不是很理想，我都儘量在改正。媽媽做事就一向很謹慎不急不躁，還井然有序，所以我要放平心態，做事一步一個腳印，不求速度但求品質。

您每次給我發的長篇大論，我只是草草回復一段半句的，這次我看您一下子發了很多，犧牲自己的上班時間還抽空給我發郵件，我當然要仔細看啊，細細領悟其中的道理。這一過程也充實了自己，不是走馬觀花，而是記在心裡以後照做，你的經驗豐富我當然要吸取您的前車之鑒，也是您的教導讓我儘量少走彎路。

小學生青春無敵，初中生青春無悔，高中生青春無限，大學生青春有限四個階段，我現在應該正處在第三階段，半獨立階段，有好多事情都是懂得一知半解，尚未透徹。進入實習期間後，我要全身心投入到工作中去，為了以後的工作做好鋪墊，不能像在學校那樣依靠老師。媽媽給我指明前進的方向，剩下的路還是要靠自己走，荊棘坎坷都是要自己學會解決，社會和職場的考驗，必定決定我未來的方向。

這就像是造房子，首先要把地基打牢固，樓房才能越建越高不會坍塌，就像我現在要一步一個腳印，以後的路才會越走越遠，現在不能再三心二意，也不能鬆懈。社會的競爭激烈，和學校是不能相比的，我只有完善自己，才能與人有個良好的為人處世的方法，不會被社會淘汰。

做事的時候有時也要兼顧一下做人的需要，而做人的時候有時也要兼顧做事的方便，千萬不可為了做事而得罪人，也不必為了討好個人而放棄該做的事，如此而已。您說的很有道理，可以在人前把自己的底線降到最低，但絕對不可以沒有底線，該幹的幹，該退的退，這才是智者，我會時刻謹記，您說的都在點子上，我會慢慢悟出來的。

這一年足以讓我感受到社會的競爭，這是一個社會實踐的過程，也是一次學習的過程，學習無外乎就是在學校一直死磕書本上的知識。但是我有這樣的一次體驗，畢竟也是提前涉足社會，雖然經驗不足，能力有限，但是我有信心有決心能夠完善自己，用能力武裝自己，能屈能伸才是最高境界。

我現在的位置應該是社會底層，我要用自己的力量，一步一步向上爬，過程或許會很漫長，但是能夠找到人生的真諦，不會碌碌無為的度過這一生。我不想做彷徨無助的人，我會讓自己精神抖擻勇往直前，今後在社會有一個立足點，同時有能力回報您和媽媽對我的付出，以及您的諄諄教誨，我都會牢記在心，十年以後見分曉。這期間我一定把握好自己，也不辜負您的期望努力做到最好。」

大大說「《正確認識自己的位置》－急性子容易造成說錯話，做錯事的後果，錯誤的代價有時來得遲，有時來得也很快！媽媽和我最擔心妳壓不住自己的性子，性子急會失之衝動，只為了逞一時之快，因而得罪了對方或第三者，種下錯誤的因子，將來承受錯誤的果子，殊不明智，必須謹記在心，刻意防範才是。急性子，是妳最大的一個潛在缺點，最應該用心避免發生，其他的，妳並沒有什麼大的缺點會讓人擔心的，妳自己就多加注意一些就是。

妳了解自個兒靜不下心來的這個情況，跟我讀高中三年如出一轍，讓我在高中階段的學習成績平白無辜的掉到後面去，我每一次考試完畢就知道又犯同樣的錯誤，但是整整三年我一點也沒有改變或改善，這個經過，我在以前的郵件中已說得很明白，當我痛定思痛找出癥結後，我在高中畢業後幾幾乎就沒有再犯這樣不該犯的錯誤了。妳說的一點沒錯，媽媽做事不急不躁，做人條理分明，這些都值得人家稱讚和學習的，妳雖然明白，卻沒有見賢思齊焉，好好向她模仿或學習，真是可惜了這麼一個好老師在眼前。

我跟媽媽說過幾次，說從妳回信的內容和篇幅，知道妳很不認真、很不用心，有價值、有用處的郵件，實在值得妳一讀再讀的，只是妳心不在焉，也就隨妳了，今天妳能有此體悟，為時未晚也。我在郵件中一再解說，又再三強調的用意，一方面是我的經驗之談或真實的道理，另一方面就是讓妳走上直道，減少走一些冤枉的彎路。

妳能對自己目前的位置認為是社會最底層，是很正確，是很有上進心的，本此心態，妳一定會一步一腳印的往上爬升。何況，媽媽和我絕不會袖手旁觀，會儘量為妳提供必要的咨詢或建議或者協助，讓妳走的更順暢，更踏實。妳不會徬徨無助，六神無主，至少就已經成功一半了。不錯，這個成果在三兩年之內未必會顯現出來，但是十年或八年一定會成果斐然。」

媛媛說「電腦又開始故障，奇卡無比，您發送的郵件我都仔細看過了，剛編輯出來的內容網頁突然就癱瘓了，動也動不了。」

大大說「《社會本現實人人當自強》－我從上學之前就在幼小的心靈中有這種社會很現實的體認，妳知道是怎麼來的嗎？我就從我們家裡的生活困苦中體會出來的，我五、六歲在村子中挨家挨戶串著門子，因為農村的白天家家戶戶都是門不閉戶，出入別人家就像自己家一樣方便，頂多發出聲音打個招呼就行，而小孩子更是金吾不禁，通行無阻。

我家十米外一戶對門人家主人我叫他永球兄，當時他四十多歲就算是老人了，他卻一直都是誠誠懇懇的喊我阿先叔，我小小的心坎裡真是百思不得其解。讓我更加不能理解的是，我比他大，我爸媽比他又更大，但是為什麼我們家的生活條件卻比不上他們家呢？所以我就曉得稱呼歸稱呼，生活條件歸生活條件，那就是兩碼子事情。生活是現實的，社會也是現實的，要過什麼樣的生活，就要取決於家庭條件！看樣子，妳對家裡的生活條件自小就有很深刻的感受，如同我的童年一般，有這種體認其實也不算是件壞事吧？

一個人從小生長在家庭的教養與呵護中，安全而快樂的長大成人，然後就踏入社會摸爬滾打，接受社會的洗禮，之後組織家庭，養育子女，一代接一代，生生不息的繁衍民族。不管在成長中或已成人，每個人都會逐步認識社會現象，接受社會規範，一舉一動，一言一行都能符合社會的要求，這個過程統稱為社會化，就是把社會規範容納到自己的行為當中。反之，如果自己的言行舉止不符合社會規範，或者抵觸社會規範，叫做反社會化，不但不受大多數人的歡迎，有時候還會受到社會公權力的制裁或懲罰。另外，有些人雖然不會與社會規範正面對立，但是也不願意與社會規範一致，總是一種游離的狀態，那稱為社會邊緣化，淪為社會的外圍份子，這也不是一種正向的態度。

一般而論，社會是現實的，有錢有勢者，光鮮亮麗，吃香喝辣；競爭是激烈的，工作職位往往是三個搶一個的，百裡搶一，千挑萬選的，多麼不容易啊！因此，想要在競爭激烈的現實社會中立足，真是不簡單，一定要先做好武裝自己，我們的說法叫充實自己，具備跟別人競爭的條件後，才能有機會勝出，得到自己想要的職位，這便是人人當自強的道理。最怕的是該做的準備不肯做，在任何競爭的場合中全軍覆沒，一敗塗地，落得一個悲劇人生的下場。我們為人處世，最不應該無所事事，磋跎歲月及青春，無能無法自立自強，淪為社會的弱勢者與弱勢族群，少壯不努力，老大徒傷悲，真是人生悲歌。」

媛媛說「《現狀正在改變》－今天這一天真是狀況百出，第一次將自己所學的用於實踐，上一周聽了其他老師的課，今天輪到我做陪練，開始還是很生疏，面對四、五歲的小孩兒，我還是沒有過多的經驗，我效仿老師的教法糾正她們彈琴的手勢、節奏。到一半的時候一個小女孩兒有些不耐煩了，哭著要回家，這一下給我弄蒙了，措手不及。我領著她去教室走走，心情平復了，嘴唇不小心撞破，這又給我出了一難題，我先給她止血又找來其他老師過來協助，然後又繼續開始練琴。

現狀正在一步步改變，家庭條件就這樣，只能接受現實，但我可以通過自身的努力將其改變，不會怨天怨地，也不必跟人家相比，出生在這麼個家庭也是上天早已註定，沒有什麼可怨的，三分天註定，七分靠打拼。這些不足以後都將會一一化解的，條件優越，不一定將來就能靠自己的能力打造未來，人與人都是不同的，誰都預料不到下一步會發生什麼，還是要低下頭一步一步腳踏實地的走。

有錢有勢，在幾年前十幾年前，他們或許也是一步一步奮鬥逐漸提高自身的生活品質，不斷充實自己，讓自己在社會中能有一席之地，所以從現在開始我要為以後做準備，不能怠慢。」

大大說「昨天妳在藝術學校嘗到狀況百出，招架無力窘境，真有點百味雜陳了。小女孩兒的突發狀況叫人措手不及，這時候才體會出經驗的重要，幸好妳及時請來其他老師給妳協助，終於化解難題。這些小孩兒可真給妳上了寶貴的一堂課，這就是妳的開始，但是妳真的不用氣餒，萬事起頭難嘛！

妳已經深切感受到現狀正在一步步改變，而且這是好的改變和正面的改變，也是妳和媽媽期盼許久的改變，馬上便能迎接這改變的到來，最多也不會超過一個月吧！雖然家庭條件就這樣，可是妳有信心和決心，只要妳長大，就能通過自己的努力將它改變，妳這樣子看待現在及未來，我相信妳一定會做到，妳一定會成功。有一句話說得非常好-人是充滿無限可能的。只須立定志向，有志者事竟成，無志者一事無成，只要功夫下得深，鐵杵磨成繡花針。

昨天仲介公司通知媽媽辦理上稅的事，交屋的時間也就越來越接近了，照這樣推估，大概在下月末或下月中就能交屋吧！這段期間的等待，除了規劃一下新家的布置以外，主要還是專心在妳的實習課程上，儘量把每一件事做得圓圓滿滿，順順當當，開開心心的，妳說是不是很好呢？」

媛媛說「今天還是很順利，早上我到學校老師就給我安排了一個小同學，陪她練了一個小時琴，然後又跟隨老師去幫助她們排練六一兒童節的舞蹈。之後校長來了，與我交流一番後，對我的表現很認可，說我很認真，能夠細心的對待小朋友糾正她們練琴的手型、節奏。明天就算是正式進入工作中，以後要學習的還很多，事事開頭難，只要我有恒心就一定沒問題。時間如行雲流水般的流過，馬上五月就接近尾聲，迎來朝氣蓬勃的六月，但願是一個好彩頭，新家即將可以安置好。」

大大說「昨天校長對妳這幾天的初始表現認可，對妳的評價是很認真，恭喜妳，已經順利跨出第一步，做出好的表現，贏得好的評價，這就是好的開始，也是成功的一半。今天正式進入工作，擔任實習老師的第一天，今後妳不但是一位大姑娘，還是一位小老師呢！為妳高興，為妳歡呼，為妳鼓掌！

從昨天和校長的交流中，妳現在應該能夠明白我的看法是有道理的吧。世事如棋，變化莫測，有時順利，有時不順，交替演進，所以任何人都不應該自我看輕，更不應該自我否定，何況我們知道－人是充滿無限可能的！說不定哪一天妳或我也有機會一飛沖天啊！

妳已經了解到現狀正在一步一步改變，朝著好的、正面的改變，因此妳肯定會越來越好。我深知萬事起頭難，妳剛踏入社會的第一步就面對著考驗和磨練，究其實未必是一件壞事。重要的是要能妥善處理每一件突發狀況，培養妳隨機應變的能力和膽識，通權達變，絕不坐困愁城，也不坐以待斃。

時光飛逝，明天又是兒童節，歡天喜地的節日，又將為我們帶來美好的明天。祝願帶來好彩頭，就在六月的下旬或中旬吧，新家自有一番新氣象，是凝聚一家三口感情的所在，讓我們一齊來迎接共同的家。」

媛媛說「今天各種疲憊都有，明天是六一兒童節，我們學校要組織音樂會忙上忙下，十幾把椅子，從樓上搬到樓下。由於老師的意見不同意，倒是苦了我的腿，搬上去又搬下來，花盆、箱子都要親手抬，佈置教室，排起座位。上午時間被安排的滿滿的，從早上八點到下午兩點都是陪練的時間，一個接一個的練，搞的我眼花繚亂，但我還是要盡自己的能力，細心的去盡到我分內的工作，這也是我的職責。

回到家感覺，什麼行業都不容易，天天圍著小孩兒轉，雖然很勞心，但是心理年齡是可以年輕不少，整個人的氣色也比同齡上歲數的人年輕的多，這一點我倒是觀察到了。我會盡力而為，邁好這一步，這樣才能在以後的工作中發揮好。不能坐以待斃，要積極的去不斷學習。」

大大說「《兒童節快樂》－今天是快樂兒童節，讓我們又回到童言童語的世界真好，我是不老兒童，媽媽是老兒童，妳就是大兒童，共同歡渡我們的節日。

妳昨日為了學校要組織音樂會，忙著從樓上樓下搬椅子、花盆，累得夠戧，不能拒絕，又不能抱怨。其實妳這種態度是對的，意見之不同，由著別的資深老師去討論或決定，作為新兵或新鮮人只管幹活就好，別人看在眼裡對妳只有肯定，沒有批評，看起來好像是吃虧了，卻給予別人好的印象，反倒是得到便宜呢？身為新兵或菜鳥，去做一些別人不喜歡幹的活，別人看在眼裡會記在心裡，只會說妳好話不會說妳壞話，只會喜歡妳而不會討厭妳。

妳說的對，每個行業都不容易。同樣地，每個工作也不容易，每個角色也不容易，最好的是，我們能夠把不容易做到容易，做好每一件事，那我們就可以說是成功了，不是嗎？妳只要把妳所做的每一件事情都做好，一樣是不容易的，也可以說是成功的，就像你這幾天在新的崗位上表現得很不錯啊！」

媛媛說「昨天是六一兒童節，一早就接到您的祝福，心情也很不錯哦。昨天一天天氣都是霧濛濛的，傍晚還下起了雨，天空不作美啊，幾天的陽光明媚偏偏趕上個兒童節下雨。

今天一大早我很早就起來收拾整理，到了幼兒園，孩子們都還沒到，於是我開始排桌子、掃地，八點半左右陸陸續續都到了。老師交代我給小孩兒化妝，這可是我的強項，看著她們一張張稚嫩的臉頰也感覺心情很舒暢，開始我很仔細的給她們一步步細細的化妝。可老師不住的催促，說是不需要太仔細，只要顏色鮮豔就好，我按部就班的給他們都化上了花裡胡哨的妝容，看得我哭笑不得。

十一點就結束了，家長牽著孩子興高采烈的離開學校，中午吃飯的時候老師也不斷誇獎自己班級的孩子表演的好，跟其他班的孩子做著對比，同時也鼓勵我好好努力，明年我陪練出來的孩子也一樣很棒。這更加促使我不斷前進，認真負責的對待她們，絲毫不能怠慢。要有耐心、責任心，從開始打好基礎，我也一樣能做好。」

大大說「回味一下大兒童的世界，感覺也不壞，這就是常保赤子之心，保有一顆年輕的心。兒童節下場雨也不錯啊，不就是風調雨順的寫照嗎？

社會和職場對一個新鮮人的考驗及洗禮，重點不在妳能力有多高、有多好，而是在於妳的可塑性、可培養性。要求的不是妳的能力有八十分、九十分，只要過得去六十分、七十分即可，就算五十分，人家也不會對妳太較真的。一個是新人，一個是年輕，這兩樣特色要能明顯表現出來，要能接受領導的指揮，要能接受前輩的指導。特別是別人不喜歡做的事，更要欣然接受，就算不是妳份內的事，多佔用妳一些的時間，也要把事情做好交差。有句話說得好－合理的要求是訓練，不合理的要求是磨練。同樣地，合理的工作是訓練，不合理的工作是磨練。這個磨練的精神，就是練習耐性，練習忍耐的工夫，非常重要，也就是在於把新鮮人的稜角磨平。」

媛媛說「下了一場大雨洗刷五月一切污漬，迎來一個嶄新的六月。您說的對，的確是風調雨順，空氣也更加清新怡人。

今天是忙碌而又充實的一天，一清早就被課程表安排的滿滿的，從八點半一直陪練到十二點，接觸了形形色色的小孩兒。但是我的方法還欠缺，有些調皮的孩子，就要動腦筋去引導他，反反復復的重複、糾正，喊得我嗓子也啞了，真的是不容易。

中午我又跟隨老師去看她們午睡，我蜷縮在窄窄的小床上看書從十二點半睡到二點。我又叫醒她們起床，去上廁所，之後吃間食，一直到四點家長陸陸續續接走她們。

緊接著校長找我談話，教我如何做一個陪練，要有耐心，也要嚴格，不能總是隨波逐流，要嚴格的去規範她們，這些我也都牢記於心。但願我能夠做的越來越好，得心應手。」

大大說「《校長的話》－校長的談話和要求的確是完全正確和必要的，對待小孩兒要有耐心，也要嚴格要求他們，所謂恩威並濟，軟硬兼施，缺一不可。孩子本身都是不懂事，不會自制，不會自立的，在在都需要老師和大人的教導及約束。一群小孩兒在一起，是形形色色，不一而足的，一般而言，聰明的孩子比較調皮，容易出狀況，眼睛要隨時盯住他；笨拙的孩子比較安靜，不大會冒險，眼睛稍微留意一下即可。做什麼事先動腦筋再動手，往往能得到更好的效果，還能收到事半功倍的作用。對待調皮的孩子，和對待安份的孩子是不太一樣的，妳已經能夠從一群孩子當中區別出這兩者的差異，就能收到好的效果。

妳看我曾經說過要讓媽媽在妳畢業之後，踏入工作崗位時陪在妳身旁，照顧妳生活起居和輔助妳順利就業，現在可以看出多麼重要。妳實習一周來，突然碰到種種意想不到的狀況，都必須妳自己去面對、去克服、去適應，在單位有老師和校長的指導，可以獲得不少學習和進步的機會。回到家裡還可以和媽媽咨詢一下，了解自己的做法是對是錯？是好是壞？作為改進的參考，才不致於六神無主，束手無策！等妳實習完畢，正式工作穩定，生活自理能力足夠以後，媽媽再考慮她的動向如何，這樣子便不會顧此失彼。

仲介公司通知媽媽下午要去辦理過戶手續，辦妥後大約十天就能拿到房產証，那時媽媽就升格為有產階級了，可喜可賀！交屋的時間大概也在十天後吧？辦好交屋我們的夢想就要成為事實了。」

媛媛說「您說的很恰當，真是得心應手，今天上課的時候我總結了昨天的不足，加上校長給我總結的相關經驗，我做的十分規範，也得到家長的認同，我利用軟硬相加的方法，將她們合理的規範好，而且都有長進。接下來我就要找著門路自己去摸索，不懂的地方要虛心學習，接受老師的教導。」

大大說「小老師妳昨天上課情形漸漸有些得心應手，感覺能夠勝任，也能夠愉快，真的是不錯哦。因為妳能總結出校長的指導和經驗，又能總結出自己的不足，做了適當的調整及改變，對孩子有合理的規範，而且得到家長的認同，因為妳所做的正是家長所期望的。沒錯，對待小孩兒的施教原則，就像妳所說的軟硬相加的方法，也就是我們常說的剛柔並濟、軟硬兼施。在單位的種種情形，回到家以後妳也可以和媽媽談談，一方面分享妳的工作心得，另方面聽取媽媽旁觀者的意見。妳這一次的實習的確有好的開始，只要持之以恆，保持這般的心態和精神，我們可以看到一年後妳的成果肯定是圓滿的。

媽媽昨天已經辦好房屋過戶手續，再過十天左右就能拿到房產証，然後和原來房主辦理房屋交接，就可以搬新家了，距離搬家的日子越來越靠近，從今天起倒計時也就是十天，我們的美夢成真為期不遠了。這個期程在四月二十一日簽訂買賣房屋合同時，所預期的二個月時間十分相近，在等候期間妳就不致於急躁或者不耐煩，因為媽媽所操辦的所有手續都很齊全、很正確、很順利。」

媛媛說「我終於明白各行各業都有其中的方法，幹的出色與否，還是要靠自己如何掌握這個方法。今天校長又來了，主要還是對我不放心，反復的看課，邊指導邊給我介紹，我在一旁虛心的聽取她的建議，一上午過的很快，也收穫了很多。

下午校長給我叫到辦公室，總結我這幾天的表現，四個字可以概括，就是：經驗不足。而且有時候，我沒有很好的狀態去面對形形色色的學生，方法有的力度還不對。

聽了她對我的一番評價，我更加認識到自己的不足，所以只能越做越出色，至少不能讓別人說出不字，我會繼續加油。」

大大說「《新手上路多多包涵》－妳這幾天用心在工作上學習與摸索，慢慢能夠看出一些道理和名堂，明白其中的要領及方法，可見妳的用心沒有白費功夫。做事情光是埋頭苦幹有時候未必有用，因為方法錯了，不是事倍功半，就是沒有效果；必須是先認清這項工作的方法，好好掌握方法及要領，才能得到成效，才能收到事半功倍的效果。妳現在的親身體驗，一定會帶給妳極大的印象和心得，這就是寶貴的經驗。

可塑性和可培養性這二項特質，通常是新人、年輕人最被期待和欣賞的優點和特點。所以昨天有位老師把妳拉到旁邊單獨告訴妳，妳的哪些做法不恰當或不到位，應該怎麼做才適當，她的用心和用意，也是在塑造妳、在培養妳，而不是不理妳、放棄妳。接著校長親自看著妳上課的情形，給妳指導給妳講解，也是在培養妳的工作，讓妳能夠儘快進入狀況，早日勝任愉快，可見妳到學校來這麼幾天，人緣還是相當不錯的，妳得好好把握好好學習。

下午校長再把妳叫到辦公室，總結妳的表現就是經驗不足，狀態不好，還提出一些批評和評價，這些都是確確實實存在的缺點，都是妳必須儘快改正過來的缺點。對於自己的缺點都要虛心受教，千萬不要找任何理由來辯解，要不然，對方以後就不會再給妳指正，讓妳去自生自滅，或者一再犯錯。當然啦，妳對老師和校長的指導和指正，都能欣然接受，所以人家才願意一再的給妳提建議，因為她們認為妳具有可塑性，可以栽培妳。

妳的不懂和經驗不足，本來就在老師和校長的預料之中，妳今天的表現也在常理之中，最重要的是妳能不能接受人家的教導，只要妳肯受教，人家就樂意栽培妳。至於工作嘛，新手上路，多多包涵，不會跟妳計較的，只要妳認真、妳用心就好，妳現在所認知的，和妳所做的，人家都不會苛責於妳。」

媛媛說「今天跟著鋼琴老師上課時，我準備了一個本，一直在做記錄，針對每個孩子的特性，手法的掌握我都一一歸類。陪練的時候也能找到根源，有針對性的去指導他們，不會對他們產生誤導，每個孩子的性格秉性也不同，這就要靠我慢慢的摸索，不能對他們發脾氣，要循循善誘的去引導，家長也對我做的很滿意。

我經過跟校長的一番交流之後，今天我把之前的不足都加以改正，中午分飯的時候我幫老師分好，吃完之後我又主動拿起笤帚掃地，擦桌子，能夠主動的跟他們融入到一起。下午老師出去後，我又給孩子講故事，他們也很喜歡我這個小老師，我的不足還需要一步步改正，做到最好。」

大大說「《社會新鮮人的起步》－妳昨天主動擔任老師助手，當老師的學徒，展現出妳年輕、勤快的一面，這是一個很好的起步，今後也要維持這樣的做法。雖然名義上妳是實習老師，那是針對小孩兒的需要，而實際上在老師和校長的面前，妳卻要把自己當做實習生來做事，這叫做低伏小，寧願屈居自己，磨練自己，絕不能拿自己去跟老師做比較、爭短長的。

老師的事能夠主動幫老師做好，自己的事更要搶著去做，這是自己磨練自己，並不是吃虧的事，況且還能夠融入到老師的圈子裡。上課的時候，對孩子的要求必須嚴格和正經，休息的時候，對待孩子可以輕鬆和說說笑笑，這就是軟硬兼施的做法。」

媛媛說「您的經驗豐富，在社會中摸爬滾打幾十年，社會上的一切人際關係、處事方法，您都瞭若指掌，所以您為我傳授經驗的同時，我也要虛心去照做，也可以從中獲取捷徑，更順利的與社會接軌。我是要從最底層做起，當然也沒有資本去和老師們相提並論，我多幹是為了自己的將來打基礎，從中多獲取經驗，也給老師留下一個勤勞的好印象。

上課時候在孩子面前，我要有嚴格的一面，但也不失和藹的一面，就像您所說的軟硬兼施，她們表現的好，當然要多鼓勵，表現不好的時候，就要施加強硬的一面，讓她們知道自己的不足之處。

老師們都是我的前輩，比我經歷多得多，所以我多幹也沒什麼可抱怨的，等經驗積累充足的時候，我就有自己的主導能力，也有底氣了，可以發表自己的意見。」

大大說「《多做和多學習》－妳不但人長得模樣俊，就是嘴巴也甜得狠，妳這樣給大大灌迷湯真是灌得太給力，叫我受不了，也叫我找不著北了！

我只不過是稍微在妳面前倚老賣老一下下，把我那些陳芝麻爛谷子的事兒拿出來說一說得了，哪能談得上什麼傳授經驗呢？有那麼一點點用心，就是希望妳不要重蹈前人的覆車之鑑，能夠省掉一些彎彎曲曲的冤枉路，就是這樣。如果妳從我所說的這些道理和舉例中獲取一點心得，我也就很值得安慰了，何況妳又是絕頂聰明，乖巧懂事，這點寄望哪有什麼困難呀？

妳對自己的角色認知非常正確，身為社會最底層的一份子，沒有本錢或本事跟上層的前輩去計較的，只有向他們學習的份。多做和多學習，都是為自己的將來打基礎，不爭眼前的活是幹得多還是幹得少，況且，還可以給人家留下一個勤快的好印象，妳抱持的這個想法和看法，可以說完全是正確的！相對地，妳在小孩兒的面前，已經能夠掌握住那個度，真正不錯，而且調整得很快、很到位，不愧是認真和用心的結果，我為妳感到高興。俗語說－運用之妙，存乎一心。就是掌握那個度、那個尺寸而已。

不過，妳如果要送他們巧克力吃的話，最好是送我帶過去的那個台灣的甘百世巧克力，包管叫他們吃過之後還想一吃再吃，然後他們就會乖乖地聽從小老師的話。妳送他們吃的巧克力是哪一種牌子的呢？」

媛媛說「幾天的時間我已經逐漸適應，也融入到集體中去，從一開始的不如意，很陌生，到現在的遊刃有餘，跟大家的關係也越來越密切。我相信我能夠勝任這份工作，並且要嚴格要求自己做到最好，不散漫，懂規矩。」

大大說「工作的最高宗旨無他，就是勝任愉快，勝任是手段，愉快是目標；勝任在前，愉快在後。只要工作能達到勝任而愉快，妳就自然會樂在工作，再不會以工作為苦了。所以要想工作得愉快，其前提條件就必須是工作能勝任，尤其是當妳踏入任何一項新的工作項目時，必須要儘快進入狀況，掌握工作的要領和核心，這樣子才能達到遊刃有餘的地步。在做好工作的時候，也要注意到和工作有關的人際關係，並且建立良好及友善的工作關係，更能達到事半功倍的效果，這些日子以來，我想妳應該會相信做人的重要性吧！」

媛媛說「我已經慢慢找到頭緒，也逐漸適應新環境，重新的塑造自己，更重要的是我要一直保持良好的狀態，不能懈怠。慢慢的學會取長補短，發揚長處，改正短處。

我對自己有信心，不會讓你們失望。

我已經能夠掌握工作的核心關鍵，校長也非常放心我現在的授課情況，今天也誇我幹的有進步，這下子我更加幹勁兒十足，會越來越好的。」

大大說「《亦步亦趨的新鮮人》－我現在回想自己新鮮人腳步，除了亦步亦趨之外，好像就是渾渾噩噩了，因為自個兒不懂以外，家裡人也沒有人懂得社會現象及社會狀況，自然無從給我任何指導，應該要從哪裡起步，要設定什麼樣的目標？但是同輩中大多數人也跟我一樣，只有極少數人的家裡會給他們的子弟輔導和指導，所以這少數人的資質雖然趕不上我們，但他們當時就已經懂得卡位的事，起初他們領先我們小半步也不以為意，過幾年他們領先我們一步之後，我們才警覺到輸在起跑點，但是無能改變事實了。

依我的了解，社會新鮮人中大約有百分之八十是像我這樣渾渾噩噩開展工作的，有百分之十是獲得家裡給予指導如何開展工作的，另有百分之十的人根本不把工作當回事，儘著他愛怎麼折騰就怎麼折騰。像我這種類型的人佔大多數，一直在同一個單位工作三年五載之後，才會自己領悟工作目標是什麼？有的人領悟之後也沒有什麼作為，一切照舊，就是做一天和尚撞一天鐘算了；有的人領悟之後就會立即付諸行動和作為。

而我就是屬於後者，劍及履及的採取行動，我在工作十年後決定參加公務員考試，在連續報考九年之後終於金榜題名，我們同事一百人中只有三人考上；工作十五年後考取開放大學／我們叫空中大學，唸了七年順利畢業，我們同事當中也只有五人唸完大學，我參加工作之後，就只做了這兩件事，前者考驗難度，後者考驗恆心。

妳今天參加工作十多天，就能夠自己找到頭緒及方向感，真的很好，省掉許多彎路，也省掉浪費光陰，妳一定會收穫豐碩的成果。校長昨天又誇獎妳，可見妳的表現大家都看得見，值得人家來栽培妳，一個新人能夠很快就獲得領導的肯定和誇獎，那是非常不容易的，長此以往，妳就會走向成功。」

媛媛說「今天我去學校考試，科目是舞蹈，成績還不錯，跟同學很長時間沒見面了，大家感覺格外親切。晚上回到家，媽媽忙的團團轉，整理雜物打包工作依然在進行著，我也插不上手，只能先給我自己的東西整理好，幸福生活即將啟程。

媽媽說您很快就要回來，您也一定很期待吧！這次您來的時間一定很倉促，這次我們去品嘗大連的美食。您的身體怎麼樣了？要多注意飲食起居。不說了，我去幫媽媽整理東西，一周以後大連見，提前祝您一路順風。」

大大說「今天可是激動人心的日子，媽媽早上要和房主及仲介公司辦理房屋交接，媽媽就正式升格為房主了，恭喜妳，也恭喜媽媽！早上媽媽和仲介及房主到新屋當面辦好移交手續，一切順順當當，也找來鎖匠換過新鎖，然後再到銀行辦理資金解凍的程序。明天就可以去洗地板，後天搬新家，進住之後把一切布置妥當，下周四大大就回來新家團聚，一家三口歡渡端午節。

媽媽有夠忙的，要打包和整理物品，但是心裡可是甜滋滋的，這叫人逢喜事精神爽嘛！妳的感受又如何呢？我在下周四晚上啟程飛到大連，三天後下午回程，這一次可是回家，回我們家，當然是特別期待。我的身體狀況逐漸穩定，大致上已恢復到九成左右，對於飲食起居一切嚴守規定，絕不隨便或者大意。」

媛媛說「六月經歷很多事情，這下房子事情辦妥，就是準備後續的工作了。媽媽是忙忙碌碌，我會盡力為她減輕負擔的，井然有序的去將房間整理的乾淨整潔，物品擺放規矩，讓新家煥然一新的呈現在我們大家眼前。

打包工作即將收尾了，一些雜物日常用品都已經收好，明天一大早就等搬家公司的車子來將東西運過去。明天一早就要早早的起來，時間也很匆忙，今晚要早點睡下，才有精神戰鬥，一切都是雜亂無章的，要我和媽媽一點點的整理好才行，您幾號會抵達大連呢？

明天六一七是父親節，我提前祝您節日快樂，青春永駐，有一個好身體。明天就沒有電腦了，所以不能及時給您發送郵件。」

大大說「昨天一早搬進新家，一下子就能把物品就定位，立馬有煥然一新的氣象，感覺真是異常愉快吧！昨晚在新家的第一夜睡得可好嗎？還跟媽媽一起睡那張大床嗎？新的住家，新的開始，新的生活，新的人生。

那天媽媽簽訂買房合同，我就告訴妳這只是開始而已，中間還有很多事情、很多程序要辦理，預估要二個月時間才能完成全部手續交屋，那時候才算完妥，就是讓妳對時間有個譜，能夠稍安勿躁。六月十五日終於順利交房，那一刻激動人心的時光來臨，媽媽拿到鑰匙在手裡，第二天洗清地板，第三天也就是昨天搬進新家，更是激動人心的日子到來，昨晚便是妳住進新家的第一夜，到昨天可以說是房子的事情完全辦妥了。

我將在周四晚上七點回到大連我們的家，這一次跟往常最大的不同是，不單單回到大連而已，還要回到屬於我們仨的新家！夏季的街上，正是櫻桃盛產熱賣的時節，明、後天妳可要記得叫媽媽買些西瓜、香瓜、櫻桃放在冰箱裡，讓我們一起來分享。

昨天是一年一度的父親節，謝謝妳對大大的美好祝願，咱們今後要相互照顧、相互提攜，共渡快樂及幸福的好日子。自從昨天搬進新房子，妳是不是一整天下來都興奮得不行了，因為能夠和媽媽享受到夢想成真的心願了，幸福呀！快樂呀！」

第七回　一個月之內瘦六斤，體質先天不足

2012/06/19

大大說「媽媽說昨晚／搬新家的第二晚她一人獨守空房，妳回景山老家陪伴妳爸吃飯過夜。我跟她講妳這麼做也是很難得，有情有義，心地善良，心存厚道，這個做法很好。媽媽說了，往後她也會找時間回去看望他的。

前天妳們順利搬完家，我就已經想到這問題，妳們娘兒倆搬進新家後，自然有一番新氣象和新希望，但是留在老家的妳爸生活上就更不方便了。我打算過幾天跟妳們談一談，不承想，妳動作倒是挺快的，昨天就懂得付出關心和關懷了，這樣做法很有人情味的，雖然妳爸他是不會領情的，但是妳已經做到盡其在我，沒有什麼可以責怪的地方。

後天晚上我就要回到大連，跟往常不一樣的是，這一次要回到我們的家，我們嶄新的家、甜蜜的家、溫馨的家。接著，一家三口歡渡端午節，看那粽葉飄香。

《老頭愛丫頭十》——十次飛行真情愛，回到我們溫暖家；一家三口過端午，夜裡發炎上醫院。 2012/06/23」

大大說「妳最近又瘦了六斤，要注意生活和進食，大大跟妳提三點意見吧，首先是早餐一定要吃，喝杯鮮奶或者喝粥，吃塊麵包或者雞蛋。其次是包裡放一包巧克力，做為解飢之用。再次是包裡放一點錢，至少三十到一百元之間，做為緊急之用，切不可身無分文。

我在五月及六月這兩次回大連看見妳又瘦回去像那小女孩，真是很意外！為今之計要胖回來，還要吃出健康，所提三點意見跟麻麻好好合計、合計，抓緊執行吧！」

媛媛說「感謝大大的關心，最近飲食起居有所改變，早上五點左右就要起床，中午飯吃的也不多，所以導致體重下降。我會儘量調整好自己，您也要好好照顧自己。

之前您給我短信一直關注我的身體以及飲食習慣，您說的都非常有道理，我也在慢慢照做，希望體重能有所增加，體質也提高。最近由於事情趕得太緊，所以一直無暇顧及到身體，生活的節奏比上學還要緊湊，有些吃不消。每天五點左右就要起床，開始洗漱，穿衣服。然後就急匆匆的往車站趕，五一七路公交終點站一直都是車少人多，所以無論幾點去排隊總是一幅人滿為患的場景，我也很是無奈。在車上我抓緊一切時間希望能補會兒覺，但是車子的顛簸加上人的雜音，也很難睡著。

到老虎灘大約就八點了，開始一天緊張的陪練任務，天氣越來越熱，人也開始困乏。有時候小孩子的精力不集中，我會急躁，有時候也會犯睏，提不起精神，這也是我要改正的一大要害，有個良好的精神狀態很重要。同時也要調節自己的情緒，要全身心投入到工作中去，學會慢條斯理，目前的這些種種麻煩都是暫時的，我會逐漸適應的，將作息時間走入正軌，也要按時吃飯。」

大大說「《新的電腦》－恭喜妳，昨天買了一台新電腦，又安上寬頻，立馬就給大大發來郵件，我們已經有很長時間沒有收發郵件，這下可好了，第一，妳的新電腦想必不會再死機或卡機，第二，我們又可以恢復通信。妳看看小老師，妳從六月初開始安排實習，很快就能受到校長的栽培，十七號搬進新家，開啟了妳和媽媽的新生活，愉快舒適的新環境，夢裡都在笑著，七月十五號買電腦安寬頻，同時家裡也裝上座機，真是一切稱心如意，妳所要做的事就是把實習的事情做好，以及把自己的身體照顧好，我們家就是一派幸福及興旺的景象。

我知道妳非常重視臉部的妝扮，這也是妳的強項所在，其實，妳的臉蛋長得俊，模樣長得好，難怪小舅媽說妳像那韓國洋娃娃，招人喜歡得很！但是我曉得妳個子長得還不夠高，尤其是身子還長得不夠結實，太瘦太輕像個小孩兒，所以我才建議妳注意增高及增肥，才能長成大人的模樣。曾經妳的增肥得到很好的效果，從八十一斤一下子增到九十斤，那時候妳的上圍及下圍都能趕上媽媽了，不承想，這兩、三個月來妳突然掉到八十四斤，又瘦回去了，真可惜！幸好，妳還是長高了，確確實實比媽媽高出一、兩釐米，已經靠近一米六的個子，不能算是矮腳虎。如今妳的首要之務，除了妳的強項之外，必須特別加強飲食及營養的攝取，同步建立起妳漂亮與健康的身體，這一點媽媽也已經跟妳說明白該怎麼做，妳只要好好配合，很快的時間妳就能看見成果。

沒錯，妳現在的生活步調確實比學生時代還要來得緊湊與辛苦，真正是起早貪黑的在趕。但是改變已經開始，妳的生活，妳的身體，妳的未來，全都在改變中，在向好的一面改變，只要妳能通過嚴格的轉變與考驗，將來妳一定會得到豐碩的成果。妳說的一點沒錯，有個良好的精神狀態很重要，要有良好的精神狀態就必須有足夠的睡眠時間，依照妳早晨五點起床的作息來回推，年輕人比較注重睡眠需要八個小時才能睡飽估算，在正常工作日子，妳的晚上睡覺時間最晚不能遲過九點上床就寢，這一點妳一定要想辦法做到才好。」

媛媛說「您說的非常有道理，安上寬頻以後是打發了閒暇的時間，但是我還要早睡早起按照正常的起居習慣去進行。很長時間沒有聯絡，也很久沒有獲取您的建議，最近我會慢慢調節自己的飲食以及正常的起居習慣，不能再無節制的熬夜上網，早睡早起對身體總是有益處，我會執行的。

身體瘦小，這個是改變不了的，我只能通過鍛練及飲食來讓她在原有的基礎更上一個台階，還是要有規律的進行鍛練，多吃高熱量的食物爭取再長到九十斤，身高再長多點就更好了，但願借您吉言，我能夠長的結實點。

我會早睡早起，為了擁有一個好的精神狀態做基礎，也請您多為我提建議。」

大大說「《早睡早起身體好》－妳自己也意識到有個良好的精神狀態很重要，然而，要有良好的精神狀態就必須有足夠的睡眠時間，依照妳早晨五點起床的作息來回推，需要八個小時才能睡飽估算，晚上的睡覺時間最好在九點上床就寢，這一點一定要想辦法做到才好，最晚不能超過十點。

看樣子，妳目前在實習階段表現較不理想的是精神欠佳，由於睡眠不足是造成精神欠佳的最主要原因，所以妳應該儘快增加睡眠時間達到足夠的時數，要睡得好還要睡得飽，才能顯現出精神抖擻，神采煥發。

今天正好是妳搬進新家滿一個月的日子，相信妳能喜歡也能適應新家的環境，一個月的新生活之後，所有想要改變和調整的事項盡可以付諸實行，不用再猶豫，即使施行失敗還可以經過檢討後重新再來過呀！比如說每晚上床睡覺的時間，就可以把它定規下來；每日早餐吃過之後再出門；儘量記得睏了就睡、餓了就吃這項原則。

至於妳說身體瘦小，這個是改變不了的，並不完全正確，如果妳自己或者和家人每年拍幾張照片，十年或二十年以後妳回頭看看，都會有妳意想不到的變化呢！有瘦的人變胖子，也有胖子變瘦的，有臉型圓變長的，也有臉型長變圓的；大致上到了三、四十歲以後的中年人，百分之八十的人變胖變圓，百分之十的人變瘦變長，最利害和最有味道的是那百分之十不變的人，稱得上是東方不敗，最有看頭了。不相信，妳可以翻翻看家裡的家庭照片，每個人的臉型和身材有變有不變，特有意思了。

妳現如今的身體和身材瘦小，並非不能改變，通過鍛練和飲食再向上一個台階發展，不是不可能。妳想想，去年跟妳安排喝中藥的嘗試，只不過短短五個月就能獲得妳意想不到的成果，一下子增肥九斤，甚至表現在妳上體育課推鉛球時，揮揮手妳就優秀了，多麼意外又多麼開心唷！現在妳只要多做些運動，多增加一些高熱量食物的攝取，要把那六斤重量找回來，當然不是難事。

小老師，妳可知道維持健康的五大要素嗎？一是充分的睡眠，二是均衡的營養，三是適當的運動，四是愉快的心情，五是規律的作息。其中，尤其以睡眠的重要性位居第一名，俗話說民以食為天，命以睡為先。」

媛媛說「今天我跟隨一位董阿姨一起去一個早教中心，去見王園長。那裡的環境非常好，硬體設施都不錯，跟現在的藝校有很大區別，也很正規。

之前在老虎灘那邊的課程不是很正規，所以這個阿姨也是為了我以後的發展考慮，又幫助我上了一個台階，她第一次見到我的時候是一次偶然我跟大媽一起去幼兒園聽課的時候遇到的，她對我的印象非常好，說我很待親也很懂事。瞭解我目前的情況，她說我是大材小用了，在那裡學不到什麼正規的經驗，所以準備幫助我換個環境。其實大材小用真的不是，我只是一個新人在任何環境都是學習的過程，只是起點的高低不同。

今天見到園長，我對她印象非常不錯，四十左右歲，高挑的身材，很有氣質，講話也很風趣幽默，她一見面就說我很可愛，只是長得太小了，我說我還在發育沒發育完，但願是這樣能繼續有發展空間。真羨慕她的氣質，談吐也很大方。說是大約會在八月底安排我去實習，我也很珍惜這個機會。」

大大說「《騎驢找馬的機會來了》－妳昨天去見識其他工作環境覺得不錯，這是不是我以前說過在職場中的現象，騎馬找馬或者騎驢找馬？前者是指從好的工作換到另一個一樣好的工作，後者是指從不好的工作換到另一個比較好的工作，十之八九的換工作是屬於騎驢找馬，只有十之一二是騎馬找馬。

看樣子，妳一個剛上路一兩個月的新手就有機會換工作環境是挺不容易的，當然也是值得考慮更換的。而且這位阿姨還是當初安排妳到藝校實習的大媽她的朋友，好意要幫助妳再上一個台階，自然是一件美事，應該好好看待這件事。

首先跟麻麻合計一番，然後儘快向大媽匯報清楚，聽取她的寶貴意見，最後要向藝校的校長匯報，獲得她的同意後才能順利調到新單位。

這所早教中心位置在香爐礁，對於距離現在住家要比在老虎灘的藝校近了許多，大概還不到一半路吧？對於妳的通勤還能節省一半時間，具有很好的誘因及條件唷。

這位阿姨不管是由於大媽的關係或是妳自個兒的因素，看得出很喜歡妳，對妳很有好感，這一點正像藝校的校長有心栽培妳是一樣的，可見妳的人緣真不錯，這一點說不定在妳將來的人生路上還會因此而得到更好的機會，也就是俗話說的會遇到貴人。

所以就算妳要換工作，也不能得罪校長對妳的一番關照，一定要向她彙報後取得她的首肯，才不會辜負校長的美意。

阿姨說妳在藝校是大材小用，她可是很看得起妳，倒是妳自認為不敢當，只是一個新人在學習的過程而已，並不是什麼大材小用，頂多是起點有高低不同，妳有這種體認，真是好樣的！

看妳形容這位早教中心的園長，個高條好，成熟穩重，氣質出眾，談吐風趣，人見人愛，花見花開了！不過，她看妳就覺得妳太小了，只差沒問妳是那一所初中的學生吧？就如同我當初第一次看見妳的第一印象，是念初一還是初二呢？還在青春期沒有發育完哪。」

媛媛說「今天七一八是發工資的日子，幹了將近二個月，今天只領到七百元，原因是這個月由於考試請假，所以就扣除了一部分。今天又是充實而忙碌的一天，一天五個小時的陪練時間，二個小時看班，真的是應接不暇。

我需要完善的還有很多，我現在就是一棵小樹，要經過不斷修剪才能長成參天大樹，才不會長歪，我要一步一個台階向前方邁去。

那個王園長的確很不錯，給我留下深刻的印象，一個人的談吐氣質很關鍵，我在這方面還需要多加改進，但是不知道應該如何去規劃，你能給我一些意見麼？

總感覺我是多面性，在不同的人和事上都有表現不同的個性，我也不知道究竟哪一面才是我真正的本性？時而好動，時而好靜，有時候在生人面前會留下不好接觸的印象，因為我不會與人有過多的溝通，以至於有時候悶悶的，我也不是很喜歡自己這種個性，這是職場中一大敗筆，不會社交就會閉門造車，沒有攝取外界的知識只是活在自己的世界中。」

大大說「《領工資的日子》－昨天是妳實習階段第二次領工資，雖然只有七百元，卻是享受成果的日子，也是叫人渾身無比舒服的日子。第一次領工資是在六一八，大約是半個月的工資五百元，麻麻說妳還拿了一百元給妳爸買煙，真的是飲水思源，孝思不饋。關於工資的意義重大，以前我也曾經說明過，對於社會新鮮人更是意義非凡，會賺錢的同時，還要學會用錢，如何把錢用在最優先的事情上。只不過，妳現在是處於實習階段，工資的標準就是打工的性質，大約在正常工資的一半左右。在享受成果的時候，還是要將目標放在實習的課題上，也就是要記得把實習做到最好的程度上。像妳目前在工作上最大的一項缺點就是精神不佳，原因就在於睡眠不足，首要之務便是改善精神狀態，便是改善睡眠時間，必須能睡得好、睡得飽。

小樹要長得好，除了本身要有堅強的意志以外，還要有良好的生長環境，要有人呵護它、照顧它，才能克服成長過程中會遭遇到的種種障礙和困難。妳現在已經有一些好的環境、好的照顧，一定能夠逐步完善，穩步發展，一個台階一個台階的向前邁進。

妳對早教中心園長的談吐和自信，有相當的佩服及領悟，並且也認為她就是值得妳學習的對象，這個體認很正確，稱得上是見賢思齊焉。至於如何學習？如何規劃？我改天再好好梳理一下方向來給妳做參考。對於妳說自己的個性是多面性，這個屬於深層的心理學範疇，可以談的話題也很廣泛，恐怕還得通過面對面的交談才能找到明確的概念。妳能明白自己的個性經常有動靜交叉呈現的這一點，也是相當不容易，可見得妳對自己的瞭解一點都不懵懂啊！妳的個性好像跟一般人有那麼一些不一樣，但是也不見得是缺點，如果能清楚瞭解本身的個性，對自己的做人處事說不定會有更大的幫助。

當今是一個多元的社會，溝通的社會，知識爆炸的社會，身為社會的成員，必須及早認識社會，溶入社會，沒有權利脫離社會，疏遠社會，當然更不能閉門造車自我封閉。妳的瞭解無疑是正確的，妳的努力也是正確，沒的話說。」

媛媛說「您總是給我分析的很透徹，我的困惑你都能幫我一一解決，真的是很感激您，的確我應該把精力放在實習的課題上，一心一意幹好自己分內的事情，不浮躁、不氣餒。今天這一天很順利，一清早起床洗漱，吃了一個雞蛋半杯牛奶，精氣神兒也有很大的改善，一個接一個的開始進行陪練，中午吃過午飯後下午又一起上美術課，這一天還是很充實的，我在慢慢改變作息。晚上十點左右就上床準備睡覺，早晨鬧鐘一響我就起來開始準備工作。您和媽媽已經給我提供良好的環境，接下來就要靠我自己的努力。」

大大說「《小樹也能長成大樹》－我在前天文中提到五點，一、妳有換工作的機會，而且很可能是比目前的工作還要好，起點還要高，這是騎驢找馬的機會，值得去嘗試。二、這位替妳安排機會的董阿姨跟妳只有一面之緣，由於妳的待親及懂事，贏得她對妳的好感，可見妳的人緣好啊！三、換工作的事情要是順利的話都是這位阿姨的緣故，毫無疑問的，她就是妳的貴人，也是妳生命中的貴人之一，要記住和珍惜她的關照與提攜之情。四、要能順利調換工作，還要做好兩件事，分別是向大媽和校長彙報想要調動的事。五、對於別人的誇獎能夠明辨事實，不會被灌迷湯而暈乎乎，忘了我是誰，這是難能可貴的。前天這篇文章，對於妳的人生很有意義、很有價值，妳有空的時候不妨多看看。

妳在前天的郵件中比喻自己是一棵小樹，須要經過不斷的修剪才能長成大樹，說的很明白、很有道理。所以我說小樹要長得好，除了本身要有堅強的意志外，還要有良好的生長環境，要有人呵護它、照顧它。妳看看現在的妳有一個機會了，甚至還有可能換上一個更好的機會，也有一個好的環境，正應該好好的在工作上全力以赴去學習、去表現。

現如今，唯一美中不足的是妳在單位的精神不佳，這對於一個新人來講是比較不利的。做為一個新人要獲得領導的認同和肯定是很不容易的，要獲得領導的重點培養更是不簡單，很難得的是妳已經得到領導對妳的注意和關照，正是妳爭取表現的時候。

可是妳如果經常這樣精神狀態欠佳，被領導看在眼裡三次、五次的話，妳的形象就會改變，領導對妳的評價也會跟著改變，由肯定轉為否定，此其一。假使妳每天精神不好，妳在單位裡做任何事都必須強打起精神，才能夠勉強應付過去，更會加深妳的疲憊，妳自己也痛苦、也難受，此其二。因此之故，先找出癥結所在，加以對症下藥式的改變，方能起到澈底的作用！妳試分析看一下，精神不佳來自於睡眠不足，而睡眠不足來自於上床過晚。

解決之道便是要想精神飽滿，必須睡眠充分，而睡眠充分必須上床提早，維持睡眠八小時的基本需求。有的人終年都是精神萎頓，睡眠不足的情形，那大都是因為工作的關係佔用到他的睡眠時間，有單位的活，還有家務活，所以導致他每天只能睡四、五個小時而已，說起來也是情有可原，不忍苛責。可是妳每天早晨五點起床出門上班，晚上七點來家吃飯，休息一、兩個小時後，應該在九點上床，最晚也不超過十點睡覺，這個作息時間實在是可以將它定規下來的。最起碼在這實習的一年中，要確實做好、做到位，妳也就是把它當做學生生活，再繼續堅持一年嘛！

妳昨天說起最近的生活作息中有一項改變，而且做得很好，那就是早上吃了一個雞蛋、半杯牛奶。精氣神都有好轉，這就是作息的改變，把它養成生活習慣，妳還可以發現很多好處。以往妳都沒有吃早餐的習慣，那對腸胃不好，自然就是對身體不好。

妳的身體瘦小，一半來自遺傳，妳是無能去改變的，另一半來自環境諸如飲食，妳是可以去改善的，何況有麻麻在身邊照顧妳的生活起居，不是不能改變的，要不然，小樹要如何長成大樹呢？早餐可以改變，睡覺當然也可以改變啊！」

媛媛說「《貴人之一》－騎驢找馬這個比喻很貼切，我現在處於起步階段，應該從最底層做起，能體會到做任何事都是需要付出的，懂得知足常樂。我的學歷、資歷、能力，都不是很拔尖兒，但我可以默默的一點點琢磨，從資歷老的老師身上取長補短，有時候她們會讓我們新手多幹些，我能從中獲取經驗，一回生，二回熟，一點點我也可以不斷上升。

我遇到這位董阿姨，只是一次偶然的機會，經過大媽的介紹以及短短的交談，她還是比較認可我的，問我的大概情況，然後就想讓我擁有一個良好的環境進行實習。我非常感激她，也很尊重她，給我這來之不易的機會，我要盡心盡力做到最好，才是對她最好的回報。一位素不相識的人，成為我人生的貴人之一，這或許也是上天的註定，為我派來一盞人生的指明燈，照亮我前進的方向，讓我少走不少彎路。我明白您的意思，對於別人的誇獎能夠明辨事實，不會被灌迷湯而暈乎乎，忘了我是誰，這是難能可貴的。有些阿諛奉承的話有時候也需要對別人說，但是在聽的時候，不能夠得意忘形，要有自知之明，這一點我很明確。

您分析的很透徹，的確睡眠不足是一件很頭疼的事情，一早上就昏昏沉沉的導致一天都打不起精神來，給人帶來一種萎靡不振沒有活力的感覺。老師、家長、小孩子都不會喜歡這樣一個人整天瞌睡連天，夏天本來就是一個困乏的季節，所以我要更加注意休息，補充睡眠。晚上在十點前安排好一切事情，上床睡覺，早上五點二十準時起床，慢慢會習慣的，早餐我也會按時吃的，給一天補充能量，才有奮鬥的力量。

大大說「《越寫越好》－妳上週末這篇文章寫得很好，幾點內容條理分明，遣詞用字沒有錯別字，文章篇幅涵蓋周延，保有對人感恩的心，對事忠敬的心。」

前天夜裡十一點小舅媽和表弟隆隆來家了，看過我們的新家很滿意、很喜歡，直說表姐和小姑娘把家裡收拾得可好了！昨晚表弟來到家裡，妳看他這次參加中考拿到六百多分，輕易考上第一志願的第二十四中學，真是優秀啊！小舅媽這躺專程回來給她寶貝兒子慶賀，正是母以子榮，引以為豪呢！媽媽為小舅媽準備了一些可口合吃的食物，我也為她獻唱一首動聽的歌曲『大海』，用以表示熱烈歡迎之意，以及感謝她的金口良言，咱們四人第一次見面吃飯時她對我們的祝願要早日組成三口之家，如今心想事成，美夢成真，讓我們不敢或忘。

妳的起步是從最底層做起，沒有投機取巧的餘地，雖然最辛苦，卻也是最扎實的，將來得到的果實最甜美、最豐碩，明乎此，真可以把吃苦當做吃補了。妳目前正是一個紮根的階段，基礎打得越深，向上延升得越高，今日的努力，他日的成功，其理自明矣！董阿姨幫妳一把，除了心存感激和感恩，就是思考如何回報？只要妳把新的機會和新的角色盡心盡力做到最好，就是對她最好的回報，才不會辜負她的一番好意。

早餐的進食妳已經做到，長此以往，妳的身體只會越長越好，妳的精氣神也會越來越旺，一點小改變，發生大作用。妳也意識到睡眠的重要，開始著手養成早睡早起的好習慣，妳的變化一定能在短短三兩個月就看見成效，不愧是好樣的。」

媛媛說「最近也沒跟您聯系，您的狀況怎麼樣？大連最近的天氣異常炎熱，天氣炎熱整個人都沒有精神，所以我更要打起精神來，面對眼前的事情，不能有絲毫懈怠，也不能辜負您的一片關懷，我會打起精神認真做好每件事情。」

大大說「妳那篇文章《貴人之一》寫得非常好，所以我在回信中說妳是越寫越好，值得妳再回頭重看一遍，溫故知新一番。

南方的天氣自七月起更是酷暑難當，氣溫都在攝氏三十四度上下，不管在室內還是室外，人們整天總是昏昏沉沉的，就只能躲在空調室內吹冷氣避暑了。

我的身體一直不能夠完全復元，更由於心急加重運動量，反而造成運動傷害，使得腳腫一再發生，最近才確診出是腳底筋膜炎，真是欲速則不達！國家政務千頭萬緒，人民關心是應該的，評論是難免的，愛之深，責之切，也是所在多有。但是身為小市民最重要的還是做好自己份內的事情，如果能在辛苦奔波和努力奮鬥之餘，談一談感情或愛情有所收穫，豈不是美事一樁嗎？」

媛媛說「昨天姨姥姥和姨姥爺來家裡，她們參觀之後也很滿意，連連誇好，說家具的設計簡潔大方，媽媽打理的也井井有條，很乾淨也很舒適。

最近幾天的情況很糟糕，您一定會對我失望，事情的前前後後媽媽都跟您講了吧。

事後我也很自責，做事欠考慮，總是一時頭腦發熱，沒有想周到，以至於讓您和媽媽都很失望。現在我知道自己犯下的錯誤，是第一次也希望是最後一次。我已經長大了，可以獨立去思考去分清對錯，不能總是一味的去依靠媽媽，她為我操了很多心，花費很多心思，犧牲很多精力。您也不斷地鼓勵我，引導我往好的方向發展，但是好景不長，就出了這麼個岔子，我真的是太不應該了。

在我這個年紀應該以學業為主，現在進入實習了，我就要把這個放在第一位作為生活的主導。但是我由於一時的不理智，把這來之不易的機會給丟掉了，您對我的期望也會大打折扣。不應該在這個年紀把精力過多的放在談情說愛上面，分不清輕重緩急，讓媽媽上火，讓您擔心。我現在已經明白，以後不會再犯這種錯誤。」

大大說「在七月二十三到二十九日這一周裡，妳到底發生什麼事情，叫媽媽不能問、不敢問？第一天晚上妳來家之後下雨又打雷，平時妳最害怕打雷，那晚妳居然冒雨及打雷之下衝出去約會。第三天妳突然無緣無故請假一天不上班，第五天校長叫妳暫時不用到學校上班，等於是下崗了。這一周來妳只能呆在家裡，讓媽媽又失望、又難過、又傷心，妳把實習搞砸了，那可是會影響到妳明年是否順利畢業的大事，這期間到底發生了什麼事，怎麼會在一夕之間落到不可收拾的地步？妳能給媽媽一個說法嗎？」

媛媛說「這有什麼不能問、不敢問？她也不是沒問，我都如實的說了，也沒有隱瞞什麼，這期間發生什麼了？我是一時沒有頭緒，分不清主次，為了出去玩，把來之不易的機會都丟掉，讓媽媽傷心氣憤。

現在我都跟她解釋明白也下保證，不會再犯這樣低級錯誤，並不是不可收拾，我已經認識錯誤的嚴重性，以後不會再重蹈覆轍，珍惜身邊的一切機會，並且把握住。

八八父親節快樂喲。祝您青春永駐，身體健康，工作順利，天天擁有好心情。」

大大說「八八節快快樂樂唷！昨天立秋真是天涼好個秋，再過三個月立冬，就是大約在冬季，是圍爐的季節。妳這一周到新單位工作愉快嗎？跟老師相處不難吧？」

媛媛說「最近您怎樣？立秋了，天氣逐漸變涼爽，您的身體狀況有沒有更好？

一個星期的託管班代課老師，被分在小班，因為學校的宣傳才剛開始，小班就兩個小女孩兒，每天我和一個老師一起帶領她們上課、玩耍、學習。我有了前車之鑑，將上次的不足之處都一步步改正，儘量做到最好，老師們都很年輕，相處得也很融洽，慢慢的我也熟悉新環境，已經條理清楚，有規律的完成一天的工作。

早上八點半到校，我負責上四十分鐘英語課，一開始在課堂上因為沒有事先準備，我有些手足無措，但是還能招架住，因為畢竟有之前的經驗。回到家我認真備課，準備道具，為了讓小朋友有興趣學習英語，我也搜集了一些適合在課堂上做的小遊戲，準備一些小獎品。下課十分鐘我帶領她們上衛生間小便，九點半課間操十分鐘，中午十一點十分午飯時間，我幫助老師分飯，然後陪她們做遊戲，下午一點半繼續下午的課程，一天還是很充實。」

大大說「《意想不到的轉折》－現如今妳從實習老師的角色一變而成了代課老師，這一個轉折真是意想不到，更叫媽媽難過了好些日子，好好的一件事一夕之間就給搞砸了，叫人措手不及，真正應了計畫趕不上變化！小樹突然長歪了，妳說是不是必須給予扶直、給予矯正，才能夠長成大樹呢？當然啦，失敗為成功之母，每一個人都免不了會嘗到失敗的苦果，也不是年紀大的人就不會失敗的，所以不必害怕遭遇失敗，重要的是要能在失敗之後重新站起來，並且吸取失敗的教訓，前事不忘，後事之師，記取前車之鑒，不再重蹈覆轍。

妳現在的作息，從晚上定時就寢，到早晨準時起床，早餐及出門都能規律化，這些都很好，也很重要。千萬不要以為作息是小事而養成散漫，落得一個處處力不從心，睡眠不足的模樣，叫領導如何能對妳放心呢？妳有良好的生活習慣，不但外人看妳外貌及神情煥發，就是妳自己也會感覺精氣神充足，每天的精力用不完，來家後自然會喜歡幫媽媽幹一些家務活，看著麻麻愉快的笑容，展現自個兒的成就感，相依為命的娘兒倆就再也沒有距離，何樂而不為呢？

本來妳在六月初到藝校開始實習，擁有一個好的機會，半個月後妳搬進新家，妳又享有一個好的新環境，我們家呈現著一片欣欣向榮，一派興旺的景象。妳只要做好妳份內的事，全心全力把實習做好，一年後妳不但可以順利畢業，還可以順利找到合適的工作，不承想，妳突然無緣無故請假一天，叫校長大感不快，才會停止妳到校上班。要知道實習和試用的性質一樣，它不是正式的勞動合同，沒有任何保障可言，在實習期間只要表現不好，或者領導對妳不滿意，一句話就可以讓妳捲舖蓋走路，回家吃自己的。

妳說是一時沒有頭緒，分不清主次，為了出去玩，把來之不易的機會都丟掉，讓媽媽傷心氣憤。原來妳的個性不但急躁，而且很衝動；雖然妳事後的內省力不錯，可是妳事前的內控力不佳，說到底，欠缺事前的考慮，平添失敗的因素，真是智者所不取。那一周的第一天晚上，妳冒著下雨及打雷的惡劣天氣外出，第二晚照樣外出，媽媽也不攔阻妳，也不為難妳，第三天妳有必要在白天請假一整天嗎？妳要是等到下班之後外出就不行嗎？究竟是什麼大不了的事情需要請假去辦呢？妳要知道這不是犯下高級或低級的錯誤，而是壓根不需要犯的錯誤，不值得犯的錯誤，不應該犯的錯誤。事到如今，就看二十號或下個月的機會如何了？妳目前的工作心態及心理準備都是正確的，今後在任何工作崗位上都應該抱持這樣的態度就對了。」

媛媛說「看來您在體能鍛練方面相當有經驗的，能夠自始至終的去鍛練，不斷強健體魄。仰臥起坐也是很不錯的運動方式之一，但是一個人我是完成不了，身邊必須有人幫我壓腿才能夠做到，一分鐘頂多做四十個，還是在初中的時候。運動過後出汗的感覺很不錯，不但增強了體質，同時也將體內的毒素通過汗腺排出體外，繼續保持吧。鍛練過後一整天都精神飽滿，真的很不錯。

有個良好的作息習慣是很重要的，現在我會繼續保持，堅持每天九點半上床，早上六點半起床洗漱，吃早餐後出門。晚上早到家的情況下，幫媽媽拖拖地，做些家務，有時候也幫助媽媽把晚餐搞定，也是幫她分擔了不少壓力，我會越做越好的，不再讓她焦頭爛額，我長大了也要慢慢的去學會為別人考慮，不能一心只顧自己。」

大大說「《區分親疏遠近和輕重緩急》－我們常說人分親疏遠近，事分輕重緩急，此所以讓我們區分人與事的處理原則，親近的人優先面對，重要的事優先處理。疏遠的人及輕忽的事排在後面處理，如果時間與體力不足的話，可以處理也可以不處理的，不是每一件人與事都是同樣親近、同樣重要的。比如說七月二十五日妳請假所為何事？妳要見面的人有那麼親近嗎？會比媽媽還親近嗎？為什麼不能事先跟媽媽諮詢及商量呢？見面的人有那麼重要嗎？會比妳在工作中的實習重要嗎？

實習是妳的重中之重，是妳要全心全意、全力以赴的根本，還有什麼人、什麼事能比得上嗎？實習是妳將來工作的所在，甚至是妳今後吃飯和生活的依靠，砸了飯碗上哪兒吃飯去？對於工作的意義及重要性，我不是跟妳講得很明白、很透澈嗎？我和媽媽一直從旁給妳協助和鼓勵，讓妳心無旁騖、專心致志地在實習上踏穩每一步，不承想，妳突然在一夕之間翻盤，將實習給砸鍋了，實在叫人措手不及，希望妳深深思考，定定靜下心來重新出發。」

媛媛說「您說的都很有道理，我都努力照做，您也是我典型的榜樣，從您身上能找尋很多良好的習慣，以及為人處世的方法。習慣很重要，好習慣受用一生，壞習慣毀了一生，所以現在我就要培養自己擁有良好的習慣，首先從作息時間開始著手。您放心我會幫媽媽分擔的，我多幹點她也就少了一份負擔，所以您大可以放心，我會多多幹些力所能及的家務，不讓媽媽累著。我已經長大了，媽媽拉扯我十八年，如今我有能力回報她，當然不能再讓她那麼辛苦，我一定會堅持到底。」

大大說「《好習慣受用一生》－妳說的一點沒錯，好習慣受用一生，妳瞅瞅這一兩周來，妳的晚上早睡、早上吃飯都能夠做到，並無困難的地方，而且，很快便能感受到良好習慣對自己帶來的好處，也不需要花大筆的錢財啊！俗話不也是說天下無難事，只怕有心人嗎？不管在景山或是在泉水，事實上，妳和媽媽從早以來就是娘兒倆相依為命的模式，不論做什麼事，妳不會害她，她也不會害妳，她想好好照顧妳，妳也想好好回報她。

上次那件事確實沒有必要犯錯誤，也就是沒有必要請假一天的。但是妳的錯也不是不能原諒的，因為第一，妳不能完全瞭解實習的意義和學生的不同之處，第二，妳不完全明白工作中的請假和學生的請假不同之處。實習，其實就是試用的性質，它不是正式的勞動合同，沒有法律上的保障地位，實習過程中只要表現不佳或者領導不滿意，立馬就能停止實習。

對於上次那件事往來討論已經很多次，也很充分，到此為止就行了。接下來，就看下周的機會如何？以及下月的機會如何？我們暫且拭目以待。」

媛媛說「您真的為我分析的很透徹，我都很認同，我和媽媽兩個人相依為命，她是我世上的至親，我不能做傷她心的事，我長大了也該多多替她分擔，而不是火上澆油。我會調整好自己，呈現出最好的一面給媽媽和您，我也會盡全力去完善自己的品行、個性，以及工作經驗。」

大大說「妳現在能夠做到按時上床，真好，沒有什麼天大、地大的事，就不要讓瑣事干擾到正常作息的規律，妳做得真好。我講的道理其實都很淺顯、很明白、很實用，只要妳有空時再拿出來細細讀它，慢慢咀嚼，妳可以從中悟透很多道理的。母女相依為命的親情，那是比革命感情還要鐵了，萬萬不能去傷害到至親的人，若是意見不一致時，互相各退一步，而且最好是自己先退讓。一家人不說兩家話，彼此之間沒有什麼需要客氣的，自然也沒有什麼不好意思的，凡事沒有什麼不能講的嘛。」

媛媛說「您說的沒錯，媽媽的確是我的至親，也是世界上最疼愛我的人，我不能傷害她，而是要盡自己所能去報答她，要學會更懂事而不是越來越給她添亂。我知道自己應該如何做，也希望媽媽能夠健健康康的就好，生活上沒有煩心事，平平淡淡的就好，我會繼續努力的。

您一直都很關心我，我的一切您都看在眼裡、記在心裡，幫我出謀劃策，引導我往好的方向發展，您真的在我身上傾注了很多。我很感激您，大大，您總是認真的開導我，用前車之鑒指引我不斷進取，我一定不會讓您失望的。」

大大說「《家庭剛柔並濟》－我從自己成長歷程和心理學的理論中，非常瞭解及相信一個人從小時候的生長環境十年、二十年裡，家庭環境對一個人的性格塑造及影響非常鉅大且深遠。最理想和最完整的家庭模式是雙親齊全，有兄弟或姐妹伴同成長，雙親的組合最好是剛柔並濟，一嚴肅一慈祥，傳統上大多數是嚴父慈母，極少數是嚴母慈父的，此種家庭形式對一個人的人格形成有極好的作用，嚴父對孩子有震懾的作用，慈母對孩子有撫慰的功能，能收雙管齊下的效果。

兄弟姐妹讓人懂得友愛和與人相處，再加上與親戚之間的互動，家庭就是一個小型的社會模型。所以在從前的社會中兩姓聯姻時，除了對當事人的瞭解外，雙方家長也會進一步瞭解對方的家庭狀況，家庭完整的人個性比較穩定，相處容易，家庭不完整的人個性就比較不穩定，尤其是獨生子女和單親家庭子女，相處不容易。但是現今一胎化的家庭，大家都是獨生子女，都是很金貴，富有富嬌貴，窮有窮嬌貴，難搞得很哪！」

媛媛說「您說的真的太貼切了，家庭環境對一個人的性格塑造及影響非常鉅大且深遠。最理想和最完整的家庭模式是雙親齊全，有兄弟或姐妹伴同成長，雙親的組合最好是剛柔並濟，想像以來一定是非常和諧的家庭。小時候我的性格是那種特別開朗、健談，無論層次高低，年長年老我都能跟人嘮上幾句。記得四、五歲的時候，奶奶帶我去賣廢品，認識一個收廢品的阿姨，從此下樓玩的時候都能遇見她，我還會跟人家侃侃而談。

但是逐漸長大，話變得越來越少，也很打怵跟人家溝通、交流，所以這是一直困擾我的所在，不知道您有什麼好方法教會我如何跟人打交道？」

大大「《心理可能受創》－妳對我昨天的說法關於理想家庭組合是雙親齊全，剛柔並濟，會是一個非常和諧的家庭，兩人的看法大同小異。妳還回憶起小時候的性格特別開朗、健談，除了家人及熟人，跟外人都能嘮上幾句，非常有話說。但是後來越長大，反而話越少，甚至越來越不敢和別人談話，這種現象也一直深深困擾著妳。我覺得妳這種情況若是依心理分析來講，很可能是由於心理受到挫折，心靈受到創傷，才會導致妳的性格從開朗轉為抑鬱。所以妳有必要找出原因所在，以便早日走出陰影，妳說是不是？在心理醫生的處理方式中有一種使用催眠術，讓患者在睡眠中將潛意識當中的事情述說出來，心理醫生再據此加以調整患者的行為模式。

妳提到小時候的性格和特色，在我四個小孩子中，剛剛好和我的小女兒十分相似。她在上小學之前，平常並不特別多話，但是有客人上門或經過，不管熟與不熟的人，她都會主動和人打招呼，不但嘴巴甜，而且很有禮貌，會按照對方年紀大小稱呼人家叔叔或伯伯，阿姨或大媽，很少出錯，我們在一旁看了嘖嘖稱奇，因為我們從來也沒有人教她這麼做呀！其他三個兄弟姐妹，才不會這麼做呢！然後從小學到大學，她這待親和嘴巴甜一直都還是這樣子，並沒有改變。

所以從學理上和實例中，妳這轉變必然事出有因，如果妳能自己找出原因，問題不難解決，要不然妳就自行回憶生平發生何種不愉快的事情，導致妳發生此一轉變。再不然就是妳和媽媽一起回述一下妳的種種過往，指不定她也能提供一些記憶作為協助。如果我的推測不錯，妳的心理受創，跟妳媽沒有什麼關聯，倒是很有可能和妳爸有關聯。所以為什麼妳從小和他會起衝突，長大了還是沒有改善呢？假如妳和我面對面談起妳的過去生活種種，說不定有可能找到原因所在。」

媛媛說「《感覺像是多重性格》－昨天我跟媽媽一起看郵件，也仔細閱讀了您跟小女兒的來信，你們的關係真的很融洽，雖然相隔遙遠但是彼此的心都牽掛著對方，你們用書信的方式來傳遞感情，真的是很節能減排，一個信封裝兩封信，字字飽含深情，海內外兩地分隔，你們之間的感情依舊很親密。

總感覺我是多重性格，時而動時而靜，喜怒無常像是精神病。我一直都刻意的想讓自己變得平易近人，對待陌生的人和事都能夠坦然的面對而不是手足無措，在生人面前我都不太會與人良好的溝通，講話時候都沒有邏輯，有的沒的都說，結果聽的人也不知道我究竟想要表達什麼？說話時總是含糊不清，沒有主題沒有核心，我也很是惱火啊。

小時候跟誰我都是自來熟，二、三歲的時候見什麼人說什麼話，上至八十下至八歲都很喜歡我，小時候，我古靈精怪總是很快的融入到新環境，跟小夥伴一起玩的也很開心。但是逐漸長大，性格越發的內向、寡言，有時候跟家人都不願意多說，越來越封閉。我想原因的所在就是家庭環境所導致的，爸爸的個性很古怪，動不動就愛大發雷霆，跟媽媽時常拌嘴吵架。我在一旁乾著急，也很心疼媽媽，壓抑久了，性格一點點就開始不愛講話，還很急躁。我想這一點遺傳了爸爸，我不想重蹈覆轍像他那樣不招人喜歡，也沒有朋友，所以我很擔心自己會遺傳他的缺點，但是一時找不到改正的突破口，事情就是這個原因。」

大大說「《改變性格比較困難》－表達能力是可以訓練的，而且進展也很快，妳的口齒清晰，頭腦靈光，表達能力基本上沒有問題，頂多只是欠缺磨練，沒有突破心理障礙而已。倒是性格的調整比較慢一些，也比較困難，卻不是不能改變、不能改善的。

假如妳在我身邊一起生活一年半載，經常交談的話，應該有助於增強妳的表達能力，然後妳自己儘量爭取在公開場合表達意見，只要能夠突破那一層心理障礙，妳也可以表達得很好、很清楚。因為我的小女兒也是在家裡常和我練習英文對話，當時純粹是好玩而已，等到高中畢業要進入大學讀英文系，必須通過三位老師的當面口試這一關，她就是因為拿到面試的高分而入學的。所以我深深知道寓教於樂這一原則的好處與高明，玩遊戲就是最好的教育方式，不但認識道理，還能遵守遊戲規則。

妳也看到我和小女兒的通信內容，非常實在也非常生活化，但是字裡行間卻能含有濃濃的親情和關心。我之所以把這信傳給妳閱讀，就是一方面讓妳看看別人父母子女之間如何在溝通，另方面也是把妳當做子女來看待，教妳有一個機會觀察和參考。

妳說總感覺自己是多重性格，其實啊，這應該不是多重性格，照正規的說法，雙重性格或多重性格的人，他是感覺不到自己性格的多樣化。而妳只是懷疑自己的性格不穩定而已，這跟多重性格意義上有很多不一樣，性格不穩定在年輕人像妳這般年紀算是蠻普遍的，這只是一個過渡期而已，等妳成年了，大致上都能自己改善的。另外，即使成年人較穩定之後，性格也會有波動和起伏，所謂的靜極思動，動極思靜，這也很常見。像妳在家呆得無聊，會想出去走一走給帥哥放一放電，跟同學在外玩了一天後，最想念的就是回到溫暖和舒適的家，瞅一瞅那慈祥的麻麻，是嗎？

妳已經知道親和力是利人利己，不但自個歡喜而且受人歡迎，但是苦於無法順利和陌生人對話，而深感懊惱。其實，這都可以慢慢改善，當妳在陌生人面前不能順利開口，就不必勉強張嘴，先在腦子裡多琢磨夠了再說話不遲。雖然我看妳跟熟人講話並不會無厘頭，不過妳做事情卻會失之衝動，真的有點像無厘頭了。

聽妳說起小時候自來熟的性格，我就聯想到妳活潑可愛的一面，那真的是非常討人喜歡。我的童年，在五歲以前的部分都無從記憶，我也不曉得為什麼？但是我從同村的鄰居長輩或年長者告訴我說，小時候的我又可愛又聰明，很得老祖母和鄰居的喜愛。所以妳的兒童時代是多麼愉快和可愛，妳實在沒有理由不想辦法再重新找回妳的快樂時光來？妳可以試試看能否再回到從前？如果妳確定是由於家庭環境造成妳的性格轉變，那麼從今天起，妳就可以藉由改變環境再重新改變妳的性格，何況媽媽也會從旁給妳協助，妳不妨試一試。既然妳已經離開妳爸的身旁，也離開景山的環境，可以開展妳的新生活和新希望。

以前我說過一個人的性格一半來自遺傳，一半來自環境，兩者是能夠加以中和的，能夠予以調和的。妳只要重新出發，進行心理建設，不是不能擺脫妳過去的陰霾，不相信的話，妳嘗試一下，何況有媽媽在旁邊給妳提供協助。」

媛媛說「《想說不敢說》－您說的沒錯，真的是很貼切，我的語文功底還算可以，在平時的相互交談之中，也得到您的肯定。只是我心裡一肚子話，不知道用什麼巧妙恰當的方式表達出來，想說不敢說，怕說錯，心理障礙因素占很大一部分。

性格方面，其實跟熟人在一起我是特別開朗，但是與生人打交道我還有欠缺，不會得體大方的跟人交流。您是一個喜歡廣交朋友的人，與人溝通也仁義大方，懂得包容禮讓，不會斤斤計較，跟您通過郵件的交流我已經受益匪淺，當然如果能跟您生活一段時間我一定也會有很大的突破。心理障礙是靠自己調整的，但是一時半會兒我找不到什麼可行性的方法去突破，一直被蒙在鼓裡，沒有方向。您在教導子女的問題上也很有經驗，跟女兒在家裡練習英文對話，在遊戲中寓教於樂中使她得到良好的幫助。

您教會我很多做人的道理，處理事情的方法，生活中作息習慣的養成…很多很多。

總之讓我很受用，我能夠有現在的環境，全仰仗您的不斷呵護，讓我從惡劣的環境中走出來，給我不斷地鼓勵引導，真的很感謝您。我有能力的時候一定要好好孝敬您跟媽媽，以後我會按照您的引導不斷前進、不斷進取。

我在性格上忽冷忽熱的，心情好的時候會願意話多，遇到不如意的時候不願意多說一句；而且時常急躁，性子很急，不能夠冷靜的想事情，總是容易衝動，所以我要從這方面著手去改變自己，也請您多多指導我，讓我能夠重拾自信，陽光開朗。」

大大說「《機會又來了》－恭喜妳，騎驢找馬的機會總算有眉目，聽媽媽說昨天早教中心來電話，讓妳下週一去報到，妳大媽因此叫妳暫時在家休息一周，準備重新出發，可喜可賀。

妳說心裡有一肚子話，想說不敢說，因為害怕說錯，都是源自心理障礙。其實，像我也會對某個人或某件事有很多意見、很多話想要說出來，但是如果沒有適當的機會讓我說的話，我寧願放棄不說，這關鍵的因素端在於有沒有機會？機會是不是適當？若不符合這兩個因素，我寧可不說，把我原本想說的話和意見扔在腦後。這是為什麼呢？因為我知道有這一句話『話多不如話少，話少不如話好』非常有道理，而且在實際經驗中得到足夠的驗證，我沒有說話，別人也不見得會拿我當啞巴看啊。

所以我的原則是言之有物，言必有中，多說好話，不說壞話，更不輕易當面說人家的壞話或難聽的話。俗話說逢人但說好話，莫可全拋一片真心。至於害怕說錯而不敢說話，那真正是大錯特錯，豈不知世界名言－失敗為成功之母，乃是通行世界的諺語嗎？如果因為害怕失敗而不敢去說、去做，那怎麼有可能會成功呢？那豈不叫做天橋的把式－光說不練嗎？像很多人學英文，文法和單字背得呱呱叫，考試都能拿高分，但就是不敢張嘴，更不敢在生活中練習對話，一輩子不會說英語，其心理便是害怕說錯，害怕受到別人的嘲笑，這種態度是錯誤的、是要不得的。我舉過我小女兒的例子，在家中跟我用英文對話，只要妳敢開口就不怕學不會了。

妳將來有能力的話，第一個不能忘記的人一定是媽媽，第二個不能忘記的人就是大媽，妳說是不是啊？妳有這份心是很可取的，媽媽和大媽就算沒有白疼妳唷。妳的性格忽冷忽熱，說到底是年紀輕、不穩定，而不是什麼多重性格，妳應該可以放心，充其量，也就是情緒不穩定而已。

我瞭解的人情世故不算少，我的表達能力相當豐富，談論起來不致於枯燥乏味，細細咀嚼之後，對年輕人有益無害，又能節省許多寶貴時間，省卻許多彎彎曲曲的冤枉路。我以前的運動常常是盡力而為，現在終於體認到必須改弦更張，改成量力而為了，不服老是不行的。」

媛媛說「這真是件可喜可賀的事情，但是身上的擔子又重了一分，我要格外小心謹慎，不能再像上次那樣重蹈覆轍，通過那次經驗教訓要學會謹慎做事，細心考慮周到後再下結論。我也要不斷完善自己的知識儲備量，現在我所學的還只是些皮毛，以後等待我的是更加嚴峻的考驗，我只有不斷進取、不斷加強自己的能力就沒有做不到的，有了您的不斷支持我相信我有能力做好。

我以後做事就要多用心，自己其實有能力做好但有時就是欠缺一份耐心，導致事情受到影響，所以我要本本分分一步一個腳印的走下去。身邊的人都比我有經驗，我一個新人只能少說多幹，盡可能的不過分的彰顯自己，多聽取他人的意見。我跟媽媽在一起交流的機會很少，主要原因是媽媽上了一天班已經很疲憊了，我不想去打擾她，但是久而久之不交流，兩個人都不知道對方的想法，在交流上出現不同的意見就會出現分歧，所以我以後會多找機會跟媽媽溝通。

讓我重拾自信不是一天兩天的事情，也不是我自己能夠做到的，我要多跟生人打交道，一點點熟能生巧也就找到真正與人相處的技巧，但願我能夠做的很棒。」

大大說「《跟媽媽多接近多交談》－經過這些日子以來從郵件來往瞭解，妳的優點很多，缺點不多，當然啦，世無完人，亦無全物，些許缺點在所難免。妳只須將優點儘量發揮，缺點儘量改正或避免，這就很不錯啦。實習是工作的一環，工作是人生的最重要課題之一，把握工作的要領就是勝任愉快，以工作為核心開展妳的人生，妳的人生便會開出燦爛的花朵，不可等閒視之喔！

妳已經明白自己要跟媽媽多溝通的重要性，第一是媽媽生下妳好比是從她身下掉下一塊肉，妳的人生與好歹都是她不可割捨的關懷，第二是媽媽自小照顧妳十多年，不計代價的付出，辛苦及功勞最大，第三是妳逐漸長大，慢慢獨立自主，雖然她可以逐步放手，但還是想給妳最大的幫助，好讓妳在社會和人群中的起步高一些、穩一些、好一些，妳不用回避她，凡事多跟她合計，多跟她諮詢，能夠減少失敗和吃虧的次數。

不管是以前還是今後，妳和媽媽兩人幾乎就是一種相依為命的關係，我說過那是一種比革命感情更鐵的關係，一體的兩面，是無話不談的。以目前來說，一個家庭只有二位成員，抬頭不見低頭見，正應該好好瞭解對方、體貼對方才對呀！可是妳出於一番好意，顧慮媽媽工作一天之後的疲憊，不想打擾她而不接近她、不和她談話及交流，一段時間之後，因為越來越不瞭解對方的想法而越來越疏遠，甚至出現分歧。其實，妳的顧慮原本是好的，但結果卻是不好的，所以妳有必要儘快改變妳的想法及作法，要多去接近她，多去和她談話及交流，這樣子才能切實瞭解彼此的想法，才不致於發生分歧，進而產生誤會，發生憾事，妳說是嗎？做人做事有時候顧慮太多，不是猶豫不決，便是畏縮不前，這也是一個害處，只要三思而後行就已經足夠了。

由於減少交談會產生疏離、隔閡、分歧，這真的很不值得，甚至演變到後來，彼此之間還會變成是最孰悉的陌生人，妳說可悲不可悲？一般而言，會發生這種疏離和分歧，大都是因為地理因素造成的，也就是一家人居住在不同地方，平常見面的時間及機會少，因此起心動念要去親近及交談也跟著減少。但妳們不是這樣子啊！住在一起，生活在一起，呼吸也在一起的，為什麼不能夠無話不談呢？媽媽在外工作再忙再累，一回到家裡就是想知道妳這一天過得好不好？有沒有什麼事發生？有什麼話要對她說的？所以妳如果能體恤她的辛苦，不妨替她分攤一些家務活，減輕她的一些負擔，豈不是好！還有就是靠近她，問問她的工作和身體，說說妳的心情及想法，那不就是可以交談了嗎？像她昨天聲音不一樣，是不是感冒了？

下周妳的機會來了，要重新出發，妳能體認到戒慎戒懼的態度是很好的，妳說完善自己的知識儲備量，就是為了工作上能夠勝任愉快，在我們這邊的說法叫充實自己。

上次大媽透過劉小華阿姨安排妳在藝術學校實習，這次大媽通過董小茗阿姨把妳引進早教中心，都是很難得，需要盡心盡力在工作崗位上爭取表現，才不會辜負阿姨及大媽的費心。前晚參加妳姪女的生日宴，看到她光鮮的一面，也看到她背後大媽為她付出的心血，曉得大媽對妳的關照也不少，看得出她都是在用心灌溉小樹，期望著她們將來能長成大樹。

重拾信心雖然不是一朝一夕能做到，但是只要下定決心去做，腳踏實地的一步一腳印做去，總有一天會成功的，所謂千里之行，始於足下。要跟人多打交道，無論熟人或陌生人通常都是從微笑和點頭開始的，妳不妨從這一點試一試，我相信妳能夠做得很棒。」

媛媛說「真的感謝您這幾天跟我說的，真的讓我很受用，我也都在一步步慢慢改變自己，謝謝您的鼓勵。人無完人金無足赤，不怕有缺點，能意識到自己的缺點很關鍵，我現在發現自己的不足就要及時改正。

您說工作是認識的重要課題之一，勝任愉快，這也是很難達到的，首先要讓自己的工作得心應手就要學會認真，不斷加強自己，我現在還欠缺很多，所以要多多聽取您的建議。

媽媽很辛苦這些年，含辛茹苦的把我帶大，真的是經歷千辛萬苦，現在終於從惡劣的環境中被釋放出來。我也漸漸長大，有能力替她分擔些生活中的壓力，我要不斷的改造自己，把不好的地方通通改掉。您放心吧，我會跟媽媽多交流多溝通，多替她分擔生活中的壓力，讓她從勞累中走出來。

媽媽這幾天感冒了，還很嚴重，我一直都很擔心呢，白天上班晚上回來還要拖著疲憊的身子料理家務。最近幾天都是我掌勺做飯，媽媽也連誇好吃，這讓我對做飯更有信心了，白天在家裡也幫媽媽打掃，家務活做起來得心應手，您就放心吧，我會照顧好媽媽的。」

大大說「《揮別過去珍惜現在》－去年就對妳和媽媽說過，妳的聰明肯定是遺傳自媽媽的，因為她就是很聰明。只可惜這十八年來，妳在成長過程中沒有得到適當及良好家庭環境的塑造，直到今年六月妳和媽媽兩人一齊搬進新家，總算擺脫過去的那個環境，開啟一個新的環境及新的生活。慢慢地，妳就能夠揮別那些不愉快的過去，迎接嶄新的未來，除了好好珍惜現在之外，更要努力做好當下的每一件事，特別是從下周起的實習，妳說對嗎？

我說的一些道理和例子，對於社會新鮮人的妳來講，也是蠻實際和蠻管用的，而且剛好我在言語和文字的表達及敘述上有相當的造詣和水準，能夠作深入淺出的說明，所以妳並不難明白，而且妳的聰明程度，更方便於妳的吸收和瞭解。除了聰明伶俐以外，妳的另一項優點，就是在事後能反省和明白自己的錯誤所在，不會死不認錯，也不會不肯改錯。但是今後，妳要儘量凡事能夠在事前都深思熟慮，三思而後行，庶幾能將錯誤的發生降到最低，豈不更好！

現如今妳對實習的工作之意義及重要性已經完全清楚，接下來就是要落實到生活及工作中，加強自己的能力，把握勝任愉快的要旨。妳最清楚媽媽的辛苦和不容易，今後妳儘量在家務活多替她分攤一些，減輕她的辛勞，讓她獲得足夠的休息，儲備明日工作的氣力。週一吃生日宴席還好好的，次日她就身體不舒服，我聽她講話的聲音沙啞，著實叫我嚇了一大跳，她還跟我開玩笑說醫生告訴她是害了相思病，醫生也沒藥，妳說她淘氣不淘氣呀？她這次的感冒挺利害的，應該多休息、多喝水、多喝茶，妳要多費心照顧她唷。看樣子，妳會做菜的手藝也是其來有自，妳要照顧好媽媽，就先照顧她的肚子吧！」

媛媛說「媽媽確實會處理問題，思維清晰不急不躁，也很聰慧，可惜的是我絲毫沒有在家庭環境中得到好的教育而是白白荒廢了十八年。沒得到好的塑造，以致於我身上會出現棱角，會有這樣或那樣的缺點，但是有人給我指出缺失我會積極的去改正。新家給我帶來好心情，我也慢慢的適應了，從過去的不如意中走出來，迎來美好的生活。

您真的給我分析的很透徹，我也從您的話語中深刻的理解您的良苦用心，我會努力的去改變，從自己的身上找尋缺點然後積極的改正，而不是一而再、再而三的連連出錯。

下週一就是看我表現的時候了，我一定不能辜負大家對我的期望，做到最好，我要加強自己的能力。媽媽這幾天的病情也有所好轉，您不用太擔心，我會好好照顧她的，您也要多注意自己的身體，秋天感冒不愛好。」

大大說「恭喜妳今天順利登上實習工作崗位，早上準時在七點半到達單位，開啟新的里程碑，祝願妳馬到成功，心想事成。本來在昨晚我跟媽媽通電話時就問到妳這幾天有沒有利用時間事先到單位探一探路？她說沒有，但是今天她會陪妳提早於六點出門去探路及找尋新單位。

妳說的沒錯，媽媽很聰慧，值得好男人用一生呵護她、照顧她。妳也遺傳到她的聰明及福慧，就是多了一點急躁和衝動，今後只須多加注意，把這一點點小缺失改正過來就好。過去的家庭環境對妳有所虧欠，但是今後的新環境已經給妳完全不同的生活與機會，希望妳好好把握開展不一樣的人生。如果妳把思考和行動稍微緩和一下，三思而後行動，或者三思之後而不去行動的話，就可以減少很多不必要的錯誤。

前事不忘，後事之師，我相信妳今天重新獲得機會，重新站上工作崗位，內心裡一定會有很堅強的意志，要把妳的工作幹好，要把妳的角色演好，要把每一件事都做好，有這樣子的決心就對了。媽媽的感冒這兩天已經有大幅度改善，要不然在上週三的時候，真是挺嚴重的，叫我擔了不少心啊！現在她好很多，我比較放心，她也不用擔心我的身體，我的健康情況大致上已恢復到正常的狀態，妳也不用操心。」

媛媛說「《一天都很順利》－早上正好七點半找到早教中心，到那的時候，我已經大汗淋漓，跟媽媽四處打聽到，位置也很偏僻，還算萬幸最後按時到達了。一進門被門崗看門的叔叔攔下，看出來這個早教中心很嚴格，我就在門口等王園長來，然後跟隨她一起進入園內，她很喜歡我，對我的印象也很好，對我總是一副和藹可親的模樣，我下定決心想好好幹，證明給大家看我也是有能力的。

經過一段簡單的介紹，我認識了園內的其他老師，她們大都四十歲左右的人，也都很不錯，但是見到我的時候都很驚訝，原以為我是十五、六歲的孩子。但是園長之前囑咐我說告訴她們我年齡就是二十歲，所以我也就多報了二歲，說我是一九九二年的，大家都很不可思議，我也就微笑的回應了她們，繼續幹好自己的事情。

最近媽媽的身體一直很差，先是嗓子發炎，最後導致感冒加重，真的，她最近太疲憊了，超負荷的壓力，亂事纏身，都要靠她自己一人扛。我看在眼裡，疼在心裡，有些複雜的事情媽媽都不願意讓我知道太多，但是我看她日漸消瘦的身體加上心煩意亂的心情，我能做的就是不讓她再多為我操心，幫她分擔家務。媽媽今天一天四處奔波為了景山房子更名的事情，媽媽也受了很多委屈，真的替她感到寒心，媽媽十八年都沒有享過什麼福，照顧奶奶，還照顧姑姑她們。

反倒現在因為房子的事情爭得不可開交，這房子本來就不屬於他們，他們都窮凶極惡的盯著房子，跟我爸耳邊說三道四，不停的說媽媽不好。她真的是太善良了，讓她們騎到頭上來欺負，我真的看不過去，以前媽媽一心一意為了照顧家庭，現在她們開始反咬一口，到處說媽媽的壞話，我現在也只有讓自己更強大，有能力去維護媽媽，不讓她再一個人撐起一面天。」

大大說「《媽媽大戰梅超風》－早上聽媽媽說她要出門時候，還把家裡的那一袋土豆揹著出門，我問她那是為什麼呢？她說超級颱風布拉萬今天及明天會侵襲大連城，所以她上班時要揹上土豆，才不會被梅超風颳跑了。

昨天又是一個新的開始，也是好的開始，第一天一切順順當當，自然就是成功的一半囉。昨日一大早，媽媽就陪妳出門去找尋新的單位，雖然地點比較偏僻難找，幸好還能準時到達單位的所在，而且還趕在王園長到達之前，由她領妳進去真好。妳對園長的個人氣質，風度翩翩，談吐風趣，留下深刻及仰慕的印象，沒錯，她正是妳學習做人做事的一個好榜樣，如果妳能見賢思齊焉，指不定十年後妳也能像園長一樣擁有自信喔。同樣，她對妳的小巧可愛，模樣俊俏，精緻典雅也有極好的觀感，待妳也很親切，看妳的樣子及年紀都是那麼小一個，雖然很可愛，只是長得太小了，就像妳自己說的還沒有發育完全，所以她會要妳說妳今年二十歲，憑空增加二歲，以便給妳增加一點份量，算得上也是維護妳的一種善意的謊言。

媽媽在上周真的太疲憊了，情緒上為了景山那套房子以及左鄰右舍的不實謠言非常鬧心，身體上又受到感冒病毒的入侵，一下子就病得很嚴重，叫我上週三在電話中聽到她的聲音給嚇了一大跳！房子的事和鄰居的話，說來話長而複雜，她沒有告訴妳太多的原故，是怕妳會跟她一樣也受到影響，儘量要減少妳受到干擾。這兩件事她也沒有告訴我，一直到昨天晚上她才在電話和信息中說出來，因為她昨天上午及下午分兩次出去辦理房子變更名字的事情，居然出乎意料之外的順當，這樣將來在維護自己的權利時才不會落到被動的地位。

媽媽這十八年來所受的辛苦及委屈，只有大媽最清楚、最諒解，所以她堅持媽媽要把房子變更在自己的名下，這本來就是理所當然的，是份內而不是非份的。但是他們為了得到這套房子，不惜在左右鄰居之間造謠，說盡媽媽的壞話，為的就是要醜化及打擊媽媽，不跟他們爭取房子。不過，我會做媽媽的靠山，做媽媽的精神支柱，堅定不移的支持她到底。」

媛媛說「今天在家休息一整天，下了一天的毛毛雨也沒颳什麼颱風，早上媽媽出門上班的時候還沒下大雨，十點多媽媽就提前下班，在家也休息了小半天，這一天也很安逸啊！上班第二天就休個颱風假，很開心呢，明天不知道會不會颳颱風？但是我現在就要用百分之百的努力去對待，絲毫不能怠慢。」

大大說「《梅超風也惦記妳》－妳看妳上班的第二天梅超風就趕來關心妳，還給妳放了颱風假，真是好福氣唷！在和風細雨下妳休息一天，媽媽休息半天，有這麼好的事，還有誰能說風雨無情呢？但是妳已經下定決心，不管它風強雨大，妳就是要用心用力把妳的事情幹好，在大家的眼前將工作努力做好。我知道妳的決心會完全展現在妳的工作上，叫人看得明白，不會有一絲一毫怠慢。

媽媽有時候也會給我發發小脾氣，等我把道理給她理順之後，她也能明白自己的誤會。妳說的也是，沒有過不了的坎，沒有蹚不過的河，任何事情多少總會有解決的方法。我現在知道她上周承受太多的壓力，就是來自景山的那套房子以及街坊鄰居的謠言，經過我和大媽的開導，她在前天開始化悲憤為力量，並且採取行動，化被動為主動，這對她今後爭取或維護自己的權利，立於有利的地位。

其實，妳深深知道自己現在是社會新鮮人，居於社會的最底層，但是只要通過努力，妳一定會由下往上晉升，天下無難事，只怕有心人。我們小小的三口之家，每個人都在各自崗位上奮鬥，新家就是一片興旺景象，朝氣蓬勃。妳也不能小看自己，只要努力一年，妳就能在社會上取得一個不錯的立足點，只要立穩腳步，一年後妳就可以自立自強，還能回饋家裡和回報媽媽。現在起妳便是我們家的一位生力軍，為我們增加一份力量，這份力量慢慢會由小到大，以後逐漸趕上媽媽，還會超越媽媽，妳說我們是不是都很祝福妳，很期待妳？」

媛媛說「大連真是個福地，地理環境也不錯，所以自然災害也不容易來侵害。今天早上接到園長的電話，下午一點去上班，於是我匆匆忙忙的把家裡打掃一遍，吃完午飯就過去了。最近早教中心一堆活要幹，下午忙忙碌碌的整理東西，從一個教室搬到另一個教室，擦灰、整理雜物，搬上搬下的也忙活了二個多小時，還好人多力量大，很快將教室整理的煥然一新。那些老師對我也很照顧，看我瘦弱的小身子，也不需要我搬很重的箱子，讓我留下來負責整理。下午幹完活就三點多了，坐下來聊聊天，四點的時候園長檢查完畢後，就讓我們各自回家。

我相信風雨過後見彩虹，這些瑣事忙完後，一定要讓媽媽好好放鬆放鬆，她真的是太累了，我都能理解，所以您就放心吧，我的確長大了，不能總在媽媽的庇護下成長，我也要有擔當，能多幫她分擔些。」

大大說「梅超風來得好，真叫風雨多情了，瞅瞅妳上班一天平白就放了一天半的颱風假，怎不教人羨慕壞了？妳說大連是個福地的說詞，跟我們本地的鄉親總愛說金門是個福地，如出一轍哦，因為金門也是鮮少天災的侵害嘛！

現在早教中心有很多力氣活可以讓妳幹，擦玻璃、搬東西等，妳的心態擺的很好，多做少說或是多做不說。園長和其他老師看在眼裡，都會對妳留下好的印象，妳因此也會得到一個好的開始，多吃一些這種虧，其實都很值得。而且人家看妳個子小，都會體恤妳，粗重的活也不肯讓妳幹，是不是？

媽媽操心的事在本週一已經開始採取行動，預做準備，心病大致上能獲得合理的解決。媽媽的身體素質可以算得上是很好的，她這次的重感冒原因，是憂心上火在先，陳健一家人都感冒也波及到她，才會這麼難過，現在已經大部分恢復健康。妳是生力軍，又是年輕力盛，只要妳的身體健康，工作順利愉快，就能行有餘力來照顧媽媽，分攤一些家務活的勞累。」

媛媛說「最近大連的天氣一路飆升，氣溫都在二十九到三十度左右，十分炎熱，據說是颱風後遺症，颱風沒颳起來倒是把氣溫升起來了，出門總是感覺很炎熱。

休息兩天也逐漸慢慢適應了，開始去的時候，就是沒有什麼頭緒手忙腳亂。但是老師很有耐心的教我，所以我也要更加用心，不能再半途而廢，只有加倍的努力才能事半功倍。要給老師們留下一個好印象，畢竟我是一個新人，大家對我的能力都不敢肯定，我只有努力完善自己證明給大家看才行。去了二天，我已經將三十多個孩子的名字記起來，她們很可愛，我叫錯名字的時候，還在一個勁兒糾正我，讓我更加牢記啦。」

大大說「妳現在實習階段也就是處於學習的過程中，心態上一半是學生族，一半是上班族，所以必須兼顧兩者對妳的要求，也就是說在工作紀律上要符合單位的要求，在工作精神上要符合學習向上的態度，是有一些不容易，但是我們相信妳都有決心把它做好。妳要想溶入新的工作環境，最好的做法就是努力工作，而且是加倍的努力，讓園長和老師看在眼裡留下好的印象，妳的辛苦都不會白費的。

我的身體復元可以說將近達到正常了，從九月起我已經開始恢復完全的運動量，這三天來一切都是正常無礙的。妳只管專心在自己的工作上，行有餘力多花點時間幫媽媽分攤一點家務活，她就可以得到比較好的休息及安慰，她就更開心了。」

媛媛說「下午看床的時候很不順利，都是愛講話的小孩子，我只能一個個點名字強迫她們睡覺。晚上放學的時候，家長都來接孩子，我也挨個認識家長記清楚名字，家長對我也很熱情，支持學校工作。傍晚園長來班級，看見我正在整理教室，她對我的印象越來越好，不斷誇獎鼓勵我，說我幹活雷厲風行很利索，還說我眼睛很亮、很長精神。頭兒讓我好好學，她們也想努力培養我，讓我在舞蹈老師上課的時候，在一旁聽課多取取經，我更不能辜負老師的良苦用心，我幹勁十足呢。」

大大說「《領導誇獎妳》－看妳的努力，很快就能獲得領導的好感及誇獎，這樣對妳的工作士氣更能起到很大、很好的作用，妳就要保持這樣子的衝勁及幹勁，半年或一年都這麼幹，毫無疑問，妳的能力必定能得到大家的肯定。

對於工作的意義以及重要性，妳已經完全明瞭，而且妳有決心要把工作幹好，我知道這絕對難不倒妳的，妳就照著領導的指導和指示照辦就是。妳昨天的體檢不順利，有一部分是妳自己欠缺經驗造成的，凡是重要的事情，一定要把五何組織起來，深刻記在腦海裡。那便是何人、何事、何時、何地、為何，又稱人、事、時、地、何。

現在的孩子比二十年、三十年前可淘氣得太多了，做為老師的大家都無可奈何，更要命的是老師對孩子還不能打、不能罵，老師要是打罵孩子，家長不放過你，教育局也不放過你。搞不好，會叫妳回家吃自己的，妳說利害不利害啊？教育孩子不能打罵，就只能哄、只能騙、只能勸，只能來軟的，不能來硬的。此所以說現在的老師不好當，真的是很有道理，面對孩子的老師，一定要先把自己的情緒拋諸腦後，只可付出愛心及耐心，除此之外，別無他途。」

媛媛說「今天又是忙碌的一天，那個帶我的劉老師真的很老練，保育員阿姨很實在，都是告訴我如何正確的幹活，說我不會幹活，出力不討好，讓我在領導面前要多表現，而不是一心撲在工作上，讓我長個心眼兒。因為帶我的那個老師就是經驗比較多，人品方面卻不是很受大家的肯定，所以我只管學本領，其它的我也不必多參與，畢竟他們都是我的前輩。

這個幼兒園內部真的很複雜，我一個新人難免會遭受到一些不平等待遇，就像組織班級紀律，我扯著嗓子拼了命的安頓他們。但帶我的劉老師卻在領導面前抱怨帶我這個新人很累，所以我也無話可說，只管踏踏實實幹好自己的分內工作，同時要跟大家搞好關係，融洽的相處，讓她們真正的接納我。」

大大說「《領導注重的是工作表現》－前天領導不但誇妳幹活利索，還誇獎妳眼睛很亮、很長精神。妳瞅瞅妳這一改變作息才個把月，養成早睡早起的良好習慣，馬上就能立竿見影，得到很好的效果，還能引起領導的注意及好評，妳瞧瞧是不是很值得呀？大大對事情的見解以及對妳的勸導，是不是讓妳得到確實的印證？

劉老師和保育員對妳的勸告雖然有道理，要妳長個心眼多在領導面前表現，也是一番好意；但是妳聽聽就好，不要反駁她們，卻不要按照她們所說的去做，因為那種專門在領導面前下功夫表現的做法，其實是老油條的做法，不足可取。妳目前的態度不僅要把事做對了，還要把事做好了，在工作上力求表現，贏得領導的好感，在領導面前千萬不要去得罪她就是，輕易也不要去作辯解，就是多做少說，或者不說。對於領導交代的工作盡力的去做，對於合理的要求，當作是訓練，而對於不合理的要求，就當作是磨練，心平氣和，安靜地去做就對。這個時期，這個階段，再怎麼說得好聽，都遠不如做得好看為是。

園內的人和事很複雜，這就是社會，就是社會的縮小版，我們到每個社會去，或者到每個單位去，或多或少都會看到這種現象的，都是無可避免的，稍微留意一下就好，不必花太多的時間或精力在這上面，但也不能視若無睹，毫無感受。新人會遭受老人的一些排擠或不公平的待遇，毋寧說這是一種很平常的現象，也是一種很正常的現象，新人就要有新氣象，別人不想做的事推給我，我就照做不誤，也不要求什麼公平，有時候，別人不喜歡做的事，我也可以主動的去做，把吃苦當成吃補，把吃虧不當一回事。

這樣子的做事態度，反而對於自己在單位裡的做人有說明、有好處。妳現在所知道的複雜現象還算是比較少的，比較有限度的，將來妳會知道還有更多的、更深入的，那都不足為奇，那種勾心鬥角都是暗藏玄機的，到時候就是見怪不怪了。劉老師在領導面前抱怨妳的不是，分明是損人利己的做法，有失厚道，也就是不夠仁義。但是就隨她去吧，不必多說什麼，以免破壞工作關係，領導會分辨明白的，妳只要把本領學會了，又能在工作上表現出色，這才是領導所需要的重點。」

媛媛說「《養成好的作息》－您的一番教誨，讓我工作努力的方向更清晰，您說的沒錯，早晚養成早睡早起的好習慣，早上吃過早餐，精氣神兒十足，絲毫不會有困倦的感覺。看來養成一個良好的作息、起居習慣也是很關鍵的，整個人的精神面貌就提升了，難怪老師會誇我眼睛有神，說明我真的用心想去做好。

保育員和劉老師都是這個形形色色社會中的一個影子，每個人的個性都各不相同，不能對一個人妄下結論，別人嘴裡說出的好壞只管聽聽就好，不需要發表自己的意見，因為言多必有失。何況我還是個新人，不瞭解情況，也不能太過表現自己，只要把自己的工作踏踏實實的幹明白，就是現在的首要任務，那些複雜的人際關係，我還不能夠妥善的完成。勤勤懇懇的完善自己，吸取更多的經驗，學成了那才是我的，以後無論走到任何地方，有一身經驗那是首要關鍵。

在社會的各個工作單位，都存在明爭暗鬥的現象，都急於求成，想在上司面前表現自己，不擇手段的去詆毀別人，這些都太正常了，包括在這個園內也有這種現象。我只能看淡，不必跟她們勾心鬥角，新人會遭受老人的一些排擠或不公平的待遇，毋寧說這是一種很平常的現象，也是一種很正常的現象，新人就要有新氣象，別人不想做的事推給我，我就照做不誤，也不要求什麼公平，有時候，別人不喜歡做的事，我也可以主動的去做，把吃苦當成吃補，把吃虧不當一回事。這就是吃虧是福，雖然多幹了一些，但是積少成多，我也會在逆境中成長，讓自己更加強大。

媽媽這些天也跟著忙活，她把昆明街的工作辭了，因為她們搬家地角太遠，媽媽天天在道上的時間就將近三個小時。然後媽媽在我們社區找了另外一家做家政，就在我們家附近，但是一天要幹兩家活，天天跑來跑去，很辛苦，回到家還要繼續做飯，她就是太拼命了。家裡的開銷大，房貸的壓力都要她自己扛，我能替媽媽多分擔些，她也就能稍微輕鬆些，我還是要卯足力氣加油。」

大大說「《媽媽別累垮了》－妳好比一棵小樹，我和媽媽當然有責任給妳提供好的生活環境，培育妳、灌溉妳、扶持妳，最終目標就是讓妳輕鬆和快樂的成長，長成一棵大樹，有益妳自己，有益媽媽，有益親人，最後有益社會，有益國家。當妳有了好的環境，好的機會，妳就該用心做好妳的本職，由小樹慢慢成長和蛻變成大樹，不但自己有好的前途、好的生活，也能回報媽媽和大媽對妳的關愛及照顧，這樣子，不就是利人利己嗎？

媽媽本周換了工作，不用坐車也不用出遠門，就在社區裡幹活，照說是比較方便比較輕鬆才對，可是，我發現她這個星期都沒有時間給我發信息，這是從來沒有過的情況，是太忙呢？還是太累呢？雖然幹一個活的工資少，但是兩個活的時間和工作量，體力上是不是吃得消呢？妳要跟她問問看，千萬不要太勞累到受不了的程度，留得青山在，不怕沒柴燒。萬一累垮了，可是得不償失的。

雖然我知道她的身體素質比一般同齡的人要好一些，可也禁不起折騰啊，此其一。還有她的年紀已經四十出頭，算得上是一個小老太，體力開始走下坡，體力活可不輕鬆了，此其二。不錯，房貸的壓力對她來說的確不小，妳也清楚房貸的數目確實不少，讓她一個人扛起來挺吃力的。由於我自已也有銀行貸款要清償，大約須費時一年才能還清，所以今年我也不敢花錢太過於大手大腳，就是怕媽媽在經濟上有發生困難時，我能夠給她幫上一個忙。」

媛媛說「每天感覺時間都不夠用，下班正常五點半，我六點十分才走出來，也是全幼兒園最後一個離開的，門崗的大爺還很誇讚我。由於要準備第二天的上課資料，以及孩子的作業單，白天沒有閑餘時間，只能等到下班後才有時間整理。一分耕耘，一分收穫，我堅信這句話，現在多付出些，將來也會得到同樣的回報，現在就是學習階段，我一定要全心全意的去做好。」

大大說「《一分耕耘，一分收穫》－媽媽說幹這二個活真是太累，雖然幹活的時間不長，可是幹活的工作量大，一個活半天的時間卻要幹一整天的量，她說真的有些吃不消，已經告訴大李家請他們另外找別人來幹，她想要只幹小李家就好。我倒是真的很怕媽媽累壞了、累垮了，多麼不值得，眼前雖然缺錢，但是也不能把老命給拼掉啊！今天我跟她說了，下個月初我的房租就能收進來，到時候我會撥一萬元給她還貸款，可以減輕她四個月房貸的壓力。同時，妳也替她分擔一些家務活的壓力，那麼她就不會承受過多生活上及經濟上的壓力，可以保持健康的身體，維持愉快的心情，生活就會充滿幸福與快樂。

妳這樣起早貪黑的辛苦，終究不會叫妳的努力白費，幼兒園的領導和老師們都看在眼裡，不會抹殺妳的付出，妳看連門房都不吝嗇給妳誇獎喔！妳說的一點沒錯，一分耕耘，一分收穫，不要妄想什麼不靠譜的那種不勞而獲，腳踏實地的幹活，想要怎麼收穫，先要怎麼耕耘。」

媛媛說「九月十日教師節，週五那天園裡組織一起出去聚餐，恰巧去的地方是日本料理，我的最愛啊！週五下午五點左右就到了位於大連長春路的香洲花園酒店，割烹清水日本料理，這下給我樂壞了，那裡環境也很好，日式的包間，榻榻米，東西也很新鮮美味。王園長還時不時的拿我打趣，家長在園長面前說我是小朋友老師，說我的名字很不錯，像日本孩兒，我始終不明白日本人跟中國人有什麼區別，總有人這樣說。九點左右來家就給媽媽帶回來一袋水果和一隻蝦，很開心。」

大大說「《待親開心果》－我也喜歡吃日本料理，但是我不會點菜，因為我以前到臺北看我的同事，他們請我吃飯有時候台菜，有時候日本料理，我只負責吃飯跟喝酒，點菜和買單都不用我出面，我只知道日本料理的價錢大約是台菜的二倍。比較起來，日本料理的飯店比較注重裝潢，能感受到愉快及溫馨的氣氛，此其一，日本菜做得精緻，除了色香味俱佳外，量都是有限，小碗小碟的小日本，此其二，酒以淡淡的清酒為主，酒壺及酒杯甚為講究，此其三。

小老師現在可是挺受歡迎的開心果了，園長喜歡，老師喜歡，家長喜歡，小孩子也喜歡得緊，這正是妳待親的地方及特色，應當好好保持這種特點，妳一定會更受歡迎。王園長喜歡拿妳說事和打趣，正是妳跟園長親近和學習的時候，也是妳改變氣質的機會，好好把握！說起對於日本人的印象也就是跟日本菜一樣囉，小巧、精緻、可口、合吃，所以說妳像日本人，跟小舅媽說妳像韓國洋娃娃是同樣意思，說妳小巧玲瓏，嬌小可愛，討人喜歡啦！觀鍵點便是妳的身子小，模樣俏，幾乎是人見人愛，花見花開，車見爆胎。

我們台灣這邊的教師節固定在每年的九月二十八日，以前放假一天，現在不放假了。原來妳的最愛是日本料理，蠻有品味的嘛，吃一頓最喜歡的大餐，算是對自己一項最大的犒賞了，何況這頓大餐還是學生家長招待的，真是大快朵頤的良機，可把妳樂得都不行了，末了還帶回蝦子及水果與媽媽分享，真是個好樣的。」

媛媛說「《教師節有成就感》－感謝您的祝福，很有成就感，一大早到園內就有小朋友給我送上祝福，還有個別家長送的幾束康乃馨，整個教室都縈繞著花香。從小到大都是為老師送禮物準備祝福，今天還是頭一次。雖說是過節但是工作上絲毫不能懈怠，孩子依舊很淘氣，讓人歡喜、讓人頭疼，來上藝術課的老師在班級待了三十分鐘就嚷著頭疼腦漲，我一天將近十小時都要在這個氛圍中度過，想想我也夠強悍了。

家長也給我們老師送了些小禮物，有個家長送我一枚手鏈，還有家長送了一套精美的絲巾禮盒。說起來也很有趣，那些東西都很成熟，不適合我的年齡和穿衣風格，回到家我又轉送給媽媽，她還很喜歡，最開心的是收到一大盒子巧克力，算是勞動換來的勞動果實。

大連的花季少女

——兩岸人情皆文章

想不到您也喜歡日本料理，這次我們可以吃到一起啦，下次您來大連替您接風，第一站我們就直奔大連的伊勢島日本料理，讓您也體味下海濱城市的日本料理，會不會別有一番風味？天婦羅、牛舌、鴨脯、鰻魚、金槍魚，這是必不可少的菜，剩下的就依照自己口味來決定，真的是大快朵頤，吃爽了。

大大，您跟我說的話都讓我很受用，在社會工作的崗位中都驗證了，您的前車之鑒都讓我少走不少彎路。聽說您今天家裡發大水，您也來了把大禹治水，雨季您可要多加小心啊！這是家裡有人，萬一家裡沒有人，您的房子可要遭殃啦。還有就是量力而行的去鍛鍊身體，既強健體魄又精神愉快，這才是主要目的，您保重身體。」

大大說「《給老師拍拍手》－妳初來乍到在早教中心當老師半個月，就給妳遇上一年一度的教師節，妳也沾了工作上的光，吃到最喜愛的菜－日本料理，那真是又愉快又有成就感。從這一次餐會也讓妳體會到工作的另一種面向，享受因為工作所帶來被尊重的感覺真好，是不是呀？看看妳這三個月來實習工作的變化，有高潮有低潮又再回復高潮，真叫人五味雜陳，感慨萬千吧？這就像道家所說的禍福相倚。因為人生的道路絕不會一成不變的，任何人都不會一輩子都走順境的，或一輩子都走逆境的；順境到了一段期間便會出現逆境，而逆境過了一段時間就該順境出現。當妳處於順境時，千萬不可得意忘形，否則一旦出現逆境時，妳會不肯接受事實或者怨天尤人；同樣的，當妳遭遇逆境時，也不要懷憂喪志，認為是天地不仁，以我為芻狗，要致我於死地。

教師節享受一下成就感和被尊重，也算得是對自己的肯定，歡欣鼓舞並不為過。在過節的氣氛中，妳還能要求自己在工作上不能有所懈怠，這個心態真是非常難得，給妳豎一個大拇指，說一聲讚！我喜歡，我越來越喜歡妳對做人做事的種種認識非常恰當、非常到位，長此以往，我想十年之內妳有可能會趕上王園長的那份自信和氣度，做人不要妄自尊大，卻也不要妄自菲薄，因為人是充滿無限可能的。

妳在班級中能夠堅持那麼長的時間，還不會以為苦，這項基本功就算不錯了，也可以說得上是強悍沒錯。妳的辛苦和認真換來家長送妳一些禮物，妳又轉送給媽媽，讓媽媽和妳一起分享勞動神聖的果實，真叫人心曠神怡。而且妳還把家長送的鮮花拿到園長辦公室，也是跟她分享嗎？

我說的話初聽頗覺理所當然，也不過是一番道理的論述罷了，但是當妳實際上拿到現實生活中印証的時候，才能發現到它的可貴及寶貴的地方，很服氣是吧？其實這些道理及例子的結合，只要有心，妳以後也能夠發現或歸納出很多的，主要的用意就是讓妳瞭解這些道理有其意義及價值存在，避免妳走一些不必要的彎路，順利走上妳的人生坦途。

前天家裡突然發大水，可能是預告我將要發大財了，那我得趕緊去買彩票才是。可是妳教我發揮大禹治水的精神，莫非是要我三過其門而不入嗎？其實，我跟媽媽說的是叫她趕緊來家裡抓魚，這一個星期我們就不用去市場買魚了。我們這邊的雨季是每年五月的梅雨季節，大連八月才是雨季吧？老師妳一直叫我要鍛練身體，我本來是很健康，雖然大連的中醫師說我只是亞健康，但是自從四月月份生病住院十天後，我很明白我並不很健康，我更不是無敵鐵金鋼！保養身體，維持健康，是我目前生活重中之重的首要任務，我必須全力去執行到位。

妳說我早上出門前會做一些運動再去上班，這真的是個難能可貴的好習慣，瞅瞅妳這張小嘴多會說話，活脫脫的和媽媽一樣，都說進人家的心坎裡。沒錯，我每天早上起床後做完運動洗過澡，那是我一天當中心情最愉快、精神最飽滿的時刻，朝氣蓬勃，生機無限。」

媛媛說「今天很順利、很充實，重要的是，帶我的那個劉老師都誇獎我，說我從一開始的沒有頭緒，手足無措，到現在有說服力，孩子也能被我鎮住，得到這樣的肯定，我心裡比吃了蜜還甜。

今天晚上我忙了不少，幫劉老師下載課件，幫她做製作電子教案，我想多給她分擔些，也能讓她對我有好印象，我多做一些也就多積累些經驗，就像您說的吃虧是福，況且我並沒吃虧，也是給自己創造鍛練的平臺。」

大大說「那天我就說妳現在可是幼兒園裡的開心果，不但園長喜歡，老師喜歡，家長喜歡，小孩子也喜歡得緊，就連帶妳的劉老師都誇獎妳、肯定妳，把妳給美得甜蜜蜜，多開心唷！這些種種都足以說明一個道理，人確實需要別人的鼓勵和肯定及誇獎的，這種正面的話語對人的作用與士氣很大的。所以說每一個人幾乎都同樣喜歡聽好話、正向的話，也都討厭聽那壞話、負向的話；我們應該多存好心，多說好話，不但有益自己，還能有利別人唷！

之前，妳在藝校做陪練，在學校輕鬆，在家裡也不用操忙，媽媽就說妳這活太舒服，可就是學不到什麼有用的本事；現在，妳在幼兒園裡要學要做的事一大堆，回到家裡還得做教案、備課，挺費勁又費時的，但是能夠學到很多書本上所沒有的本領，媽媽說其實這樣子更好，她喜歡看妳一天天的成長。

學本領確需多看、多問、多做，才能學到手，如果是光說不練，那就是天橋把式，空的嘛！妳除了做好份內的事，也能幫老師做一些她份內的事，一方面她會感謝妳、喜歡妳，另方面妳也可以多學到一些本事，說到底，妳一點都不吃虧！妳這麼做法非常好，連老師都不吝嗇肯定妳、誇獎妳，叫妳享受一下工作的成就感。看到妳的進步、妳的發展，我相信媽媽和大媽她們都會一樣的替妳高興，為自己感到欣慰。」

媛媛說「多虧您借我一臂之力，讓我在低谷中重新振作，在得意時不驕傲自大，人生一直都是一個不斷學習的過程，我只有放低姿態，謙卑的從底層向上不斷攀爬，才能一步一個腳印，踏實的走向更高的臺階。雖然要幹的事情很多，整天忙忙碌碌，但是很值得，有您和媽媽在不斷為我加油打氣，我一定會更加優秀，謝謝您。」

大大說「《新人要把握機會》－今天妳能明白自己的立足點，也能擺正自己的態度，就是好的開始，成功的一半，持續一年之後妳必能立穩腳跟；再繼續下去，妳將來在工作上及人生路上就是成功的榜樣，自然也會更加優秀的。放眼現今社會中的年輕人肯放低身段及姿態，去接受長輩和別人的指導或教導者並不多見，難得妳還能聽得進去，又能身體力行的調整自己，說真格的，妳未來一定會在做人及做事上獲得很大的成果。

年輕人的最大特色是有朝氣、有活力，具有可塑性，也就是可培養性，所以在一個單位裡的領導會對新人有一些期待，大多也願意給新人一些機會嘗試看看，如果具有潛力的話，領導就會樂意給他更多的機會承擔更多的責任。今日妳就已經處在這樣的一個機會裡，值得妳盡心盡力去學習、去發揮，假以時日，妳還會再受到肯定和信任的。

我和媽媽主要是先為妳準備一個愉快舒適的生活環境，能讓妳心無旁騖地將精力及時間投注在學習上和工作上，其次是為妳介紹社會上種種現象，以及應對之道，再次是為妳排除一些疑惑，指出正確的方向，才不會迷失方向，或者走錯路途，還有就是充當妳的後盾，為妳加油打氣，讓妳更能加大力度在工作崗位上。

我通常都是持這種看法，有得意的事和家人或朋友分享，同樣地，有失意的事也和家人或朋友傾吐，必須注意的是，得意時不要忘形，失意時不要喪志，這個道理便是很接近中庸之道，個人的身心也比較能保持平衡。依照同理心，亦就是將心比心，聽到別人得意時與他分享，知道別人失意時與他分攤，絕不幸災樂禍，更不落井下石，能如此才能給他一絲溫暖和安慰。妳在低谷時不會自暴自棄，在得意中不會自大自滿，這個心態非常可取，對妳是一個很大的基石，要想獲得成功不是難事。妳能體認居於社會最低層，願意通過自己的努力一步一腳印和腳踏實地幹事，定然會從基層逐步爬上中層和高層，而且是指日可待的。」

媛媛說「工作兩個星期，這是第二個週末，感覺休息的時光真的來之不易，早上八點多起床收拾完畢，吃過早飯後，陪媽媽去三院檢查鼻子，媽媽靈敏嗅覺的鼻子有半個多月都聞不到氣味兒，這才準備去醫院檢查一番。結果醫生就簡單的用燈照一下鼻子，然後就讓去拍片子，媽媽去交費時一看二百六十多就沒捨得拍，直接走了，看看回家吃藥會不會起作用？

平時早班時候，我五點半就要爬起來，七點準時到，每次我都提前二十分鐘到，早早的將兒童用的杯子從消毒櫃拿出來，然後擺放整齊，接下來迎接孩子。八點孩子開飯，準備就緒，吃過早飯，然後安排孩子做早操，九點開始上第一節課，九點半上廁所放水，九點四十上第二節課，十點十五戶外活動，十一點午飯時間；接下來吃完飯散步以後，就是十二點中午的午睡時間，一直到二點四十起床、吃飯，四點半家長來接孩子回家。這一天忙碌而又充實，有時候真正理清頭緒，其實時間過得也很快。

我非常清楚我現在的處境，親戚和媽媽的幫助為我搭建了良好平臺，我要好好地利用這次機會，絕對不能再三心二意，要放下心來好好的去完成，學到真本領以後，我就有更多的機會去選擇，也可以涉及到更廣泛的領域，請您就放心吧。」

大大說「《妳真的有志氣》－妳昨天在郵件末了說學到真本領後，就有更多的機會去選擇，妳真的是說到重點了，而且又有志氣，大大給妳拍拍手鼓掌一下。妳說的學到本領，和我們以前所說的充實自己是同一個含義，和妳曾經說過的用知識武裝自己也是同一個意思，妳說呢？當妳擁有本領之後會有兩點很大的不同，第一，別人或領導或別的單位都會對妳留意，那麼就會有人提供妳機會，第二，妳也可以自己出去尋找合適的機會。如此一來，妳的路子自然就變得更寬廣了，妳也因此擁有選擇的機會或權利。

妳很明白自己的處境，家人和親人費心費力為妳搭起一個工作的平臺，別人能幫妳忙的也就是這樣子，剩下來的就是要靠妳自己的努力，全心全意，全力以赴，儘量做好妳份內的每一件事，這就是妳的課題，也可以說是回報家人最好的方式。好好抓住這次的機會，不能有任何的閃失或者三心兩意，錯失這得來不易的機會，學到工作上的本領之後，妳還可以再去學習其他工作以外的本領。」

媛媛說「真的很感激您一直以來為我加油打氣，不斷引導我，為我解圍，遇到不如意的時候，您總是會用親身經歷開導我、鼓勵我，讓我重拾信心不斷向好的方面前進。現在我已經走上正軌，接下來就靠我自己去完善了。

今天上午園長來班級聽我的課，下午還單獨找我去談話，給我仔細的講解上課的細節，如何吸引孩子的興趣等等，我聽完以後十分受益。她說要培養我，以後我的課，她都會來聽給我親自把關，我真的很感激，但還怕做不到位，所以我現在就是要放下心來，努力的做好，不辜負園長的一片苦心。」

大大說「《新人有朝氣有活力》－我在《新人要把握機會》文中已經提到新人有新人的弱點，但是新人也有新人的優點，尤其是年輕人的最大特色是有朝氣、有活力，具有可塑性，也就是可培養性，所以在一個單位裡的領導會對新人有一些期待，大多願意給新人一些機會，妳瞅瞅我沒有看錯，也沒有說錯吧？妳到藝術學校，趙校長有意培養妳，妳進早教中心，王園長也有意栽培妳，原因何在呢？我推想其故如下，一方面是，單位領導的視野是站在制高點上，要振興單位的好名聲及號召力，需要培養一些明星級的老師，來吸引家長樂意把學生送到學校來，這是領導經營管理的職責所在。二方面是，妳正好能符合領導所要培養的條件，這條件正是妳的可塑性，可培養性，說直白一點，就是妳比較聽話，比較具有高度的服從性。妳說呢？

妳現在能夠完全體會到大大對妳的關心及用心，妳還真是挺聰明又懂事的。不錯，媽媽雖然對妳傾注全部的愛，因為妳是她的希望與寄託，一心一意要給妳最好的生活條件和成長環境，但是對於妳慢慢長大後的求學、求職，以及做人做事的道理，她真的愛莫能助，心有餘而力不足矣！所以她拜託我給妳做一些必要的介紹與講解，我大致瞭解一下妳的情況與成長的背景，估計我都有相當的概念，可以提供妳適當的輔導，因此我就點頭答應。我從人生道理、社會現象一點一滴慢慢的談起，有系統、有條理的分析，再配合深入淺出的敘述，就能慢慢灌輸到妳的腦海中，建立起妳自己的正確觀念和認知。

其實，妳能重拾信心走上軌道，我和媽媽都很開心，比什麼都高興，妳只要盡力做好妳份內的每一件事，妳的世界和人生，都會越走越寬廣。再說，我們已經是一家人，就不用再說什麼兩家話了，彼此關心，互相照顧，今日我們照顧妳小，他日妳照顧我們老，不就是一場圓滿嗎？

昨天是我們搬進新家滿三個月，特別的日子，送給特別的妳，這些日子以來，我們一家三口一切順風順水，多麼愜意。展望將來，我們還要越來越好，日子要越過越順心，尤其是今年的春節團聚，我們有了自己安穩、舒適的窩，可以想像新年會比去年過得更好、更愉快。」

媛媛說「今天上晚班，晚上六點多才從幼兒園走出來，回到家要開始備課，明天園長要聽我的課！我該好好準備，等我明天的好消息吧，您還多諒解。」

大大說「理解，我理解，這是要接受王園長的檢驗嘛，事先做好備課的工作，妳當然要打起精神來，做好準備，爭取表現，把事情做到最好。園長雖然說的是要聽妳的講課，同時也在檢查妳的表現，如果有不足的地方，自然會給妳一些指導，這就是妳要表現的機會。今天妳對自己的表現是否滿意呢？園長對妳有什麼指教？」

媛媛說「《用心準備教材》－今天早上我一早起床準備，早早的就到了幼兒園，真是起了個大早趕了個晚集。昨晚做PPT製作到十一點，準備的相當充分，我還在媽媽眼前演練了一遍，媽媽直誇我很用心，我還繪聲繪色的演示了一遍在課堂上的場景。

不料，早上臨走時忘記拿U盤／隨身碟，這可給我急壞了，心急如焚啊！孩子不斷的進入班級，這時候我還是請求媽媽來解圍，媽媽也連忙趕來送給我，當時我是又自責又慚愧，做事總是不能腳踏實地，沒有頭緒，導致時常丟三落四，我真的要趕緊克服這個壞毛病。

今天的課，總體來說還算成功，我上的主題是『數一數』圍繞數位來進行授課，昨晚在電腦前研究了一晚上，今天呈現的效果還不錯。我引導孩子，一開課我帶來一個大箱子，裡面準備了各種材料，以及我製作的上課物品，我扮演成一位魔術師，帶領小朋友到數位王國去旅行。然後我就開始放映幻燈片，在大螢幕上顯示出一個美麗的數位城堡，孩子們眼前一亮，一下子把積極性就調動起來，然後我緊接著提問孩子數字一二三四分別像什麼？然後教授她們數字兒歌，請小朋友到講臺做數字遊戲，大家還都很有興致的配合我，但是，孩子的注意力也就只能維持到五至七分鐘，然後我開始分發作業單，這下子孩子就炸了鍋，亂了套。園長在一旁不斷的引導孩子重新回到課堂上，我也在一旁不斷吸引她們的注意力，接下來孩子們完成作業單後，我又放映了一個數字動畫，讓她們更加深刻的理解數位的奧秘。

王園長晚上找我談話，說我很勤奮，也像您所說的聽話，說我有創新意識，課堂準備很豐富，內容也很精彩。但是，孩子不能完全的配合我，這就需要我平時在常規上多訓練，引導孩子，我要有一套小方案能讓孩子把注意力集中到我的身上。我也總結許多的問題，以後還要在實踐中完成，園長說給我分了一班既調皮人數又多的班級，真的是給我一個很大的考驗，她很理解，也不斷的培養我，我也正往好的方面去發展。」

大大說「U盤放在家裡電腦忘記拿到學校去，小失誤在所難免，幸好有補救之道，沒有耽誤妳的大事，前事不忘，後事之師，下次記得改進就好。我說一個改進方法讓妳參考一下，對於重要的事情或物品，最好是在前一天睡覺前自己全部檢查一遍或擺在眼皮底下，這時候如果有錯誤或遺漏，比較容易和來得及補救，在英文裡面有個詞叫雙重檢查 double check，用來預防萬一的疏失。」

媛媛說「你說新人也有新人的優點，尤其是年輕人的最大特色是有朝氣、有活力，具有可塑性，也就是可培養性。我有仔細看您那天的郵件，說的句句在理，我要改進的地方很多，現在園長認為我是很有可塑性，我也不能辜負她的良苦用心要好好學到真本領。

前幾天上課並不是很順利，但是園長也鼓勵我說一個新人能做到這個程度已經很不容易，她說我上課很有吸引力，主要還是要在常規方面多與孩子溝通，與她們多交流，能夠完全掌握他們的特性，我才能將一節課很好的呈現給他們，現在我最關鍵的是要培養孩子的自控力，多多搜集一些吸引他們興趣的小遊戲，能讓她們跟隨我的步伐進行。」

大大說「我說領導所以看上妳，要培養妳這個新人，主要是妳有朝氣、有活力、肯聽話。這一年多年妳能逐漸接受我的說法及看法，建立起妳自己的正確觀念和認知，表現在妳的言行舉止上，讓厤厤非常驚訝。她跟我說『你對姑娘投入父愛般的關懷，彌補了她十多年的缺憾，因此，這一年半中她從身體到性格的變化非常大，而且都是正面的變化。這一年多來，看見她的成長是一天一個樣子的變化，我知道這跟你每天費時費力的給她開導是分不開』。」

媛媛說「很不幸的是我又感冒，噴嚏連篇，鼻涕橫流，一整天頭都是昏迷狀態。這個季節裡感冒併發症很嚴重，得了就不容易恢復，您可一定要多加注意防範啊。

我一定會再接再厲的去努力發展，今天還去給董阿姨送了兩盒月餅，她也叮囑我很多，我已經吸取很多經驗，接下來就是不辜負她們的一片苦心，好好表現，今後有個好的前途，也要回報您和媽媽的良苦用心。

我現在的體重基本上就處在八十八到九十上下，加上最近感冒一下子又跌秤了，媽媽說我不斷往好的方面進步，其實我自己感覺不到，但是她能夠很細心的觀察，我會接受長輩的建議不斷前進。」

大大說「妳上次感冒時，我曾經跟妳提醒過妳的感冒太頻繁了，妳要特別注意天氣的變化，以及自己小心穿衣服的保暖和避免受涼，不成想，妳這下子又感冒了，首先要多休息、多喝水，以便早日遠離感冒，恢復精神及體力。

從妳感冒頻率特別高的情況推斷，妳的身體素質先天就有不足，所以顯得比較虛弱，還有妳的生活細節上也過於疏忽大意，讓病菌容易乘虛而入。因此，妳要增強抵抗力及免疫力，不外是從飲食及運動來下手，飲食不但要能吃飽，還要有營養，要按季節加以進補，這方面要讓媽媽多費心。運動也要馬上進行，如果沒有時間或場地的話，就要充分利用住家的地方，做徒手的體操及運動，這個下次我回家一定要仔細給妳講解，妳如果有自己的方案也可以開始進行，趕快運動增強體力。當然啦，睡眠排第一，早睡早起，才能睡好睡飽。

我記得那位董阿姨很豪爽又能喝酒，應該送她一瓶金門高粱酒讓她品嘗一下，想不到媽媽的想法跟我一樣，預備等到國慶日之後給她送去。妳的體重要增胖並不困難，除了三餐定時定量要吃飽外，還可以在上、下午或夜裡再多吃點食物就能看見效果，這些媽媽也都會替妳留意的，妳就放寬心好了。」

媛媛說「這次感冒大部分人都沒能逃脫，這個流感季節很容易患上感冒，氣溫忽高忽低陰晴不定的。您在那裡如何？自從進入九月初我早上都穿著外套，但是穿多了反而還感冒，加上幼兒園一些複雜的工作日程，身體抵抗力又下降了。我會聽取您的建議，在生活細節上不能太疏忽大意，我要養成合理的作息習慣，早日恢復。」

大大說「《小心防備感冒》－沒錯，流行性感冒季節來臨確實非常有殺傷力，最佳的自保之道，其一是儘量避開人群及公共場合，尤其是看到有人咳嗽時，千萬不要靠近，其二是增強自身的抵抗力，但是體力的增強可不是一朝一夕所能達到的，因此，避開有感冒和咳嗽的人，實為上上之策。

當然，穿衣服還是很關鍵的，妳能注意加一件外套已經是很小心了，除此之外，就是要留意穿上和脫下之間的時機，妳應該不是穿多了反而感冒，而是妳總有脫下的時候，卻來不及穿上造成的，妳試想一想是不是這樣子的？因為妳穿多了衣服會有悶熱的時候，覺得穿不住就會脫下來吧，等到感覺涼意時妳才會再把衣服穿上的，因此就受涼，是不是呢？

妳的身體素質在先天上就比較虛弱，在後天上又沒有好好的進補，在生活細節上更沒有做好保暖避涼的措施，因此之故，妳的感冒頻率就比別人高一些。為今之道，必須在後天及生活上加強改善，包括飲食、運動及穿著，飲食上在吃飽的同時，也要注意營養均衡，不要有偏食的習慣；運動上要儘快養成定時運動，這不是三天兩天的事，而是一輩子的事，應該持之以恆；穿著上要漂亮，更要保暖及得體，像妳去年春節時那麼冷的天氣只穿三件上衣，實在是太少了。不但冬天與春天需要穿得多，秋天也不能太少，自己應該留意天氣的變化與自己衣物的多寡。

我的年齡確實不小，除了膽結石的困擾外，我的身體素質及狀況，比一般同齡人算是比較好的，歸根究底是我的運動習慣三十多年如一日，真的是最好的見証。我的朋友中有人叫我是健康寶寶，有人羨慕我的體格健壯，拿他的手在我胳膊上撫摩不已。

特別是麻麻更喜歡我的一身肌肉，她說我養了一身腱子肉，可結實了。

我自從八月恢復運動，一兩個月來，我可以說是已經完全復元，回到四月生病住院以前的水準，手腳靈活，毫無阻礙。徒手體操我下次一定再好好演練幾遍讓妳瞅瞅，或者我先把動作用文字寫出來也可以，但是就怕妳可能沒辦法完全看通。」

媛媛說「《感冒真是頭疼》－今天大連下場小雨，早上出門的時候寒氣逼人，我又多加一件外衣，到了單位我換好衣服進到班級，由於天氣不好，只來了三十六個孩子，比平時少了十個，但是班級依舊很吵鬧。我嗓子根本發不出聲音來，只能走到調皮孩子的身邊警告他們，但是此起彼伏的噪音不斷，我就給她們分發圖書看，但是沒過十分鐘他們又一次活躍起來，有的爬上書架，踩著椅子。我又放動畫吸引她們的注意力，這才安頓下來，我開始按部就班的開始上課，但是配合的孩子還是不多。我要改善的地方更多，或許是我沒有用對方式、方法，孩子們不願意跟隨我的步伐進行。我還要利用十一假期好好制定個計畫，不能沒有起色，要讓王園長認可，董阿姨開心，媽媽和您放心，將近一個月了，我應該開始進入軌道，不能什麼事情都要讓前輩去一步步指點，我要加油了！

感冒真的是件頭疼事兒，還不敢太靠近孩子，怕傳染他們，但又看著她們為所欲為的大吵大鬧，乾著急的滋味兒真不好受。這一上午我都暈頭轉向的沒有一點規律，病好以後我要好好調整自己，規範好孩子的日常行為規範。您的叮囑我都記住，鍛鍊身體不是一朝一夕的事情，要長此以往的堅持才會有效，我還要多向您靠攏，首先鍛練自己的毅力。

您能夠很快的恢復到沒住院前的狀態，還是因為之前您不間斷的運動，好像給自己的身體練成了一層鎧甲，一般的小病兒您都能夠自己慢慢的調節好，但是您依舊要小心，不能掉以輕心，等您來大連之後還要多向您取經。」

大大說「《制定一套引導計畫》－妳說的一點沒錯，感冒真的是件頭疼事兒，身體上渾身沒勁，可是在班級上又得使勁喊，偏偏嗓子根本發不出聲音來，鎮不住那些渾身是勁的小孩子，自己只有乾著急的份，深深感受到什麼叫做心有餘而力不足的滋味兒，真的很悶。

感冒時最需要的是多休息和多喝水，可是妳又要上課，要聲嘶力竭的喊叫那些小孩子，這樣子是不利於妳的感冒復元。所以妳的首要之務是，在這幾天要多利用下班在家時充分休息才可以，然後多喝水、多尿尿才能快速恢復元氣。是呀，鍛練身體確實不是一朝一夕的事情，等妳身體好了，再好好安排就是，不必急在一時一刻。

今天正好是妳進入早教中心屆滿一個月的日子，這段時間妳的辛苦和妳的付出，確實有目共睹，領導看在眼裡，記在心裡，對妳的肯定也掛在嘴裡。妳也可以好好回味一下，有好的繼續維持下去，不好的立馬加以改進，不要推三阻四，也不要猶豫不決，這樣子妳只會更好、更愉快，樂在工作。」

媛媛說「您說的沒錯，我會照做的，今天還要下載教程視頻，寫評課報告，就先不說啦，謝謝您。」

大大說「《生力軍》－我看妳現在上班忙，下班也忙，雖然比較辛苦，倒很正規呢！我知道我也相信，長此以往，妳一定會得到更豐碩的成果，辛苦的日子越長，將來得到的成果越大，所以妳根本不必在意目前的辛苦。

我以前曾經說過妳是我們家的新希望，也是我們家的生力軍。妳知道生力軍的含義嗎？生力軍的意思，就是一個家庭或一個組織中，新增加具有生產力的成員。妳回頭看一看自己的成長，小學六年、初中三年、大專二年全都是學生的生涯，這十一年當中都是在花錢，只分小錢或大錢而已。但是今年下半年來妳通過實習，也能獲得一些部分工資，等到一年後實習期滿取得正式工作時，那時妳就能獲得全額工資，便能自立立人。目前雖然只是部分工資而已，可是卻能代表著不同的意義，因為妳已經有生產力，已經會賺錢，為自己、為家庭帶來新生的力量，這個家庭因此呈現出一片欣欣向榮的景象，充滿無限的希望。

雖然妳目前的力量小，賺錢的金額少，但是妳只要在工作崗位上站穩腳步，工資也會慢慢增加，妳對家庭的貢獻便會越來越大。因此，妳也不能小看自己或者看輕自己，人是充滿無限可能的，千萬不要自己隨便劃地自限。比如說我家的大狗子，去年回來看我時跟我談起他的工資，我粗估一下他大概一年的收入最多在我的一半左右，沒想到他告訴我的收入金額，居然是我的九成，非常出乎我的意料之外，真是一點也看不出。因為我參加工作的年資／工齡是三十六年，他才十年，何況他的起步不高，每月工資也不高，十年來他的工資剛好漲了一倍，可是他的年終獎金拿的多，總共是八個月工資，而我是四個月工資。所以說妳不但是生力軍，還能帶來無限的希望，說不定妳工作三、五年後，妳每個月的工資都能趕上媽媽了，妳說是不是啊？

今天九月二十八日是臺灣的教師節，以前有放假，現在不放假。妳的感冒和妳的難過還必須再堅持兩天，大後天起開始放十一長假，到時候妳就可以專心在家休息，加油吧，祝妳早日康復，快快樂樂過中秋節！」

媛媛說「一定、一定，現在多鋪墊是為了以後能夠攀上更高的階梯，其實有時候忙起來是很累，但是樂在其中。我會想想只要我現在肯下功夫，不久的以後將會有更高地回報，多付出些就多學一些，藝多不壓身，多跟著老人學學如何帶班，掌握合理恰當的方法，今後便能夠得心應手。

您舉的例子都很有道理，我會按照您的旨意去完成的更好。謝謝您的祝福，祝您也天天開心，提前中秋節快樂。」

大大說「閨女啊，這個星期開工資，有沒有給妳帶來很大的驚喜呢？我們常說吃虧就是佔便宜，總覺得不怎麼牢靠，這下子是不是有深切的體會到了？」

媛媛說「我吃完藥好多了，睡了一下午，總算緩過來一點，不用擔心。是很大的驚喜，一舉兩得，佔便宜了。既吸取經驗，又得到報酬，您的電腦等著你回來自己選。」

大大說「一場驚喜真是好，既吸取經驗，又得到報酬，還能夠享受到辛苦的成果，別提那滋味多美好啊！至於電腦我目前還用不上，等我把五筆輸入法學成之後吧！何況我還是比較擅長繁體字的注音輸入法，而且臺灣的手提電腦比較便宜，款式也比較新，當我決定要買時，會在這邊買。如果妳要安排工資的話，不妨和厤厤倆合計、合計就好了。」

媛媛說「這不行啊，說好給您買了，您付出那麼多，不給我個機會回報嗎？我和媽媽的計畫就是給您買電腦，其實，我還想給您買iPad，既時尚又便利，您覺得怎麼樣?您隨便選，反正我是一定要給您買的。」

大大說「閨女，行…行…就按照妳和媽媽的計畫購買!我的用途及需求在文書處理，所以是手提電腦較合適。妳說的也對，買個物品既有實用價值，又有紀念意義，一舉兩得耶，這樣子長長久久，我們都能記得。

小老師，中秋節快樂，月圓人團圓。海上升明月，天涯共此時。但願人長久，千里共嬋娟。祝妳身體健康，工作愉快，佳節快樂。」

媛媛說「祝您中秋節快樂，闔家歡樂，事業更上一層樓。」

大大說「妳的心態真是對極了，多付出一些就多學習一些，不但工作愉快勝任，而且還能樂在工作，妳做得真對。

媽媽昨晚回山東看姥姥，這幾天妳的生活就得自己打理，大致上妳多能應付得了，還有就是上姐姐家玩一兩天也不賴，媽媽四號中午便會來家。」

媛媛說「不用惦記，這幾天我能夠合理的運用起來，先把幼兒園的工作都處理完畢後，等我感冒澈底好利索了，再去姐姐家玩，我想等媽媽回來那天做幾道拿手的菜給她品嘗。」

大大說「放長假的感覺是不是特舒服？國慶日就好像是在過春節一般嘛，我們這邊這個星期完全照常上班和工作著，倒是挺羨慕妳們的，我們只能開始盼望春節的到來，享受過大年的長假，大約是八天吧。不過，俗話說月怕十九，年怕中秋，這中秋節都已經來了，新年還會遠嗎？快了，快了，不就是只剩下四個多月嗎？今年的春節，我們有自己的新家，又舒適、又溫暖，一定會過得比去年還要愉快，還要美滿。妳說是嗎？

妳現在對於做菜越來越有心得，可能是跟媽媽學了不少哦！我推估妳現在的做菜功力可能都已經超過姐姐的水準喔？我記得妳很擅長做涼菜，我們的家鄉菜裡面有拼盤，好像沒有涼菜，但是我樂吃各地的傳統菜，像吃大餅夾著大蔥是北方人的吃食，南方人大都吃不來，我就沒有任何困難。中餐和西餐我也吃得來，日本料理我也蠻喜歡的，我一點都不挑嘴。

依我的看法，南方菜比較精緻，口感細膩叫人難忘，北方菜比較粗獷，原汁原味有益身體，我是葷素不拘，南北通吃，除了不吃虧以外，什麼都吃。」

媛媛說「前天我同學還在家裡住了一宿，我們吃過飯就窩到沙發上看了一會兒電視，有說有笑的，她剛剛拉完雙眼皮兒，真的是超級恐怖！在眼睛上動刀很有魄力啊，我一直不敢看她那個刀口，陪她買上眼睛的藥，藥房的阿姨以為是我拉完雙眼皮，後來仔細一看，說我這樣的藏雙很好看啊，我心裡這個美啊！其實我也想過去做個雙眼皮兒，只不過是一閃念，想想罷了，上天賜給你什麼外表那就是什麼樣子的。

學校的工作剛完成一半，明天下午一點到三點還要去值班，後天大後天還有朋友過生日，這一個小假期過得超快，我還沒安排什麼活動就匆匆要告一段落了。接下來沒有假期，只能盼著過大年，我們又可以相聚一堂，真期待我掙錢以後，咱們可以去旅行過年，去感受下其他城市的風土民情，相信這個願望不久就會實現的。

最近感冒強多了，這幾天大連的天氣異常的好，氣溫也提升不少，每天都是陽光明媚的，心情也舒暢的很，您也要加強鍛練，把身體養的棒棒的。

大大，您身體出現狀況了？您這都不是事兒，很快就會恢復的，多吃飯，保持好心情，手術一定會順利的。主要靠休養，千萬別大意，畢竟年齡大了，身體中難免會有些小疾病，願您早日康復，回來大連我們好團聚。」

大大說「這個星期來我的身體又出狀況，小小的石頭，大大的禍害，我會小心應付的，謝謝妳的關心。」

媛媛說「最近這段時間一定很難熬，病情怎樣？聽媽媽說您明天就要做手術了，注意日常習慣，身體早日恢復。這段時間也沒跟您聊天，都是從媽媽那得到您的消息，我還一直問什麼時候手術？媽媽說是明天，您一定要保持最佳的心態，戰勝疾病，然後抓緊時間恢復體力。大大，祝您明天手術順順利利，早點來大連。」

大大說「謝謝妳的祈禱，大大早上的手術特順利，逢凶化吉，只做一半，提前結束，只花三十分鐘，因為膽管中的結石已經掉到大腸，不用切開膽管取石頭，真是出乎意料的美好結果。

我在十月七日晚上五點到醫院掛急診和住院，九日金門醫院無法醫治，後送到台北榮總醫院就醫，病情得到有效控制，預訂昨天十五日早上動手術，上了手術臺，發生戲劇性變化，醫生刀下留人，不用動手術了。乖乖嚨地咚，我幸運的逃過一刀，不須傷筋動骨，保住了我的元氣，也保住一股忠良之氣。

媛媛，這次進到醫院十天，疲憊不堪，尤其是想念妳和媽媽，特別是需要媽媽的照顧和溫暖，我會儘快回到大連我們的家與妳們團聚。」

媛媛說「糖尿病人在日常飲食方面的要求很高，必須要能夠很好的控制血糖，應該適當控制主食量，限制膽固醇的攝入量，嚴格限制蔗糖及甜食。」

大大說「妳昨天寄給我《糖尿病人日常飲食注意事項》，非常詳細及實用，謝謝妳的幫忙。接下來，我想正確認識糖尿病的起因，控制與治療方面的資訊，還要麻煩妳幫我搜集一下相關資訊，因為，目前糖尿病可是我的頭號敵人哪。早上我禁食及空腹之後到診所測量，血糖值高達一九七，而標準值是一〇〇，我確實偏高太多了，已經是糖尿病人矣！」

媛媛說「《一型和二型糖尿病的區別》－一型糖尿病是因為自身免疫性疾病導致胰島受到損傷，胰島素分泌絕對不足引起的，病人只佔百分之十。二型糖尿病和遺傳有很大關係，肥胖是一個主要原因，病人佔百分之九十。二型的病因有胰島素分泌不足，還有胰島素抵抗，就是胰島素受體不敏感。糖尿病在現階段是不能治癒的，只能終身控制，這個帽子戴上就拿不掉了。

最近身體恢復的如何？元氣是否已經補回來？聽媽媽說您從醫院出來就直接奔到單位上班，真不愧是個強人。天氣變涼了，出門多加衣服，多吃些溫性的食物，抓緊將身體補充營養。」

大大說「《說強人可是不敢當》－聽妳說我不愧是個強人，我如何當得起？我明明就是個病人，生了一場不大不小的病，估計至少也得調養一兩個月才能大致恢復吧！

現如今說我是強人，如同我的朋友說我是個健康寶寶一樣可笑了，真是擔當不起。

妳知道為什麼我會提早去上班呢？其來有自的，原本我預估只要動手術了，我就事先請好一周的假，自十五日至十九日，然後連著周休二日在家休養，最快就是二十二日才會上班。但是十五日上午的手術發生戲劇性的變化，我的口腔麻醉二次之後上了手術臺開始進行手術，器械從喉嚨伸進十二指腸，在膽管中打出顯影劑後照相，照完相找不到結石，就不用再切開膽管了，預訂一個小時的開刀時間，只花半小時便提早結束，只有檢查沒有動刀。

我意外的躲過這一刀，自然也就沒有傷到元氣。我在臺北醫院裡住了六天，病情獲得控制和緩解，因此我的身體和精神都慢慢恢復一些，沒有開刀就不會大傷元氣，身體只因病痛及禁食、禁水造成一些虛弱，問題不大，恢復比較容易。所以我一出院就先評估上班的可能性，答案是肯定的，是沒有問題的，此其一。我今年的所有休假天數僅剩區區三天，用途不大，必須是五天以上才能夠連接前後二個雙休日，那樣子才能派上用場。所以我在十六號下午立刻去上班，把後面三天半的請假註銷掉，那就等於救回來三天半的假，加上原來所剩的三天假，那麼我還有六天半的假，十二月底我就能回到大連我們的家渡假了，此其二。如果沒有五天以上的假，我今年肯定是不能夠回大連的家，只能等明年一月份。」

媛媛說「原來是這樣，這就叫做吉人自有天相，上天都幫你一把，逃過一大劫，逃脫了一刀，恭喜、恭喜。您的身體機能現在下降，所以您就要格外的多注意，冬季正是進補的好時機，您要給自己制定出一份食譜，辛辣、酒、刺激的食物就望而卻步吧。可不敢再馬虎大意，貪圖一時的享受就大吃大喝，不注意細節，酒以後就不要再喝了，這次逃過一劫，為的是以後要更加完善自己的身體。保住元氣，真的是福大命大，在最後的時機躲過一刀。

再過二個月就到元旦了，時間好快，感覺去年我們一起過春節的時光就發生在昨天，今年我們有自己溫馨的小家，想想就很愜意，正好借此機會我要露一小手，讓媽媽歇歇，讓您嘗嘗我的手藝。快快把身體養好，早日回大連。」

大大說「《期待闔家團圓》－同喜、同喜，謝謝妳金口良言，吉人自有天相，說得真是活靈活現、傳神不已，此所以醫生刀下留人，讓我逃過一刀。

是的，住院前後十天，禁食、禁水四天，體重下降五公斤多，身體機能自然也跟著下降不少，出院後的首要之務就是要調理和進補身體，重回往日健康的體能。調養之道包括生活起居的規律化、攝取營養的多元化及平衡化、心理及情緒的正常化、運動及體能的逐漸增強化，我都會逐一的檢視和落實在生活中。

說到身體的進補，無疑地，媽媽是我的最佳幫手，只可惜天南海北的分隔兩地兩岸，遠水救不了近火啊！我只好自個兒嘗試看看，並就近請教親朋好友給予指導，然後儘快回到妳和媽媽的身邊，接受最好的照護和溫暖。關於食物的禁忌，一定確實遵守，絕不輕忽和大意，要澈底戒酒，絕對是滴酒不沾，這是對自己所下的死命令。

沒錯，時間過得飛快，有如白駒過隙，一閃而過，二個月後元旦就到了，那時候我就能回到我們家享受歡笑和溫暖，叫人如何不期待呢？過完元旦二個月之後又是一年一度長假春節的來臨，回想起我們一家三口去年過春節的景象歷歷如在眼前，除夕夜我們在姨姥姥、姨姥爺家吃年夜飯，一起圍爐守歲，過完除夕迎來新春的淩晨，在零下十四度的寒冬走上街道，等待半小時後截車回到景山的家，睡到早上七點我先坐車前往賓館，接近中午時妳們來到賓館會合，我們一起前往表姐家過新年，這些過程妳還有印象嗎？

我相信今年過春節一定會比去年更舒適、更方便、更愉快，為什麼呢？因為去年我們好比是吉卜賽人、又好像是游牧民族的流浪兒，可今年就不再是這樣子，此因我們有了自己的愛巢，有了自己溫馨又愜意的新家，不需流浪，不用漂泊。何況媽媽有一手好功夫，妳也有一手好廚藝，一定能把我們的胃口調理得服服貼貼，享受美食和親情。啊！想到這裡，怎不叫人好期待呀，時序都已經到深秋了，冬天還會遠嗎？新年還會遠嗎？現如今，我的當務之急就是要把自己的身體養好，帶著愉悅的心情早日回到我們新家團聚。

這幾天來妳的體重又能重新站上九十斤，真是個不錯的體型發展，上個月我就跟媽媽討論過妳的三餐飲食，除了上班日在學校的吃飯要配合單位外，周休二日在家時就要多餐多吃，除了一日三餐外，還要在上午及下午各吃一頓間食，這樣子體重增加就能快一些，現在已經能看見效果了。」

媛媛說「事實啊，您的確是福大命大，有福之人不用忙，無福之人跑斷腸，順其自然的放平心態，一切都會迎刃而解的。像這次逃過一刀，也是因為您有毅力、堅持不懈的平日鍛練，加上不間斷的喝茶。

住院那幾天您的體重直線下降，身體機能也衰弱，出院後調節身體是必要的，早日回到往日的神采，生活規律，飲食衛生習慣，最重要的就是戒酒。這次一定要下狠心不要再碰了，多遭罪啊。」

大大說「此次生病及醫療經過的初稿《女兒送我去醫院》已經完成。」

媛媛說「前段時間真是苦了你，每天一定不好過，身體素質也大不如從前，加緊鍛鍊哦。一開始還沒想到會這麼嚴重，您以後可不能再硬撐了，有病就要抓緊去治療，可別耽誤了。您可受了不少折磨，正常人禁食又禁水都不好受，更何況您還是病人，一定很遭罪。

現在恢復的如何？您一定要時刻提防，不敢再大意了。最近我的情況不錯，媽媽還說您一直關心我的工作和身體，謝謝啦，您生著病還惦記我，我會不斷進步的。」

大大說「昨天的文章《女兒送我去醫院》已經完工定稿，立馬給妳郵過去，不知道妳看過之後有什麼意見或感想？不妨說來聽聽。我周遭的朋友看後都是讚譽有加，不論是文筆或是內容都數上乘之作，現在總共五頁四千五百字，當朋友翻過第一頁就能引人入勝，一氣呵成要把文章讀完才肯罷手。我寫稿、編輯打字、增補情節、校對錯字、通篇修飾，全部工序無一短少，完稿後復讀，我自己也很滿意，稱得上是不可多得的佳作，小老師，妳認為呢？

是的，前段時間我真的沒少受苦受罪，尤其是從金門用擔架後送去臺灣，內心實在有夠無奈與無助，幸好有大女兒一路護送到臺灣大醫院，有小兒子在關鍵的時刻坐鎮在醫院作好應變的準備，最後逢凶化吉，真的是托天之福，吉人自有天相。從後天十一月起，我要開始執行重建身體健康的計畫了，主要就是恢復運動，初步由輕鬆、輕量開始，不會一步到位直接攻上頂端，至少要一個月之後才會攻頂，如果體力不許可的話，就把時間拉長到二個月或三個月都行。

知道妳的工作順利愉快，身體健康有神，我也開心也替妳高興，妳這一次的重新起步，站的腳步更扎實、更穩固，我和媽媽一樣的高興，更深切盼望咱們一家三口早日團聚一堂，算算時間也快了，耶誕節應該就能闔家團圓。」

媛媛說「這篇文章篇幅很長，內容很有序，詞語樸實無華，句句暖人心，真的很用心完成的一篇完整的文章。

看完您的文章也深刻感受到您生病的那段時間，真的是很煎熬，還好您很頑強，能堅持不懈的配合治療，真是險象叢生，祝您身體早日康復，早早的回家過春節。」

大大說「《生病時候很煎熬》－妳說的沒錯，我生病時候很煎熬，我原本以為跟上次一樣，吊瓶打抗生素，禁食又禁水，這些我都能忍受，心裡也有底。可是沒想到病情的發展卻是比我所想像的還要嚴重得多，甚至會威脅到生命安全，我一聽心裡發毛，頓感彷徨無助。等後送到臺北時又要忍受動手術的考驗，這又是我一輩子從未有過的經驗，聽完醫生說明開刀的風險，即使是百分之一，千分之一，還是有可能發生在手術臺上啊！托天之福，手術進行一半喊停，醫生刀下留人，沒有打開手術刀，給我一場莫名的驚喜，感謝天、感謝地、感謝上帝，哈麗路亞。躲過一刀，待麻醉藥消退後，我立時精神百倍，陰霾掃盡。

為了健康和快樂的回家過春節，我一定要重建身體的健康，而且預訂在聖誕節前後回到我們溫暖的家，接受麻麻的照顧和媛媛的關心，距離今日也就五十五天左右，然後春節時再回家過大年，圍爐團圓守歲。

今天我開始恢復運動，晨起後先做柔暖體操，這些動作完全照舊，然後是重量訓練的啞鈴及杠鈴，這些動作全部減半實施，做完半小時活動，我的腿腳及關節各方面完全正常，毫無任何阻礙不通，洗過澡渾身舒暢無比。同時，我今天也開始食用媽媽讓我帶回來的海參，總共有三十個，一天一個，從運動和飲食著手恢復我的健康。」

媛媛說「《去年春節好艱苦》－記得我們去年過春節的情景還歷歷在目，彷彿就像昨天一樣。回頭看看去年我們三個人真的好艱苦啊，先是到姥姥家，然後又到姐姐的房子裡，六口人擠在小房子裡，都不是很方便。一轉眼一年過去，真的發生翻天覆地的大改觀，還是要感謝您的辛勞付出，為我們打造良好的居住環境，讓我和媽媽從水深火熱之中走出來。

您的為人沒得說，對待任何人都有著平和仁義的心態，愛廣交朋友，熱心、坦誠。一部分是從媽媽嘴裡得知的，另一部分是跟您接觸後感覺到的，跟您在一起很隨意，您也很隨和，讓人喜歡和您溝通，不會有距離感。您的病之所以那麼快就有所改善，原因是您為人善良，病魔都被您給擊敗了，真的。一個人擁有良好的心態，會化解很多困難。

現在就是加緊恢復，爭取回家的時候體重有所回升，享受豐盛的年夜飯。這次您生病，您的兒女都興師動眾的放下手中的工作來照顧您，日夜守在您身旁，真的很孝順，與您的教導也是分不開的，因為您就是一個善良、熱心的人，自然兒女都遺傳了您。還好是虛驚一場，但是，也給您身體敲響嚴重的警鐘，為以後的生活習慣提了個醒，千萬不要再大意，切記、切記呀。

我最近工作很順利，您也不必惦記，現在不知不覺就領到兩個月的薪水，差不多將近五千元，也可以給您置上電腦，好開心啊！我還打算跟您一起去挑選呢，也是我為您做出小小的回報，將來我有能力了，一定會加倍回報您跟媽媽的辛勞付出，感謝您為我鋪路、為我引導，真的是我前行的導航。祝您身體早日康復，早日回大連。」

大大說「《瞧妳樂得》－瞧妳樂得開懷大笑那樣子，真是挺開心，叫人心曠神怡啊！妳說去年過春節，我們一家三口好艱苦，從姥姥家到賓館再到姐姐家，並不是很方便。我也曾經回憶過去年的新年，形容是如同逐水草而居的游牧民族一般，又像四處漂泊的吉卜賽人一樣，真是蠻心酸的。但是，今年完全不一樣了，正如妳說的一轉眼一年過去，真的發生了翻天覆地的大改觀，因為我們打造良好的居住環境，擁有屬於自己的甜蜜、舒適及溫馨的住家，不需要再像去年那樣的到處流浪，我和妳一樣在期待著今年春節的來臨，嚮往著團聚時的快樂、幸福及歡笑。

妳昨天這篇郵件寫得內容又好又多，篇幅又長，是近來少見的佳作，不愧是妳們班上的語文課代表，優秀的代表。妳提到我樂觀向上的心態，談到我們去年過春節的情景，講到我待人的仁義，說到生病時孩子對我的照顧，還說妳領到二個月工資就惦記著要給我買電腦，又說早日回來大連我們的新家。我誠心給妳一個建議，妳有很好的語文底子，雖然妳的工作與妳的語文底子沒有直接關聯，但是妳可以在工作餘暇，繼續培養這方面的興趣及愛好，假以時日，妳在興趣方面的功夫與成就，甚至都會超越專業或專職人士的水準和功力，就如同我這樣子，我的嗜好與興趣在閱讀與寫作方面，漸漸有一定的水準。

我今天照樣昨天的運動專案及方式，效果也是同樣的痛快與舒暢，海參的食用也照舊。此外，一大早我就空腹到診所去測量血糖值和做超音波／B超，向大夫說明上個月因膽結石住院及治療的經過，今天血糖一五一，二周前在另一家診所量的是一九七，二天前還是那一家診所量得一八六，那位大夫說我必須得吃降血糖的藥，何況是最輕的劑量？因此，我從前天起開始吃藥吃了二天，今天的大夫說膽囊發炎不會影響血糖值，但是胰臟發炎卻是會帶動血糖升高，即使胰臟炎消除了，還會有一段時間繼續影響血糖值，所以一定要吃降血糖的藥。

做超音波時邊做邊講解，大夫說膽管中確定沒有任何異物，但是膽囊很小看不太清楚，膽囊小的原因是膽囊中的結石太多造成的，也有可能是膽沙。這位大夫還說抽血量的血糖值最正確，在手指頭扎針量的血糖值會偏高，有十到五十的誤差，如同電子血壓計量出來的血壓有十到三十的誤差一樣。假設有三十的偏高誤差，那麼我今天的血糖相當於一二一，就不能算是糖尿病。聽大夫如此一說，陰霾掃除一半，我的心頭大石也放鬆一多半，等下周再繼續追蹤測量血糖值就是。

前幾天我把那篇生病的文章拿給我的鄰居，一位八十幾歲的白髮老太太看，她可是我的一名粉絲哦，並跟她大致談了一下我生病的事情，她聽完也是說我真是好人有好報，雖然生了一場病，終於逢凶化吉。就像妳講的一個人擁有良好的心態，會化解很多困難一樣，真是一般的金玉良言啊！但是這一場病確實正如妳說也給我身體敲響了嚴重的警鐘，為以後的生活習慣提了個醒，千萬不要再大意了，切記、切記、切記呀。從今以後，我一定要對生活上各種細節倍加小心，切不可大意為之。

可愛的媛媛，妳現在真是我們家的生力軍和新希望了，雖然一年前我和媽媽都是一直朝著這個方向設想，但是必須通過檢驗才能夠確知事實究竟如何？也就是要看妳進入職場之後的工作狀況會是怎麼樣？六月份妳開始進入實習崗位，起步也很好，不承想一個多月後就發生變化，八月底總算又能第二度踏上崗位，不但起步高又穩健，還能獲得領導的栽培，妳的前途無量、一片光明。讓媽媽多年的辛苦沒有白費，也沒有讓媽媽的期望落空。妳實習二個月的工資將近五千元，大出媽媽和我的意料之外，真是豐碩的收穫啊！所謂人生命運真是禍福相倚，失敗為成功之母，沒有上一次的失敗，就沒有下一次的成功，讓我們為媛媛鼓掌、喝采。將來妳就是長江後浪推前浪，一代新人換舊人，將會承擔更大的責任。」

媛媛說「這一切也與你的不斷引導是分不開的，我會繼續努力的。

早上好，大大，今天你最大哦！您的生日，我跟媽媽沒能為你慶祝，但是再過一個多月我們就見面，那時候再補過一次。祝您福如東海、壽與天齊。吃長壽麵沒？祝您的身體越來越結實，我跟媽媽期盼您早些回來。」

大大說「小老師，晚上好，我早上照常六點多起床運動，然後出門拜訪朋友，直到下午三點才來家午睡，謝謝妳的祝福。再數過四十個饅頭，我就能回家和妳們團圓。

我今天長尾巴，又多一歲，越來越快要回到我們的家了。」

媛媛說「我剛忙完準備回家，過得開心就好，這幾天很緊張，但是也收穫不小。中午還和園長一起吃飯，她對我有不少的誇讚，下午回家可以放個小假了。」

大大說「中午本地報社記者鄭大行來電話詢問關於我寫一篇顏西林老先生的紀念文章可否交給報社來發表？我立馬就同意了，想不到這一篇文章傳播得這麼快，也就只有一天的時間呀！我散發出去一、二十份，顏家可能會發出去很多份。

晚上好，這一兩個星期，妳可忙、可辛苦了，總算昨天完成教委的評鑑，妳也可以放輕鬆。我在一天之內寫好一篇文章《緬懷鄉賢顏西林》三千字，而且還寫得不錯，連本地報社記者都風聞而來要求給他們報社發表呢！我好想妳們哦，現在媽媽的工作不會再那麼吃力、那麼辛苦，妳的工作也越來越順利，真高興啊！」

媛媛說「我看過您那篇文章，真的是用心良苦完成的吧，真好。

《老師們對我讚不絕口》-忙碌了將近一個月的緊張工作，總算是結束了，檢查工作也很順利，老師們都鬆了一口氣，心裡的大石頭一下子落地了，不用每天像陀螺一樣忙的團團轉。最近我雖然很忙，但是從中也獲取很多經驗，王園長不斷的誇獎我、鼓勵我，我是越戰越勇，從一開始的什麼都不懂，到現在的得心應手，雖然還是欠缺經驗，但是，通過我的不斷努力、不斷進步，我還是很有發展空間的。

現在跟劉老師之間的關係更融洽了，她也正是更年期階段，所以我更要多包容她；檢查完畢後，她跟我解釋，之前對我態度太急躁的原因，其實我也沒太往心裡去，畢竟是學徒的階段，總要承受些困難。昨天下午的時候一個姓張的老師來班級幫忙，晚上快要下班的時候，其實四點應該是我下班，但是我跟劉老師說她最近太疲勞了，早點回家休息休息養好身體。她當時非常高興，我心裡也很開心，該忍讓的時候就要這樣。之後班級裡面養了些小寵物，有一隻小松鼠特別可愛，我也很喜歡，她下班走後又打電話提醒我，讓我帶回家裡養著。昨天我特別開心，也很輕鬆，關係也比原來更融洽了。

中午吃飯的時候，我還從家裡帶了一盒金槍魚罐頭，還有媽媽炸的花生米，她們都吃的很開心。劉老師第一次當我面誇我說我懂事待親、心挺細，包括新來的張老師也誇我會來事。下午的時候，董阿姨來幼兒園，當時我在看孩子睡覺，見到她，她就熱情的跟我打招呼，我還拿上桌子上的水果遞到她身邊。園長也誇我能幹，早上很早就到班級，老師們都對我贊不絕口，也體諒我的不容易，一走出校門就接到這麼混亂的班級，對我也造成很大的壓力。但是我堅信越挫越勇這句話，不斷的摸爬滾打，從實踐中獲取經驗，才是最重要的。

總之，現在一切都按部就班的走入正軌，這周打算跟媽媽去給挑電腦，就等您回來啦。」

大大說「《小兵立大功》－幼兒園這次接受教委到校評鑑終於順利完成，妳不但參與了，也辛苦，也出大力氣了，真有妳的，說得上是個好樣的。足見王園長沒有看錯人，敢把這麼大的責任交給妳，妳也沒有辜負園長對妳的期望，妳全心全意，全力以赴，動手又動腦把創意帶進校園裡，真是一番新人新氣象。經過這一次的接受評鑑，把各項準備工作都如期完成，不管評鑑的結果好壞，妳的努力和貢獻，園長和老師們可都是有目共睹，不會被抹殺，也不會被忘記的。

以妳身為一個剛剛參加工作才兩個多月的社會新鮮人來說，妳的表現和辛勞，實在是遠遠超出領導們的預期，讓大家都要對妳刮目相看了，真是不鳴則已，一鳴驚人！

我和媽媽都要為妳豎起大拇指，說聲讚。

回顧這兩個月來，妳在幼兒園的表現，一方面在工作的投入及付出，另方面在園長及老師們的指導下，相處融洽和諧，贏得大家一致的好評，這一點更是妳建立良好工作關係及工作氣氛的最大成果，這是很不容易的，更是一般新人很難做得到，正好可以証明以前我們常說的做人比做事重要的印証。我是這樣說的，媽媽也是這般說的，妳自己慢慢也能體會得到。做事的本領固然是硬實力，做人的功夫卻也是軟實力，做人與做事是要相輔相成，相得益彰，方能事半功倍。

妳前後參與忙碌一個月，總算結束了，解除辛苦和疲勞之後，大家心中石頭落地，輕鬆不少。期間王園長還不斷誇獎妳、鼓勵妳，讓妳更加精神昂揚，信心百倍。而且，妳還跟劉老師建立起愉快融洽的工作關係，化阻力為助力，真是意外的收穫，也是一舉兩得，從工作中建立起友誼，利人利己，她還第一次公開的誇讚妳，確實不容易啊。董阿姨到園裡看見妳很高興，熱情的跟妳打招呼，相信她已經從園長那裡知道妳的工作狀態，給她長臉不少呀！妳看，老師們都對妳讚不絕口，那都是妳努力在工作上及做人上得到的回報，我和媽媽都以妳為榮喔！聽妳說養了一隻小松鼠很可愛，我還沒見過松鼠啥模樣，下個月回家就能跟它玩一玩。

那篇文章《緬懷鄉賢顏西林》是我在一天之內寫成的三千字，這種速度、效率、功力充分顯現出快筆的能耐，我自己也感覺很欣慰、很愉快，就像妳說的算得上是用心良苦。文章已經在十一月十七日於本地報紙上刊登出來，次日是顏老先生的出殯之日，對喪家深具緬懷親人之思念，也是後輩小子的一點心意和敬意，如此而已。」

媛媛說「最近一切都很順利，學校的工作也逐漸理清頭緒，一切都按部就班的進行著，可謂是陽光總在風雨後，先苦後甜。一開始接手工作就經歷了這些，雖然一開始很吃力，失敗時會氣餒，但我始終堅信，只要有恒心，鐵杵磨成針，我會像小蝸牛一樣一步步向上爬，總有一天會擁有屬於自己的一片曙光。

緊張的檢查工作暫時告一段落，但是還有新的工作等著我去完成，我也絲毫不能鬆懈，要越做越好，越來越嫻熟。今天開會的時候，小班的老師也特別喜歡我，說我很可愛，但就是太小了，像個孩子，並且讓我大年三十拽門框，長長個。現在我已經走上正軌了，您不用為我擔心。

您的作品真的太棒了，您完全是用心在短時間裡創作出這麼長篇幅的文章，真的很有才啊！難怪記者都緊緊跟隨您，幫您發表，佩服、佩服。」

大大說「《小老師誇獎我了》－謝謝妳對大大的誇獎，等我下個月來家後，我一定要好好請妳吃上一頓日本料理，還有麻麻一起共用美食，絕不食言而肥。多謝妳的金口和良言，我下次再有什麼寫作的話，也會請小老師一塊欣賞及指教，互相切磋求進步。

妳的工作及生活作息統統進入軌道中運轉，真是一切都很順利，妳每天心情愉快，精神百倍上崗位，自己開心，別人放心，領導省心，多麼好的一種工作關係及工作氣氛啊！一開始，妳接的這個班級的確是一項很不容易的挑戰，但是妳很快地通過艱難的考驗，進而贏得園長的誇獎，獲得老師的肯定，這都是妳努力和辛苦的成果，這果實多麼甜美啊。猶如倒吃甘蔗一般，漸入佳境，先苦後甜，風雨之後才能看見美麗彩虹的出現，所以妳才會遇上今天的王園長嘛。

有句話說舉重若輕，就是說能把繁重的事情做好了，那輕鬆的事情就沒有做不好的道理。妳現在便是這種狀況，把繁重的檢查工作完成了，那日常的學校工作當然也難不倒妳囉。更何況，妳並沒有因為一時的順利就懈怠下來，或者散漫、傲慢，妳還想著要越做越好，越來越嫻熟，這種心態正是非常可貴和正確的，所以妳一定會成功的。

有些老師稱妳小可愛，那是充滿了對妳的喜愛和歡迎，並沒有什麼惡意，而事實上，妳的身形確屬小巧可愛，討人喜歡，這也沒有什麼不好。其實，以妳的身高來講並不小，而是妳的身材比較瘦弱，才會顯得纖細及單薄，只要稍微增肥或增胖就會進入合適的身材。但是，也不需要急著增加妳的體重，因為要胖起來容易，可是要瘦下去不容易，保持兩三年這種體形也是蠻不錯的呀！

麻麻再數三十個饅頭，我就能回到我們家來了，下個月的今天便是我回來的日子，秋天已經過去，冬季還會遠嗎？我從本月一號開始運動，由輕鬆逐漸到重量，今天已經能夠完全恢復到原來的水準，三十分鐘的運動之後，洗完澡通體舒泰，無可言喻。

這裡的氣候開始進入冬天，月初的氣溫是三十幾度，月中還有二十幾度，下旬只剩十七度，衣服要穿長袖及外套了，看到很多朋友感冒，天氣真的改變，人們還有些不注意而受涼。我整整一個月都是滴酒不沾，今後也是如此，我下定的決心是輕易不會改變的，一定堅持到底、執行到底。耶誕節之前我就能回家團聚，我也是非常期盼著、等待著，我知道越來越靠近了，可以嘗一嘗妳的廚藝和麻麻的手藝。

妳前面寫的《老師對妳讚不絕口》文長六百多字，後面所寫《擁有自己的曙光》長三百多字。我在昨天的回郵中寫八百多字，今天又寫九百多字，本想再寫一段牛仔褲的魅力無法擋，但是為了給小女兒寫二篇回信，總長一千五百字，花掉太多時間，只好改天寫，不過，妳倒是可以先把妳對牛仔褲的認識寫一下吧！」

媛媛說「我有今天的表現，都是您的功勞，在我手足無措時候，您為我理清頭緒，指明前進的道路，用您的前車之鑑，讓我少走彎路，一步步踏實的走到今天。我很感謝您不斷的支持與鼓勵，原先我總是因為理不清頭緒而發愁，是您一步步的為我排憂解難，舉例子、打比方，形象的讓我理解，真的、真的是非常感謝您的良苦用心。

不敢、不敢，跟您相比較，我還是小巫見大巫，只能說是從外行的角度去欣賞您的作品，我們可以取長補短，越來越完美。您真的是太誇獎我了，我還只是一個最底層的小角色，還仰仗您多多指教，我現在真的是心情舒暢，思維清晰，做事情也知道條理清晰、有條不紊的慢慢改進。

大大，您好。我對牛仔褲還真沒什麼太多的認識，只是平時會穿，感覺很百搭，但是有時候做運動就不太方便會伸展不開。」

大大說「《喜歡吃里肌肉嗎》－妳真是待親，小腿上有肌肉，未必就不好啊？何況妳的身材，依照身高與體重的比例，是在標準體重及理想體重之下，算是比較瘦俏型的，是多少人夢寐以求想要卻得不到的曼妙身段，妳還不滿意呢！小腿上有肌肉不要緊的，渾圓結實的小腿肚，其實是非常有吸引力、非常有可看性的，跟沒有小腿肚的瘦削型是不同的美感，怕的是一根蘿蔔腿，短小粗壯的胖腿，的確不招人喜歡。

依我的粗淺看法，小腿有肌肉應該是跟站立時間較長有關係，像有些工作性質是必須整天站立的，小腿肚是免不了的，甚至還會形成靜脈瘤，嚴重時還會影響到健康。

白領階級是坐辦公桌，比較沒有這個問題，但是相對地，他們就必須利用時間站起來活動活動筋骨，要不然多少也會帶來一些小小的職業病。所以，如果妳的工作性質是站立時間長的話，就要想辦法儘量利用時間稍微坐下來休息一小會兒也好，休息的日子就避免長時間的站立就是。

妳這二個月來在單位的表現超出我和媽媽的預期，出乎意料的好，一方面是妳對工作的認真及投入，另方面是妳和老師的相處不爭不辯，贏得大家的欣賞與認可，這第二點甚至比第一點還重要、還成功，這是非常難得，何況身為一個新手，在做人上能夠達到這般地步真是太棒了，就這樣繼續向前努力，不會浪費在彎路上。妳現在的工作心態是心情舒暢，思維清晰，真是太好了。

寫作上火侯占了一個很大的比重，不是說火到豬頭爛嗎？那需要時間去淬練，沒有速成法。我癡長妳四十年，在閱讀及寫作時間上浸淫較長，所以有些佔便宜，假以時日互相切磋求進步，截長補短，妳也能向我一步一步靠攏。」

媛媛說「本來就有缺陷，粗壯的小腿哪來的美感？就是因為初中時候一年的時間都練長跑，一點點，長此以往小腿就有肌肉了，無論穿裙子還是褲子都不是很和諧，一點也不勻稱。我身材誰會羨慕？我就是希望我能夠長些體重、長些個子，我就是短小粗壯的腿，不知道通過什麼方法可以得到緩解，還是一輩子都無法改變？

工作方面還是老樣子，慢慢的會隨著時間推移積累更多的經驗，也不是一朝一夕就能夠達到一個臺階的，都是需要下很大功夫，而不是動動嘴光說不練。我會通過日常的實踐不斷獲取知識，更加扎實的走好每一步，絲毫不會懈怠，跟老教師在一起難免會受到這樣或那樣的意見，我也會吸取教訓，慢慢往好的地方努力。」

大大說「《女大十八變》－拜託妳，可不要把大大嚇壞了！說什麼妳就是短小粗壯的腿，那怎麼會呢？我昨天不是講妳的身材，依照身高與體重的比例，是在標準體重及理想體重之下，算是比較瘦俏型的，是多少人夢寐以求想要卻得不到的曼妙身段，妳還不滿意呢！我雖然沒有仔細察看過妳的小腿肚，但是只要從妳的身材比例勻稱的資料上，我就判定妳的小腿一定不會是蘿蔔腿，也不會是短小粗壯型。我估計可能都是來自妳自己主觀的心理因素，而不會是客觀的事實吧。再不然等我下次回家，我和麻麻一起給妳詳細看看究竟如何？

妳今年剛好十八歲，也就是女大十八變的時候，凡是美的、好的，都會保存下來，凡是醜的、壞的，都會改變過來，所以妳實在不需要操什麼心。我以前也曾說過，妳的外表及模樣比一般人要俊俏、可愛、討人喜歡，因為妳是巴掌臉，占了不少便宜，要比那大餅臉受人歡迎，配合妳小巧精緻的身材，非常地合適，妳的外觀上和麻麻十分相近，而臉蛋還比麻麻小巧一些，無怪那漂亮的小舅媽都誇獎妳是韓國洋娃娃，妳應該還記得吧？當然啦，妳會受到大多數人的喜歡，但是不會受到每一個人的歡迎，這個也是非常正常的。

我個人對於女孩、女人、女性容貌的評價是持這樣看法的，區分為可愛、漂亮、美麗三個層級，我也認同『世上只有懶女人，沒有醜女人』這句話，以及『認真的女人最美麗』這說法。妳現在是可愛的狀態，麻麻是漂亮的狀況，妳是含苞待放的花蕾，麻麻是大開盛開的花朵，妳們倆同樣都具有邁向美麗的路途和條件。人沒有十全十美，人的外表及美貌也是如此，除非是通過整型及美容，要不然，一旦過了十八或二十歲之後就沒有改變或轉變的可能，自然也沒有必要再去浪費時間及精力，倒不如從修養上與個性上去下功夫，建立良好與和諧的人我關係，進而產生相由心生的境地，那就相當不錯了。

妳在工作方面的表現，尤其是在與老師們相處上深得人和之利，真的超乎我們的想像，妳實在做得很好、很到位，繼續朝這個方向努力就沒有錯。」

媛媛說「《女兒對您體貼入微》－看了您女兒回復郵件，從字裡行間看出她對您真是體貼入微，雖然相隔遙遠，但依舊非常惦記您。而且為了不讓您牽掛，她也細緻的把自己的近況都傳達給您，看出來一切都蠻順利的，在國外的居住條件跟中國差別還真大，而且國外人的生活習慣也豐富多彩的，有的人好靜，不習慣雜訊過大的地段。

還好您女兒找到了合適的地方，都很順利。

冬天大部分人都不會控制飲食，吃些高熱量的食物補充熱量、增加體力。我也不例外，晚上吃飯最少兩碗飯，吃的是媽媽的一倍多，食欲大增，但是體重沒太大的起伏，依舊保持在九十斤上下。我就一直發現小腿上多出一塊肉，穿什麼都不協調，感覺很怪。但是人跟人之間還不一樣，也可能是心理在作怪，等您回來看看幫我分析下這究竟屬於什麼狀況？」

大大說「《離家越遠的孩子越想家》－俗話不是說女兒是父母的貼心小棉襖嗎？西方人還有另一說，他們講女兒是父親前世的情人哪？兩種說法都有某些意義存在，此所以有些人特別喜歡生女兒、養女兒呢！

其實，我家的孩子，或者說我們這裡的人們，大都不太會將感情表達出來，不管是友情的愛或親情的愛，這一點我們東方人真的趕不上西方人，確實應該向西方人學習。一、二十年前，我們這裡的社會上吹起一股風氣，說愛一個人就要告訴他／她，要把愛大聲的講出來，大家都覺得蠻不錯、蠻有道理的。前幾年我的小女兒第一次從美國回來陪我住幾天後要離開，她說老爸，我回來家裡和你住了幾天都很開心，今天我走了也不知道什麼時候才能再回來陪你了，離開之前我有一個要求，不知道你能不能答應？我說可以啊，有什麼事妳只管講出來好了。她說我要和你擁抱一下，我說那很好啊，擁抱是一種親熱和親切的表示，我們父女倆就有了第一次的擁抱。之後，她再回來時，一見到老爸便會張開雙臂，我也會很自然地跟她擁抱一下，離開時再擁抱一次。

她跟我說她和其他兄弟姐妹一樣也是不善於表達感情，即使是親人之間也是一樣，但是這幾年在美國生活的習慣，慢慢塑造出西式的文化，才會敢於表達感情，感覺也很好啊！但是她的兄弟姐妹依然如故，輕易不會表達出感情來，不是他們不愛老爸，而是他們不會表達對老爸的愛而已。我跟她說瞭解就好，會不會表達也沒有關係。妳看四個孩子，一個在金門，很近，二個在臺灣，不遠，一個在美國，那可是非常遠，天南海北，相隔遙遠吧。距離近的孩子不會想家想老爸，距離越是遙遠的孩子越會想念家想念老爸，也是挺有意思的。

沒錯，能吃自己喜歡的食物，就是一種享受，倒也不是非得要錦衣玉食才是享受啊？尤其是漂亮的媽媽烹調的食物，不但色香味俱全，而且她把量都控制得很精準，不用擔心會吃過量。酒我確定是一滴都不會沾了，酒本來就不是我的最愛和專長，沒有什麼不能割捨的。我現在的體重一直都是在八十六、八十七公斤之間，自己覺得挺滿意的，可昨天我一個朋友告訴我，說我瘦得太多了，臉頰都瘦下來，我早上一照鏡子也很驚訝，兩頰真的瘦下去，兩邊的顴骨浮出來，還真利害哦！

妳對冬天和夏天的飲食及身體的相關變化，觀察的很用心仔細，也很正確，但是妳年輕有本錢大吃海吃，只要妳喜歡，沒有什麼不可以，但是我就要控制食量的吸收，只能淺嘗而止。妳這樣子的吃法不會在身體上表現出來，還是由於年輕及消化能力強的關係，過幾年如果發現體重開始上升時，就要注意食量的控制了，要不然一下子就會發胖，到那時候一定要注意和控制。妳小腿上的那一塊肉不需要成為妳的心病，妳真的不用再糾結了，小腿肚的腳其實要比竹杆腳漂亮！妳應該還是心理因素居多，不要緊，等我下個月來家時，我們一家三口一起來會診妳的美腿好了。其實妳的身體和心理的發展，一年多來真的越來越好，妳只要回顧一下，應該能比較得出來。」

媛媛說「《東方之美》－沒錯，東方人大多是含蓄內斂，不會將自己的情感大膽的表現出來，然而正是東方人的含蓄矜持，也吸引不少外國友人，難怪現在的相親節目頻頻出現各地的老外，她們也欣賞東方人的美。

西方的美在於奔放豪爽，敢於表現自己的情感，絲毫不會避諱和羞澀。各地方都有自己本土的特色，但是我們還真的應該學習西方人的耿直，像您所說的要把愛大聲說出來。您跟您的女兒就是受到西方人的薰陶了，擁抱是一個非常熱情的打招呼方式，比起東方人的含蓄，西方人更加能把自己的感情表現得淋漓盡致。

您離女兒相隔萬里，除了牽掛就是惦記，所以常常溝通是必不可少的啊！你們之間通過書信的方式還真的很巧妙，說起電子郵件，這種新世紀的方式還是很不錯的。文字的形式表達自己的所感所想，並不是敲打幾下鍵盤那麼輕而易舉的，收到信的人也會非常愉悅，仔細品讀字裡行間的內容是多麼愜意的事情。

恭喜您恢復的那麼順利，各項運動也絲毫沒有減弱，真的是與日俱增。你們那邊的氣溫現在很適宜運動，不會像前陣子那樣酷暑難耐，現在運動過後洗個澡很舒暢，然後精神飽滿的去上班，這一天都神采奕奕的，真是太棒了。有時候真的超級佩服您，現在白領亞健康者比比皆是，但是您絕對是他們的楷模，持之以恆的堅持鍛練。所以您的身子骨才能那麼硬朗，病來了都要繞著您走，可見您這些年下了多少功夫和體力，才塑造今天這麼出色的體魄，比起年輕的小夥子您也絲毫不次於他們。

您能徹底放下酒杯真是件好事，以後回家媽媽就能為您烹飪可口的飯菜，吃的健康舒心。將近一個月您就要落地大連，事先在家擬好一份菜譜吧，我也好事先準備準備，為您呈上美味佳餚，把您掉下的肉都重新找回來，別忘記想菜單喔。

最近我臉色不是很好看，可能是學校的任務重，壓力大，時間非常緊迫，臉色總是很黯淡，又發黃。我的體型真的有很大改觀，翻看去年的照片就能看出很大不同，我一下子就成大姑娘了，褪去孩子的稚氣，一點點也成熟不少呢，還多虧您的指導與悉心照料。您也不能掉以輕心，還是要多加注意飲食，鍛練時適可而止。祝您健健康康每一天，開開心心一天又一天。」

大大說「《語文課代表不是蓋的》－妳昨晚的回郵寫得又好又長，篇幅將近九百字，硬是要得，不愧是語文課代表！雖然在標點符號方面稍有改善空間，但是已經很不錯了，我再把這一郵件的標點符號略作修正後傳過去給妳參考。

東方人在感情方面顯得比較含蓄內斂，但是經年累月之後後就會變得不善於表達感情了，優點恰好也是缺點，妳說對吧？所以要懂得適度表達感情，愛他／她，就要告訴他／她，不但愛情是如此，親情及友情也是如此。西方人的一些優點如耿直、豪爽、奔放、勇敢、進取，都是值得我們學習的地方，但是我最激賞的最大優點卻是冒險，妳想想看，要不是有冒險犯難的精神，怎麼會有哥倫布發現新大陸？我覺得自己的性格蠻能欣賞及接受西方文化中的特點及優點，如冒險及奔放，同時也能吸取它的精神，加以身體力行。

在我讀高中英文時，別人只專注於背單字及成語時，我已經擴及到課文的欣賞與課外讀物的閱讀，知道很多西方文化與中國文化的不同之處，比如說在四十年前的西方家庭裡男女主人的對話說：『妳的孩子和我的孩子在打我們的孩子』，在當時的中國家庭咸認為是叛經離道之事，但現今呢？此種家庭結構已經是司空見慣了。還有高中女生的媽媽在送女兒出門上學之前的叮嚀事項說：『妳今天有沒有記得吃避孕藥？有沒有帶避孕套』？當時的中國人都會認為外國媽媽真是老不修，一點都不正經，殊不知外國孩子在念初中時就開始性生活了，念高中時正是性衝動的高峰期，這是東西文化之不同，也可以說是國情有別。原因妳應該記得我所提過的早熟和早衰吧，西方人熟得早，但是也老得快，大概要比東方人早熟三到五年。

至於妳說相親節目中有老外尋偶，其原故不外是世界走入地球村，交通運輸及通信便捷，及東方之美為西方所無，以及中國崛起，吸引很多老外到中國經商有關。其實，除了中國這幾年的開放之外，世界各國通婚早在十年二十年之前已經盛行，妳看澳大利亞的名模享譽全球，也遠嫁西方各國。歐洲各國的通婚那更是早在幾百年之前了，這國的王子娶那國的公主多了去。

小女兒離我一萬公里，實在是叫人望斷天涯路，幸虧現在是地球村，真的是天涯若比鄰，一有消息想要會面，三天兩天就能天涯變咫尺，瞬息千里。以前小女兒在臺灣也很少跟我聯繫，到美國後，拜電子科技之賜，電話和網路彈指即通，有話好好講，有事慢慢談，不用說的也可以改用寫的，照樣消息暢通又正確。

電子郵件即發即至，不必苦苦等待遠方的回應，其便捷更是無遠弗屆。小女兒的寫作能力剛開始與我聯繫時也不盡理想，好像是在這一兩年之間才有大幅長進呢！我想跟她喜歡閱讀我的文章有關，再就是她跟我來往著寫作信件吧，我估計她的作文能力和水準至少有提升一到兩個臺階。我記得四、五年前，她兩度在亞洲旅遊寫了遊記寄給我，那個文章裡面錯別字及詞句不通順的地方還不少，我幫她改正及修飾後寄給她重看，可把她高興得不行，對老爸的文章功力讚不絕口。

我的身體恢復狀況良好，說得上是一如往常，晨起運動都在屋子裡，並沒有在室外，不過，我準備開始跑步，預訂下個月初或者等大連回來之後才開始到運動場練跑步。這裡的天氣在本月末已經進入冬天的氣溫，屋外天冷風大，並不適合作室外運動。

妳發現到的現象確屬如此，眼下許多白領階級普遍不是健康，更多的是亞健康，像我們單位這一部門裡二十幾人，病號一大堆，有肝癌、胃癌、膀胱癌、心臟病、胰臟炎、膽囊炎、皮膚炎等，而且這些人大都比我年輕呢！我自己也覺得比較慶幸，只因我有運動習慣三、四十年，從不間斷，不過看了妳說的這句話特有意思了，妳說所以您的身子骨才能那麼硬朗，病來了都要繞著您走，就好像疾病看見我都會害怕。

我深切知道回到我們家的方便及好處，所以我也巴不得明天就能啟程回家呢！回到家我才不需要準備什麼菜譜，我只須把自己交給麻麻就好，就是萬事ＯＫ。不過，我可不願意再把掉出去的肉給找回來，要知道千金難買老來瘦啊！雖然我這兩天來瘦得臉頰都消下去、顴骨浮上來，我還是想要繼續減重。

喝茶的功效不少，女生喝花茶或綠茶都很好，我只要出門都會隨身攜帶茶葉沖泡，清閒又清爽的喝上一杯或兩杯綠茶，真是一種享受，整個人都神清氣爽起來。我們家裡也有兩套茶具，回家後我們一家三口圍坐一起品茶，也是一件賞心悅目的事兒，這可是一點也不困難。妳最近的臉色暗淡又發黃，肯定是工作勞累有關，妳在工作之餘就要多休息，多放鬆自己，陪麻麻喝杯茶吧！

是的，通過照片的翻看和比較，妳會驚奇的發現到妳的變化真大，去年只是聽表姐和姨姥姥說說而已，今年妳就知道已經從小美女蛻變成大姑娘，再過一兩年妳又會變成大美女了，尤其是妳目前的工作狀態及生活作息完全進入正常及理想的軌道，再維持下去，妳定會更加光采煥發，信不信由妳，靈不靈且待日後見分曉。」

媛媛說「您回復的篇幅很長，我也仔細閱讀過。東西方文化差別懸殊，受教育也有差異，取長補短是有必要的。」

大大說「《工作要避免透支體力和時間》－妳前晚寫簡報，昨晚趕教案，夠妳忙的，但是忙一點也有兩項好處，一是時間過得緊湊，不會閑得無聊和發慌，二是能夠在工作上汲取更多的經驗和能力。不過，卻有一項缺點，千萬要注意避免，便是透支體力和時間，破壞正常的生活作息，妨礙睡眠及進食的規律。

其實，任何人都應該認真及專注於工作，但是卻不能陷入工作狂，凡事過猶不及，一旦超過正常的尺度就不好，就會種下往後的錯誤及痛苦。工作狂，就是眼裡及心裡只有工作，沒有休息、沒有娛樂，全身心投入工作之中，嚴重干擾正常的生活與作息，變成機器人一般，可是，又不是真正的機器人可以不進食、不休息、不睡眠。

妳前天的郵件寫得長有九百字，我在昨天的回郵中寫得更長有一千八百字，正如妳說的篇幅長，真叫逸興遄飛，一泄如洪，一發不可收拾吧！這樣子的寫作模式其實對自己的思維，及組織文章的能力都有很大的幫助，假以時日，定能在寫作上更上一層樓。如此行雲流水，或者天馬行空的思路及理路，也是很好的一種自我訓練模式，能夠經常這樣子書寫，自然容易提升寫作水準。

妳說東西方文化差別懸殊，受教育也各有差異，取長補短是有必要的。這種心態與認知極為正確與可取的，對於別人的優點正好可以對照自己的缺點來加以吸取並改進，真正受益的人是自己，一點都不丟臉。我以前就發現妳對於吸收和學習新的事物反應很快，不會排斥也不會抗拒，這一點很好也很重要。而我對於新事物的包容性很高，不抗拒也不排斥，但是吸收及接受卻不會那麼快，這一點是我不如妳的地方。」

大大說「《打開一道心結》－我就知道妳的接受能力又強又快，妳瞅瞅竹竿型小腿的病態美，哪有什麼看頭，我們才不稀罕、不需要呢！多虧妳練了一年的長跑，才有那麼好的小腿肚，真是太值得了！妳瞧瞧根本不需要糾結的小腿肚，正是組成妳美腿的一個重要部分，別人想要都得不到呢。

昨天的一條新聞叫妳看過笑壞了，男怕沒錢女怕老，這不但是中國人害怕，連臺灣人也是一樣的害怕。所以我才不敢一下子就退休回到麻麻的身邊享福，因為我退休後只能領到原來工資的三成而已，我想再多工作兩三年，累積一點退休後的準備，退休後才能維持我和麻麻與妳十年的生活所需，妳說好嗎？

我從年輕時就很注意離婚率的高低和走向，我比較了台灣與先進國家的區別，依經濟開發的相對程度而論，台灣是發達中，先進國家是已發達，台灣的離婚率低於先進國家，雖然台灣的離婚率也在逐步上升中。可見得離婚率與經濟開發呈現一定的關係，而且是正相關，也就是離婚率越高代表經濟越開發，反之亦同，經濟越開發代表離婚率越高，這個論調是很多經濟學家和社會學家普遍接受的模型。我也認為經濟好壞與離婚高低息息相關，個人的經濟能力好才敢提出離婚，經濟能力不好就不敢提出離婚。所以有的學者專家認為離婚率高既是事實，也不見得不是好事，那代表個人勇於追求理想和高品質的婚姻生活。

比如近年來日本婦女在年過五十歲之後興起一股風潮，在沒有外遇的糾纏下，主動提出離婚的訴求，其目的僅是想要過另一種不一樣的生活而已，並非是要組成另一個家庭。若拿中國和台灣作比較，前者是發達中，後者是已發達，照理說應該是後者的離婚率高才對，但事實上不然，卻是前者的離婚率高，依照經濟理論來說是顛覆了上述的模型。但是說來話長，其實骨子裡還是以經濟做為核心了，這能是另一套理論了，且待日後專家與學者的說詞。」

媛媛說「昨天和同學出去吃飯，全是油炸的食品，雞翅、薯條、魷魚圈的，回到家就難受的不行，上吐下瀉的，媽媽半夜還跟我熬粥，今天才稍微緩解了一點。也沒看您的短信，現在才給你回復。

聽說您最近感冒，熬點姜絲可樂，喝完發發汗，多喝水，喝點冰糖雪梨，對嗓子會有幫助。放平心態別上火，這個季節很多併發症都會在體內存在，一定多注意。」

大大說「《真是災情慘重》－我們一家三口一下子前後都生病到一起了，怎麼不是災情慘重呢？先是麻麻後是我再來就是妳，不分先後秩序，通通有獎，當然每個人生病的原因不盡相同。

上週五晚上我知道麻麻前一天腸胃感冒，鬧個上吐下泄，幸好調理得宜，第二天就大致復元。我也是上週五發現舌頭下面起了一個泡，上嘴唇破了一個洞，喉嚨在吞咽食物時不太順暢。直到第二天中午，有位朋友看到就說我是感冒，要趕緊看醫生，要不然我壓根兒都沒有想到我得了感冒。早上去給醫生看過說，我是被病毒感染了，在口腔噴了藥水並開藥，三天後要回診。

上週五晚上我和麻麻也提起妳身子較單薄，抵抗力較差，感冒的頻率過高，根治的方式，一是經常在食物上注意進補，二是養成每天運動的習慣，鍛練強健的體魄，等我下旬回家後詳細為妳們講解運動及柔軟體操的各項動作。不承想，才說著而已，妳又感冒了，真是很抱歉，而且一下子掉了八斤的肉，實在不舍呀！」

媛媛說「流感季節，容易引發感冒，哎！病來如山倒，病去如抽絲，反反復復的不恢復，好難受啊，堅持吃藥，多吃飯勤開窗，通風換氣，慢慢調理吧。我們都依次倒下，真是團結一心啊。我綜合了你倆的問題，我先是口舌生瘡，緊接著嗓子發炎，之後又感冒發燒的，上週六又胃腸不舒服，哎，體質太弱了，抵抗力也不行。

家庭的條件就這樣，就要靠自己慢慢去改善它，還是多虧您的不斷關心。」

媛媛說「如今我真的有翻天覆地的變化，一開始大家都說我沒長開，瘦瘦小小的，經過一年的加強營養，提高了抵抗力。都是您跟媽媽的功勞，不斷為我補充營養，您也不辭勞苦的為我身體著想。時間過的飛快，轉眼間一年的時間我就變了樣，體質也比以前有所改觀。」

大大說「《小姑娘變成大姑娘》－沒錯，去年姨姥姥和表姐都說妳長大、長開了，妳還是不大會相信，現在自己看了一下去年的照片和今年的妳有很大不一樣了，是吧？

麻麻前兩天和姥姥通電話時，姥姥也說妳變化很大，不但人長大了，而且人也懂事了，替妳高興，也為媽媽高興呢。看看妳從洋娃娃，到小可愛，到小姑娘，到小美女，再到大姑娘，正如麻麻說的妳是一天一個樣的在變。也就像我說的妳是女大十八變，而且越變越好，越變越漂亮。像我在上周日去吃喜酒，是我一個老同學蔡海塔在嫁女兒，這姑娘是我從小看大的，現在小學當老師，只不過才兩三年沒見面，哪曉得那天看見新娘子那麼漂亮，差點叫我認不出來了。我跟同學說你們家是在開電影公司嗎？他說沒有的事，說這話是什麼意思呢？我就說要不然你們家怎麼會養出這麼漂亮的一個電影明星來呢？可把他樂得都不行了。

媽媽也是很清楚看見妳的改變很大，她說妳不僅是外觀上改變大，個性上的改變也大，尤其是妳那急躁的性格收斂很多，遠遠超乎她的意料之外，實在太難得了。她就怕妳在工作上會吃到急躁的虧，不承想，妳完全沒有出現這種缺點，真是太好了。

妳目前的個子瘦小一些倒不要緊，重要的是必須結實和健康，快樂的工作和成長，這是我們共同尋求的人生嘛，我和麻麻都會從旁跟妳留意及協助。妳不但變了樣，還是越變越好，其實，媽媽的變化比妳還早一些，日子越過越舒心了。

看妳前天的郵件說我們都依次倒下，真是團結一心啊。真是非常有趣的說法，也可以當做是苦中作樂吧，在我的想法裡也有一個辭來形容，叫做團結一心齊生病，是不是也很貼切、很傳神啊！

媛媛說「前些天媽媽以前的工友來家做客，在他們的記憶裡我還是剛一米二的小不點，單眼皮。但是過了十多年，見我竟變成個大姑娘，他們還問我是不是割雙眼皮了？真是讓我哭笑不得，自己還不太能發現有多大變化，但是外人能看出來，說在大街上一定認不出來。女大十八變，不僅是外在，更主要的是心智要逐漸成熟，為人處世要得體大方，不能再像小時候那樣都依靠媽媽來解決。急躁的性格也是我的硬傷，總是克制不住，但是慢慢磨練的我逐漸有些耐心了，面對那些天真無邪的孩子，他們犯錯誤，看著他們稚嫩的小臉就氣不起來，都會一一包容，所以我也改變許多。」

大大說「妳說的沒錯，急躁是妳的硬傷，這是麻麻最擔心妳會在職場上吃虧的所在，但是，萬萬沒有想到，妳在早教中心三個多月的表現竟然不曾出現這項最大的缺點，真是有些不可思議，妳說怎能不對妳拍手鼓掌叫好呢？相反地，妳居然能在一個新的工作崗位上贏得人和及認同，那是多麼不容易的一件事，更何況妳是一個社會新鮮人，社會最底層的一個小角色，真該為妳叫好！

十年前妳確確實實一個小不點，頂多就是一個小可愛吧，想不到現在的妳已經出落成一個亭亭玉立的大姑娘、小美女，多麼討人喜歡呢！一天一天的過去，一年一年的度過，對自己的容貌及品性毫無所覺有所變化，可是外人接二連三的說自己改變，變好了、變漂亮了，自己都還不怎麼敢相信呢？我在上個月寫過一篇《女大十八變》的文章，妳還能記得嗎？這種改變包括外表容顏，和內在個性，醜小鴨都會變成美鳳凰呢，何況妳自小就是個可愛的洋娃娃。」

媛媛說「《感冒流行的季節》－最近您的身體不是很好，聽媽媽說您的嗓子說話都困難，哎！像您體質那麼好，也難逃這波感冒的侵襲。多喝點熱水，出門增減衣服要適當，不要冷熱交替這樣閃著，最容易感冒加重，吃飯的時候吃點清淡的，含些含片，促進嗓子恢復，祝您早日康復。」

大大「《我也感冒》－我說過這些天我們一家三口都生病，叫團結一心齊生病，妳先生的病妳先好，麻麻只有難受一天而已，我整整難過一周，到今天一點也沒改善，真是慘重啊！我的嘴唇和舌頭都破了，就是上火，更麻煩的是喉嚨無法順利咽下水和食物，幾乎每天都要吐出來一次，聲帶發炎發不出聲音來，真叫失聲的畫眉。週四去回診，和週一看診完全一樣，噴了藥開過藥，可一點都不見效。週五換到另一家診所看醫生，他也說沒辦法，叫我再到原來那家診所照喉鏡，檢查喉嚨中是否有異物堵住了？所以我晚上還要再去看醫生。

季節交替正是流行性感冒猖獗的時候，特別要注意保暖和身心舒適，我就是上上一周連續下了一周的雨，我偏又懶得穿雨衣上下班，都是冒雨出入，衣服總是濕濕的、身體都是涼涼的才會感冒，真是不應該犯的錯誤。因此上週五我就難受了，一時還不能醒悟生病的狀況，耽誤了看病的時機，真是自討苦吃啊！」

媛媛說「這幾天看媽媽心事重重的，聽她說您又生病，而且這次是因為嗓子還是食道引起的？去醫院就診還不方便，真是急死人！原來不是因為嗓子發炎，那是什麼情況呢？今天有沒有去醫院檢查？

是啊，這幾個月一點點逐漸磨練的，脾氣稍稍有些改觀，雖然自己感覺不太出來，但是媽媽說我有所改變。我也會蒸蒸日上，越來越出色的，不會辜負您的一片苦心，一點點的積累經驗。

這幾天大連一連下了好幾天的大雪，出門是相當的不方便，今天都九號了，還有二周您就落地大連，歡迎、歡迎回家。要多注意身體哦。

大大說「媽媽和我本來都在擔心妳的急躁個性在工作上碰壁及吃虧的，不承想，這兩三個月來，妳的硬傷居然沒有發生，而且還得到老師和領導很好的肯定及誇獎，非常難得，我們原先捏的一把冷汗著實就不見了，真的是好、非常好哦！妳的個性表現在工作上贏得很好的人和，這也可以算得上是無形的資本，其他的地方，就是妳的身體健康還有加強的空間，體型瘦小一些不要緊，頂頂要緊的是健康和結實。

我的身體接二連三出狀況，說得上是一波未平，一波又起，前天麻麻提議我到廈門醫院就診，我考慮之後決定前往一試，昨天看診醫生說必須照過胃鏡才能確定情況，可惜星期天醫技人員休息，無法做胃鏡檢查，我還是要回到金門等排定週五的檢查。

現在吃飯和喝水經常會給嗆到、嘔吐，幾乎每天都會發生，吃喝都不方便，整整有一周了，還要堅持幾天吧。」

媛媛說「這幾天您是不是急火攻心？沒好好吃飯和注意飲食，導致體質下降，身體機能減弱。小病小災您一定都會扛過去的，但是醫院一定要去的，可不能耽誤，馬虎不得，儘早治療快快恢復。大概是您前段時間病了，之後體質都很虛弱，緊接著又導致食道引起的嗓子問題，看來還是很複雜的。」

大大「《大大想媽媽了》－我的右耳已經不舒服兩三天，微微的有些抽痛，必須要看醫生。昨天早上還是到那家耳鼻喉科診所，醫生以為我是要看第四次的喉嚨，我說倒不是，而是要看右耳；他一看完就講耳朵患的是帶狀皰疹，挺嚴重的，吃藥擦藥三天後要回診。我說也沒有去挖耳朵，怎麼會這樣？他講這是免疫力下降造成的，前一兩周嘴巴破、舌頭起泡、喉嚨不舒服，通通是由於免疫力降低造成的，降低的原因不外是焦慮、情緒低、睡眠不足所引起的，可以說是情緒引發身體的毛病。這一點，就跟我在十月十六日從台灣出院回來時，有一位醫生朋友就對我說過我的膽囊炎、胰腺炎雖然已經恢復正常，但是還會造成身體上免疫力的下降，因為打抗生素，果不其然！

我的免疫力下降，確實便是妳所說的體質下降，身體機能減弱，起因也是吃沒吃好，睡沒睡好。所以在當前這種處境和身體狀況下，我特別想念媽媽，有了她在身旁照顧，我自然是吃好睡好，無憂無慮。我還要再堅持九天，就能回到我們家、回到媽媽身旁、投入媽媽的懷抱裡。

因此，妳問媽媽為什麼大大會上火？是不是想媽媽了？我告訴妳講沒錯，一點沒錯，大大想媽媽了。」

媛媛說「現在首要任務就是把病快治好，身體是革命的本錢，媽媽天天都擔心您，整天也悶悶不樂的。您那裡看病實在是太麻煩，沒病也等出病來，所以您就要格外小心，盡可能的提高免疫力，適可而止的做運動，循序漸進的將身體一點點恢復到從前那樣。

右耳起皰疹了？是上火的原因吧，加上之前的病還沒恢復利索，緊接著又著急來大連吧，這一股火又頂上來，您肯定吃不消啊！嘴巴生瘡，喉嚨不舒服這都是您的抵抗力下降，病毒趁虛而入，但是我相信您一定會慢慢治療好的。

糖尿病說大不大，但說小也不小，嚴重了也會引起其他的併發症，千萬不能大意，醫生怎麼叮囑的都要照做。祝您早日康復，回到媽媽身邊。」

大大說「《大大也想媛媛》－妳老可愛了，妳說我是著急來大連吧，這一股火又頂上來，您肯定吃不消啊！說的應該也是有相當的道理，著急回大連為啥呀？我昨天不是說大大想媽媽了？就是想回來看媽媽的呀！我也說在當前這種處境和身體狀況下，我特別想念媽媽，也需要她的照顧。

妳說我目前的首要之務就是趕快把病治好，那可是一丁點也沒有錯，身體是革命的本錢，其實，一個人的健康也是一家人的快樂和財富，家庭中只要有一個人生病了，其他的家人總是會擔心著、牽掛著，那眉頭怎麼會舒展得開呢？

我昨天說想媽媽，今天我要說大大也想媛媛，因為這半年不見，妳的變化非常快、非常大，不但在身體外表上妳有變化，而且在思想氣質上妳肯定也有所改變，變得讓別人都更加喜歡妳、欣賞妳。如果再隔長一點時間沒有看見妳，指不定哪一天在大街上遇見一個美女，都認不出是妳來了？而且，相由心生，妳現在的身心狀態都是處於一種美好、正向、積極、向上，從妳內心裡散發出來的磁場一定都是良好的。」

媛媛說「人的一生大致分為四大階段，童年、青年，中年、老年。每個階段都要面對形形色色的人和事，想事情的方法也會逐漸改變，包括性格，樣貌等等。有時候無意間會翻開小時候的作業本，看見那時稚嫩的筆跡，作文的內容，看完也是啼笑皆非。想想也真快，十八歲了，人一生有幾個十八歲？所以我要更加珍惜眼前的一切，每個階段都是成長必須經歷的。

您到這個年紀，難免會出現一些小問題，但是儘早發現儘快解決，就萬事大吉啦。

您吉人自有天相，那些小病小災都不會有大礙，我和媽媽替您祈禱，明天檢查順利，儘快恢復健康，早日回到我們身邊來，真是很想您啊！感覺去年其樂融融的那段時光就近在眼前，轉眼間又到了年終歲尾，也祝您身體越來越棒，越來越年輕。」

大大說「《俊俏姑娘清秀佳人》－今天看到妳近來所拍照片，模樣挺俊，眉清目秀，大大很喜歡，照這個原型發展下去，不出三年必能從大姑娘變化成大美女。只不過加了一副眼鏡，佔據臉上的大部分，尤其是那副寬型眼鏡實在是太大，跟現在流行的窄型眼鏡整整大了一倍以上，比較不恰當。我倒是很希望再看妳拍一張沒有戴眼鏡的照片，應該會更清楚。沒錯，我也覺得身體健康排第一，個性及脾氣排第二，外表及容貌排第三，由內而外的完善自己。

女大十八變，而且是十八姑娘一朵花，雖然人生沒有幾個十八，但是第一個十八最重要，所有的希望和夢想都是從這裡開始的，第一個十八站好了，大半輩子就不會差到哪裡去。如果沒有踏好的話，再想翻身就困難多了，所以我們都應該好好把握第一個十八，不要輸在起跑點上，我的第一個十八也是順順當當的。目前妳已經快要站穩這一步，為妳賀喜、為妳高興。」

媛媛說「這幾天就為您捏了一把汗，生病還得不到及時治療，媽媽非常擔心您的狀況，整天悶悶不樂的，還好心裡面這塊大石頭落地了。媽媽聽說您沒什麼大礙，這幾天也食欲大增，眼看著您就要回家，還有五天，真是太好了。

還好您的心理素質並不差，及早的進行治療，應該不久就能恢復健康。是啊！比您糟糕的人比比皆是，您能保持現在這樣已經很不錯，由於之前病了一場，您身體虛弱許多，還要加強鍛練，注意平日的飲食調節。

我最近各方面都還不錯，都在往好的方面發展，您不必牽掛。食道炎是不是由於您平時不注意飲食，長此以往在體內產生頑疾，病自然就找上門來，千萬不可馬虎大意。這次作個全面的身體檢查，今後一定多加小心。」

大大說「《多謝妳的吉利話》－我從十二月初發作的毛病總算十四日做過胃鏡檢查後有了澈底的瞭解，還好問題不大；但是第二天我感覺右眼和嘴唇都腫了，第三天我大姐也發現我的嘴臉情況，昨天我同事就說我可能是小中風或顏面神經麻痹，必須立刻就醫唷！

今天我跑了三次的衛生所及醫院，一大早就近到衛生所去看醫生，他看過我的嘴臉說必須趕快到醫院看神經內科或外科，我一會就去醫院，在十多公里外的城鎮。我去醫院掛神經外科，醫生要我下午掛神經內科，我就先回到單位了。下午我到醫院看完神經內科，回到單位上班，醫生說是顏面神經麻痺／面癱，受到右耳帶狀皰疹感染的，沒有在第一時間就醫效果有限／也就是先行推卸責任。今天下雨又濕又冷，氣溫只有十二度，我穿上羽絨服開同事的車子出門。

大大回家是越來越靠近了，我希望能儘快把毛病做一個段落的治療，如果必要的話，不排除還在大連醫療。我現在的身體狀況可以說是百病叢生，百孔千瘡，萬箭齊發，災情慘重！不過，分析一下病因，都是來自長年的錯誤飲食習慣／病從口入，年久月深，逐一爆發出來，就好比是我先前欠人家的債，現在人家都一起跑來要債了，真是叫人招架不住！所以我說成功的男人，背後都會有一個成功的女人一樣。健康的男人，背後一定有一個健康的女人。而我目前就是缺少一個健康的女人照料我的飲食起居，妳說我該怎麼辦呢？

妳各方面都很好，都往好的方面發展，真是太好、太棒了，為妳高興，為妳光榮。我們團聚時一定記得去吃日本料理唷。」

媛媛說「真是病來如山倒，您一向身體素質很棒，突然一下子病倒了，一定很不舒服。還好您檢查的及時，能夠得到良好的治療，控制住了。嘴唇和眼睛也腫了，這樣看似問題不大，但絕對不能忽視，還好儘早的去醫院得到治療。顏面神經麻痺，受到右耳帶狀皰疹感染的，真是太不幸了。您可一定不要上火，這段時間可能就是壓力過大，加上病也沒恢復利索，應該沒什麼大礙，很快就能挺過去的。

我現在工作上真的是得心應手，方方面面的事情都能夠處理的還算恰當。但是人無完人，我要在工作中不斷進步，不斷收穫更多財富，其實這個幼兒園人與人之間的關係很複雜，所以在說每句話，做每件事之前要考慮周全，不能魯莽。這一來既鍛練了我為人處世的方法，又改變了魯莽行事的缺點，真是一舉兩得，我很開心。有時候回家跟媽媽說說一天發生的事情，有時會有不如意，跟媽媽談談心，也會舒服很多，有些幽默詼諧的事情我也跟媽媽一起分享，還算可以。多謝您的不斷指導，您現在唯一要考慮的就是把身體趕緊養好，早日來大連。

迎接您，健健康康的到來，一起吃好吃的。傳送一份顏面神經麻痹治療方法，大大，祝您早日康復。」

大大說「《突然病倒了》－謝謝妳給大大傳來這一份『顏面神經麻痹治療方法』，讓我有機會第一次認識到這種疾病，也謝謝妳對我的關心及安慰，我都會遵照醫生的囑咐定時吃藥及做復健動作，儘量能夠恢復原貌。

這半個多月來，我的身體突然一下垮了，可以說是百病叢生，百孔千瘡，萬箭齊發，災情慘重！我真的無從想像為什麼會變成這樣子？問過幾次醫生都說是免疫力下降，又遭遇病毒感染，因此一發不可收拾。我實在搞不明白，怎麼會造成免疫力下降得這麼利害呢？我的身體豈不是變成一座不設防的城市，可以讓病毒全面長驅直入，橫行霸道嗎？一下子病倒了，叫我很不舒服以外，更叫我很難接受，也不知道病因是什麼？

再過二天的晚上七點之後我們一家三口就要團聚在五星紅旗之下。」

媛媛說「年終歲尾您生病了，也許是因為這一年壓力過大，各方面種種原因，導致您體質一落千丈。但是我相信您一定會恢復的，放心吧，不用沮喪，小病小災都是不能預料的，但您一定要及時就醫治療，千萬不能拖延。即將結束這一年，迎來嶄新的一年，二〇一三年您一定順順利利的，擁有健康體魄。

這幾天過得好快，每天心情愉悅的去上班，心情好，工作就有幹勁兒，跟老師們的關係相處的很融洽，做事也知道長眼力，老師們對我的評價都不錯。

今天媽媽讓我帶一盒腰果送給王園長，由於幼兒園的人際關係複雜，很多事情都要考慮周全才可以。我下班的時候正往樓下走，遇見了園長從辦公室出來，然後我跟她打招呼，她對我也很熱情，我就跟她順嘴一說，把吃的放到她的桌上。這樣既不會讓別人看見，也顯得我很懂事，她還誇我是個有魔力的小丫頭，能給人際關係處的很好，說我將來會越來越棒，我心裡也樂開了花。」

第八回　新年伊始攢工資，買下筆電送大大

2012/12/20

大大說「得到意想不到的效果，可是美事一樁，以後多注意這種細節，妳會發現同樣效果宏大哦！不過，王園長誇妳是個有魔力的小丫頭，倒是非常特別，該不會是她看上妳要給她做兒媳婦了吧？她這說法肯定有她的用意在，妳現在可以稱得上是小魔女。

明天晚上八點，我就能回到我們溫馨、舒適的新家。我們合家同吃美食日本料理，當然也是一樁美事囉，生冷的食物倒不是問題，辛辣才是必須忌口不吃的，像生魚片只要不沾上辣根/芥末，就沒有問題。對於吃食我是沒有偏食、沒有挑食，更沒有嘴饞什麼，一定要嗜吃什麼，所以談不上嘴巴吃虧了。

今年二〇一二年確實是我一輩子當中遭受最多病痛和折磨的一年，但是已經逐漸了解病情以及加以適當治療及控制，終究能夠得到痊癒。年終歲末，我們一家團聚一起，

同心協力，一定能夠很快揮別病痛的纏身，迎接二〇一三年的新年曙光以及第一場雪，走向光明的康莊大道。」

大大說「《買筆電的過程》－元月二日早上，我們本來約好三人一起到電器行選購筆電，結果妳卻從外面單獨回家，只有我和媽媽兩個人選購，真是美中不足。

買筆電送大大，是妳很早的決定和堅持，我也很樂意接受妳的一番盛情及美意。可是事到臨頭，妳居然缺席了，一樁美事留下一個尾巴。妳想一想，妳從幾個月前就決意要送大大一台筆電，是多麼難得、多麼可貴，而我又是多麼盛情難卻！我這次回來治病，每天就是準時到醫院扎針，時間寶貴，一天不得閑，早上為了和妳一起買電腦，還特地把扎針推辭掉，因為下午就要離開大連。可是妳昨晚到同學家過夜，跟媽媽約好早上九點就近到電器行會合挑選筆電，時間到了妳還沒來，我們一邊挑選一邊等待妳來作決定，所以媽媽就不高興的說了氣話叫妳不用來了，妳還竟然真的回家去，實在出人意表之外。

最後我們只好決定品牌和機種，其實要等妳的原因，一是這是妳的心意由妳出錢購買，自然要尊重妳的到場，二是我們一家三人共同挑選，一起決定，正是三個臭皮匠，抵上一個諸葛亮，選購的結果會更加理想，三是妳到場才有參與感，不是只有出錢的份而已。所以不能沒有妳的出席啊，誰想到妳卻回家去，妳應該到場，能夠到場，居然沒有到場，豈不是很可惜嗎？我們是一家人，是好是歹沒有什麼不可以說、不可以討論的，一件好好的事，計劃了那麼久，輕易是不能放棄的。

尤其是跟別人有約的，不管約的人是家人、親人或朋友，第一要守信做到，這叫一本初衷，有始有終；第二要守時，遲到是萬不得已的情況下，只要發現不能準時，必須立馬設法通知對方知悉。我把這細節講明白，不在於責備妳，而是讓妳知道錯在哪裡，做人做事的道理在哪裡，下一次不要再犯相同的錯誤就好，不二過是一個聰明人的處事原則。不過，媽媽也檢討了自己的責任，她認為前一晚不應該答應妳出去在外面過夜，我看她說的也對。

小老師，時光匆匆，一下子我又該往南飛了，關於筆電中的加裝中文繁體字及注音輸入法，就拜托妳嘗試安裝看看，行不行都不要緊。飛機準點起飛，提前十分鐘平安落地廈門，我開始想念妳們。

我這次回來大連治病出奇的順利和成功，本來我以為完全是醫生的妙手回春，直到前天下午醫生跟我說能夠這麼迅速有效，與我的體質好也有關係。我才認真思考這個道理，其實還有第三個因素，那就是媽媽每天的細心照料飲食及生活起居，到醫院陪護，在家泡腳、刮腳、臉部熱敷、按摩等，也起到一定的作用。這次回大連治好病，我健健康康的再到金門工作，一個月後又能用嶄新的面貌回到我們家，歡歡喜喜過大年，那時候我們又是一番新氣象了！」

媛媛說「對不起，大大，這都是我的不好，難怪媽媽很生氣。

大大，您好，上飛機了嗎？這次您又是匆匆忙忙的就度過這幾天，雖說您天天都要去醫院治療，沒安排什麼計劃，但是您能健健康康的回到金門，那就是最愉快的事情啦！還有將近一個月的時間您就要飛回大連，下次希望能看見您嶄新的面貌，我們歡歡喜喜過新年。我也希望堅持按照您的建議去增加體重，一定可以做到的，您給的兩個任務我都會完成，祝一路順風。

我們也很想念您，還好再有三十天就可以重聚了。您要好好注意自己的身體，我們不在您身邊，自己要多保重。」

大大說「妳郵來的錦旗圖案我能看明白格式及內容，所以我的製作方案如下「敬贈：大連市中心醫院疼痛科／／仁心仁術／／復我容顏／／台灣同胞金門患者薛方先／／二〇一三年二月」。妳可以和媽媽再合計、合計，大約就是這樣子了，妳明白嗎？」

媛媛說「《信守諾言是做人準則》－元旦的那幾天我的確有些太自由，出去玩也沒時沒點的，不怪媽媽會生氣。您好不容易回家一次，天天時間都安排滿滿的要去醫院進行治療，在一起的時間少之又少，我那幾天跟同學都玩瘋了，之前說好的我們一起去購買電腦，好事卻沒辦好。最終大家都不是很愉快，雖然您還是包容我了，誰讓我們是一家人呢？但是像類似的事情絕對不會再有下一次，無論是對待家人還是朋友，信守諾言是做人起碼的一個準則，我對自己的承諾也要負責，並不是隨便一個理由可以搪塞過去的，這次我深感愧疚，畢竟是第一次送您個禮物，結果還是這樣。

有時候我是做事情沒有頭緒，東一頭西一頭忙活半天也不見成果，這也是辦事效率不高的原因。所以我做事情之前要理清頭緒，有條理的去分配，事情的主次也要分清楚，就像買電腦這件事就是頭等事，結果我還因為跟同學磨蹭給耽擱了。真的是千不該、萬不該，還請您原諒，也感謝您給我提出來幫助我改掉這個壞毛病。

告訴您個好消息，這幾天我食欲大增，每天都感覺很有食欲，飯量也增加了，早上按照媽媽的囑咐吃早餐，今早我吃的煎火腿麵包，一個雞蛋一杯牛奶。吃過後一上午胃裡都很舒服，中午飯吃的也不少，晚上回家吃上媽媽做的熱乎乎飯菜，我能一直堅持下去。昨天稱體重我竟然是八十四到八十五之間，可見食欲大增也有成效，等到春節的時候希望我能回到九十斤。

您回去後身體如何？有沒有堅持做鍛練，一日三餐要吃好哦，您也要跟我一起增加體重了，春節見分曉。多保重，注意身體。」

大大說「《食欲大增胃口大開》－妳這幾天胃口好、食欲增加，立馬就能見到成效了，體重就在上升中，只要妳堅持一個月，妳的任務必定可以輕鬆達標的，是不是一件愉快的事啊？這當然是一項好消息，值得為妳高興及喝采。

妳去年無意之中一下子就從八十一斤增重到九十斤，今年要想迅速回復過來，那還不是輕而易舉的事嗎？其實瘦的人比較有口福，想吃什麼就吃什麼，一方面可以滿足自己的口腹之欲，另方面可以借此增肥增胖，吃飯變成一舉兩得。其實，從營養學的角度來看，不但是一日之計在於晨，而且也是一日之計在於早餐，因為人體經過一晚八到十個小時的睡眠之後，機能達到最好的狀態，是補充機體能量的最佳時機，尤其是在早起運動之後的食欲及食量更是最好，這時候進食不但胃口好，而且人體的吸收好。妳看看所有的運動員訓練，一定是在早餐前從事高運動量的活動，運動後吃的飯菜又好又多，只要一兩個月時間，那些運動員在體能、肌肉和耐力馬上增強很多。

像妳早上吃的火腿麵包、雞蛋和牛奶的營養成份非常高，含有豐富的蛋白質，食量也很大，在北風颼颼的寒冬出門，肚子裡及手腳都是暖和的，寒風吹在臉上還是覺得精神抖擻，沒在怕。相反的，妳老是來不及吃早餐，頂著冷風出去，心裡面就冷颼颼，吃不吃早餐在冬天裡尤其顯得差別更大。別人是吃不上早餐，妳卻是早餐吃不上，因為媽媽把早餐做好放在桌上，妳總是時間不夠用，沒有時間吃飯。其實，這個責任都在妳自己身上，可見得妳對時間管理一直不能掌握好，妳的洗漱佔掉太多時間，比別人花加倍的時間，非常不經濟。妳只要把洗漱的順序排列合理，把洗漱流程固定好，加以標準化，妳最少能節省十分鐘以上，那就足以讓妳吃好一頓早飯了。要不然妳問一下媽媽，妳的洗漱順序哪裡不合理了？

我回來一周還是處於養病階段，一日三餐注意營養的攝取，多休息及多睡眠是當務之要，我預訂下周一再開始逐步的恢復運動，事到如今，就只能這樣子，也不必著急。這幾天會把精神放在那篇文章《寒冬飛大連就醫》的寫作上，期望能達到上一篇《女兒送我去醫院》的水平，對自己的一個敘述以及反省，從生病受苦到治療經過的種種及感受一併抒發出來。

妳說元旦那幾天和同學玩瘋了，我在家裡冷眼看妳的生活作息的確也是這個樣子，妳自己很明白，但不能完全的駕馭自己和控制自己，這是年輕人常見的現象，不是妳個人的特別之處。我們現在只是就事論事，領悟前事不忘，後事之師的道理而已，不是在於責怪誰怎麼樣了。我昨天說做人做事要深切注意二件事，一是守信，二是守時，這對於老年人或少年人都是一樣重要。做人做事還有另一項重要原則，那就是輕重緩急，重要又緊急的事優先處理，排在第一順位，重要的次之，緊急的次之，列在第二順位，不重要不緊急的排在最後順位。第一順位的事要全心全意、全力以赴處理，其他一般事項暫時拋開一邊不必理會，最後順位的事必須等待第一及第二順位的事處理完畢後才做，如果時間不足的話，也可以不用處理的。

這個優先順序，在之前我們也曾詳細討論過，不知道妳還有沒有印象？這個也是在講究時間管理的範圍內。妳看我這次回來治病，就是一心一意、專心致志的每天進出醫院裡定時打針及休息，回家後哪裡也不去，把治病列在第一順序，優先處理事項，真正是大門不出、二門不邁，所以才能得到那麼迅速有效的治療成果。雖然買電腦，好事卻沒辦好，但是妳的動機和本意都是好的，終歸還是瑕不掩瑜，也花了妳四千元的大鈔，送我這麼大一個禮物，大大真的也很感謝妳的。

再說，誰讓咱們是一家人呢？我還是非常承妳的情，今後仍舊像以往關心妳、呵護妳、包容妳、理解妳。照說，大多數的社會新鮮人參加工作後對於他第一筆工資的分配，都有著非凡的意義，多數人會用來購買自己喜歡的用品，滿足自己、犒賞自己一下，少數人會用來回報自己的家人或親人，無疑地，第二種人的品格是比較高尚、比較可貴的，而妳就是屬於第二種人，這就完全符合妳未踏入職場之前自己的心願，不知道妳還能不能記得？

我離開大連之後，媽媽已經就買電腦的事情跟妳談過，妳也明白承認自己的疏忽和缺失，毫無推諉之詞，也無爭辯，更無飾詞搪塞。這是勇於認錯的表現，非常難得，這是屬於事後的檢討，今後我們就要邁向事前的警省，凡是要緊的事情，事前自己多想想，若有不明白、不確定的事，就近和媽媽多商量、多合計，如果媽媽反對的話，必然有她的道理，暫時不要急著去做，如果媽媽贊成肯定有她的理由，那妳就可以放手又放心的去做了。」

媛媛說「由於到年末了要做期末總結，整理表格，所以沒給您回復。這一周感覺特累，連著十八天，吃不消，幸好我現在能吃飯了，您要多保重。」

大大說「今天早上妳吃了四個包子，不能不說妳是個好樣的，大大想妳也想媽媽。妳快要成為孩子王了，將來妳就會有豐富的經驗用來帶自己的孩子唷！我三餐倒是定時定量，只是對付著吃飽得了，還是媽媽做的飯菜又香又可口。」

媛媛說「這幾天沒給你回郵件，真是不好意思。由於前幾天一直整理學校的期末總結，眼睛乾澀難受，一直沒敢看電腦，還請您包涵，過幾天我就給您做回復。最近身體恢復得如何？我已經戴牙套了，情況還可以，沒有想像中的那麼難受。

中午時候去別的幼兒園參觀區角佈置，回到班級也急急忙忙的。戴上牙套後說話很吃力，尤其是跟孩子大聲說話的時候，鋼絲與嘴唇摩擦，嘴唇就會很疼。吃飯時牙齒也不敢用力，但願這幾天過去後，我能稍微的緩解一下。有時候，我一上網就無節制的在上面掛著，造成眼睛過度疲勞，有時候會使勁眨眼，今後我會盡量注意休息，減少在電腦前的時間。您說身體恢復了一大半，真是好事情，還需要多加注意。爭取過春節回來時候，有一個嶄新的面貌，加油，我跟媽媽十分掛念您。」

大大說「沒事，妳忙著學校的期末總結而沒空回郵件，不要緊的。但是妳說眼睛乾澀難受，我聽媽媽說過妳一上電腦桌好幾個小時都下不來，也不肯讓眼睛休息，那便是過度使用眼力的原故。我記得去年春節時，我幾次看妳老是眨巴眼睛，我還以為是妳的壞習慣，媽媽才告訴我是妳使用電腦過度。一般我們剛學電腦時，老師都會不斷提醒我們注意保護眼睛，讓眼睛定時休息的間隔及重要性，在閱讀或編輯電腦時，每隔一小時要休息十分鐘，至少二小時一定要休息十分鐘，不只是坐在電腦桌前休息而已，最好是離開電腦桌，站起來走動、喝水，或者放水，如果連續二小時以上而不休息，對視力傷害非常鉅大，妳可千萬要注意了。

停頓了二十幾天之後，我今天早上開始從事運動，體能僅有往常的七、八成而已，我估計一周後能恢復到九成以上。為了終身一口美齒，戴牙套是不得不忍受的辛苦，如果不是太難受，妳就多忍耐吧！妳要給我發信息時，就發到這廈門號，發往台灣號可是國際信息，老貴了，大約是國內信息的十倍以上哦！媛媛，我想媽媽了，也好想妳，我想回我們家，好在距離回家的日子越來越靠近了。」

媛媛說「上周您給我回覆郵件內容很豐富，我都看過了，但是沒及時給您回，這周我就可以休年假了。最近幾天我的牙雖說不是很方便，但是吃東西的量絲毫沒有減少，體重呈上升趨勢，估計到過年的時候我到九十斤沒問題。您多小心身體哦，護士見您的身材都連連叫好，可見您過去幾十年的鍛練都是有成效的。錦旗做好啦，您看看。」

大大說「昨兒喝沒喝臘八粥呢？妳連續休息五天也是小長假哦，正好利用這五天吃飽睡飽，把自個養得美美的。」

媛媛說「你最近幾天身體如何，精神狀態怎樣？前天還跟媽媽說起您馬上要回家了，應該還有十幾天就落地大連，昨天大連又下了一場大雪，天寒地凍的外出很不方便，但願您到的時候天氣能轉暖。這幾天我又感冒了，哎！抵抗力太差，稍稍有點風吹草動、降溫，我就逃脫不掉感冒。

今天早上喝了一杯牛奶，一個雞蛋，一塊蛋糕，一碗雞湯，吃完藥我就躺在床上休息著。明天就要結束五天的小長假，又要投入到緊張的工作中去了，先要調整自己的作息時間，依舊早睡早起，擁有一個良好的精神狀態。

大大說「《又玩瘋了嗎》—本來以為妳連續放五天小長假，能夠趁這個機會吃飽睡飽，把自個養得美美的。哪曉得妳只顧著外出和同學去嘿皮，吃沒吃好，睡也沒睡好，竟然又患上感冒，真是大出意料之外。從這五天假期及上次的元旦假期，妳玩得很盡興，但是也玩得有些過頭，近乎玩瘋了。偶一為之，倒是無傷大雅，今後對於這種假期其實可以在玩的時候稍加節制，就是不要越出正常的作息軌道之外，能如此的話，才是青山常在，綠水常流的正確作法。

要不然，玩過頭會誤了正事或大事，像上次元旦那樣；玩得過頭還會妨害了身體健康或生病，就像這次感冒這樣，都會留下一些遺憾。事實上，這些遺憾都可以避免發生的，只要妳維持生活起居正常而已，並不是什麼困難的事嘛！說到底，妳的自我控制能力還是比較薄弱，不夠堅定，也可以說到底還是孩子性，自是難免。

我目前的身體及精神處於穩定的恢復及改善當中，預估到二周後回來我們溫馨及舒適的家裡，大概能恢復至九成以上，到時候要嘗一嘗妳的手藝了。說起妳的廚藝應該是很不錯，上月我來家時本來有機會品嘗一下的，那一天晚飯的菜已經準備好了，妳也摩拳擦掌要親自下廚，不承想，媽媽還是搶著自己做飯，我知道她的用意是要親力親為的照顧我，可是這樣一來就不給妳機會了。過後我跟她提起這事的時候，她也承認應該把機會讓給妳去大顯身手的，這一次對妳很抱歉，只好留待下一次，絕不會叫妳失望的。

我前天問起妳的體重多少？麻麻說是八十三斤，可見得妳又瘦了一些，原本信心滿滿可以在春節前達標的體重，看樣子又會落空，原因就在妳放了五天的小長假，把原來的生活規律給放鬆了，這一來一往的差別不可說不小啊！妳唯有體重站上九十斤才能見到漂亮，未達九十斤的妳最多也就是小可愛，小不點型的小巧可愛，那決不是妳所要的漂亮或美麗吧？

妳要增重、增肥的前提，就是必須生活正常化，包括作息規律，三餐定時定量，而且還要加餐加量。如果妳的生活不正常，不但胖不起來，還會瘦下去，要胖還是要瘦，全看妳自己的生活狀態了。

臘八節的前兩天，也就是上周四妳過生日，是十八足歲嗎？在這裡補上一句：祝妳生日快樂。長尾巴真是個快樂的日子，值得慶賀，值得放鬆一下，恰好又趕上妳放小長假，難怪妳會那麼嘿皮！

前幾天媽媽給妳燉了烏雞湯讓妳喝，誰知妳不肯喝，卻說那是壯陽的食物。妳可能誤解了，烏雞的營養價值很高，要比放山雞或走地雞有營養，放山雞又比飼料雞有營養，雞湯是很滋補身體的，不分男女老少都有功效，叫做滋陰補陽。而壯陽食物是指特別滋補男人的，對女人比較沒有多大滋補作用，而非完全沒有作用。但是烏雞實在不是壯陽食品，妳真的理解錯了，晚上趕緊多喝兩碗，養養自己的身子骨。」

媛媛說「最近幾天又回到正軌，幼兒園孩子來的也格外多，加上感冒嗓子不太舒服，所以很吃力。您說的對，我應該利用好小小的假期，安排好自己的作息習慣，飲食習慣等，將身體恢復的棒棒的，增強體質。可是我卻荒廢了，只顧著玩，一玩起來就不管三七二十一，分不清主次順序。自己的身體是革命的本錢，以後我一定著重注意、注意再注意，是自控能力比較差，有時候就控制不住自己，我會維持自己的正常起居，遵循您的建議。

十幾天後我們又要相聚了，想想那時候我們就一起歡度新年，開心呢！到時候我就可以給您露一小手，這次一定抓住機會，讓您品嘗一下我的手藝。

烏雞是藥食同源的保健佳品，當時跟媽媽小小的開了個玩笑，沒成想她便當真了，這幾天我一直堅持喝烏雞湯呢！」

大大說「《寒冬飛大連就醫》文章已經寫好了，請參閱並發表意見。」

媛媛說「您這篇文章內容記述的豐富有序，篇幅比較長，將您半年內發生的事情都一一記錄下來。您寫這篇文章也花了不少心思和腦力，文章事情發生的時間是從二〇一一年清明節連續假期開始的，您的大兒子在家中陪您三天一起談心。他們都很關心您的身體健康狀況，您對自己的身體素質也很自信，雖然每天堅持鍛練身體，但是您隨著年齡的增長，這樣、那樣的病都會找上身來。您的身體一直保持的都很不錯，肌肉也很結實，大家都很羨慕您的好身體。

從二〇一二年清明節的前一天您由於肚子痛去醫院做檢查，事情發生了變動，您從那次去醫院做檢查，急性膽囊炎發作開始，您的大病小病就接踵而來，一下子就把您精神搞垮了。身體也受了不少罪，精神上一時也接受不了這麼大的打擊，還好您的抵抗力強，醫治的效果在您身上也非常見效。雖說您的年紀不輕，但在同齡人或比您年輕的人群中，您絕對是出類拔萃。

您生病的那幾天，我跟媽媽都替您著急，相隔甚遠又不能照顧您，只能通過電話得到您的消息。您那些日子都像度日如年在醫院裡受了不少苦，您來大連的那幾天，也是媽媽整天無微不至的照料我們的飲食起居。還好功夫不負有心人，那個疼痛科主任為您診治的很到位，比其他患者見效快，恢復的也好。

大大說「《有媽媽的孩子是個寶》－妳對《寒冬飛大連就醫》這一篇文章的評論非常有見地，簡單扼要，直指核心，真的不愧是班上的語文課代表。妳說到我對自己的身體素質很有自信，沒錯，之前我一直都是這樣看待自己的，但是今天才發現那是我的錯誤認知，那根本只是我的自我感覺良好，事實上，隨著年齡的增長，體能狀態自然在逐漸下滑，我並沒有建立正確的認知。醉過方知酒濃，病過才知身子單薄，這才是自己的真實面貌。上一周去看望同齡的老同學許志新，他就說我們年屆六十花甲之年了，要服老，千萬不要逞強，要與天公試比高！他說他在五十歲之後立馬就體認自個兒是個小老頭，絕不爭強好勝，但是看得出來我可不是那麼想的，總說我還有年輕的心，身子骨很靈活有勁。我說是的，就從今天起，我要認老，也要服老。

妳發來表揚信的製作要領及格式，我已經詳細讀過，現在要確定的是尺寸大小為多少？這樣子我就能夠安排感謝信內容的幅度，我估計大約就在五、六百字之間。我在上周五同時把《寒冬飛大連就醫》寄給叢勇滋主任參考閱讀，但是沒有他的回應。

目前我在晨間運動中，測試自己的體能狀態，大概只恢復百分之八十左右，還有加強和提升的空間。不管身體狀況如何，一想到要回家過大年，我就很開心，再想到回家後就能投入媽媽溫暖的懷抱，那就更開心了！回到我們家真個很舒心，歡歡喜喜，快快樂樂，把自己完完全全的交給媽媽去打理，生活起居就有媽媽整天無微不至的照料我們，多麼輕鬆又多麼舒服，人說有媽媽的孩子是個寶。妳是個寶，我也是個寶，妳說不是嗎?我們都相信，今年的春節一定會比去年美滿和幸福，因為我們擁有一個家，一個屬於我們的家，一個溫馨快樂的家，讓我們展開雙手熱烈歡迎春節的來臨吧。」

媛媛說「一張A4紙那麼大就可以了吧，因為畢竟才三百多字。但是如果還要弄大點的話就要那種大紅紙用毛筆寫了。具體多大的尺寸也沒有特別規定，您大概要寫多少字，應該用普通的紅紙就可以吧。」

大大說「不是A4紙張的大小，大約是一百公分長，八十公分寬吧，接近一張報紙打開後加以對折，俗稱的二開吧。也可能就是妳所說的大紅紙，用來寫毛筆字的。字數的多少可以伸縮，以一頁為限，先要把紙張大小定好了，再將感謝信用毛筆寫好。

《感謝信初稿已完成》－公開張貼的感謝信初稿已完成，請參閱並提供高見。尺寸六十乘八十公分。

感謝信

受文者：大連市中心醫院疼痛科主任　叢勇滋

我於二〇一二年十二月十五日在台灣的金門發生面癱，十八日上金門醫院就診，醫生說我沒有在第一時間就醫，治療效果有限，開五天藥之後交代不須再回診，等於宣佈放棄病患了。次日我轉到中醫診所求診，經針灸治療後，顏面神經痲痺的症狀有所改善。

二十一日我飛往大連求醫，第二天周末到中心醫院疼痛科就醫，承蒙叢主任勇滋親自問診，態度親切和善，真是視病猶親，說明治療方案，預訂在住院扎針二周內恢復百分之八十後結束戰鬥，辦理出院之後再繼續回來扎針二周。然後，特別禮遇台灣同胞，開具介紹單交我辦理住院，再回診間開始扎針，就此打響戰鬥，周日也照常扎針，下周一起再配合針灸。住院後天天有進展，日日有效果，一周以後已經全部獲得緩解，恢復情況達到百分之八十。三十日叢主任告知可以在明天辦理出院，他說住院十天治療的進度及效果超前，已達百分之九十五，比預期的還要好、還要快。

在住院期間，不論是扎針或巡視病房時候，主任都會仔細觀察我的臉部情形及變化，語多肯定與鼓勵，讓我信心倍增，由此建立友善醫病關係，促進和諧氣氛，彼此充分信任與信賴。我把身體完全交給他醫治，他將醫療一肩扛起，仁心仁術，復我容顏，不勝感激之至！

感謝者：台灣同胞金門患者　薛方先

二〇一三年二月八日」

第九回　過了臘八便是年，孝敬丈人正當時

2013/02/04

大大說「再過兩天我就能回到我們家來過大年，而昨天是小年，距離大年的日子越來越近，大街小巷到處都是過節的氣氛，人人臉上都是喜氣洋洋樂開懷的模樣。來家後我們一家三口要儘快去吃一頓日本料理，犒賞一下自個兒的腸胃，接著品嘗妳的手藝，開心歡喜慶團圓，妳準備好了嗎？妳又放小長假，做何安排？」

媛媛說「昨天家家戶戶歡聚一堂，一起包餃子，吃糖瓜。您知道小年兒要吃一種芝麻糖嗎？民間俗稱是糖瓜。寓意是吃完家庭和和美美、甜甜蜜蜜。其實過了小年就已經進入春節的熱潮中，大家都去超市採購年貨，置備過年的食物。

臘八過後就是年了，您馬上就要回家過春節了。」

大大說「《老頭愛ㄚ頭十二》——去歲圍爐我一家，午夜佇立街道上，冰天雪地雙

耳涷，截車半天返景山；清晨匆匆離被窩，獨自一人回賓館，待得一家三口齊，結伴投奔外甥女。今年除夕闔家歡，圍爐守歲我們家。2013/02/06 我把感想寫出來，請妳發表高見。

一年容易又是送舊迎新時，去年我們真的是狼狽，幸好我們奮發圖強，並且當機立斷，毅然決然買下新居作為我們安身立命的所在，今年以後我們都會過好年。」

嫒嫒說「你好有才！說的一點沒錯，去年我們過春節很是狼狽，轉眼間一年了，今年可以歡歡喜喜的過新年。」

大大說「寶貝，妳說的一點沒錯，今年我們一家三口歡歡喜喜過了一個新年，而且還過得特別長唷！現在南飛的班機即將滑行，準備起飛，很快的，我又會回來。

有句話說『人情練達即文章，世事洞明皆學問』，就麻煩妳幫我查証一下。

媽媽前天說了一句非常經典的話，說她和我是天生一對，真是棒透了！

上一周回到金門，一進屋裡空蕩蕩、冷清清，房前屋後怎麼也找不著妳和媽媽，才知道妳們不在眼前，全身可不得勁！吃飯沒胃口，睡覺翻來覆去的睡不好，精神可差了，真想狠下心來再飛回大連我們的家去！慢慢的，這兩天作息比較正常一點，幸好運動恢復很快，帶動身體及精神漸漸正常化。妳這一個月的考驗通過後，肯定對妳的實習及工作有所幫助，不須在意那一點點的辛苦。」

媛媛說「我也好想你，您這一走還真不習慣。今天白天比較忙，沒來得及給您回復，最近工作及任務比較多，但是比較充實。下午去別的幼兒園參觀，收穫比較多。您最近身體怎麼樣？應該是神采奕奕心飛揚，越活越年輕，越活越結實，叫叔叔也不過分。

最近我和媽媽還做運動呢，您教的動作果然起到了緩解疼痛，放鬆身體的功效呢！最近很累，事情也比較多，但也都有條不紊的完成了。昨天參加教師資格証考試，但願能考過一科。最近我的作息習慣非常規律化，九點半之前基本就上床躺下了，早上也堅持吃早餐，電腦也是偶爾上一小會兒，媽媽說我進步很大，膚色也好看了。今天早上我跟媽媽比個子，竟然發現我長個了，而且我現在已經九十斤，吃東西胃口超好。今天跟朋友出去吃飯，我吃的最多，她們都驚呆了，說我個小、胃口不大，怎麼這麼能裝？我也不知道最近怎麼食欲這麼好，我都按部就班的做到了。

您要好好照顧自己，您剛走的那幾天都不習慣，少了您的嘻嘻哈哈，家裡也冷清了，吃飯的時候總感覺你還在家裡呢，筷子還照樣數三雙。哎！您什麼時候能退休，那時候我就可以照顧您跟媽媽啦。」

大大說「妳昨天回郵，通篇寫我、寫妳、寫我們，多麼生動活潑有趣，差點沒叫我為之噴飯哦？是啊！我們在一起生活真美好，妳快樂、我快樂、媽媽更快樂，因為相聚美好，所以更加難分難捨，到離開的前幾天，媽媽首先控制不住了，哭鼻子掉眼淚的，等妳下班來家我就告訴妳媽媽的情緒了。」

媛媛說「您的小女兒真是您貼心小棉襖，在遙遠的大洋彼岸還牽腸掛肚的，看得出來這個姐姐很心細，也很孝順，心思縝密。你們父女的關係也很和諧，雖然相隔遙遠，但彼此的心是緊緊相連的，她知道您過年很開心也替您高興，她在國外天氣應該很冷吧，你們父女之間相互噓寒問暖的一定也很想念。」

大大說「《長個子又長身子》－妳所寫的郵件非常好『《叔叔，好想您啊》－叔叔，您好，最近身體怎麼樣啊？應該是神采奕奕心飛揚，越活越年輕，越活越結實，叫叔叔也不過分』。所以，我在第二天早上一看到就很開心，立馬寫了一個簡單的回信，通篇寫我、寫妳、寫我們，多麼生動活潑有趣。

妳的郵件一開頭就讓我也跟著笑起來了，因為生動活潑又有趣，引人入勝唷！我想妳從大大的稱呼一改為叔叔，的確蠻有趣的，我甚至還會想如果有一天妳喊我哥哥，豈不是妙透了！這是因為我曾聽到一位老先生在帶他的孫子，含飴弄孫，享受天倫之樂而不可支時，對他孫子說，你叫我爺爺真好，我也想叫你爺爺呢！妳說這種稱呼的變換好不好玩啊？就像媽媽也喜歡喊我老爸，然後窩在我的懷裡像小女孩一樣的撒嬌呢？

妳說到和媽媽都在做運動，還能起到緩解疼痛，放鬆身體的功效，可見得運動有好處。另外，我會一點點按摩，從脖子到肩胛骨，再到背部及腰部，也能起到放鬆身體及緩解疼痛的作用，妳和媽媽都嘗試過，效果不錯吧！下次我回家之後，會再繼續就運動與按摩的分解動作反復講解及示範動作，教妳領略運動的好處多多。

這個月妳又忙又累，真是辛苦了，幸好妳就此建立良好的作息習慣，早睡早起身體好，又能天天吃早餐，所以妳到單位之後都是一副良好的精神狀態，自己愉快，領導也有好印象，這規律很好、很重要。妳只要再堅持十天，這個月的辛苦便能告一段落，下個月應該就能輕鬆一些，加油吧，寶貝。妳發現自己長個子又長身子，心裡那個美啊，真是太值得了，只要站上九十斤，妳就能擺脫小女孩的身影，漸漸形塑出美女的模樣來，再加擦上一點口紅，挺能引人注目的哦！

下一階段，妳還可以繼續努力吃飯、吃間食，直到九十五斤才慢慢減低飯量就行。

妳朋友看到妳的食量與妳的個子不成比例的吃法，可把她們也嚇毀了，誰叫妳一下子就優秀了？妳的胃口好、食欲好，其實道理很簡單，妳本來就在青春期後段，正是長身子的時候，能吃能喝能睡的期間，只因為妳原本的作息失調，食不知味，睡不安枕，身體所需的營養嚴重不足嘛。現在恢復到正常的起居飲食，那成長的勢頭就能跟著正常化，只須一年半載，妳肯定便會脫胎換骨的蛻變好，亭亭玉女一美女。

妳問我何時回家來？我也不知在何時在何年，大約不會在冬季，說不定也不用在夏季呢？妳說好想您啊！這也是我的心裡話，我也好想妳、好想媽媽，見不到妳們，還跑到屋前屋後遍尋不著呢？妳還問我何時退休？到時候要照顧我和媽媽。我也不知在何時在何年，大約不會在今年，但仍然得要謝謝妳的好意；我跟媽媽說過，我們現在有能力照顧妳小，將來有機會妳照顧我們老，真的是一雙兩好。以妳目前在幼兒園的實習表現，非常稱職、非常出色，超出我的預期，更超出媽媽的意料之外，真是優秀。等夏天畢業後，只要順利就業，踏穩社會的腳步，妳就算成功的一半，妳的人生自然順利多多。

我們在一起生活及過年真美好，妳快樂、我快樂、媽媽更快樂，我們過了一個好年，快樂的新年。所以，到了離別的時刻更是難分難捨，我們都各自把離愁壓在心底，不想牽動別人的愁腸，然後儘量保持平靜的道別，期待下一次的重逢與相聚。是的，我肯定會儘快回來，只是要盤算好假期和利用好時間。

我的小女兒是離家越遠越想家，越想她的老爸，她在美國的生活其實是很辛酸的，我不想潑她的冷水，只能讓她去闖一闖了。離鄉背井又是異地他鄉，要生存及發展，真是談何容易啊？趁著年少編織一場夢，就讓她去試一試能不能圓這一場夢呢？是的，小女兒稱得上是貼心的小棉襖，大女兒的個性及作風就很不一樣了，我也樂意讓她們去自由發展，只要她們快樂就好，幸福就好。小兒子四月二十日要結婚，大兒子還沒有動靜呢，都隨他們了！」

媛媛說「叔叔，您好，你開心就好，最近我的確起色很大，還是要歸功於你，給我合理的制定飲食起居習慣。現在我也可以不用媽媽叮囑，自己主動按照合理的計畫進行，每天晚上九點半之前就上床啦，早上能堅持吃早餐，精神百倍的去工作。現在應付複雜的事情我也能夠得心應手，孩子們不好帶我也能想方設法的去吸引他們，而不是沮喪氣餒。園長還誇獎我現在進步很大，我想這都是您為我排憂解難，引導我一步步往正確的方向前進，我才有現在的改變。」

大大說「《我開心得很》－叔叔開心得不行了，因為妳的小嘴說話真甜，難怪妳單位的領導誇妳會來事呢！所以說嘴巴甜的人到處受歡迎，真是何樂而不為呢？我也曉得逢人但說好話，身體力行之後可以驗証明白，一點都不假哦。其實，說好話並非說假話，也不等於溜須拍馬，就是在事實之內加上一些修飾或形容詞嘛。

妳現在的生活起居規律化，馬上就能顯現在妳的身體及精神上，自己也能感受到生機蓬勃，衝勁十足。而且，妳只要建立好健康的身體，那容顏的美麗自然是跑不掉的，我的一向看法就是說，美麗必須建立在健康之上，健康才是美麗最大的基礎，現如今妳就能夠印証這一點。所以，生活規律化完全操之在妳，成果當然也是歸妳所獨享了，這事不賴我，我只不過是起到說明、介紹的角色，關鍵端在於妳自己的執行和落實，如此而已。

妳看看這些作息的起止，先前我已經說的很明白，可妳遲遲不能加以執行，自然看不見效果，這一兩個月來妳照表操課一般的作息，很快就能看見功用，如此以往，一年半載就會達到更好的地步。

身體及精神改善了，工作也掌握住要領，勝任愉快，妳就更願意樂在工作了，一點也不會以工作為苦，這是最好的狀態，妳做到、我們也看到，為妳高興也為妳喝采。

加油，繼續努力，妳會越幹越有勁。妳說我們是一家人不說兩家話，那妳還跟我客氣說什麼真是要謝謝您啊？

妳最近工作多，要一直忙到四月中旬，有時候不能夠及時回信，那不要緊的，自然是應該以工作為第一優先嘛。妳的肩膀有些痠痛，首先要立即調整妳不正確的姿勢，比如打電腦，玩平板，都要保持標準和正確的坐姿及手勢，其次要天天做柔軟操的動作，多少會有所改善或緩解。當然啦，如果我給妳做一些按摩的話，那就更舒服了，是不是啊？媽媽現在也都天天在做雙手胸前繞環、雙手舉頂、擴胸、脖子繞環、腳掌繞環、雙腳起踵、膝蓋搖擺，一次十分鐘，一天還做兩三次呢！

我的身體漸漸恢復，除了生活作息正常化，就是每天晨起運動三十分鐘，我的氣色和臉色慢慢復元良好，再過一兩個月我會自己測試一下體能狀態。」

媛媛說「看得出您對我非常上心，很關注我的日常生活和工作上的事情，您都耐心的為我解答疑惑，教我如何為人處事圓滑融洽。雖然我們是一家人不說客套話，可是我還是特感激您，感謝大大那麼用心，鼓勵我、引導我、糾正我。現如今一切都已經步入正軌，有您的一大半功勞，我還會再接再厲的。

您兒子今天新婚大喜的日子，您一定很開心，新娘子漂亮吧！您即將快升為爺爺啦，但心理年齡和身體還是像小伙子一樣，能夠保持一顆良好的心態很重要，您要照顧好自己喔。」

大大說「我最近身體狀況挺好的，生活作息正常，早睡早起，晨起運動，都是天天如此的規律化，估計大約是往常良好情況之下的九成以上吧！謝謝妳對大大的持續關心與愛護，我會繼續保持良好的作息及身體。

對妳的生活及工作上心，那是當然的，因為妳正是一棵成長中的小樹，需要給妳種種引導、提醒，都是為了讓妳能早日順利成長，長成好樹、大樹，有益自己也有益於家人嘛。是的，一家人就不說兩家話了，也不用說客氣話，只要妳好了，我們就替妳高興，我們也都好了。妳目前的生活及工作算得上是步入軌道，我們很欣慰，妳的逐步改進和完善，妳自己的體會和感受最是清楚明白了。我談不上功勞，就是開心，最重要的還在妳自己的認知和落實，今後妳還可以好上加好的。

小狗子的結婚日是在四月二十日，這些天只是先送喜餅而已，忙了二天送完二百三十份，真是人逢喜事精神爽！新娘子二十六歲是年輕又漂亮，比小狗子小了七歲，個子和妳差不多，青春燦爛，花樣年華。我何時升格做爺爺還不得而知呢？不過，已經做了十六年的姥爺，真是老叩叩ＬＫＫ，只不過，我還擁有一顆年輕的心，妳說是嗎？

今天是個特別的日子，而且是三喜臨門哦。首先，是我和媽媽相愛接觸二周年，其次，是清明節連續假期四天我將回到媽媽和妳的身邊，媽媽今天可是樂得她屁顛屁顛的，再次，是媽媽今日把景山的戶口辦妥當了。今日凌晨零時媽媽發來的信息收到了，好長的一條短信，將近八百字，寫得可好了，我喜歡。」

媛媛說「我最近的情況也不錯，工作中出現一些小問題，領導給我留了個艱巨而又簡單的任務，那就是一周之內要把孩子的生活常規養成。

生活常規是很平常的一件事，但我們班的孩子很特殊，天不怕地不怕的，老師軟硬兼施都不能將他們治服。有時候想到有趣的故事和好玩的遊戲帶他們一起玩，但過不了太長時間，她們就又一哄而起的，班裡有時候上課就亂成一鍋粥。我要大聲的組織紀律控制住他們的情緒，現在我的嗓子已經啞了好久，我會不斷努力的。

大大，聽說您在清明節要回家，真是太好了，還有半個多月就相聚。」

大大說「《我回家的日子快了》－冬至節和春節這兩趟回家都非常愉快、非常舒適，清明節來家當然沒有理由不滿意的。妳說我回家真是太好了，不曉得好在哪裡呢？相聚一堂就是好吧？我可想妳了，更想媽媽，我現在吃喝玩樂統統離不開媽媽，難怪有人說男人就像一個孩子，離不開女人。

妳的情況真的很不錯，工作和作息都是處於理想的狀態，長身子也長個子，再過一年之後，妳定能成為大美女，妳喜歡嗎？領導交付妳一項艱巨又簡單的任務，就是要養成孩子的生活常規，那真的是要考驗妳的本事囉。現在的孩子都是嬌生慣養的，再加上教育局的領導禁止打罵，老師確實不好教孩子，能做的就剩下哄騙一途了。相反的，在這種環境及條件之下，能把孩子帶好，更能顯出妳的本事來，妳可以盡力一試。

妳在大前天的回信中說『看得出您對我非常上心，很關注我的日常生活和工作上的事情，您都耐心的為我解答疑惑，教我如何為人處事圓滑融洽』。沒錯，我對妳非常上心，用意就是能給妳一些關心、一些溫暖，和一些建議、一些輔導，然後讓妳能夠順利的走上人生道路，儘量避免浪費一些彎曲的路途。用心便是愛屋及烏，或稱惜花連枝，由於愛媽媽，連帶地，也會關愛媽媽的家人及親人，包括妳和山東老家的姥姥、姥爺、舅舅、姨媽等等。前年，我們仨回山東看姥姥時，姥姥與舅舅都誇妳長大了、很懂事，舅舅和舅媽還一直叮嚀妳要理解媽媽的苦處，支持媽媽最新的選擇和機會。

其實，舅舅沒說之前，妳就已經很了解和支持媽媽，聽到他們囑咐後，妳自然就更加堅定自己的立場和作法。妳真正是符合親人所期待的懂事和長大，相當了解成人世界的規範。去年除夕夜，我們一家三口到姨姥姥家吃的年夜飯，小表舅說妳長高了，姨姥爺也說妳懂事，都是誇獎有加。那時候，妳的體重迅速長到九十斤，真是挺有看頭的，加上應對有禮，受到長輩的一致好評。

我和妳第一次相見在飯店吃熏肉大餅，雖然妳有些許拘謹，但有小舅媽在場，妳還是很愉快的。第二次在景山家裡見面，妳除了倒杯水給我喝之外，一直躲在房間裡，並沒有出來跟我交談，但是，彼此之間都有良好的印象及觀感。也就是因著妳的態度和善、客氣，我和媽媽的交往非常順利，沒有受到一絲一毫的影響與妨礙，此所以在我和媽媽相愛的過程中，我們一直注意著把妳一併加以照顧與愛護。兩年來，媽媽和我一本初衷，處處留心著妳，時時觀注著妳，給妳清楚的建議，給妳明白的指導，只要妳能了解並加以落實的話，每一件事都能讓妳看見好的效果，甚至叫妳為之驚喜不已呢！

去年春節大年初二時，我作東回請姨姥爺一家子一起吃北京烤鴨，我就發現妳穿的衣服比其她人都少，而且也不足以抗寒，我就問妳何必逞強、愛美不穿衣服呢？還有妳當時的一雙眼睛老是在眨巴、眨巴著，我還問媽媽說妳這習慣可不雅觀哦，她才告訴我那不是妳的習慣，而是妳上網及打電腦過度之下，眼睛疲勞乾澀的緣故。我總覺得妳這生活細節實在不理想，也不正常，告訴媽媽應該好好勸導妳，可是她說沒少勸呀，妳都是陽奉陰違，她也無可奈何呀！

今年春節初一，我們上姨姥姥家作客，小表舅一眼瞅見妳就說妳是越長越小了，而他們家的小緣緣卻是越長越大、越長越高。一點沒錯，當時妳的體重已經掉到八十五斤，真是王小二過年，一年不如一年。媽媽聽了可難過，那叫小魏養鳥，越養越小，豈不是很難看、很沒有面子嗎？

這時候，妳的生活規律還沒有完全進入正常的軌道。同時，在那一天我又看見妳的衣服穿得少，一副畏畏縮縮的樣子，我就問媽媽說為什麼妳不穿棉襖呢？這身衣服不能抗凍呀！她才告訴我說妳沒有棉襖穿。我一聽原來如此，沒有棉襖如何能過冬呢？我說立馬選購一件，可不能再等到明年冬天再買，恐怕今年春天就把人凍壞了。因此，初二晚上我們就直奔華南商城而去，只可惜我們去得晚了，商城已經打烊，叫我們白跑一趟。沒關係，我們即知即行，劍及履及，初三早上再奔華南，逛過商店僅看中一件棉襖，只是標價二千七百元，實在買不下手。再轉往勝利廣場地下街，看上一件黃色棉襖，開價六百，跟店家出價五百就買下。有了棉襖，媛媛寶貝就不再畏懼寒冷的冬天了，以後逛街時如有看見合適的棉襖，還可以再買一件來替換的。

我說過對妳上心，就要給妳一些關心、一些溫暖；過完年假妳開始恢復上班後，妳從外面回到溫暖的家，看妳一臉的冷颼颼。所以，有時候我就上前跟妳擁抱一下，一則是傳送身體的溫暖，一則是傳遞心理的溫暖。我猜想，妳長到二十歲這麼大了，恐怕還沒有跟任何人擁抱過吧？那怕是媽媽也沒有吧？上心、用心、愛心、關心，這就是我和媽媽對妳的一片心，只希望妳快樂的長大，快樂的工作和生活。」

大大說「上周我跟妳提過人情練達即文章這句話，同時也聯想起它的下一句來，今天上網把它看個明明白白、真真切切，以下便是從網路下載來的『人情練達即文章，世事洞明皆學問』，這兩句話出自紅樓夢一書。世事洞明裡自有學問，人情練達中亦大有文章。世事與人情正是人生無所逃避於天地之間的要務，只有行走其間並真實感受冷暖，方有一番體會。這體會往往使你不得任性孤行，不得不向時勢低頭。於是，我們懂得縮小自己、克制自己。訓練並馴服自己的情緒，同時學著照顧別人的感受，時刻設身處地，將心比心、換位思考，以別人的利益為優先，這就是世事洞明、人情練達的真正內涵。

在社會上立足，人際關係很重要，知道別人的喜怒哀樂，體恤別人的悲歡離合，是一種能夠將心比心的智慧。個人若想具備這樣的智慧，要先學會運用自己的知識和常識來洞察世事，然後練習自己對他人之常情的體會，若能練習站在別人的立場，來想事情到掌握他人心、他人情的境界，你的人生會因此而得到正向的好處，生命可以因此圓融。

現如今，妳在單位裡處在同事中的人際關係，深切了解這可不是一件簡單和輕鬆的事，而且，這些都是書本上學不到的東西。我們不能夠置身事外，因此就必須熟知單位中複雜的人際關係，一則不使自己吃虧，二則維護自己的權利，盡可能達到如魚得水，遊刃有餘的境地。」

媛媛說「《社會就是磨練》－我認為您說的每句話都在理，社會的大染缸裡，會遇到形形色色的人，無論是對自己有利或是有阻礙的人都是有用的。正因為有這些人的存在才會使自己能夠正確的判斷，明辨是非的能力，我現在剛涉足社會不久，難免會碰壁，會有低谷。但是我能夠樂觀的去面對去解決就不算失敗，想一想我現在很滿足，有這麼多人扶持我、教導我、鼓勵我，可以說身邊每個人都是我的老師。雖然這個幼兒園的人際關係比較複雜，說話辦事都要三思而後行不能莽撞行事，稍一不留神或許就被人挖個坑埋進去了。儘管我是個新人，但身邊有很多貴人幫助我，我逐漸也變得自信多了，接受他們提出的建議，有則改之，無則加勉。媽媽說我這不到一年的時間，能做到現在這樣的為人處世已經很不容易了，說我以後會更加出色的。

劉老師是一個可以說很老練的人，她的城府深，也很毒舌，說話不留情面。但是我也能夠迎刃而解，雖然當時會困惑不理解，但是當我冷靜思考過後都明白了，以後就不會在同一個地方跌倒第二次。我也學會看臉色，該說不該說的話都能夠掌握好，雖然經驗不足，有時候難免會出錯，但是正因為在挫折面前才能使我成長、成熟。

今天中午聊天的時候，保育員說我的課上的越來越好，聽完心裡別提多美了！我又增添一份信心，因為現在我們是分組教學，一部分孩子跟劉老師上課，一部分孩子跟我，然後再互換。所以我脫離劉老師虎視眈眈的監控下，施展起來就更加得心應手，課上的也生動有趣，孩子們也喜歡跟我一起互動，一起學習，不像從前那樣一意孤行不聽話。我想這因為我用心了，不斷的研究孩子，琢磨孩子的心理，逐漸與她們建立感情，所以孩子開始慢慢的接納我、信任我。今天下午吃飯的時候有幾個小孩子還不斷哼唱我教給他們的歌曲，我也很驕傲。

大大，您是我踏入社會後第一個為我指引道路的導師，很感激您的不斷關心，我會通過努力，將來報答您跟媽媽。還有一周您就回來，好高興啊。」

第十回　察言觀色出門看天色，入門看臉色

2013/04/01

大大說「《妳的體認正確》－妳已經能夠深切體認到社會就是磨練，不管好的人、不好的人，正是給我們考驗自己的心志及毅力的對象，都是我們用來成長的老師。

我很了解人情世故的熟悉及運用，可以為自己化解阻力、增添助力，這樣一來一往等於是兩倍的作用力，實在是非同小可吧！我知道人際關係在社會關係中作用很大，我們應該了解它、掌握它、運用它，千萬不要棄它於不顧，陷自己於不利或被動的位置上。到目前為止，妳在單位裡的人緣及人際關係處理得非常好，對妳的工作及發展都有著很好的幫助。

在社會新鮮人當中，十之八九的人情世故都會搞不好，妳卻是那十之一二搞好關係的人，值得為妳高興，為妳喝采。有句話說的好，合理的要求是訓練，無理的要求是

磨練。

我從旁觀察和媽媽的解說，清楚妳現在的工作、生活、身體、精神這四項狀態都是處於正常及良好的情況，非常可喜也非常可貴，給妳說一聲讚。沒錯，熟知人情世故非常重要，察言觀色也是同樣重要的，俗話說出門看天色，入門看臉色。如此才能趨吉避凶，不會說錯話，或者做錯事。說到察言觀色，媽媽可是最有心得了，這兩年與我相處，她從來沒有在我眼前說錯過話，所以沒有跟我鬧過不愉快，雖然偶爾發發小脾氣，卻是無傷大雅。而且，她明瞭我的好惡之後，都能投其所好，避其所惡，甚至我還沒開口之前，她都已經明白我的喜怒，跟我達成一致。這可以說是默契良好，省掉很多口舌的功夫，有時候便是心有靈犀一點通那麼合拍。

其實，每個單位都是一個小型的社會，該有的複雜的人際關係都會有，不止是自己所在的單位為最，一通百通，在一個單位裡整明白了，到哪裡都能整明白。園長說妳有進步，別人也說妳越來越好，一如媽媽跟我說越來越愛我了，聽過之後心裡美滋滋的，寶貝，咱倆就一起偷著樂吧，後天我來家時，妳再偷偷的告訴我吧！妳現在跟孩子處得如魚得水，好比水乳交融，打成一片，這是成功的一面。我知道領導統御術裡邊有一句話是這樣說的，帶人如帶兵，要帶他的心。這就是做領導或帶頭的人，一項非常重要的修養，我以前當負責人的時候都比別人做的好，因為我把手下的幹部當朋友看待，有利益或好處的地方，寧願讓給手下的幹部，自己不要或者排在最後面，有時候還自己掏腰包買點節禮送給幹部，說穿了就是收買人心。

妳一直念念不忘報答，有些事妳也都已經開始在做報答了，其實，妳最應該報答的人就是媽媽，她為妳鋪路、費心、費力，就是要妳成長、茁壯，走上美好的人生。妳多聽她的話，多和她說話，她就開心一多半了，其他的就交給我來收拾她。」

大大說「飛機平安落地廈門，我已開始想念妳們倆。

寶貝，妳這個月身體受到風寒不適的影響，要不，還會長得更好！妳要多多注意身體的保暖，度過春天之後，妳便會越來越好的。」

媛媛說「我也很想念您，大大。安全抵達就好，早點休息，注意身體，期待下次見面。您也要多注意身體，我會注意保暖的。」

媛媛說「美好時光總是過的飛快，我跟媽媽盼星星、盼月亮的把你盼來了，這短短的小假期過的很開心、很充實，家裡面總洋溢著您高亢的歌聲和爽朗的笑聲，開心極了。我和媽媽都覺得您在家裡的時候家裡面暖暖的，很溫馨。您走之後我昨天就有些發燒，感覺家裡好冷，吃了幾片藥現在好多啦，這幾天家裡沒有暖氣很難熬。您來的那幾天，天空作美很晴朗，但是風比較大，出行也不是很方便。

回去之後沒有媽媽的悉心照料，您就要自己多保重，一日三餐要有規律吃的健康，運動時一定要適可而止，不要強度過大，上次您打倒立的時候就好險，一定要注意。

那個姐姐也在幼兒園工作過呢，有機會一定要跟她聊聊，吸取經驗，國外的教育一定跟中國有差別，以後一定要請她到大連，我們一起出去玩，吃媽媽做的好吃的。」

大大說「《待親的媛媛》－哎喲，瞧妳說得多好！說什麼『我跟媽媽盼星星、盼月亮的把你盼來了』，是的，媽媽總愛對我說是盼星星、盼月亮的盼我來家呢！可把我講得是多麼受歡迎、受期待，真的是一家人不說兩家話。

盼來了回家，盼來了美好的團聚日子，可那美好的時光卻是過得像飛一般的快，一眨眼就過去了，真個是來得慢、去得快啊！不過，那時光可真是美好的，誠如妳所講過得很開心、很充實，洋溢著高亢的歌聲和爽朗的笑聲，開心極了，感覺家裡很溫暖、很溫馨。那天我們也談了一下什麼是家人的定義，我認為，一是有血緣關係的親人，二是同財共居生活在一起的人，像我們生活在同一個屋簷下，同一套房屋裡便是。

妳又發燒了，妳不但身形單薄，而且抵抗力也不強，稍微一點天氣變化及風吹草動，妳就擋不住的頭疼腦熱了。不像有的人個頭雖小，卻是結實有勁，免疫力極強的，一年到頭極少掛病號的，媽媽就像這種類型的，妳說是不是呢？增強抵抗力不外是飲食有營養，穿衣能保暖，睡眠要充足，運動有恆心，心情要愉快這五大項。以往妳在這幾個項目中都是處於不及格的狀態，現在都有大幅度的改善了，只欠柔軟操的運動，這一項媽媽已經動手在做了，妳不妨跟她一起練習吧，真的會有好處，就像我一樣。這幾天停止暖氣，生活上比較難過一些，妳更要加倍注意妳的生活起居喔！我前天離開時看室溫二十四度，媽媽說昨天又降到二十一了，還會繼續降下去。我來家那幾天真是大門不出，二門不邁的宅男，最多就是陪媽媽在小區內的超市買點菜、買點水果。

妳的叮嚀和囑咐都有道理，吃飯規律、運動適度都是對的，有老師的味道，我喜歡，又像貼心的小棉襖，當然聽妳的。打倒立的時候滑倒了，在家裡是頭一次，在一生中有不少次，只能有驚無險，不能傷害到我，就是地板滑，鋪上墊子還是會滑，最好是用硬木板比較牢固和安全，還能卡住牆壁，下次我去買一塊木板，不要用塑料墊。

小女兒的工作也換過無數次，專業性不大，倒是人際關係處理得還不錯。她像是全球的打工族或游牧民族，那種漂泊的生活其實蠻辛酸的，她只是不想講出來，讓家人多擔心而已。在她眼裡也是沒有國界，沒有距離，天涯若比鄰，世界就是一個地球村，走南闖北根本不在話下。只是因為工作和請假的關係，不得不受到一些限制，想要在地球的哪一頭相聚，對她而言，都是輕而易舉，到大連相聚就是遲早而已！」

媛媛說「最近大連氣溫驟降，涼颼颼，我會注意多增添衣服的，做好預防感冒的準備。最近比較累，工作也比較繁忙，身體也不是太好，您可要多注意身體。我會跟媽媽一起做運動的，增強抵抗力。

您的兒子馬上就要結婚了，真是可喜可賀的大事，等我給包個紅包，一起參加他的婚禮？您現在該是爺爺輩兒了，但是依舊神采奕奕的，精氣神兒十足，一點不像奔六十的人。跟你在一起的時光總是輕鬆愉快的，你走之後，我跟媽媽在家感覺好冷清，媽媽抱著熱水袋、我捂著棉被，電視都不看了，早早的就躺下，家裡一下子就少了一個製造快樂的開心果。

期待下次回家，我還跟媽媽打算著一起出去玩，媽媽說她不愛出門，我說我跟大大去玩，她留在家裡做飯，媽媽答應了，下次您來之前我領您去遊覽。」

大大說「《淘氣的媛媛》－妳說要去台灣參加小狗子的婚禮，非常歡迎，妳可真淘氣哦！歡迎妳的出席，更歡迎妳隨份子的紅包唷。小女兒結婚是九年前，大女兒的結婚更是早在十六年之前，我當姥爺已經有十六年。可是我照舊神采奕奕，都是媽媽照顧得好嘛，這事不賴我！

大連的花季少女

——兩岸人情皆文章

我從前總以為北方人在冰天雪地裡生活，抗寒能力肯定比南方人強，不成想，去年春節前我在大連零下九度的氣候下只穿一條褲子過冬，可把那王慶大哥佩服得不行了，直說南方人比我們北方人還抗凍！所以，我看妳們娘兒倆今日在室溫零上二十度的情況下直喊冷，媽媽還得抱著暖水袋睡覺，就曉得妳們的抗寒能力確實不如我們，像我現在屋內的室溫十八度，都不覺得怎麼冷呢？我感覺在十五度以上的室溫都不怎麼冷，十度以下才是真的很冷了，這南北差別確屬明顯。

這下子妳也拿我當開心果了，真是有趣，沒想到，我對社會及人群還有這麼一項貢獻呢！我也喜歡帶給家人、親人及週遭的人一些歡笑，正所謂獨樂樂不如眾樂樂嘛，更何況是生活在一起的一家人，多麼愉快啊！是呀，為親愛的家人製造一些快樂，也是自娛娛人嘛，何樂而不為呢？妳看我們在新家一起生活的四次都很快樂，過著和和美美的小日子多麼愜意啊！

大連的室外氣溫正在逐漸上升，可是，室內的氣溫卻因為停止暖氣而變得逐步下降，正是乍暖還寒，最難將息的時節。妳可要多穿好衣服哦，不管是在家裡或是出外去，多加注意。妳要是多跟媽媽一塊兒做運動，多少能夠改善妳的體能，並且養成良好的運動習慣之後，將會獲得更多的好處，妳不妨拭目以待。

我感覺我回家的最佳時機，應該是在春天停止供應暖氣之後，這樣子，我的體溫就能帶給媽媽最大的溫暖，因為她總說我的身體熱乎乎的好像一座火爐一樣，叫她不知道寒冷。而且，我都是裸睡，身體的熱度不會被衣服消耗掉，讓她能夠完全的感受到我的熱情和激情。

我們一直相約在下次會面時去喝羊湯、吃日本料理，我都不曾忘記，只是時機尚未成熟，也就一直順延下去，俗話說天下無難事，只怕有心人，終究我們會完成這一心願的，不差這時間的早晚。上一次是生病和調理期間的忌口因素，這一次是天寒地凍的不方便，下一次在夏天或秋天時節，這些個因素統統都不存在了，想吃啥喝啥還不是輕而易舉嗎？到時候請老師安排得了。

至於說下次回家，妳要帶我出門去玩，那很好啊，我喜歡聽一聽老師的導覽，瞧瞧妳的導游功力如何？在春節和清明節期間天寒地凍的情況下，依我們家鄉話是說那叫打狗都不出門的天氣，妳照樣出門瀟灑去，叫我不得不佩服妳的熱情及勇氣，真個是青春無敵。其實，我跟媽媽的想法差不多，也是不愛出門，只想跟心愛的人粘在一起，恩恩愛愛、甜甜蜜蜜的粘在對方的身上，那真的是越粘越愛，越愛越粘。小舅媽跟我們不同，所以她就不能理解為什麼表姐愛姐夫會愛得死去活來的？她說她跟她對象也沒有這樣子啊？我的說法是人之不同，各如其面；何況，蘿蔔青菜，各有所愛。每個人選擇他所愛的，每個人愛他所選擇的。各安其愛，各適其所。」

媛媛說「真是可喜可賀的事情，小時候我最喜歡參加親戚朋友的婚禮了，因為我可以收到紅包，還可以吃到好吃的，看見漂亮的新娘，心裡也跟著美滋滋的。

是啊，原來您已經做姥爺、爺爺好多年，真的是一點看不出來，實話實說，您保養的真的很好，對保健方面也很有一套，將來您可以出本書，叫做《薛氏保養秘笈》，一定會大賣的。讓更多人都能吸取您的保養經驗，何樂而不為？真的很羨慕您，有良好的心態，強健的體魄，寬廣的胸懷，良好的社交能力，無論走到哪裡，都是備受大家矚目的焦點。也是一個不折不扣的開心果，難怪媽媽和我都盼著您回家，真的是由衷的開心，感受到家庭和睦溫馨的感覺。

一定要早點回來呀，以後我們的生活會更加多姿多彩。以後我有能力的時候，要拉著您跟媽媽四處遊玩，不用天天在家裡粘著，我們可以去浪漫的濟州島，還有風光秀麗的雲南，相信這個願望在不久的將來一定會實現的。」

大大說「《越來越可愛的媛媛》－妳連著三篇郵件都寫得很待親、很淘氣、很風趣，真是討人喜歡哦！說到婚禮，就勾起妳小時候美好的回憶，當時有吃有喝又有得拿，小孩子哪個不喜歡呢？只是到如今，快樂的幼年轉眼就消失得無影無蹤了，妳的童年、少年發生一百八十度的轉變，卻是如此的不堪回首！幸好，從去年的六月十七日妳搬進新家之後，妳的青年、成年又重新開展美好及快樂的生活，不到一年的時間，妳的生活、工作、人生觀都產生鉅大而且正面的改變。我和媽媽都很驚訝妳的轉變真是不可思議，由此可見，環境對一個人的影響有多大！很慶幸，我和媽媽在去年的此時做下一項明智的決定，帶給我們一家三口美好的開始。

我當姥爺十六年的紀錄，在我的同學、同事、同齡的朋友中是絕無僅有的，我當年的決定，其實還是蠻英明睿智的。不過，我還沒有當爺爺，因為兩個兒子不如他爹那麼英俊瀟灑，這事也不賴我！接下來，聽妳這麼誇獎我的保養很好，我可要忍不住噴飯了，事實乃是我真的不懂保養之道，除了養成良好的運動習慣是數十年如一日之外，我從未做過任何保養功夫。要是說有，也就是去年冬至我來家治病住院期間，媽媽為我做的保養及泡腳、刮腳，我幾十年來在每年冬天腳跟裂開的現象，不藥而癒，去掉我的一大禍根。所以，我實在無法出書，所謂《薛氏保養秘笈》真的出版不了，只好叫妳失望了。

至於妳說我有良好的心態，強健的體魄，寬廣的胸懷，良好的社交能力，這些倒是我所擁有的一點心得；我的處理能力，緊急應變能力也有那麼一些認識。尤其是妳講我是一個開心果，我喜歡，能帶給家庭和睦及溫馨的感覺，所以妳和媽媽都盼著我來家，把開心及歡笑帶回家。我也想要早點回來和妳們一起生活、一起開懷，參與妳的夢想到山東、雲南、濟州島遊玩。人生有夢，築夢成真。」

媛媛說「這幾天沒能跟您聯繫，跟媽媽都很掛念您。最近您的心情不錯啊？馬上要參加兒子的婚禮了，四處送喜餅也是件喜事，大家都跟著沾喜氣。您通過送喜餅的事情聯想到以前的事情，也很值得回憶，很有意思的，時光變遷，轉眼間十幾年前，您女兒結婚的場景也映現在腦海裡，還是很值得回憶呢。

這幾天一直忙、忙、忙，整天加班加點的工作，而且，領導總是提出各種問題，就要不斷改進，不斷創新。檢查不完事，這心裡總是七上八下的，晚上說不好，就要加班到八、九點鐘，筋疲力盡的，第二天還要早起上班。」

大大說「《同喜、同喜》－我知道妳這些日子都忙著工作上的事情，就像妳說的檢查不完事，就要加班加點的工作，確實比較辛苦一些。不過，換個角度來看，這應付檢查的事情，妳會比年紀大的老師有表現的機會哦！多辛苦一點，也是多表現一點，對妳來說還是好處會多一點呢，如此看待，妳就比較不會覺得辛苦了。檢查的時間，是不是就在這個月底？再堅持也就剩下一兩個禮拜了吧？

吃過大夫開的藥已經見效了，那就好，妳仍舊要把一個療程的藥吃完才好，不要半途停藥喔，要不然，保不準還會再復發。春天的尾巴只剩一兩周，尤其是天氣忽冷忽熱的變化，妳要多加注意生活及穿衣，千萬不要感冒就行了。

我曉得妳和媽媽惦記著我、掛念著我，我又何嘗不也是在惦記著俺們家的大姑娘和老姑娘？也不曉得啥時能來家，夏天可能機會不大哦。

明天晚上去台灣，後天參加婚禮及吃喜酒，真是人逢喜事精神爽！小女兒早上飛到台灣，大女兒下午也去台灣，明、後天難得和四個孩子一起會面，也是一件愉快的事兒。是的，通過為兒子送喜餅，聯想起從前大女兒和自己結婚的往事前塵，有趣味也有人情味，確實值得去回憶一場。

我最近的身體，生活作息正常又規律，每天的晨起運動照舊，晚飯力行七分飽，到處跑，還到運動場走上二、三十分鐘，再也不會吃到十分飽或十二分飽了。這邊的天氣多雨、多霧、還多潮，氣溫逐漸上升到二十度以上，卻是到處潮潮的挺難受，大概要到六月起才能乾爽一些。」

媛媛說「博博姐姐妳好：

照片真的很精彩，一直以來都不知道新娘子和新郎官的樣子，那個哥哥跟大大真的好像，輪廓、五官、身材，英俊帥氣的，新娘子也很清秀，看得出很溫柔賢慧，在一起一定很幸福呢。

經常聽大大提起妳，一直以來也關注妳跟大大的郵件往來，和睦融洽的父女倆，雖然相隔遙遠彼此都牽掛著，但是心永遠連在一起。大大距離大連雖然很遠，但是也比妳在國外近些，逢年過節的大大都會來探望我們，在一起其樂融融的。過段時間聽說要開放到台灣自由行，到時候去看望大大可就方便多了，我也可以獨立了，媽媽就可以多去照顧大大方便些。姐姐以後有時間要帶著家人來大連，我來做妳們的導遊，大連也是一座海濱城市，好玩好吃的也有很多，一定要來啊。」

大大說「《可憐的寶貝》－好幾天沒有妳的郵件，我就知道妳身體狀況不是很好，昨晚還跟媽媽說有十來天沒有妳的信息了，她就說起妳最近的身體不舒服，受了不少的罪。其實，從過完年恢復上班後，由於正值隆冬季節，又加上東快路封路施工，公交車必須繞道行駛，妳上下班在途中的時間平添兩三倍，妳因此吃了不少苦頭。接著，單位要接受檢查，工作量增添許多，加班時間拉長很多，把妳忙得焦頭爛耳，做不完的事情還得拿回家加班加點的做呢！我當時看在眼裡，也挺擔心妳會給累倒了，不出所料，一個月兩個月之後，妳的身體不適現象接二連三出現。所以，妳的積勞不僅僅一個月而已，而是兩三個月，從過完年開始上班起就特別辛苦了。我在家時，也非常不捨，有時候妳一進家滿臉的冷瑟，我都會把妳擁進懷裡，讓妳吸取一點我身上的熱氣和暖意。

看妳說的身體垮下來，小病不斷，一方面是妳的身子單薄，抵抗力不足，另方面是這段期間，妳起早貪黑的幹活，又超出妳的體力負荷，這前因及後因叫妳遭罪了。幸好，有媽媽在身旁照料著，妳只要好好聽她的話，便能很快恢復妳的元氣，不用擔心，這個周末就是母親節了，讓我們一起來祝賀她佳節快樂！

聽說妳封她一個獸醫的稱號，妳可真是太神了，我們家鄉的俗話說，養孩子別無他法，就拿他當豬、當狗養得了，因為豬、狗的生命力強韌，好養。

妳的生活作息也有很大的進步，上床時間早，早餐都能吃上，晚飯吃的胃口好、食量大，這些都有益於身體的健康與成長，只要繼續保持一兩個月，一定能重新站上九十斤。妳的體重在九十到九十五斤之間最恰當，那時候妳的上圍凸出來，下圍翹起來，可是很有看頭的，加油哦。

我最近都不錯，就是上周起睡不好，因為立夏到、天氣熱，冬天的被褥還沒有換洗沒有晾曬，蓋得厚重難受，又因為裸睡的關係，身上又起疹子了，這個時候特別不好受，要是媽媽在身旁我就舒服了。所以我也很想念妳和媽媽，只是相聚的日子目前實在還看不出來是哪時候？去年六月、十二月、今年二月、四月我們團聚的時光多麼美好，叫妳和我一樣的嚮往著，期盼早日再相會！」

媛媛說「謝謝您的關心，我現在已經好多了，身體慢慢的好轉，就是很睏很乏，覺得覺睡不夠，一到九點左右就睏，上床睡覺了，作息時間現在很規律。現在就是體力透支，打不起精神。您也要照顧好自己哦。」

大大說「《可愛的寶貝》－慢慢的，妳疲憊及瘦弱的身體逐漸在好轉中，這個春天也夠妳受的，大大和媽媽都非常不捨，卻也是愛莫能助呀！一個人的身體健康與否，主要還是看每個人的體質及保養，也就是先天上來自遺傳和後天上生活條件。

很不巧的是，妳真正是個先天不足，而又後天失調的孩子，所以妳就要比別人多遭罪不少哦！現如今，妳已經到二十歲的花樣年華時代，當務之急，一定要儘快擺脫這身體上的不利因素，不管它先天上或後天上的條件，趕快澈澈底底的進行改善和調整，切切不可掉以輕心。

具體做法，其實早就是老生常談那一套，像我說過的健康五大要素，充足的睡眠，均衡的營養，適當的運動，規律的作息，愉快的心情。這五項要素的每一項都能達到標準或者七十分以上，身體健康情況肯定良好，某一項未達到標準的項目，就必須加強改善。依妳的狀況來分析，過年前，妳的睡眠已經是長期不足，甚至是嚴重不足的狀態，以七十分的標準而論，大概只有五十分而已，這一項是妳最大的弱點。過年後，睡眠時間有增加，應有六十分，但是還不算充足，何況還要彌補從前不足的部分，睡眠於健康的要素當中最具關鍵性地位，尤其是妳！

飲食上營養的攝取，以媽媽的廚藝來說原本沒有任何問題，但是，妳心不在焉的吃飯，再好的食物，妳還是食之無味，加上食量少與經常斷餐，妳是營養不良的，甚至是嚴重不良的狀況，最多也是五十分。同樣地，妳在過年後的飲食比較正常化，每天都有吃早餐，晚餐的食量也很好，已經有七十分。照營養學來講，一日三餐當中以早餐最重要，因為早餐距離前一日的晚餐相隔十小時以上，如果沒有吃夜消的話。

可是我看妳吃飯的狀態，哪裡談得上專心致志，享受美食？妳都是心分二用、心分三用，多麼不安定啊！在我的家裡，餐桌是擺在電視的後面，吃飯時一定要坐在餐桌前，只能聽一聽聲音，絕不允許拿著飯菜到電視前吃飯。而妳是遠的要看電視，近的要看平板電腦，還要一邊聽著音樂，妳哪一頓飯能夠吃出美味來呢？又哪裡能夠吃出營養呢？比吃豬食還不管用呢！

妳也知道運動的好處，從外表上可以看出一個人的體格健壯，精神飽滿，神采奕奕，那比高檔的化妝品還管用。但是，運動的可貴之處在於有恆的鍛練，而不是三天打雨，兩天晒網的那種虛應故事。清晨即起，聞雞起舞，豈不知一日之計在於晨嗎？睡懶覺其實是越睡越懶，早睡早起運動好，身體一定跟著好。

當妳躺在床上嘲笑那些晨練的人們時，殊不知那些早起的人們也在嘲笑妳這晚起的鳥兒錯失了大好的時光呢！現在媽媽也開始做簡單易學的柔軟體操，在我們家的客廳做運動實在是綽綽有餘，換做以前的住房，妳可就伸不開手腳了，媽媽能，妳為什麼不能呢？這一項妳也就是六十分吧。

規律的作息習慣，會養成一個人固定的生物時鐘／生理時鐘，何時睡覺？何時起床？都會形成自然運作，叫做習慣成自然。而且，作息的規律又跟充足的睡眠息息相關，只要妳睡眠充足了，必然是妳的作息規律化，沒有熬夜，也沒有通宵達旦；只要妳的作息規律了，定時上床、定時起床，妳的睡眠便會足夠，哪裡還會缺覺呢？之前，妳的作息也是不規律，也就是五十分，過年之後，妳的作息規律化，睡眠也跟著上升，這一項能達到七十分。心情方面，妳的應對進退都很不容易，也有七十分。綜合來看，妳在前三項是不及格，後兩項是合格的，妳要快速改善的項目，就是睡眠、飲食和運動，這樣能明白嗎？

照妳自己的了解，妳目前總是缺覺，又睏又乏，那麼妳就先從睡眠的時間增加和睡眠的質量改善做起。按照正常睡眠八小時計算，是晚上十點睡，早上六點起，如果八小時妳還缺覺的話，妳就從晚上九點睡，早上六點起，這樣試試看能不能好一些？年輕人貪睡，需要睡八小時或九小時也很正常的。另外要注意的就是睡眠的質量，一覺到天亮，也就是人們常說的睡到自然醒，那質量是最好的，七小時至九小時都可以的。要能一覺到天亮，就不能有起夜，如果半夜起來尿尿的話，那睡眠的質量肯定要差一些，所以吃過晚飯之後儘量不要喝水，免得夜裡還要起床，打斷睡眠時間，削弱睡眠的質量。

妳也意識到自己的體力透支，這跟我在家裡的觀察及擔心是如出一轍，不出所料吧！不過，這份透支倒是不能怪妳的，一是東快路封路造成妳的上下班乘車時間延長，二是單位接受檢查妳承受不小的工作及壓力，三是劉老師給妳造成很大的負擔。現在這三項因素都消失或改善了，妳就好好的針對睡眠、飲食和運動制定計畫，加以執行和落實到位，我相信三個月就會有功效，信不信由妳，靈不靈當場實驗。」

媛媛說「您總結的這封郵件真的是精品，每一條一字一句都把我描述的淋漓盡致，每一點說的都很符合我自身的特點。我的身體是比較虛弱，抵抗力差，稍稍有一點風吹草動我的身體就會被擊垮，先天不足，後天失調。沒錯，我現在都已經十九歲了，即將走入二十歲的花樣年華，二十歲了，首要任務是褪去身上的稚氣，還有的就是要保証充足的睡眠和飲食規律。目前我正在不斷調整，將以前不規律的作息習慣都慢慢的改變，食欲一直不錯，但是，體重沒有太明顯的改觀。

去年我的身體狀況一直不理想，方方面面都達不到良好的標準，是您一點點引導、提醒我。告訴我對身體的利弊關係，我也都聽進去了，按照您說的要求去改善，現在我已經上了一個台階，從以前的五十分一下子上升到七十分，真的很開心。您跟媽媽都對我不斷的關心照顧，很重視我的身體以及心理的狀態，現如今我已經有了明顯的改觀，離不開你們的關愛。

天氣逐漸變暖，我要適當的去戶外做運動，要和媽媽一起走出家門呼吸新鮮空氣，強身健體，提高免疫力。您也要繼續加油，將身體養得棒棒的。」

大大說「《加速落實良好生活習慣》－妳說的沒錯，這一篇《可愛的寶貝》郵件對妳的身體及精神面貌描述得清清楚楚，明明白白不過，確屬一件精品，更如一面鏡子。妳只要反復加以多讀幾遍，深切了解自己的優、缺點在哪裡，優點繼續保持住，缺點予以儘速調整與改變，不出一年半載，就能得到豐碩的成果，踏上妳的玫瑰人生。

把良好的睡眠、飲食、運動習慣建立起來，妳一定能夠脫胎換骨。

一如當年我二十歲那時候，剛參加工作就被安排到台北受訓一年，我從五十七公斤一下子轉變為七十五公斤，在十五個同年的同事中沒有一個人趕得上我的身體狀況，就因為我吃好、睡好、運動好，僅僅增加一項運動習慣而已。如果過了二十歲的成長期之後，一切的效果都會打折扣的，也就是說只能維持大於成長；妳現在的時間非常寶貴，已經不允許妳磋跎，過了二十歲的效果就大不一樣了。妳沒有在去年剛搬入新家時就制定新生活計畫，是有些輕忽了，現如今，要加倍和加快進行新生活的落實，至少有一年的時間可以讓妳奠定良好基礎。

妳的先天及後天條件不佳，當然這些都不是妳的錯，這歷史的問題暫且拋諸腦後不談，可是卻由妳承擔這苦苦的後果，我和媽媽都想幫妳的忙，但是，我們只能說、只能想辦法，必須由妳親自來落實才有用啊！我們很明白問題的癥結所在，可以說是我們三人的共同會診結果，殊無二致，剩下的就是執行面，對症之後的下藥了。其實，不要說二十歲才是花樣年華，有些人的身體健康情形及發育情形良好的，十八歲就是花樣年華，甚至在十六歲時就是含苞待放的花蕾了。妳看看身邊的同學、親友當中是不是有這種人？

我聽中醫師說過年輕人吃過幾帖轉大人的中藥後改變體質體重，就此打下基礎，只有越來越好，不會有倒退的事情。可是，我發現妳吃的中藥比常人多一倍，顯現的效果又快又明顯，所以妳就優秀了，從八十一斤迅猛的增加到九十斤，不過，好景不長，妳又跌到八十四斤，多麼可惜呀！毫無疑問，妳的體重遲遲上不去，跟妳的飲食息息相關，妳要吃好還要吃飽，對不對？所以吃飯時必得一心一意，心無旁騖的細嚼慢咽，停掉一切的外在干擾，不看電視、不看平板、不玩手機，妳能確實做到嗎？要玩可以，還是等吃飽飯之後吧！

是的，過年後妳的身體狀況有明顯的改善，上了一個台階，從五十分上到七十分，大家都開心，妳再把現有的缺點改正過來，還可以再上一個台階的，從七十分升到八十分，這並沒有什麼不可能。有一個詞叫活動，用來形容人們是再明白不過了，人活著就要動，要行動、要勞動、要運動。四肢不動，五體不勤已經不是什麼好命的意思，而是懶惰和退化了，而且還落下一身的疾病呢！我舉一個近在妳身邊的例子，妳看媽媽的活一來辛苦，二來勞動量大，她多年養成的勞動習慣，相對地，她的身體條件及健康，在她的同齡親友中說得上是最好的，再加上又得到愛情的滋潤，這兩年是不是越活越年輕，越活越漂亮了？妳的生活太安逸，家務活少，運動也少，但是妳沒有落到什麼好處啊！所以妳要趕快增加勞動和運動，才能一舉兩得，因為活著就要動。」」

媛媛說「您最近好嗎？很久沒給您回郵件，實在是太不像話了我，昨天電腦試了好多遍也啟動不了，今晚打開還是不行，於是我重新做系統，丟了好多檔和照片。

今天一大早我就和媽媽趕去華府診所，誤打誤撞的就進去把脈了。坐在大廳的時候，對面坐了一個年近八十的老爺爺，當時媽媽還在打電話確認是不是在這裡看病？沒想到那個爺爺就是大夫，於是跟著他就進了診室，得出的結果是，我肝火旺盛，平時比較勞累，導致經期不規律，再加上我願意吃涼的，不注意保暖，導致寒大，脾胃也有點小問題；還說我不挑食，食欲不錯，需要逐步調理。所以，以後再也不能吃辛辣、刺激、涼性的食物，而且也不能過早的減少衣物。那個中醫還說我聰明，但是注意力不集中、經常容易馬虎、溜號。這一點倒是沒說錯，我一直都是馬馬虎虎，但願能幫助我調節，改善改善我的脾氣秉性，一個是藥物調理、另一個是要靠自身去改善。

我臉色一直不好、暗黃的原因是，我有些貧血、寒大。所以要多補血，不能累大了。

以前我總是不太注意小節，病找上身才知道嚴重性，所以今後我要嚴格的要求自己，爭取早日調理過來，但是這一周要每天喝三袋湯藥。我和媽媽都要喝，拎了兩大袋子中藥回家，花了不少銀子，所以我一定要多多注意，早日恢復健康。

您最近身體如何？那面的天氣應該很熱了吧，千萬不要中暑，運動的時候也要適可而止，祝您天天健康快樂，青春永駐。」

大大說「《想妳想麻麻了》－十多天沒有看見妳的郵件，我知道妳忙著工作上的事情，不打緊，不會是什麼不像話，有時間再回也一樣，誰叫我們是一家人不說兩家話哪！妳還記不記得上次我跟妳說過的一家人的含意呢？我說，一家人的定義分兩層，一是有血緣的關係，二是同財共居的關係。妳和麻麻是第一項加上第二項，我和妳便是第二項，麻麻和我也是第二項，妳說是嗎？我想妳了，也想麻麻，所以想要回家，只是在盤算時間點而已。

我最近不太好，整整兩周了，緣於母親節那天在家搞衛生十多個小時，直到夜裡十二點才收工，把我累得，也把我熱得受不了，因為怕熱和貪涼，第二天，我又受涼感冒了。但是，我刻意不去看醫生和吃藥，想要嘗試一下自身的修復能力，結果撐了一周沒效，第二周的周一及周四去看過醫生和開藥，一周下來迅速見效，差不多好了。

妳的身體狀況不錯，和吃得好睡得好，是兩種良性循環，相同地，只要妳能吃好睡好，妳的身體自然也就不會差了，因為妳已經建立良好的作息。妳在工作上的表現，我非常贊賞，非常認同，真是不鳴則已，一鳴驚人！昨天去把脈，叫妳心服口服了吧！大夫爺爺說得實打實的準吧，說妳身體狀態是寒大，腦袋瓜聰明有餘，定性不足，愛打馬虎眼，確是一致的公論。對於身體的改善，妳這下子可有方向了，只要做到位，很快就能改變體質的。妳只要長好、長大了，自然就是漂漂亮亮的。在日常生活上，妳的不注意小節，和我的粗枝大葉，兩人倒是有異曲同工之妙呢！妳把身體調理好了，就不需要出血，白白的損失不少銀子呢！我們一起加油吧，寶貝！

《這一次的感冒》－妳問我最近好嗎？我說不太好，又感冒了，兩周才治好呢！上周感冒咳嗽時咳得很凶，我的同事就問我是不是有哮喘病？真是一語提醒夢中人，回想了一下，我感冒有時候看醫生吃藥五、六天就好了，有時候要二、三十天才能好，最長有一百天的，時間長了，醫生還叫我上醫院照X光檢查肺部有沒有被感染，幸好沒有。而且，感冒有時候喉嚨有痰，咳幾下痰清出來就好很多；但是，有些時候喉嚨並沒有痰，就是支氣管裡癢癢的咳不停，用力咳，咳幾天之後胸部都會痛了；尤其是夜裡不停的咳，幾乎無法入眠，三、五天下來，疲憊不堪！

一直以來，我都是聽醫生說我是支氣管過敏，但從未告訴我是哮喘病，其實，我的二姐就是哮喘病，從小體弱多病成日裡咳嗽不斷，二十歲便死於哮喘。還有，我四個孩子當中的大狗子，小時候三、四歲老愛咳嗽，咳不停，咳得站不起來，必須蹲在牆邊專心致志的咳，像老頭子那樣的咳法，叫我看得好難過、好心疼、好生不捨。幸好，後來聽老人家的指導用小雞熬雞汁，用斑鳩鳥燉蔴油給他調理身體，二、三年後開始讀書身體就轉好，再沒有這樣咳嗽。

所以，我恐怕也是哮喘，就好像我去年膽囊發炎之後回診，醫生叫我打開衣服按壓我的肚臍，才發現我有輕微疝氣，我還以為是由於發炎住院造成的，他說不是的，這是從小時候就落下的毛病。

我從前的認知，總以為感冒是小事一樁，我的身體都有在運動和鍛練，抵抗力應該很不錯，所以一向對於生活細節都不肯去用心和注意，一年總有二、三次感冒上身，原來是不對的，從今以後必須是零感冒。

上周四我去回診，大夫說比周一好很多了。我就問他是不是哮喘病？他說看起來很相似，不過，我是由於感冒才引起咳嗽的，還是以支氣管炎為多。

《中醫把脈好神奇》－妳星期天看中醫，那爺爺大夫一把脈，不但能說出妳的身體狀況，還能說中妳的心理狀態，妳是服氣還是不服氣呢？真的是太神準了。把脈就好比是西醫中的Ｘ光加電腦斷層掃描ＣＴ，再加上核磁共振ＭＲＩ一般，我一向都非常佩服的。

哎！曾經，我也想走進中醫的，那是我年輕時候三十五歲前後的一個念頭，猶豫再三之後自己打消了這一個念頭的，因為我想學醫就要學出一個好成績，成為一個名醫，自古以來就說良醫與良相齊名。如果只是一名庸醫或者蒙古大夫，那豈不是誤人性命，或者草菅人命嗎？妳看現在有很多醫療糾紛，醫病關係非常緊張，醫生一腳踏在醫院，一腳踏上法院。但是，中醫師在養成教育上比較重視人倫、人權或人命，強調醫者父母心，要求視病猶親，這一點要比西醫師的養成上好很多，西醫已經是完全商業化，純粹以賺錢為目的了。

我想學習中醫的一個緣起是這樣的，年輕的我，工作穩定，家庭和美，我有的是時間。所以我想打算學習一項第二專長／專業，並不是以賺錢為準，就在這時候，我在老同學鄭易明家裡跟他爸爸有過幾次談話，都很愉快，其實，大多數都是他說我聽的份啦，這是我在溝通上的強項喔。鄭老先生大約六十歲，是我們當地一位很有名氣的中醫師，可是有一次給他自己的孩子治病時，卻把孩子醫死了，從此對他的醫術和評價大打折扣，他也為此懊惱不已！

因此，他有好幾個孩子，都沒有人願意繼承他的衣缽，眼看著後繼無人，他有一些牽掛，跟我談起這段時，也不無鼓勵我走入習醫之路。我卻沒有強烈的動機和決心，所以便沒有向他表白，就這樣失之交臂。現在回想起來，那真的是一個不錯的機會，等師父領進門，修行就看個人。我深深覺得一個人要學什麼本領，或從事什麼興趣的項目，還是以趁早去學去做的好，不管將來是不是成材都不要緊。

把脈之後知道妳的身體是肝火旺盛，身心勞累，導致經期不規律，再加上喜歡吃冰涼的飲料，不注意保暖，導致寒大；叫妳少吃辛辣、刺激、涼性的食物，不能過早的減少衣物。說妳的臉色不好、暗黃的原因是貧血、寒大，所以要多補血，不能累大了。還說出妳的心理狀態是人很聰明，但是注意力不集中、經常容易馬虎、溜號。妳終於曉得今後要嚴格的要求自己，爭取早日調理過來，這就很不錯了，希望妳能盡快落實到位，開展妳的彩色人生。

妳知道嗎？有一句話叫知難行易是非常有道理的，但是，偷懶的人，卻偏要把它曲解成知易行難。如果妳也服膺知易行難的話，那正表示妳是一個偷懶的人兒。妳現在明明白白自己的身體和心理狀態，要改善、要做好並不困難啊，調理好了之後的受益者就是妳自己啊！妳要確實做到位，最好的方式就是一日三省吾身，每天的早上、中午、晚上反覆思索自己的吃穿有沒有合乎要求？務必完全達到合理的要求。

《我也想去把脈》－早上說起妳去把脈的神奇，再說到我與中醫的一段緣份是有緣沒份，我也想去給那位爺爺大夫把脈，看看我現在的身體狀況又是如何了？為什麼呢？且聽我細說分明。

話說三十多年前，在我的同學鄭易明家裡，他的父親鄭老先生在他的書房也是他看診的診室裡，剛好他沒有看診，看見我跟他打招呼，就對我說要給我把把脈看一下我的身體狀況。那是我生平第一次把脈，我乖乖的伸出右手，他把了好一會就眉頭緊鎖，再叫我換過左手，把完之後還是緊鎖著眉頭，好像不滿意。

我也不敢開口，靜靜地等他講話，他說：『年輕人，我們男人最重要的本色就是要強腎，要腎水足，最怕的是敗腎，就是腎虧、腎虛。你怎麼年紀輕輕的二、三十歲而已，就得了這腎虧的毛病呢』？我對這腎虧不甚了了，也可以說似懂非懂，只感覺到不是好的兆頭；我說我生活作息很正常啊，身體和精神也都很好，結婚十年生了四個孩子，沒有覺得哪裡不好或不對啊！他看我不曉得利害關係，也就不再多作講解，給我開了一張處方帖子，叫我上藥房去照著單子抓藥、煎藥、喝藥，銀子倒是不多，碎銀幾兩而已。以後，陸陸續續每隔一年半載都會再給我把脈開藥方，大多是補腎補血，前後將近有十來張帖子，這些藥方到今天我都還保留著。鄭老先生七十歲左右得了心肌梗塞，幸好搶救回來，但是從此身體衰弱嚴重，臥床十來年才走了。

等下次我回家時，就讓妳和麻麻帶我去看中醫和把脈，澈底了解一下自己的身體狀況也好，有病治病，無病強身。因為男人的健康是女人的幸福，我愛麻麻，要帶給她幸福和快樂，更要帶給她一起過上好日子，先決條件就必須是自己健康。至於，我和麻麻一樣關心妳的身體和健康，一方面是我們深切知道健康最重要，不管在什麼年齡階段都一樣，另方面是妳的身體沒有發育好，也不夠健康。我們期望在妳二十歲之前趕緊為妳打下好的基礎，妳健康妳快樂，我們就開心就安心，這樣子一家人和和樂樂，多麼美好啊！妳千萬不要小看了自己的健康，如果不健康，妳的漂亮就無所附麗於身體，妳知道嗎？寶貝。

今天給妳發了三個郵件，大約有二千四百字，妳說我是不是有嘮不完的嗑？依我看妳平常能看到的文章很多，但是，好的和有益的文章不多，跟妳有關係的文章就更少了。可是我寫的文章都是以妳為中心，值得妳一看再看喔！

妳在前天看過中醫之後，已經清楚的知道自己身體上及心理上的問題在哪裡，妳只要對症下藥澈底改善生活習慣，一定能夠很快看到成果。妳看那醫生診斷妳的身體一清二楚，就是判斷妳的心理也是明明白白，他從脈象上看得很準確，一如妳在讀書時代的老師，從妳的生活上、學習上的點點滴滴，評斷得一模一樣，兩方面的眼睛都是雪亮的，只有妳是迷迷糊糊的。從今以後，妳就改頭換面，重新做人，爭取早日脫胎換骨，展開新生活新面貌。」

媛媛說「《不能小看支氣管炎》－您是感冒引起的支氣管炎嗎？咽喉一定很難過，而且，您也不能小看，咳得那麼凶，一定是有炎症，及時就醫是正確的，即使在平日裡也不能忽視，多用膨大海、羅漢果泡水喝，吃點潤肺止咳的食物。慢性支氣管炎：中年以上者經常咳嗽，咯出或多或少的粘痰液，在清晨醒後加劇，每年冬、春季節發作，夏季減輕或緩解。嚴重的或時間較長的患者發現胸廓增寬，應懷疑為慢性支氣管炎。支氣管哮喘：如果咳嗽反復發作，喘氣時喉間如拉鋸，同時病人感覺到胸悶、呼吸困難、每到寒冷季節或接觸某種過敏物質時可誘發咳嗽，應檢查是否患有支氣管哮喘？

去年您險象叢生的從手術台躲過一劫，但是大傷元氣，往後您的體質下降、小病不斷，但是，幸好您的體能鍛練的很好，小病小災都不在話下。自己照顧好自己，身體有不適的時候，就要馬上去醫院，千萬不能自己扛。我和媽媽不在您身邊，所以您就要自己多注意，希望您早日回家，我也很惦記您。

中醫真的是很神奇，把脈是由動脈搏動的顯現部位（深、淺）、速率（快、慢）、強度（有力、無力）、節律（整齊與否、有無歇止）和形態等方面組成的。脈象是中醫辨証的一個重要依據，對分辨疾病的原因，推斷疾病的變化，識別病情的真假，判斷疾病的預後等，都具有重要的臨床意義。由於脈為血之府，貫通全身，所以體內臟腑發生病變，往往反映於脈象，有時在症狀還未充分顯露之前，脈象已經發生了改變。所以，把脈作為中國的傳統文化流，從脈象就能判斷人體的疾病，真的很神奇，有機會不妨可以研究一下，把脈後，可以有病治病，無病強身，真的是很有益處。

中藥療效雖然沒有西藥那麼快，但是對人的身體有很多幫助，不會太刺激，而且也有保健的作用。您老是咳嗽，可以去醫院開幾副中藥喝喝，一定要小心啊。

看完您的郵件，反復讀了幾遍，也體會到您的良苦用心，我會加強身體的抵抗力，更加完善自己。您也要照顧好自己，媽媽和我都不能在您身邊，所以您一定要好好照顧自己，我很惦記您。

我會逐漸改進自身的不足，我很明確自己的缺點，但是，落實到行動上還有點欠缺；有時候做事情比較毛躁、不細心，有時候記性差、常常忘東忘西。我會堅持喝藥，並且早日完善自己。」

大大說「《想媛媛想麻麻》－看到妳和麻麻的呼喚，我騷動的心又按捺不住，想要即刻飛到妳們身邊，回到我們溫暖的家，看看妳、抱抱她，只是無奈何，一時還無法成行啊！本來前兩周，我聽麻麻說機票超便宜，往返都是兩折票，這可是非常少見的優惠，就和她商量在周五讓她到廈門來一場敖包相會，她也願意了，並開始查詢機票事宜。雖知我一詢問她的例假時間，她就傻眼了，原來她那一天正好撞到槍口上，動彈不得，只好乖乖的放棄了，妳說可惜不可惜啊？

妳說我感冒咳得那麼凶，一定是有炎症，必須及時就醫，叫我不能小看支氣管炎，說得好像是大夫的口氣了，但確實很有道理。妳還叮嚀我早日回家，說妳也很惦記我。妳教我怎能不歸心似箭呢！很快地，我會想方設法來安排返家的行程。

妳也感受到中醫的神奇，特別是把完脈之後的論症是那麼神準，不但能看透妳的身體，還能看透妳的心理。我真的有點後悔，當年沒有抓住機會學個一招半式，造福人群和社會。不過，妳說到把脈的神奇之後的這一段，把脈後，可以有病治病，無病強身，真的是很有益處。有病治病，無病強身，跟我昨天的說法一致，特有意思了，我喜歡。

今天我有一些領悟，就是人生有得有失，反之亦同，有失也有得。妳看我感冒二周，今天量體重下降三公斤，剩下八十七；量血糖下降十五，剩下一〇八，是半年多來血糖值最低的一次，妳說我是不是有得有失呀？」

媛媛說「你這些中藥藥方真的很有用，您整理的很全面，我要收藏起來，中藥療效雖不如西藥快，但是對人身體真的有百分百的幫助。我會認真調理好自己，好多人都說我臉色不好，有人說體內有病都會表現在臉上，有些人長痘，不同的位置証明體內不同的疾病。我臉色不好說明肝火旺，體寒，所以大夫開了幾味補血暖身的藥。」

大大說「《確認自己不健康》－我看過很多人的回憶錄，其實，大多數人的身體狀況並非呈直線發展，反而是曲線為多，也就是說健康者並不是一路健健康康的走下去，不健康者也不是一生都是不健康的生活，而是在一段期間由健康轉為不健康，或者由不健康轉為健康。

關於此種身體健康的曲線發展，讓我對妳目前的身體狀況抱持很樂觀的看法，那就是說妳的不健康只是暫時性的，是可以改善、可以逆轉的，何況妳到底還年輕，有著雄厚的本錢，只看妳有沒有決心而已！像我家大狗子三、四歲那時候的咳嗽多麼吃力，多麼可憐，僅僅一、兩年的時間就改善，從此脫胎換骨，健康茁壯。說到底，妳的問題不大，確認自己不健康，麻麻和老師及醫生都能清楚妳的身體和狀況，現在對症下藥開出湯藥來，不難對付。剩下的就是妳的改變和決心，妳千萬要抓住這個契機，在麻麻和大大的用心及呵護下，快樂的成長與轉變。要知道機不可失，時不再來！

我的身體情況已大致穩定，逐漸向健康發展，問題也不太大，只是生活上不盡如人意，教我多少有些意興闌珊，要是有麻麻或媛媛在身邊就好了。不過，我還是會打起精神，把自己管理好，謝謝妳的關心。」

第十一回　入住新家一週年，開啟一家新生活

2013/06/10

媛媛說「南飛的班機延誤半小時，失策了，晚走一步就好。大大，您到哪兒了？真是辛苦您了，奔波不停的，要照顧好自己，多保重，一路順風哦。我跟媽媽也愛你，你這麼一走，家裡又冷清不少！」

大大說「寶貝，哪會失策呢？遲早都要踏上征途，推遲半小時不當一回事嘛，送君千里，終須一別。再會了，後會有期，或許在中秋節之後吧！很快的，五天美好的大連假期就要告一段落了，回家的感覺真是好。我愛妳，我的家；我的家，我的天堂，妳說是嗎？我愛老姑娘，也愛小姑娘。」

大大說「我已到達碼頭，坐頭班八點的船回金門。今天是六月十七日，妳可知道六一七是什麼特別的日子嗎？沒錯，正是我們搬新家一周年的美好日子，一年來我們團聚

五次，都是那樣的快樂和開心啊！我跟妳提議這兩天有時間，妳可以寫一篇入住新家一年的感受及感想，有什麼看法及想法，還有什麼不足的地方，妳都可以發表一下，我們一起欣賞、一起分享、一起改進。妳說行嗎？」

媛媛說「好的，那您抓緊時間準備去上班，真是辛苦您了！我現在已經到單位，回家後我會寫寫這一年的感受。」

大大說「恭喜妳！昨天正式從大專畢業，也領到畢業証書，學生的生涯從此告一段落，今天起就是社會新鮮人了。有幾分喜悅、有幾分失落、有幾分徬徨，是嗎？其實，不必擔心，妳實習將近一年，已經算是半腳踏進社會了。這一年來妳所接觸及學習的都是書本上所學不到的，而且妳說得上實習優秀了。等二個月後實習期滿，妳要落實工作的機會很大，到時候妳又能取得一個好的機會，妳的起步又快又高，實在是前途無量哦！

離開學校並不是學習的結束，而是社會學習的開始，將近一年的實習，妳成長得很快，我們從旁看妳摸爬滾打很不捨，但是完全放手，讓妳自立自強，這一點妳已經做到了。再回學校時，別班的老師也能叫出妳的名字，心頭好溫暖哦！班主任說妳更加漂亮了，更是叫人高興，這樣的成長多麼愉快呀！」

媛媛說「已經實習將近一年，這一年當中經歷過許多以前未曾經歷的事情，脫離了大人的庇護，遇到困難學會自己如何應付，也褪去了身上的稚氣。拿到畢業証書的那一刻，心想總算脫離學校的管制和束縛，但是又有一點不捨和留戀。我明白這就代表我又登上另一個台階，以後要學習的東西更多，要有擔當和責任，不能再我行我素了。昨天踏進學校門口，看見學弟學妹在操場上課，彷彿看見我曾經的身影在那裡。去學校領証時，一個別的班級老師高興的叫出我名字，我很驚訝的問她還記得我名字呢？她哈哈大笑說當然了，讓我感覺特別親切。到班主任那兒，她看見我後挽著我的手說：溫新變化不大，但更漂亮了，也會打扮。互相聊了一會兒，我就跟之前要好的同學一起去聚會、吃飯，很開心。

謝謝大大在這一年時間不斷的鼓勵我，教會我很多事情。我會更加努力，更加出色的。」

大大說「妳倒是跟麻麻談一談中秋節去看姥姥的事吧，我大概也會去。媽媽本來是打算一個人回去看姥姥，她怕帶上妳增加一份機票開銷，我知道之後也想陪她回去。但我認為最好還是像前年一樣一家三口一起行動，這樣子姥姥會更開心的。所以只要妳的時間能配合就好了，機票都由我來報銷，妳看行不行？」

媛媛說「我無所謂呀，看媽媽怎麼安排了，如果資金寬裕的話，我就去。來來回回開銷是很大，去不去都可以呀。

《搬到新家已經一年了》－我們搬到泉水新房裡已經居住一年，感覺時間過的飛快；去年春節我們還是在姐姐家過的，六口人擠在小房子裡。雖然我們三口之家可以聚在一起，但還是不方便，畢竟也不是在自己家，也不能隨心所欲的。您非常的心細，觀察泉水附近新蓋起來的房子，便打算為我和媽媽換個新環境居住，離開那個狹小的房子，擺脫不愉快的情緒。

那段時間，聽說您要買房子我也特別開心，心情大好。可以說在挑選房子時很順利也很幸運，媽媽一下子就相中了這個房子，地角、朝向、價位都很合適，而且搬進來的時候也沒有太費力去裝修，直接就可以入住。時間久了越住越喜歡，附近的醫院、市場、超市，都很方便，車站也很多，外出都很方便，可以說這個地段是鬧中取靜，後身是華南商城，很繁華，社區裡也很乾淨，走進來心情就很好。

在這個我們三口人的小家裡已經度過一輪春夏秋冬，冬天房間溫暖舒適，夏天房間涼爽宜人，真的是很讚。媽媽的朋友來家裡參觀後都讚不絕口，裝修風格有新意也很簡單大方，細節處理的也不錯。每天生活在這裡，我跟媽媽都特別開心，可以說您就是個貴人，自從得到您的幫助，我們這一年都很順利。我的工作也沒有什麼阻礙，我跟媽媽每天都開開心心的。這一切都是您給予的，真的很感謝您，因為我們是一家人，所以感謝的話也不必多說。以後等我有能力了，一定帶您和媽媽享福，希望那一天快點到來。想為您和媽媽做點事，這十八年都是她操持這個家，一手把我拉扯大了，如今有了您的支持，我們的生活更上一層樓，真的很滿足、很開心。」

大大說「妳寫的這一篇《搬到新家已經一年了》有五百多字，寫得很好唷。周一我比較忙，只能抽空寫一小段回信，下班時才寫了一半，就不回郵了，等明天寫好了再回過去。

妳前天所寫的這一篇《搬到新家已經一年了》，簡單明瞭，親切踏實，溫馨感人，稱得上是我們三人共同心聲，還是要向妳說一聲讚！早上我將妳的大作的標點符號作局部修飾後，再用繁體字寄給妳看一看，妳是否滿意呢？妳拿我們的新房和姐姐家的小房子對比，便知道幸福的味道了；而姐姐看了我們的住房後，反倒要問姐夫什麼時候能給她買一套大房子呢！雖然去年春節寄住姐姐家小房子，到底是她給了我們方便和幫助，所以我們喜歡她們，也記得感謝她們。

不過房子確實小，大約五十平米吧，一間房擠了六個人，生活起居真的不大足夠，也不大方便，好在時間短暫只有五天而已，忍耐一下就過去了。也就是在春節之後，我就對媽媽說我們應該注意房地產市場的行情及動向，準備作購屋的打算，具體的購房時間及大小再逐步討論。一直到三月中旬，景山的住家發生變化，妳們娘兒倆遭受極大的不便，我就決定將置屋的時間提前，並且立即行動，由媽媽積極看房及詢價，我來籌措買房的資金，同時分頭進行。

我知道購房的事項極多，也很難避免一些不利的因素，但是我先告知媽媽一個買房的心理準備，首先當作一件大事認真操辦，其次是當作一樁喜事開心來辦，也就是說用錢不必摳得太緊。我們曉得置產的瑣碎事務繁多，儘量不要干擾到妳的愉快心情，對於這些細節的事項就不再告訴妳，只要妳專心規劃妳自己閨房的安排就行了。其實，媽媽看房並非那麼順利，前幾套房子都不能滿意，直到這一套時才確定，這正是我們所需要、最中意的房子，看完媽媽就直接下定金了，然後才告訴我，肯定我也能滿意。

從這次我和媽媽聯手購辦新房的成功，可以說是幾近完美的地步，況且是分隔在兩地、兩岸千里之外的情形下進行的，兩個人的心意相通，幾乎是分毫無差，印証了兩人同心，其利斷金！妳看看，即使是住在同一屋簷下的兩個人，合作一件事情也很難達到這種地步，可是空間和距離對我們沒有產生任何的妨礙或阻滯，妳說是不是很神奇呢？

這套房子住過一年之後，我們就更加了解它的好處，房子的大小合宜，九十多平米的二居室，室內設計和裝修理想，價錢便宜，物超所值，坐北朝南的座向最佳，帶來冬暖夏涼的舒適，家俱家電全部贈送，實用又合用。

妳現在也很清楚一個居住環境對於一個人的身體及情緒影響有多大，狹小又侷促的空間會給人帶來壓迫感及不愉快的情緒，時間長了，個人容易產生很多的負面情緒。

另外，居住氣氛影響一個人的情緒及身體同樣大，妳都親身體驗到了。居住的兩大要素，一是環境，一是氣氛，如果兩項要素都是不好的，住久了，那是很容易得病的，不是身體的疾病就是心理的疾病。任何一個人如果處於這種不好的田地，不是盡快改善，就是盡快擺脫，才不會招致疾病上身。

我很高興妳在知道準備買房子的時候就特別開心，充滿愉快的期待，而且這個期待很快就能實現。當妳入住新家時，我就預祝你從此展開一個新的環境，新的開始，新的生活，新的希望，新的人生。妳還記得嗎？這一年來，妳的生活，妳的人生，每天都開開心心的，是不是越來越好？我沒有說錯吧！妳說想要為我和媽媽做點事，我知道這都是出自妳內心的想法，我也相信妳一定做得到，將來有的是機會，我們一家人就不說兩家話了。倒是眼前妳可以為媽媽多做一點家務活比較實際，最好是每天能分擔她一半的家務活，這樣子，一方面減輕她的工作量，另方面為妳將來獨立生活時做準備，算得上是一舉兩得，妳說行嗎？因為我預估半年後，媽媽很有可能會到廈門來陪我，當我的陪讀媽媽哦！」

媛媛說「這幾天都看到您的郵件，由於比較忙沒怎麼上網，最近任務也特別多，竟然讓我們編排以幼兒園為題材的微電影劇本，不知道您曉不曉得？是最新一種電影形式，成本低、片時短、故事比較簡短。馬上就到期末，任務也比較多了，忙的團團轉。說起買房子的事情真的很順利，一切都很滿意，也多虧了您的用心良苦。」

大大說「期末到了妳又有得忙，幼兒園什麼時候開始放暑假呢？微電影、微信大約是相同的概念，就是具體而微的意思吧？上次在家裡看那徐錚導演並主演的《人在冏途》，好像也是微電影嗎？這些新潮的東西，領導找妳這年輕小姑娘去辦肯定找對人了，有句話說得很中肯－只要人對了，什麼都對了。」

大大說「我昨天寫那篇《我家老三－大股仔》只是初稿而已，大約二千五百字，我下周還會加以修正及增補至四千字以上才定稿，妳對初稿可有什麼看法嗎？」

媛媛說「您敘述的真是生動有趣，大股仔小時候的點點滴滴，雖說當時生活條件差，但也得到很多的幫助。上學的趣事，因為學校衛生差就不喝水，您還教她們打籃球、爬竹桿的。您小時候矮小瘦弱，但是從五年級開始幫家裡幹農活，因此不長個。到了初中三年就長二十公分，真的是很出人意料，如今您也很結實，身體棒棒的，寫的很不錯唷。」

大大說「妳去嘿皮回來，玩得開心就好。妳說前些天忙著沒回信就不好意思。妳說這叫什麼話呀？一家人還說兩家話嗎？大股仔這一篇預訂寫到四千字以上，等下周上班後再推敲、推敲，我相信會是好文章，且看下周分解。」

媛媛說「哇！您太強了，將近五、六千字不止，看的我眼花繚亂，您是花了多久記敘這麼長的一篇。篇幅長、內容有趣生動，要是發表出去一定奪人眼球，真實有趣，每件事情都有一段插曲，佩服、佩服，您的文采真的是太棒了，我跟你比簡直是小巫見大巫。大腦的記憶力絲毫不會因為年齡而減退，真的是太棒了，挑不出任何紕漏。

我這幾天都要忙混了，天天都要完成很多工作，而且還都要在網上操作，我的眼睛已經筋疲力盡，以後我會儘量克制少看電腦、少玩手機，要慢慢的回復過來。」

大大說「現如今，妳已穩穩站上九十斤，以妳現在有規律的作息和好胃口、好食量，終究不出意料之外，妳只要保持現況的作息及食量，體重還會上升，卻不須減少食量。」

媛媛說「我最近體重一直保持在九十斤，個子再長點就更好了！而且皮膚也比之前好了很多，一個是因為喝湯藥調節的作用，另一方面是我注重睡眠作息，所以皮膚有光澤了。最關鍵的是，使用您帶來的馬油，我每天洗完臉都擦呢，晚上睡前也塗上睡眠面膜，真的是效果超好，感謝你那麼細心的照顧我和媽媽。您自己也要多多保重，一個人的生活一定很孤單，但是您好像很會調節，再過一段時間我們又可以見面！」

大大說「《聽話的孩子有好果子吃》－以前聽說，不聽老人言，吃虧在眼前；以後改成說，聽得老人言，幸福在眼前。妳說是不是呢？想想看妳的身體狀況和變化，一直都在媽媽的眼裡，也都在大大的嘴裡，再三跟妳說明事情的原委和道理所在，要求妳改進和配合，得到好處的人是妳，有好果子吃的人就是妳，沒有別人啊！妳已經是一個小大人，不需要用勉強或強迫的方式讓妳做改變，儘量讓妳自己來管理自己，這便是自立自強之道，妳大致上都做得很好了。

妳的身材嬌小，模樣俊俏，本來就容易招人喜歡，只要健康亮麗，渾身都自然散發出青春氣息和青春活力，那種吸引力更是強烈又強大，妳就應該朝這方向邁進才對，化妝品只是輔助的配角而已，聊備一格足矣。

二十歲的女性，正當風華茂盛，是十足的青春麗人，化妝品可用可不用；三十歲的成熟女性，加上一些些化妝品有增強的作用，在視覺上令人不捨得移轉目光；四十歲的輕成熟女性，已經離不開化妝品來吸引目光；五十歲的高成熟女性，完全依賴化妝品來維持自信心；六十歲的女性，又回歸自然，可用可不用化妝品，禮貌重於美貌了。

妳的體重九十斤，正是立於最佳戰略位置，誠可謂進可攻，退可守。多一點可顯豐潤，少一點可顯苗條，胖瘦兩相宜。妳想要長個子也是顯而易見，輕而易舉的，男孩長到二十五歲，女孩長到大肚子，現如今妳有一米五八公分，一兩年後長到一米六十公分，是沒有任何困難的。妳一向對自己的皮膚不甚滿意，現在也看出光澤來了，就像兩年前妳突然發現媽媽的皮膚居然出現光澤一樣的意外，雖然兩者的造成因素並不一樣，但是皮膚光澤的改變卻是明顯的。妳的原因，是來自規律的作息和充足的睡眠，本來依妳的年輕就應該如此，只是被妳的作息不良及睡眠不足給耽擱了，今天算是恢復本來面貌，只要繼續維持良好的生活模式，妳肯定還會越來越好，越來越光亮。

至於妳說擦馬油，也有起到一些作用，那是加分作用，根本之道還是在於妳的生活作息。」

媛媛說「您說的沒錯，我的改變在您的口裡，媽媽的眼裡。改變很大，從一開始的瘦瘦黑黑到如今勻稱亮麗，多虧您的指導，媽媽的照顧。您一開始非常注重我的身體和作息習慣，那時候感覺一下子改變作息很難，媽媽每天晚上都督促我，後來漸漸的就有規律了。以前我整天掛在電腦上，不吃不睡，皮膚熬的一團糟，黃黃的沒有色澤。

再好的化妝品也掩蓋不了，現如今我不化妝，皮膚也很不錯，常常有人說我和媽媽像姊妹，捎帶著說我好看呢。化妝品只是修飾輔助的工具，我還小不能過多使用，對皮膚和身體都有影響，所以我現在也願意吃蔬菜水果，化妝的次數也減少了。真的很感謝您的指導，我現在的目標就是身高一米六，就算長不到也沒關係，我會鞏固身體加強鍛鍊，健健康康的增強免疫力。您說對吧？」

大大說「《殊途同歸一件事》－妳自己愛漂亮沒錯，我們也愛看妳漂亮，這個目的是相同的，但是對於達成目的所採用的手段，妳和我們卻有不同。妳只專注在化妝品的使用上，完全忽視生活作息的規律化，甚至是顛倒過來的作息，所以妳的作法恰恰是本末倒置，效果自然不彰。我們也知道適當的化妝，尤其是濃抹淡妝兩相宜，可以起到畫龍點睛的作用；但根本之道，首在充分的睡眠，足夠的營養，正常的作息，適當的運動，愉快的心情，身體的機能才會處於完整和完全的狀態，才能由內而外散發出健康和陽光的美麗。可是在以往，妳致力於末節的化妝，而棄根本的作息於不顧，而欲求美麗加身，豈不是緣木求魚嗎？

現如今，妳已經調整到正確的方向上，在根本的正常作息之上，適度加以化妝品的修飾，確實能達到畫龍點睛的效果。況且，在青春年華階段的妳，只要吃好睡好，就會自然流露出光澤和朝氣，深層次的吸引他人的目光。化妝品在修飾上雖能起到一些美好的作用，可是，劣質的化妝品卻會或多或少的傷害到健康的皮膚，如果不是花大錢買的品牌化妝品，而是便宜沒好貨買的絕大多數化妝品均屬劣質品，難保它不會傷害到妳美麗的容顏，真正是得不償失／名歌手鄧麗君就是劣質品的受害者！現在，妳的作息有規律了，立馬就能看到妳意想不到的好處，這下子，妳可願意相信我們所說的話了吧！昨天我不是說聽話的孩子有好果子吃嗎？印証之後，可見我們並沒有騙妳，聽得老人言，幸福在眼前。

妳自個兒也知道兩年前妳的外表是黑黑瘦瘦的不起眼，雖然模樣俊俏，但就是個小女孩，身子都還沒長開呢！今年來已經變得身材勻稱，皮膚亮麗，神采飛揚，真是不可同日而語了。改變很大，花錢很少，就是這麼簡單，這麼有效，不由得妳不信吧！

想當初，媽媽再三再四的要求妳調整作息，妳頂多是嘴上應承一下，玩的卻是陽奉陰違的把戲，所以妳沒有好果子吃囉。

媽媽看了妳的反應如此，也是無可奈何，不能打妳也不能罵妳啊，只能等妳哪一天能正確認識和看待作息的重要性了；今天妳總算可以清楚認識根本之道在於正常的作息，看到效果呈現出來之後就會更有信心了。」

媛媛說「《皮膚保養不錯》－最近一切都很好，昨晚睡得早，沒及時給您回信息。這幾天過的特別充實、快樂，皮膚也養的很不錯，比起去年夏天紫外線過敏嚴重的程度，今年已經好多了，也沒怎麼曬黑，很不錯喲！明天要去聽講座，今晚要早點睡。」

大大說「我傳一份皮膚的保養及免疫力提升的專家報告，《人體的皮膚共分幾層》給妳瞅一瞅。」

媛媛說「分析的好透徹，的確是這樣『人體的皮膚表面滿是極微小的隆起和低窪，如果這些差距極小而達到平滑狀態，則皮膚就顯細膩而無皺紋。但是這種皮膚的表皮細膩之美，是來自皮膚裹面，所以要想從根本消除皺紋，須從皮膚裹面下功夫』。

我現在能夠每天晚上十點前上床睡覺，早上五點半到六點半起床，能夠堅持吃早飯，晚上也不會熬夜。現在也減少使用化妝品的次數，皮膚表面逐漸有光澤，斑點有些淡化了。我要做睡美人、水美人，就要堅持的保持良好作息習慣，多喝水，補充水分，相信我的皮膚會越來越棒的。

真的很有用，我一定按照上面所說的一點一點提高免疫力，增強體質，這一點我一定要堅持。就是缺少維生素，所以免疫力低下，我會儘量多攝取一些蔬菜水果的。

而且，我也要多吃水果，俗話說早上吃水果是金、中午是銀、晚上是土。我會堅持在早飯後或飯前吃一些水果補充維生素的含量，而且對皮膚也有很大幫助。其次就是要多喝水，女人是水做的沒錯，有時候臉色差，膚質粗糙就是缺少水分。尤其是夏天活動量大，排汗比較多，就更加要多喝水，補充大量的水分，才能避免中暑。

少吃油脂這一點，我做的蠻好，以前願意吃街邊的炸串、烤串，現在幾乎不再吃了，也知道吃多的危害，百害無一利。您說的這些對我都很有幫助，我會好好增強免疫力的飲食守則。」

大大說「周一妳說最近一切都好，皮膚也養的很不錯，所以我就給妳傳了那一篇《人體的皮膚共分幾層》的專論，是不是很有道理？印証妳的身體現狀更是言之不爽啊！歸結到皮膚的保養之道是說，睡眠是養生的最佳法寶，也是保養皮膚的最佳法寶，比化妝品還重要、還要好使呢！依妳的年紀正是花樣年華的青春玉女時期，照講皮膚的光澤應該是光可照人的綺年玉貌，可妳的皮膚卻是毫無光采啊！我和媽媽都知道原因，只有妳不知道原因，還在那裡拼命的擦化妝品，卻只有一絲絲的效果而已，殊不知妳只要睡眠充足、作息正常，妳的精神面貌及皮膚光亮自然就會找回來，妳捨此根本而不為，只在那枝節上塗一塗，不正是本末倒置嗎？

現如今，妳作息規律化，睡眠時間充足，自然呈現出妳光澤的皮膚，和青春活力來，也算是妳得到一場驚喜，從今以後，妳應該相信大大不會騙妳的吧？我相信等到九月中旬妳回去看姥姥她們時，大家伙肯定都會發現妳變不一樣、變漂亮了，包管叫妳開心壞了！

我的身體狀況和精神樣貌都保持正常，但是自從六月進入夏天的季節，那種酷熱和濕熱叫我很遭罪，也很受苦，睡眠的質量差很多，我真的應該回到我們家裡來避暑才對。不過，今年沒有假期了，只能等明年暑假時期再做安排。等到九月我們在山東勝利會師，然後一家三口一起看望姥姥、姥爺、舅舅、姨媽等等，停留兩天後再回大連，妳說好不好？」

媛媛說「我一直都相信您說的，一點點都慢慢驗証了，我現在的改變與您是分不開的。一直以來，您不斷地引導我、鼓勵我，我的每一點改變您都看在眼裡、記在心裡，雖說距離遠，但是我們三個人的心是緊緊相連的。我的皮膚好了，體質強了，但是，我還是會堅持不懈的完善自己，不能懈怠。九月份我們就團聚啦，開心死了！」

大大說「《我們同心協力》－瞅瞅妳說得可好了『我們三個人的心是緊緊相連的』。

古話說兩人同心，其利斷金。這說明了兩個人要同心協力，是多麼難能可貴啊！可是團結就是力量，兩個人合在一起便是兩倍的力量，與任何的單個或一人相比，力量相對的佔盡優勢，不但能打敗個人還能打斷堅硬無比的金子。我們仨心連心在一起，也就是我們緊緊的團結在一塊，那麼這份力量豈不是更比那兩人團結的力量大嗎？妳瞅一瞅這兩年多來，咱們三人一直互相關心、互相照顧、互相提攜，是多麼的緊密，多麼的有力，彼此之間深深的感受到，從內心裡得到溫暖，得到關懷，一切順風順水的過著和和美美的小日子，多麼舒心、多麼開心啊！展望未來，我們一家還會越過越好，實實在在的過上好日子。

一個人要追求快樂，像媽媽，一個人要追求漂亮，像媛媛，都必須建立在健康的基礎上，這可是一項顛撲不破，放諸四海而皆準的道理、原理。媽媽這兩年來的快樂和美好的變化，妳可是親眼目睹的最佳見証人，而且是妳完全想像不到的改變。同理，妳也在變化當中，在不知不覺之中發生改變，只是進度和速度不如媽媽那樣快、那樣明顯而已，可是妳往後還會再繼續改變和發展下去的，因為妳已經掌握到正確的生活態度及生活模式，只會越來越好，越來越漂亮。也就是我所說的漂亮要建築在健康之上，快樂也要建築在健康之上，健康就是漂亮和快樂的根基，捨此之外，快樂及漂亮便無所附麗了。

現在妳也相信我所說的話都是有道理的，都是對妳有益處的，而且每一項、每一點均能通過驗証為真實的。特別是妳的改變和改善，都能印証我在事前所做的說明中，所以說真理和道理是要經過檢驗來証明其為確實的。那天姨姥爺過生日時，新舅媽馬珊就說妳比新年時長得更好、更漂亮了，可見得人民的眼睛是雪亮的。因為妳現在體質好了精神好，氣色好了皮膚也好，自己看了高興，別人見了也喜歡，妳也不用再怪媽媽把妳生得不好，是妳以往沒把自己長好，以後就知道真的是好了。

倒計時還不到兩個月就是九月份了，到時候我們會在山東勝利會師，妳可不要變得讓我在青島飛機場找不到妳哦！想一想我們再度團聚是何等的開心喲，我喜歡，我期待，越快來臨越好！」

大大說「《沒齒難忘》已經完稿，請參閱並指教。」

媛媛說「這可以發表成一篇短篇小說，從童年到青年又到中年，從辛酸苦澀到成就一番事業。事情非常有趣，簡單明瞭，詼諧幽默，您仔細的描述關於口腔的問題，您一定很痛苦，我也能體會到那種滋味超級痛苦。

童年很苦澀，明明學習成績很棒，還是要承擔家庭的重擔，很不幸。但是，還好你的大姐挽救了你，讓你順利的完成學業，跌跌撞撞的考上電信事業方面的工作、今天的成績已經不錯了。」

大大說「《把握遇到的貴人》－妳說的沒錯，依今天的社會水平而論，五十年前的那個時代物質缺乏，生活困苦，可是人們並不氣餒，因為大家都屬於貧窮陣線，只看到窮人，看不到富人啊！現在變好了，物質充裕，生活水平提高了，可是現代人的笑容並沒有隨之增加，反而是不平之心增高。由於貧富差距越拉越大，弱勢的族群怨聲四起，社會並不祥和，這都有賴國家領導人去籌謀，我們小市民、小老百姓只要做好自己的事情，過好自己的小日子最實在。」

媛媛說「您的童年還是諸多坎坷，但是船到橋頭自然直，車到山前必有路，每一次都有貴人相助。您也是個有福之人，雖然家境貧寒，但是依然擁有很多樂趣。大家都沒有高低貴賤之分，人與人都坦誠相待，有困難都會幫一把，儘管您受了不少苦，但是沒有苦哪有甜呢？現在您人到中年，兒女孝順，身體硬朗，是該享受的時候了。以後我們一起去旅遊，還要好好回報您。」

大大說「說到旅游，不久的下個月，四十天後，我們不就是可以來一場旅游山東了嗎？想來妳也是很開心的在等待吧？數數饅頭不過四十個而已，我們就能夠再一起回去看望姥姥和姥爺她們了。而且時序中秋佳節，秋高氣爽，正是一年當中氣溫最合宜的季節，更是旅游的最佳時節。

沒錯，等將來自己有能力了，想要做些什麼自己喜歡的事情，那就容易多了，妳知道這個叫什麼嗎？我告訴妳講，這叫人生有夢，築夢成真，經常聽得人家說有夢最美，人類因夢想而偉大。妳現在正是做夢的年代，把自己喜歡的事情記在腦海中，等到哪一天有能力、有條件的時候，把夢想落實到生活中，確實是人生一大賞心悅事。到處去旅游，結交各地的朋友，可以感受各個不同城市有不同的風土民情，這樣可以豐富自己的見識和開闊自己的視野。現如今，有了夢想之後，就要開始為此夢想做準備功夫，好好加強努力眼前的工作及生活。」

媛媛說「您想的真是周全，我跟媽媽現在還很緊張呢！您就是一棵救命稻草，已經把錢轉過來，大大的餡餅砸到我們的頭上。

七月是鬼月，我印象中七就是個不吉利數字，原來台灣也有不少傳統的祭祀活動。明天也是台灣的父親節吧，提前祝您節日快樂！」

大大說「《頭好壯壯》－妳說讓餡餅砸到頭上，不曉得妳有沒有被砸暈了？我知道妳的頭好壯壯，將來一定是前途無量，一片大好。不過，妳說一棵救命稻草，也未免太會形容了吧，咱們一家人還用得著說兩家話嗎？

想當初，媽媽說要回去看姥姥，我立馬就說要陪她一道回去，並且說還要捎上妳，就像前年十二月十五日那趟一樣。她本來打算單獨一個人回娘家，不想帶上妳的，為的是節省一份來回機票錢。聽我說要陪她去，她可開心又願意了，我再跟她說明一家三口像前年那樣回去，姥姥肯定很開心，她就更樂意了。我相信這一趟回山東，會跟上次一樣的圓滿和快樂，妳說呢？

我昨天不是說下月會師，飲馬山東嗎？中秋前夕，俺們一家三口兵分二路，由廈門和大連分進合擊，勝利會師青島，然後前進高密鄭家庄，拜見姥姥和姥爺，同賞一輪明月掛天空。」

媛媛說「我最近體重很不穩定，就是天氣燥熱的原因，食欲不振，不過，再過一陣子我也就長回來了。身體狀況不錯呢，主要是養成良好的作息習慣，飲食規律。所以，逐漸的我也就能增長體重，提高免疫力。

還有一個月，好快、好快，好開心呢。我們不僅能團聚，還可以跟親戚朋友一起相聚在一起，一個大家庭融合在一起，多麼美好啊！想想就高興，大家看見我的改變，看見我們三口之家的融洽，一定也會很高興。」

大大說「《工作才是王道》－今天應該是妳實習工作正好滿一年的日子！這一年來妳在香爐礁幼兒園的工作狀態，一開始也是跌跌撞撞的，不是很順利，自己在身體和精神方面並不是最好的面貌，對於單位上人與人之間的複雜關係更是學校裡、書本上所學不到的，確實吃了不少虧。但是，很不錯的是妳都能接受別人對妳的磨練，不曾跟任何人對著幹起來，難為妳了。以家人的立場，我和媽媽都是很稱許妳的，以領導的角度，妳還有很大的改進和成長空間，何況，以領導統御的眼光，她也不能給妳過多的誇獎。所以，妳一方面要繼續在工作上下功夫，另方面要注意觀察領導的好惡所在，趨其所好，避其所惡，這樣子妳就會離領導越來越靠近。

以前我曾經講過工作對每一個人的重要性，除非妳是官二代、富二代、紅二代，否則每一個人都是離不開工作的。工作就是我們的生活來源，而且，通過工作，妳才能夠跟社會接軌，妳才能夠跟社會聯繫上，才能跟社會安全制度連接上，因此，現代社會是有工作才是王道。至於工作有好有壞，每個工作都需要有人去做，正如每個人都需要有一份工作一樣。理論上，對工作不滿意時可以更換，換到妳滿意為止，但實務上，轉換工作卻不是那麼容易和隨便，一邊要有工作機會，一邊要有工作能力，才能人盡其才，物盡其用。妳也知道的，轉換工作的原則是早做準備，騎驢找馬，從不好的換到好的，從好的換到更好的，不能失業在家等待工作的。

以前農業時代，每個人都能夠在自家的農田耕種及生產，不存在就業問題和失業問題。但現在是工商業時代，能夠在自家農田養活自己的少之又少，現在的人們已經變得像是現代游牧民族了，傳統的游牧民族是逐水草而居，現代游牧民族則是逐工作而居。哪裡有工作，人群就往哪裡移動，然後就在哪裡定居，最後是落地生根，開枝散葉。

從我的幾篇文章中，妳也知道我的童年蠻辛苦，相對之下，妳的童年會比我好一些。但是在我那個時代，吃苦受窮是大家普遍的現象，而且寄託在人窮志不短的格言下，真是挺有志氣的。我長大後對家裡作出一些回報，對家人盡心盡力去照顧，後來有機會對村莊、對宗族作出貢獻，雖然是出錢又出力，我都甘之如飴，我也可以認為是宗族和鄉里成就了我，給我很好的機會，如此而已。

妳平常帶大班真的有些焦頭爛額，偶爾帶一下小班，才知道中間的輕重和難易相差還真不小呢！所以趁著妳年輕力壯的時候，多接受一些磨練，將來學校也是可以成就妳的，想一想不需要退縮的，是不是？園長還要考察妳一段時間，這是必要的，妳就繼續保持這良好狀態努力下去就對了。然後下個月，俺們一家三口就要相約山東，數一數饅頭，早就打破三十個了，還有什麼好怕的呢？」

媛媛說「最近正忙著開學前的籌備工作，忙得不可開交，同時也有一些小變動、也對我和媽媽造成一些小困擾。先說好事情，就是我調班了，開會時領導安排我和年輕老師金美玉搭檔，以前那個老師暫時調到其他幼兒園工作。我們要帶領新增的一個混齡教育班，就是二到四歲的孩子在同一個班，我非常開心。

而且，我和金美玉關係也不錯、志趣相投，以前她就跟領導要求過要和我在一起搭檔。但是，今天又聽說那個被調走的老師這週四就回來，我心裡也不安定了，領導也有可能會讓我回到原先的班裡繼續和劉老師搭配。金美玉很不想讓我回去，我也很想留在新班，主要我想証明自己的能力，脫離劉老師的指揮，看看我有多大能力，同時也想証明以前有人在我背後說三道四是不是真的那樣子？總算有一個証明自己能力的機會我不想失去，昨天金美玉也幫我想辦法，如何能確定留在這個班級？王園長還在猶豫當中，金美玉她說應該給領導上一千塊錢，正好她兒子要上大學。也許就能確定我留下來，回家後我給董阿姨打電話把整個事情跟她說完，看看能不能跟園長通融一下，我也問她需不需要送個紅包給園長？她說暫時先不用。

您說我應該怎麼處理這件事呢？真的是很困擾。」

大大說「《趨吉避凶是人的本性》－我先講人的本性都是趨吉避凶，不要說是妳，就是我也是一樣的。我也想挑工作輕鬆的，社會地位高的，工資又拿得多的活。可是，我們也要看整個環境的條件，是不是允許我們去挑選呢？忍耐一下、吃點小虧、低低頭就過去了，有時候真是不得不的一種選擇或者無奈，這就是人們常說的天下事不如意者，十常八九、人在屋簷下，不得不低頭。忍耐的功夫，確實是一個人要成就一生或一番事業，所不得不的修養和鍛練。

很明顯的，妳被派到這個大班帶這麼多的小孩子實在不是一件輕鬆的活兒，其難處，一在孩子的人數多，二在劉老師的不好相處，所以其他老師大都不願意派到這個班上來，避之唯恐不及。但是站在園長的立場，又必須派出二位老師來帶，因此她對劉老師真的也不敢有太多的要求和過多的指責，要不然劉老師也不幹，也要調到別的班去，王園長怎麼個安排呢？是不是更加缺少人手了？做領導的人要講究人和，輕易也不願意去得罪人，所以她要培養幾個核心的人力，和聽話的人力，如此工作才能圓滿達成。妳是一個新人，最沒有選擇權了，調妳去大班，自然是順理成章的事，此外，也是一個磨練妳的機會，要是妳能勝任的話，園長就更加滿意了，她的如此安排是有道理的，妳並不需要去怪她。換做哪一天妳是園長的話，妳的安排可能也是不出此策吧？

前面說的是環境的難處，現在要說的是妳自身的難處，妳在去年到幼兒園實習的時候，一開始妳的身體和精神面貌都不是處於一個良好的狀態，別人或領導看在眼裡，那眼睛可是雪亮的，但看在新人的份上，還是願意給妳一個機會試試看。到了下半年妳的作息正常化，妳的精神狀態漸漸好轉，領導總算可以放心，對妳的稱許和誇奬也不少了。所以，別人要考察妳不外乎兩方面，一方面是妳的身體和精神，二方面是妳的專業和投入。我想妳只要保持現在的樣貌和態度，繼續努力的工作，半年內妳就能獲得領導的肯定。

現在我們先討論眼下這問題吧，妳的困難，昨晚媽媽已經在電話中談起，而且，也跟董阿姨通過電話，送紅包的事就等董阿姨的回電再說了，如果她說的是肯定的話，就照送不誤，如果是否定的話，就不必送了。媽媽說現在的世道，並沒有必要送紅包，妳也不捨得送紅包，其實，這一點我也能認同，但是，如果往長遠來看還是有必要把妳在工作上相關的事情應付好，就是從眾，就是配合風氣，配合習俗，花點小錢過關。人在社會上工作，未必就能把每一分工資都拿在手裡，有時候要交際應酬，還得花不少錢呢！有時候碰到潛規則或者一些陋習，少不得要打點關節的，只要能達到財去人平安就值得了。

我說自己的一點過往經驗給妳聽，世間事凡是用錢能解決的事情，就不是什麼大問題，何況只是花點小錢；反而是那些不能用錢解決的事情，才是個大問題，妳就算抱了大把的錢也使不上力，徒呼奈何啊。妳的困擾，其實並不難處理，先等董阿姨的消息再作決定；另外，就是妳的身體健康情形，才是一切的根本，才是事業的基礎，妳明白嗎？

妳的咽炎看樣子也不能輕忽的，我聽媽媽說起咽炎的常識蠻豐富的，妳應該把情形告訴她，商量一個對策，最好還是先看醫生對症下藥比較穩妥。妳自己也發現到比去年情況加重了，早起有噁心、乾嘔的現象，依我估計恐怕還是跟妳長年的生活作息紊亂有關係，雖然這半年來作息正常了，但是先前遺留下來的毛病並沒有消除。為今之計，儘早就醫才是上上之策，千萬不要拖延喔！要記得，喉嚨癢的時候，不要用力咳嗽，而是要喝水去潤喉，所以妳要養成在包裡帶水的習慣，保溫杯都要放著一杯溫開水。咽炎是一種慢性病，不難治，但不是很快就能治好的。」

大大說「《真的心想事成》－以前不是講過吃飯學問大，吃飯的最大原則是，三餐定時定量，輕易不能夠斷餐，不能夠有一頓、兩頓不吃飯，早餐要吃得好，午餐要吃得飽，晚餐要吃得少。先人的生活經驗告訴我們說，人是鐵、飯是鋼，一頓不吃餓得慌。除了不能不吃以外，同樣重要的一件事便是，也不能多吃，殊不知吃太飽會撐壞人，還會發胖。理想是八分飽或九分飽，三十歲以下的年輕人可以吃到十分飽，五十歲以上的老年人應該維持在七分飽，才能到處跑。

早餐要吃得好，不一定要吃得飽，吃得好主要是表現在吃得有營養，攝取足夠身體所需要的養份。米、麵，屬於碳水化合物，能吃飽，能轉換成澱粉，能儲備肌肉的力量，這是午餐不可或缺的元素；而早餐儘量以雞蛋、肉類、牛奶、豆漿來取代米、麵；晚餐是以簡單、輕淡為主，這些飲食常識不但要懂得，還要落實到生活當中身體力行。

早上聽說妳最近都不愛吃蛋，怎麼回事呢？不是跟妳說過每天的早餐非常重要，一定要養成吃早餐的習慣，必須要吃得好、吃得營養。自從過完新年上班後，妳開始養成良好的早餐習慣，每天吃一顆雞蛋，喝一杯牛奶，都是攝取營養的一個重要部分，妳卻為何捨棄不吃呢？吃雞蛋是要滿足妳的身體需要，可不是僅僅為了滿足妳的味蕾哦！妳要知道挑嘴的孩子，不是一個好孩子，因為挑嘴會造成孩子營養不足夠以及營養不均衡，這是不可以的。妳記不記得今年的春節在姨姥姥家，小舅是怎麼說妳來著？小舅不是說嗎：媛媛越長越小。妳聽聽這叫什麼話？豈不是王小二過年，一年不如一年嗎？還是說妳媽養女，越養越小？多麼沒面子，多麼沒出息啊！

我們日常生活中講究的是生活，可不是追求美食哦，注重的是吃好和吃飽，不是吃好看和吃美食的。妳要知道有些食物的特性是這樣子，好吃的東西未必是好東西，難吃的東西未必是壞東西；好吃的壞東西還是不要吃，難吃的好東西還不能不吃。妳再怎麼不喜歡吃雞蛋，可它是好東西，妳還真的不能不吃！簡單來說，不吃雞蛋，真是個混蛋，難道妳要當一個混蛋嗎？

我以往從未住過醫院治病，不承想，去年一年當中住院治療三次，每次十天，我們稱它做進廠修理，比之進廠保養還要嚴重。我苦苦思索，我是何苦來哉？為何淪落到這步田地呢？說穿了也不足為奇，就是一句話而已—病從口入。因為我吃飯貪多貪飽，生冷不忌，壞東西一點一滴的吃進嘴裡，吃進身體，經過日積月累，滴水穿石，甚至穿透我的腸胃，我的膽囊。終於在去年全面性的爆發，兩次膽結石發作造成膽囊炎、胰臟炎，為了消炎打進大量的抗生素，雖然治好發炎的疾病，卻降低自身的免疫力，埋下後來一連串病患的因子，最後發生顏面神經麻痺／面癱。歸根究底，就是吃了不該吃的壞東西在肚裡，讓這些禍根伺機作亂。

知道我去年的痛苦所在，妳難道還想要步我的後塵嗎？」

媛媛說「以前聽您的建議，早飯堅持吃一個雞蛋，一杯牛奶，或一碗稀粥。最近一段時間我食欲也不太好，加上開學任務多，又上火了，口腔潰瘍，又有點感冒。我會堅持吃早飯的，為了身體著想還是要吃自己不愛吃的東西，身體需要加強營養，味道不好、口感不好的食物也要吃，我會注意好好調理自己的飲食習慣。

您之前身體狀況也不是很好，主要是不注意飲食、不忌口，經常喝酒導致膽結石那麼嚴重，還好您意識到病情的嚴重性，加上治療的順利，如今您又恢復健康，神采奕奕的。我會注意自己的飲食規律。」

大大說「《妳真懂事》－妳現在很明白我和麻麻對妳的要求是對妳有益，不得不勉強妳一下，因為如果什麼事都順著妳，其實反而是對妳沒有好處的；妳做了對的事我們當然要贊成，妳做得不對的事我們須要提醒妳，甚至反對妳，並且告訴妳反對的道理，這才是一個負責任的做法，妳能明白嗎？

依照妳的性格來說，妳對自己的內控能力不足，什麼是好？什麼是壞？妳大致上都能明白，但是要讓妳把壞的拋棄，妳不會捨得；要讓妳對好的堅持下去，妳不肯落實。可是在妳身邊又沒有一個人能夠對妳產生外控的作用，也就是說沒有一個人可以對妳產生嚇阻作用，妳對麻麻的那一套陽奉陰違的作法，從來都是暢通無阻，屢試不爽，所以妳從來不覺得自己有需要改變或改善的地方，因此，妳沒有機會真正的脫胎換骨，重新做人、重新出發。

妳說的這些個原因，如食欲不好、上火、感冒，都不能做為妳少吃或不吃早餐的說詞，三餐正常，營養均衡是沒有任何理由可以取而代之的。我說的再明白不過了，好吃的東西未必是好東西，難吃的東西未必是壞東西；好吃的壞東西還是不要吃，難吃的好東西還不能不吃。何況是三餐的飲食，絕對沒有打折扣或討價還價的餘地，這一點，妳千萬要真真切切的明白。我也說了我的生活習慣裡面其他方面都沒有問題，唯獨這飲食習慣沒有做好把關的工作，幾年下來害自己吃了不少苦頭，妳應當以我為鑑才是，不要重蹈我的覆轍才好！

妳今天已經吃過早餐，也吃了雞蛋，叫我很欣慰，妳真是很懂事。妳自己也說會堅持吃早飯的，為了身體著想還是要吃自己不愛吃的東西，身體需要加強營養。我希望妳漂亮，更希望妳健康，而且妳曉得漂亮必須建築在健康之上才有用處，才能夠可長可久。

昨天妳已經給園長送過紅包了，想不到她卻退還給妳，這裡面的原因何在？的確是讓人費猜疑。但是，該做的已經做到了，對方為什麼不收，不管她說不說理由，都不是我們能夠掌控的，雖然她不收，至少我們有這麼做了，其他的都留給上帝。既然妳調到小班和金美玉搭擋成為事實，如了妳的願，妳就打起精神來和她好好合作，把妳和她的理想及抱負發揮出來，只要能交出一張亮麗的成績單來，就足以証明一切了，到時候，什麼謠言都會不攻自破的。寶貝，加油！我們相信妳，我們支持妳。」

媛媛說「我聽您和媽媽的話，是為了自己更優秀，無論是生活還是工作上，都離不開您和媽媽的引導，我已經長大，要懂得明辨是非，您和媽媽為我操了不少心，費了很多力。如今，我的身體狀況有了很大改觀，氣色也越來越好。

最近工作當中很困擾，八月中旬突發的事情太多，心裡很亂。從一開始，王園長要我和劉老師搭檔我主班，然後又給我調到其他班帶班，又改為讓我和金美玉搭檔，現在那個原班老師回來了，又不知道有什麼變動。我腦子已經亂了，不曉得事情發展的越來越糟糕。」

大大說「《現在單位的情況比較特別》－以一個社會新鮮人表現而論，妳現在的表現要比我當年踏入職場的表現還要好，那一年我也是高中畢業，未滿二十歲，跟妳同齡。那時我與妳的角色相似，只是半正式、沒有保障的員工，經過二次考試失敗，直到工作九年後第三次考試以第三名高分錄取，差一點考取榜首，因為術科發生錯誤只得七十分，如無錯誤可得九十分，誰人與我爭鋒？考取正式有保障的身分後，我沒有陶醉也沒有鬆懈，立馬準備高難度的下一個挑戰目標－公務員普通考試／國家考試。

這種考試的科目都是大學課本，我以高中生的程度買書來自學，連續考了九年，終於皇天不負苦心人，金榜題名時。而且，在工作第十五年考取空中大學／開放大學，於就讀七年後順利畢業。妳瞅瞅我的毅力及上進心，是不是很有可取之處？妳如果願意自己設定一個努力和奮鬥的目標，更上一層樓，正是對自己的勉勵和挑戰，就不會浪費青春年華和大好生命，對於目前的小小波折，就不必太介意了。

但是，妳今天的專業方面是妳讀了二年的幼師，實習一年，雖然不是頂好，卻也不是頂差，還有學習及成長的空間。然而，妳的身體素質看在任何人眼裡，就是個子太瘦小，精神太不足，予人欠佳的觀感。歸究原因，大概是在妳上初中之後沉迷於電腦及網絡上，廢寢忘食，生活秩序完全亂了套，進而影響和妨礙到妳的身體健康情形與精神不濟，這三、四年正是妳長身體的關鍵時刻，所以妳到今天都還沒有發育好，發育完全。俗話說亡羊補牢，時猶未晚，妳得趕在春青後期加緊腳步，大量進補身體之所需，妳實在是沒有條件挑精揀肥的吃飯了，對於有豐富營養的食物就該多多補充才對。

前天妳送的紅包被退回，應收能收卻未收，反而顯示出這裡頭的情況並不單純，這個原因恐怕只有大媽這種老前輩、而且她又跟領導方面有淵源的人才能了解。麻麻已經跟她匯報過了，暫時妳還是以照常工作為主，同時多留心一下領導的態度或指示，這叫且戰且走。單位現在的狀況有些特殊，並非是妳的個人因素，也不是妳的錯，妳也不可能了解真正的原故何在，暫且平心靜氣的觀察變化，不要自己亂在裡頭。我知道在學校及醫院這兩種單位裡的人事關係算是最複雜的，人事傾軋或者勾心鬥角，總是層出不窮的，妳要保持警惕心，不要陷入到漩渦裡；也要保持注意心，不能完全視若無睹、不明究裡、不知好歹。」

媛媛說「非常感謝這一年來您對我的付出，我的成長與您分不開，儘管我還有一些不足，但跟以前相比，已經改變了很多。我要學會在逆境中成長，有著百折不撓的精神，越挫越勇。」

大大說「再過九天，咱們一家三口就能相約山東，看望姥姥。大大愛妳呦，愛妳的漂亮，也愛妳的健康，但是看妳的身體並不是很健康，看妳的生活作息也不是很合理，雖然有一些改變，卻仍然有一些是不動如山。比如說，柔軟操的練習和早起洗漱的步驟還有改善的空間，媽媽每天做柔軟操，一點都不困難，她能，為何妳就不能呢？早上起床後的步驟應該制式化、固定化，以節省時間，一是喝一杯溫開水，二是上衛生間排便，三是洗漱，四是吃早餐，五是換裝及收拾物品出門，這樣的步驟最合理，也是最節省時間。只要養成固定模式，便會形成新的習慣，切忌東一頭、西一頭，跳來跳去的流程無厘頭。

妳是好樣的，妳能這樣做，我和媽媽都替妳高興，得到回報和厚報的人也是妳哦！我的個性是即知即行，一旦知道什麼是對的，什麼是錯的，我立馬將錯的拋開，施行對的，絕不拖拖拉拉，慢慢的來。中秋節之前，我們就要勝利會師山東，妳可不要變成大美人，害我在青島機場找不到妳喔！」

媛媛說「早上好，是呀，還有九天我們就相聚啦！想一想就很開心。我現在正在慢慢改進，按照您的建議，逐漸的改變。早上的時候，我總是沒有合理的安排好，東一頭、西一頭的，現如今，我將有規律的合理安排，前一天晚上先把要穿的衣服找好，然後起床喝杯水，上廁所，洗漱，整理，之後吃早餐，不再拖拖拉拉的。」

大大說「重溫十二年前舊夢的文章《運氣雖好不自滿》。」

媛媛說「看完您這篇文章《運氣雖好不自滿》，真的佩服不已，您真的非常有毅力，為了自己的目標，堅持不懈的努力著、奮鬥著，雖然經歷了不少困難，遇到險阻，畢竟當時考取大學是一件不簡單的事情，您花費了近十年的時間寒窗苦讀，最終以了不起的成績考取公務員資格。

您當時條件差，邊工作邊讀書，還要照顧孩子的生活，可以說，您為了完成自己的理想，不惜花費一切精力和時間，但最終取得了相當好的成績。

我現在沒有生活中的壓力和瑣事，所以更要加倍努力，以我現在的水準還遠遠不夠，需要不斷充實自己的大腦。」

第十二回　順境容易逆境難，端看你的意志力

2013/09/16

大大說「倒計時只剩下一天，明天晚上七點過後，我們就要相會於山東的青島機場，妳說喜不喜歡啊？」

媛媛說「好開心啊！明天就見面，高興、高興！我已經準備就緒，就坐等明天的到來，您準備好了嗎？可以歡度小長假，好開心。

我在順境中就是原地踏步，在逆境中就是勇往直前，不斷擺脫逆境。我明白您的意思，我會落實在行動上，越來越好的，不辜負您的一片苦心。」

大大說「《報告老師我準備好了》－現在倒計時只剩下九個小時，俺們一家三口就能相會在青島機場，我都已經準備好了。妳說準備就緒，高興得很啦，妳瞅瞅一家人相聚就是讓我們這麼的開心和期待，光是想一想就很值得我們的等待，然後一起共渡美好

的長假五天多呢！

大姑娘，妳準備好了嗎？倒計時還有五個鐘頭，是不是越來越靠近呢？這時候在家裡包餃子作什麼用呢？是晚餐呢還是出發之前吃的呢？妳現在不但作家務活的本事和媽媽不相上下，就是模樣也長得不相上下，好像是一對姐妹花了。

我寫的一首小詩，《老頭愛丫頭十五》——前年全家回山東，爹娘接見五女婿；送紅包千裡挑一，雙親越看越中意。今年中秋拜丈人，花好月圓人團圓；不辭千里路迢迢，只願闔家都安康。　2013／09／17」

媛媛說「是啊，相聚的時間越來越靠近了，剛才在幫媽媽包餃子，我現在包餃子擀皮的技術已經跟媽媽不相上下啦。」

大大說「這一次五天小長假過得很快、很開心，一如兩年前回山東看姥姥一樣，我們仨和和美美的回去看姥姥，多麼快樂啊！」

大大說「妳這一年多的實習非常不容易，也非常有價值，現實磨練中很多是書本上及課堂上學不到的，妳很認真、很投入，表現很好、很不容易，值得肯定和誇獎。但是社會很現實，也很無情，妳早晚都會碰到一些妳所無法理解的事情和現象，無解的事還是要拋開到一邊去，立定自己的方向，堅強的照已定計畫走下去。

單位裡現在的狀況比較特別，妳並沒有錯，也沒有責任，該留人的時候就留人，同樣地，該走人的時候就走人，挺起腰桿，有點志氣有點骨氣，做自己該做的事就對了。而且，地球是圓的，現在的離開，說不定他日還會有再相見的機會，不要埋怨，不要懷恨。人情留一線，日後好相見。妳日後若是繼續在幼教界謀生，難保不會有再碰頭的機會，那時候一切雲淡風輕，相遇變得愉快，自然也會成就了自己。所以，離開時要有喜悅之情，跟領導及老師們道別，珍重再見，後會有期。

妳到另一家幼兒園應聘有了眉目，從下周起就要換跑道，這又回到騎驢找馬的狀況中，相信妳會適應了吧？到新單位去，妳就從新出發，從新開始，努力學習，努力適應，爭取表現就是了。只要把心態擺對了，妳必然會越來越好的，我們支持妳喔！」

大大說「今天早上妳的離職道別，妳聽取我的意見去做，立馬就能感受到不一樣的氣氛，可以說得上是轉守為攻，留給別人一個漂亮的身影和誇獎，真不錯。明天妳又要重新出發，踏上另一個里程碑的開始，沒有沮喪懊惱，只有歡欣鼓舞。其實，每個人大同小異，在人生舞台上，都是一個階段連接一個階段，不會每個階段都很美好，也不會每個階段都很糟糕。重要的是，要記得運動員的精神，勝不驕，敗不餒。」

媛媛說「是啊，很快樂，也很有意義；您讓我學到了不少在職場為人處事的準則，讓我受益匪淺，我一定會好好幹的，在新的軌道上踏實的走下去。」

大大說「《職場的禮節》－這一次俺們相約山東看望姥姥，跟前年那一趟一般的圓滿和快樂，停留二天，然後在中秋節當晚咱們再飛回大連自己的家裡賞月，雖然那晚月亮害羞地躲在雲端偷看我們的歡樂。在姥姥家第一晚，我聽媽媽說起妳已經在另外一家幼兒園應聘，就在我們家附近的新穎幼兒園，秋節過後就要轉換跑道，離開香爐礁這一家實習剛滿一年的幼兒園。

轉換職場在一個人的工作生涯中是在所難免的，未必不是一件好事，死守在一處職業場所也不見得就好，雖然人是一種墮性的動物，雅不願意挪窩換工作的，何況，俗話說滾石不聚苔，轉行不聚財，總是勸人家要一動不如一靜，所以願意轉行的人並不多見。不過，俗話也說人挪活，樹挪死。但是出於形勢所逼需要轉換工作的情況，也是所在多有，如果更進一步來講，事業要有所發展和升遷，換工作類別和換工作環境一定是少不掉的，如果把眼光放遠一點，轉行和轉台其實都是有必要，也是有好處的。所以當我知道妳要換工作環境，還是在這一個幼教的行業裡，我倒沒有什麼好擔心，而且香爐礁那兒的氣氛對妳並不友善，遲早都要離去的。

第二晚，我聽妳說要離職的作法是，在周日那天上班的早上七點，回到單位裡收拾起自己的物品後，不會碰見領導和其他老師之下，悄然的離開。我立馬勸告妳離職不是這樣子做法，妳又沒有做什麼見不得人的事，也沒有犯了什麼過錯，需要這樣夾著尾巴偷偷摸摸的溜走。我告訴妳離職要光明正大，堂堂正正，清清白白的離開。我說妳要在周日上午上班時間，領導和老師都在的時候，先進去跟領導道別，還要說感謝她給妳這一年到單位實習的機會，對妳的愛護和照顧，然後再跟其他老師告別，感謝她們對妳一年來的指導與照顧，大家後會有期，最後才收拾物品離開單位，這樣才是正確與成熟的做法，才不會落人話柄與被人嘲笑。

周日早上，我和媽媽送妳到單位－大連市西崗區第十幼兒園，前身是早教中心，今年七月已經評上示範幼兒園了，在這評鑑過程中妳也參與了兩次接受教育局的檢查，也有那麼一點兒汗馬功勞呢。妳進去辦理離職的事，我們就在外面樹底下坐等，一個小時後看見妳一派輕鬆愉快的走出單位，我們就曉得妳把離職一事辦得圓滿順利。

上車回家時，妳說真的不出大大的意料之外，妳的離別告辭，讓領導和老師們都很誇獎和稱讚，園長說妳還小，需要再多多積累一些經驗，這裡就是妳的娘家，隨時歡迎妳再回來。我就說妳這一場告別，不但為自己留下一個美麗的離職背影，也給單位裡的老師們留下一個口碑和稱許，而且，還能轉守為攻，化被動為主動，說得上是漂亮出擊哦。

回到家，吃過餃子喝完西紅柿煮蛋花湯，我也該滾蛋了，十二點半，我們準時上了約好的車子，風馳電掣直奔機場而去，不到半小時抵達目的地。辦好報到和劃位後，我們拍了幾張照片留念，我排隊要過安檢門時，妳說大大，我們抱一下吧。我先和妳擁抱一下，再和媽媽擁抱一下，五天小長假就此劃下美麗的句點，我愛妳們，很快就會再回來我們的家。」

媛媛說「我們一家人去山東真的是順順利利、其樂融融的。一路上都很順利也很開心，在姥姥家看見久違的親人倍感親切。我們一起歡度中秋品嘗月餅，一家人開開心心的真好。

工作變動的這件事情的確不是一件壞事，死守在一個地方也不是一件好事，適當的更換環境，也是一種鍛鍊，換工作換環境也為以後的發展做鋪墊。您給我提的建議真的讓我很受益，我一開始還準備早早的去把東西收拾完了之後就離開，然後去新的工作單位報到。得到您的建議後，我知道應該和大家一一告別，然後說明離開的原因，這樣以後就算有人提起也不會胡亂猜測，我覺得這樣做真的很到位，謝謝您啦。

謝謝您的好建議，這幾天我一直堅持喝蛋白粉，雖然開始有些不習慣，難以下嚥。

但是慢慢習慣，覺得還不錯，會一直堅持喝下去的，不辜負您的一片心意，同時也讓我的身體和免疫力提高。」

大大說「《妳還有很多改善空間》－俺們第二趟回山東之前，我就跟媽媽說過以後我們就每兩三年結伴一起回山東看望姥姥她們，我想這個原則今後將會予以落實，妳說好不好呢？妳看這一趟秋天咱們同行去探望姥爺他們，是不是和兩年前的上一趟冬天時節去的過程一樣圓滿和快樂？大家都一樣的開心，妳也是呀，真的是月圓人團圓囉。

現在妳能明白人是需要磨練的，這跟訓練有一些不一樣的地方就是說，合理的要求是訓練，不合理的要求是磨練。所以我們有時會遇上訓練，有時也會遇上磨練，只要我們能通過考驗，我們才能更精進，才能更上一層樓。因此我們不需要畏懼考驗，不需要畏懼磨練，只要我們做好準備，通過了考驗，機會就是我們的，我們才能生存，才能夠發展。

死守在一個工作崗位其實不容易有所長進，就像我就是這樣，我在同一個工作場所連續呆了四十年，人也變得有些呆了。幸好是，我在工作之外，開發出工會、宗親會、同學會的學習及歷練，獲得別人所沒有的機會，而且更重要的是我這一段自我訓練是成功的，成績是有目共睹的。所以我沒有怨恨，我沒有不滿，雖然我的工作單位沒有提拔我、沒有提升我，我也沒有埋怨，只是把我的精神及時間大部分擺在自己的事務上，如此而已。

妳今天的轉換跑道，起初一段時間會比較辛苦和不適應，但將來妳回顧自己的人生路途時，妳肯定會感到很欣慰的。如果妳有一點企圖心，想要在自己的職業上或事業上有所表現的話，妳遲早都必須得跳槽、換跑道。對於離職和道別，妳會聽從和採納的我的建議，妳就已經是成功了一半，足夠叫領導和老師們對妳刮目相看，恐怕她們都沒有人能夠像妳這麼樣做得漂亮。妳這樣堂堂正正的道別，清清白白的離開，只能留給她們對妳的稱讚和對妳的不捨，所以園長才會說這裡是妳的娘家，歡迎妳隨時再回來。妳自個兒也感受到這樣子的離職很到位，也很漂亮，是不是應了有句話說的，聽得老人言，享福在眼前？

可是說到妳的身體狀況卻一直上不去，前年還在景山的時候，因為喝了五、六個月台灣帶去的中藥，妳很迅猛的一下子由八十一斤增長到九十斤，叫妳都不敢相信呢！

更不敢相信的是上體育課推鉛球時，妳一下就優秀了，超越很多同學，那就是妳身體的本錢。可是不到三個月妳又蔫了，體重直直落，掉到八十四斤，怎不教人心疼呢？上個月還有八十八斤，去一趟山東回來，妳又落到八十四斤，妳真像是那城牆上的草，風吹兩邊倒！

妳的體質差來自三方面，一是先天遺傳的基因不良，聖經上說凡好樹結好果子，壞樹結壞果子，這是很有道理的。二是後天失調，妳的嬰兒及幼兒時期，家中的經濟條件不足，成長環境確實不好。三是這三、四年正是妳長身體的時候，偏偏妳又沉迷在電腦與網絡世界中而不克自拔，生活步調亂了套，吃和睡都沒有上軌道，妨礙妳的生長。妳必須強化妳的體質，我前天也寄給妳那一份提升免疫力的飲食原則，並不是吃什麼仙丹妙藥，而是均衡飲食，平衡攝取營養，所以萬萬不能偏食，也不能挑食。

可是妳呢？恰恰是那麼愛挑嘴，這是最壞的飲食習慣，妳要立定決心，改變飲食習慣，吃的不但要量多，還要樣式多，這是多元化、多樣化、均衡化。

說到安麗／安利蛋白粉營養成分的確很高，山東姥姥身體虛弱，一到冬天三、四個月之中都要住院七、八次，我建議她食用蛋白粉，由我從台灣採購之後郵到山東，她服用幾個月之後已經大幅改善。所以媽媽才會要求我提供給妳食用，這個效果肯定是可以預期的，妳一定要不間斷的喝下。安麗蛋白粉是美國原廠生產台灣包裝銷售的，而安利蛋白粉是大陸生產包裝的，兩者的品質、包裝、售價都有些區別，約略有些次於原廠的產品。」

媛媛說「好久沒給您回復郵件了，最近眼睛不太好，我在儘量克制自己不看電腦、少看電話，您發的郵件我有看到，但是沒有及時回復，見諒啦。國慶日迎來一個小長假七天呢，我要好好安排下，昨天跟媽媽一起去姨姥姥家聚餐，很開心。今天和媽媽去大媽家串門，雖然現在不再需要她關照，但是節日裡依舊要去問候，以前她也沒少幫忙，我們一起談談最近的生活工作，很愉快，她還說我越變越漂亮。

在新的工作崗位上我很順利，也沒有手足無措的感覺，大家對我都不錯，我也時刻長精神頭兒，不出一點差錯。跟孩子們相處的很愉快，也很配合，我教給他們新歌謠，他們學的也很認真，有時候在教室領著孩子們彈彈琴、唱唱歌。

偶爾園長會來回巡視，下班的時候她還問我，最近一個禮拜感覺怎麼樣？我說很好啊，一切都很適應，她說我很棒，她很愛我，大家對我的印象也很好，我說會繼續努力，腳踏實地的好好幹。」

大大說「妳現在的當務之急，就是要盡快把體重增加到九十斤以上，除了吃好睡好之外，多多運動或勞動也是快速有效的方法，可是妳又太懶惰了，要是妳增加重量訓練的運動項目，妳的飯量還會增加，一個月後站上九十斤不成問題，就看妳要不要下定決心？妳懷疑不長個是不是沒喝牛奶的原故？這個不是沒有道理，但時間已經過去，事實無法重來，要緊的是往後如何加強，現在急起直追，應該還來得及，千萬不要再耽擱了！妳在初中階段沉迷於手機與網絡世界，導致妳吃沒吃好，睡沒睡好，妨礙到妳在青春期最重要的成長時機，如今亡羊補牢，時猶未晚，趕快改變吧！

妳要改善身體素質，首先要生活作息正常化，這一點妳已經達到要求了，其次是從飲食上調整，必須三餐正常進食，早餐一定不能少，再其次是食量的增加，吃到十分飽，上午下午及晚上，只須肚子餓了都可以吃間食，最後是注意食物的質量，含有豐富的蛋白質是首選，雞蛋和肉類必定不可少，豆類及牛奶也是必需品，再加上蛋白粉，我相信兩三個月就能有成效。」

第十三回　朋友間的借錢，多數不會有好下場

2013/10/09

大大說「《說說借錢的事兒》－晚上要當著媽媽的面跟姑娘談一件事，這種事情將來妳多少也會碰到。昨天媽媽跟我說于阿姨要向她借錢五千元，我期期以為不可，勸她不要答應才好，道理如下。在社會經驗下通常都會勸告人們，在朋友之間，原則上最好不要有金錢來往，也就是不要有金錢的借貸，因為借錢的後果十之八九都是沒有好下場，好借沒有好還，因此會傷害到朋友之間的多年感情，甚至反目成仇。朋友之間例外的金錢來往不是沒有，比如小錢，在每月工資的一成或五成左右，比如閑錢，有一筆十萬八萬的剩餘款項。

一般而言，朋友之間的金錢借貸遠不如向銀行貸款的手續那麼嚴謹，第一是沒有財產擔保或信用擔保，第二甚至是連借據／借條都沒有，所以將來一旦借錢的人沒有

還上，出借的人很難要得回來，兩人之間的感情便會破裂。而向銀行貸款的手續嚴謹而周延，必須有所擔保，借錢的人膽敢不還，銀行會拍賣擔保品，或把他送去法院，不但要照還不誤，還得向法院繳交一筆為數不小的訴訟費。朋友之間的借錢跟親戚之間的借錢還有不同的地方，親戚間可能是沒有擔保，也沒有借據。但是如果發生倒債或賴帳的話，出借的人還可以向雙方的共同親戚訴說，對借錢的人會造成一定程度的壓力，提高還債的機會。可是，朋友之間要不到債時，其他朋友是不會捲入其中的，還債的機會因而減少很多。

于阿姨要借錢的事，首先看對我們家是不是一筆小錢？其次看我們有沒有閑錢？妳知道我們買房子的錢不夠，還向銀行貸款三十萬元，每個月要繳的利息就二千三百元。媽媽的辛苦工作和妳的不穩定收入加起來大約在四千六百元，繳貸款的利息排第一佔了一半，生活費排第二只剩一半，平常都要儘量節省開銷了。遇到大筆支出就週轉不開了，例如妳的牙齒矯正，每年一期的取暖費二千六百元、物業費一千元。可見得五千元對我們家不是一筆小錢，而且我們入不敷出，哪來的閑錢？如果硬是從我們的有限收入中擠出一筆錢來借給她，我們自己就得常常挖東牆補西牆來填補，萬一她要是不能如期歸還的話，我們就補不回來，往後的日子要怎麼過呢？妳說我們能夠不謹慎嗎？

于阿姨也是剛買房子，當然手頭上會比較緊的，這個跟我們是同樣處境，自然能夠理解。可是她的負債頂多是三萬元，而我們卻是負債三十萬元，這大小之間的對比再清楚不夠了。我們去年買房子後，姥姥知道我們手頭上比較緊，特別告誡媽媽要實行計劃經濟，力行節省，這是很明白不過的事了。而我們回山東看望姥姥，孝敬姥爺的心意，卻是不能少的禮數和敬意，那是必須花而不能省的開銷，和借錢給別人的意義又是不一樣的。

再說于阿姨和媽媽的交情，雖然說她們倆是二十多年前的老工友，但是已經失散了十多年，直到前年底才聯系上的，非常難能可貴。可是分別之後這段歲月的發展及個性，當然會有所改變的，互相會有一些不甚了解的地方，這都是人之常情，所以也有適用害人之心不可有，防人之心不可無的地方，以及逢人只說三分話，未可全拋一片心的原則。

端午節我回來溫馨的家和溫柔的家，聽媽媽說于阿姨的朋友陳平大哥摔傷膝蓋住院了；我去年生病住院十二天他有去看望我，這下子我當然應該去探望他的，這是人情禮俗的往來，也是基本的禮貌。可是于阿姨卻不肯給我陳平的電話，害我不能表達我的誠意，這是有違人情之常的，換句話說，她是對我們有防備之心的。今天下午，媽媽和我去她的新居拜訪她，也看見陳平，並送他一瓶金門高粱酒，大家相見甚歡。誰知，告別出門時，我們倆要和陳哥一起走，于阿姨卻說什麼都不讓，一定要陳哥先走，我們稍後再走，我們知道她是不願意讓我們有單獨和陳哥談話的機會，也就是說，她對我們是有防備之心的。如此，我們也不能不對她所防備才是，更何況是金錢的來往。」

媛媛說「我也覺得不要出借為宜，第一是我們沒有閑錢，第二是後果難料。」

大大說「沒事，這幾天我們很開心也很滋潤，四天快樂的小長假就劃下美麗的句點，期待再相會。妳到華南商城帶回一些衣服，得好好試穿一下，總會有妳合意、中意的。早上俺倆還聊到妳得添購幾件得體的衣服，是為了工作上敬業的需要，然後再選購一些漂亮的衣服，不承想，中午妳就有新衣服可穿，真是天從人願啊。妳問我下次相聚在何時？我想大約在冬季，應該不會是在春天吧！

那一天深夜妳們到機場接我來家後，我拿出一本相簿和一疊相片給妳看，當妳看到那兩張俺和妳媽在東來順火鍋店裡照的相片，兩個人坐在椅子上頭靠著頭，妳就說：你們倆挺有夫妻臉的嘛！說的一點沒錯，俺媳婦跟俺是一家人，當然有夫妻臉了。除了吃一小碗的麵線外，夜裡真的不敢再吃什麼好飯好菜。接下來，天天都是有魚有肉、有菜有海鮮，還有青菜及水果，媽媽真是花了不少心思在三餐上面，不但叫我吃好喝好，還讓我睡好睡飽，叫我如何不滋潤呢？

然後，體重在不知不覺中又增加起來。第二天沒有出門，第三天上午媽媽就帶著爺爺上大連，到中山九號把兩件事情都辦好了，第四天上午媽媽又帶著爺爺去大連，將她自個兒的事也辦妥了，下午還去拜訪於阿姨的新居及送禮。第五天早上她最忙了，料理很多的食物，除了把我餵飽之外，還讓我帶走作為路上的食物，真是貼心的媳婦。」

媛媛說「叔叔，您好，好久沒打開電腦，昨天看了您給我發送的郵件，我有仔細閱讀，您說道前段時間於阿姨跟媽媽借錢的事情，我有受到啟發。在以後的為人處事中能夠隨機應變，不能一時盲目沖著朋友的友情就出手借錢，要仔細的斟酌，見機行事。不然，會好事變壞事，雞飛蛋打，自己得不償失，朋友也做不成，那可真是哭都來不及了，濫好人不能亂做的。

您說回家的這幾天媽媽燒了一手好菜，買了水果，給您照顧的無微不至。媽媽也是忙裡忙外的想讓您多吃些，因為回去沒人照顧您，還不得抓緊給您補充能量。短短的幾天，您長秤也是必然的，跟您在一起，家裡總是少不了爽朗的歡笑聲，總是樂呵呵的，被您感染的我也很開心呢！希望元旦和春節您能多住些日子。」

大大說「這是妳第二次喊我叔叔了，淘氣小姑娘，只要妳開心就好，有什麼不可以呢？我記得王園長也曾經叫妳是，有魔力的小丫頭，我說妳是個小魔女，其他老師則說妳真會來事，媽媽說妳這小東西也有可愛的一面。妳第一次喊叔叔時我就說，妳從前喊大大，現在叫叔叔，指不定將來就喊哥哥了，是不是啊？

前些天我打電話回家給媽媽，妳接聽之後就對媽媽喊著：哥哥來電話了。媽媽接聽之後就一直對著電話笑不停，說小東西多淘氣啊！是啊，可愛的妳，淘氣的妳，開開心心，多麼愉快耶。所以我昨晚給妳打電話就說了，溫新妹妹，哥哥來電話了。」

媛媛說「您真是越活越年輕，叫叔叔也不為過，那就叫叔叔吧。衣服總體我也不是太中意，但是媽媽覺得不錯，我覺得不太得體，也不是很適合我。」

大大說「《生涯規劃的原則》－那晚我要當著媽媽的面告訴妳有關於朋友之間借錢的事兒，就是讓妳曉得一生當中難免妳也會碰到類似的情況，屆時妳將如何應對為宜呢？原則上，朋友之間最好不要有借錢的事情，例外的情況，仍須考慮二項簡單的方向，一是小錢，二是有閑錢，不會影響或妨礙到自己的生活用度。講完之後，我再把那天的內容用文字重述一遍，以便加深妳的印象和明瞭社會的現象。至於大錢，當然是要向銀行申請貸款，比如我們買房子就跟銀行借了三十萬元。

妳前天回信說妳有受到啟發，這正是我的用意，一則讓妳明白事情的原委和本質，一則讓妳減少或避免吃虧的情事發生。就像妳說的不能一時盲目沖著朋友的友情就出手借錢，要仔細的斟酌，見機行事。不然，會好事變壞事，雞飛蛋打，自己得不償失，朋友也做不成。妳說的一點沒錯，証明妳有正確的認知。

我回家之前，妳就發現冰箱裡面裝滿魚肉和蔬果，知道媽媽要好好照顧我，來家後我也告訴媽媽燉牛尾巴湯時，我要和妳一同分享，因為湯裡的鈣質蠻高的，對妳的生長骨頭會有幫助。誰知媽媽說，妳吃不來牛尾巴湯，聞到湯汁妳就受不了，喝不下。

妳的挑食真的不是一個好習慣，只要是對妳身體有益的食物，妳就應該大吃特吃才對，挑精揀肥真是不好！

以下再說說妳的工作，媽媽說妳對於進入幼教這行業不是很有興趣，還不能定下心來。依我看來，以妳的年輕，自然是很難定性來從事這項工作，年輕人眼高手低者，比比皆是，並不意外。我講一個比較簡單的俗語好了，人們的共同心理確實有這種情形『無職思職，在職怨職』，這含義妳明白嗎？前一句是說一個人沒有工作、賦閑在家的時候，生活上有出無入，終究會坐吃山空，所以他就會想到趕快找個工作獲得收入，以換取生活上的一切所需。後一句是說有了工作以後，就會受到很多的約束，還必須低聲下氣、為五斗米折腰，真的好無奈，好不甘願，因此便產生一股怨氣。

大連的花季少女
——兩岸人情皆文章

當伙計的要聽人差遣，常常是身不由己；可是當老闆的要擔心收支平衡，最怕入不敷出、發生虧損。妳想一想，是不是沒有一樣是快活的？其實，我們要重視的是前一句話無職思職，沒有工作就沒有收入，沒有收入就無法維持日常的生活，何況我們都不能去偷、去搶，那都是犯法的事兒，幹不得的事兒！後一句話，我們倒是可以設法儘量去避免，怨天尤人或者怨氣沖天，於人無益，於己有害，根本是自損三千的作法。

我看到有些週遭的朋友，家裡有的孩子大學、大專畢業後一直沒有踏入職場，沒有正式的工作，在家裡閑坐吃閑飯，啃爸媽的老本。他只要坐上三、五年，這孩子就等於完蛋了，第一他跟社會、同儕脫節，第二他放不下身段去從底層的工作幹起，第三養成懶骨頭。所以有些大學生不敢畢業，就是不敢去面對社會的考驗和磨練，因而他會採取延畢或考研，來延長一些時日。其實，無益的就學，根本就是一種浪費，浪費時間和浪費金錢。在台灣的大學生，真是大量過剩，一本、二本的大學生沒有實力或沒有用處的多得是，三本的大學生可以說是有錢人家的收容所，不過是混個日子和混個文憑罷了！在台灣是一畢業就失業，浮浮沉沉幾多年才能認命圖個安身立命的工作。

天下的道理千變萬化，最後是萬流歸宗，一通百通，妳看我也沒有做很多的事情，但是我把做過的事想通了、做好了，萬變不離其宗，我大都能知道一個名堂來了。首先，我們知道工作才是王道，除非妳是官二代、富二代，要不然妳想要在社會上立足，就必須擁有一份工作，才能支付妳所需的一切日常開銷。就這一點而言，我和妳一樣都不能避免，這又叫為生活而工作。要得到工作，我們需要具備一定的條件和能力，以及機會，有了工作後，我們需要付出時間和勞力，最後我們要想在工作上有所發揮和發展，付出就必須更多。

妳現在算開始正式工作，在教師這一個行業裡必須有二項條件，一是取得教師証，二是取得工作年資至少二年或三年。即使妳將來要轉台到其他行業，並無不可，但不能急在一時，先把這二項要件完成了，再考慮轉行，比較會萬無一失或者是留有一個退步。這項培養自己的工作條件非常重要，如果將來妳轉台到其他行業不如意時，妳還可以回到自己的老本行來，這就是為自己留的退步。我們知道工作才是王道，具備工作條件正是我們的責任。

再來談談妳的感情事兒和生涯規劃，十八歲已經成年，就是大人了，在台灣成年是二十歲。雖然年齡足夠，但是心智仍未成熟，要聽父母的話和要向父母學習的事情還多著呢！初中畢業後的少男少女，正當青春期後段，正值情竇初開，對異性充滿好奇的階段，這都是人之常情，一切正常，也是必經的過程。這時候對談戀愛也充滿了憧憬及嚮

大連的花季少女
——兩岸人情皆文章

往，哪個少年不多情？哪個少女不懷春？妳在高中、高職或中專階段和男生交往或談一場戀愛，沒有什麼大不了，也不是一件壞事，至少可以學習如何和異性交往，這都是成長的過程。

但是，學生戀情能夠開花結果的，十成裡最多只有一成，這是非常現實的結果，失敗的原因雖多，不外年少、個性不成熟等，面對複雜的社會時更是不堪一擊。不過，失敗為成功之母，可以為將來成熟、成功的戀情做鋪墊。像妳目前跟王同學半真半假的談戀愛，千萬不要孤注一擲，投入全部的希望和將來，完全喪失自我，全部依賴他人，此種做法最危險不過了。自己一定要能自立自強，第一妳才能自食其力，不須仰賴他人，第二才能贏得他人的尊重，不成為寄生蟲。妳的自立自強，是沒有替代性的，是不能寄托在他人身上，即使兄弟姐妹登山，也要各自努力，自助而後人助，而後天助。

你同學媽媽想讓妳和他一起下海做生意，做服裝買賣，這大可不必，他可以放手一搏去闖一闖商場，妳卻必須固守自己的本職，厚實自己的工作條件，等考上教師証，工作滿三年之後再跳槽。三年後，他的生意如果做得好，妳加入可以再幫他做大，如果做不好，還不會妨害到妳，這樣子比較穩當。妳知道嗎？商海如大海，起起伏伏，一個不小心一個浪頭打過來，就把妳淹沒了，叫妳血本無歸！踏入商場，不可不慎！

妳看有句話雖然說『東西南北中，發財到廣東』，可那廣東人要進商場，可是很謹慎的，一對夫妻不會同時進場，一定是一個進場，一個仍留在單位照常工作，他們叫做一個岸上，一個下海。我們曉得要賺錢還是做生意來得大、來得快，可是相對的，做生意的風險也大，商場情況瞬息萬變，一個反應不及或不當，就會傾家蕩產。

妳昨天說我是越活越年輕了，叫叔叔也不為過，妳愛喊什麼都好，只要妳喜歡，有什麼不可以？這兩年來，媽媽的朋友看見她總是驚訝的說她怎麼越來越年輕、越來越漂亮？還問她是改用什麼牌子的化妝品能夠這麼神奇呢？可把她樂得都不行了，樂得她屁顛屁顛的，她只會說是愛情的力量真偉大。

我知道吃飯學問大，穿衣功用大，但是我的所知很有限。先說穿衣服，衣服功用大，一是保暖，保暖是基本，二是美觀，美觀是延伸，三是禮節，禮節是社交。現代人的保暖大致上都不成問題，所以重心都擺在美觀的追求上，一是面料的質地，二是顏色和色系的調配，三是款式的剪裁，四是衣服和髮型及鞋子的搭配等。現在買衣服都是成衣，現買現穿還可以套量，不像量身訂製的剪裁會比較合身。其實，剪裁合身的衣服一穿起來就顯得精神很多，買成衣要能買到恰到合身的機會不多，多數是尺碼稍微大一些就行了。

大連的花季少女

——兩岸人情皆文章

但是有些衣服的布料有彈性、會伸縮的，那就能穿出緊身的效果，這種衣服穿在女人凹凸有致的身上，顯現出那種玲瓏剔透的身段，叫人看了真是賞心悅目，即使女人的臉蛋長得不太漂亮也可以掩蓋得過去。像媽媽有一件小舅媽送給她的黑色連身裙，就是此種面料，裙子掛起來的時候看不出什麼特色，一穿上身體就顯出美妙的身材和曲線，真是恰到好處，小舅媽說她穿起來就太瘦了，而媽媽的身材比較苗條。妳的新牛仔褲是中腰或低腰吧，比妳原來的高腰合身很多，其他的衣服是合穿，但不合身、貼身或緊身，妳說是嗎？」

媛媛說「您這篇文章《生涯規劃的原則》篇幅很長，大約三千字左右，看來花費了不少心思，也流露出真情實感，我看了幾遍，也仔細閱讀。您說上次回家時我們聊到於阿姨跟媽媽借錢的事情，您因此聯想到我在將來為人處事中也會遭遇到類似的事情，要理性的思考問題，不能因為一時的朋友情而魯莽的伸出手借錢。因為後果是誰也預測不到的，可能皆大歡喜，也可能鬧的很不愉快，我會聽取您的建議。您回來那幾天我特別開心，媽媽忙忙碌碌累的也很快樂，家裡總是洋溢著爽朗的笑聲兒，好歡樂啊。在工作崗位中要體驗不同的環境，接觸不同的人和事，才能更快的促進我成長，並不需要做對比，因我人生就是起起伏伏，誰也不能預測到下一秒發生什麼，經歷什麼，所以就要體驗各種人生百態。」

大大說「《一生的規劃最要緊》－我昨天談的《生涯規劃的原則》內容又長又實際，妳有空的時候不妨再多看一遍，可以增加妳對社會現象的認識。我為什麼要不厭其煩的強調自立自強、自食其力的重要性，因為妳要想照顧別人之前，一定要先照顧好自己，而且不是依賴他人的狀況之下，依賴他人還不如依靠自己的雙手比較切實。

假如妳不喜歡目前的工作和行業，我並不覺得意外，正如我所說的在職怨職的社會心理，人皆有之，不是妳獨有的。可是當妳沒有工作、有出無入的時候，妳就著急要找工作，不就是無職思職嗎？再說比上不足，比下有餘的意義，雖然不是高收入，卻比那些個沒有工作、沒有收入的人又好很多了，何況有些人的收入還趕不上妳呢！

妳必須具備的工作條件，一是教師証，二是工作年資／工齡三年，都是必不可少的。

雖然幼教這個行業不是高所得，但是每個月的工資能夠確保妳自己的生活無虞匱乏，進而能夠安頓妳的家人生活無缺，這是多麼神聖，多麼重要啊！妳應該趁著年輕，從現在起平心靜氣地把心思放在工作上三年，打下自己謀生的基礎，要轉台或者改行暫且放到三年之後再考慮。這樣子，到時候妳就能立於進可攻，退可守的最佳戰略位置。即使妳萬一跳槽失敗，再回到幼教來沒有什麼困難啊。如果你跳來跳去的轉行，那麼妳到哪個行業去都是一個新手，所謂轉行不聚財，就是這個道理。

再說三年後，妳的年齡及心智逐漸成熟，妳的王同學也是如此，這期間妳們可以通過考驗，可以相互了解，可以相互接納，屆時不更是水到渠成嗎？如果不能通過考驗，不用怪誰，指不定下一次會更好，而且衝擊和傷害會降到最低。

靠別人，不如靠自己，況且，妳已經站在社會和職場上的立足點，運氣和機會都不能說是不好了。有句話說吃不窮，穿不窮，算計不到終身受窮。這裡所說的算計，就是生涯規劃，所以說一生的規劃最要緊。我們不企求什麼榮華富貴，只要能生活無憂無慮，有歡笑、有快樂、有幸福，才是最切實最安穩。」

媛媛說「叔叔，這兩年我發現生活的環境發生翻天覆地的改變，從地獄被拉到天堂，不論是環境還是心情還是工作，都有了很大的起色。媽媽的氣色也變好多，我們的情緒也由多雲轉晴了，這一切的一切都是您為我們操辦的。真的是由衷的感謝您，不斷無私的奉獻，不求回報，一心一意對我和媽媽好，經常關心我的工作和身體，現在我所擁有的，大多是您的功勞。我會努力完善自己，將來回報您和媽媽的辛苦付出。

以後就叫叔叔，沒有一點違和感。」

大大說「搬入新家一年多，的確非常重要，轉變非常好，尤其是對妳的心理建設，助益更大。只要妳聽取我們的建議，妳一定還會有更好的改變，那麼一家三口更加和和美美，再說啦，一家人就不用說兩家話囉。我們是一家人，相互扶持，相互照顧，齊心協力共創輝煌。

最近兩次跟妳通電話，我發現妳講話的聲音又亮、底氣又足喔，真是一個不錯的轉變。我看妳自從中秋節以來一個多月都沒有感冒，也是一個很好的發展，如果妳繼續保持下去，等我下個月末來家時都沒有感冒的話，我就給妳頒發一個獎勵。」

媛媛說「這一段時間，我的心情、身體都在呈現上升的趨勢，工作上也很順心，得心應手的；我現在也注意自己的生活習慣，有堅持喝蛋白粉配牛奶。現在抵抗力增強了，我會繼續好好保持的，您也要照顧好自己，我們元旦就要見面啦！我們就這麼做一個愉快的決定，我會等待你的獎勵。

和風送香氣，竹露滴清響；散髮乘夕涼，開窗臥閑敞。靜心理思緒，忽聽天籟響；生日快樂歌，為你來唱響。快樂隨你心，幸福隨你想。叔叔，生日快樂伴你永甜香。

大大，是您讓我擁有更廣闊的天空，是您讓我看得更高、更遠。要借今天謝謝您，祝您生日快樂！獻上我的謝意，為了這幾年來您對我付出的耐心和愛心，謝謝您，大大，祝您生日快樂！工作勝利，身體健康！」

大大說「寶貝，謝謝妳，我生日，妳快樂、我快樂、媽媽快樂，大家都快樂。懂事的寶貝，謝謝妳，這些年讓妳體會到一家人之間的相互關懷，相互照顧的真諦。妳不止是只有妳一個人而已，妳還有我、還有媽媽跟妳心連心，肩並肩一起向前走。俺們一家三口緊密相連，構成一個鐵三角的組合，休戚相關，榮辱與共，齊心協力共創輝煌。

妳難得放一個長假，好好安排妳的羅馬假期吧！我看妳這兩個多月來的身體狀況都是處於良好及健康之下，真的很好、很重要，只要再繼續堅持下去，到時候我給你拍拍手、鼓鼓掌喔！」

媛媛說「是要好好安排一下難得的假期，體重已經到九十斤啦！我會繼續保持的，您也要好好照顧自己。謝謝您，大大，是您一直對我的照顧和鼓勵。

最近都沒有給您發郵件，也很久沒有開電腦，您最近身體怎麼樣？我最近一段時間一切都很順利，心情自然也不錯。今年入冬以來我沒有感冒，身體素質也越來越棒，在幼兒園裡老師都說我比二個月前長肉了，中午飯我吃的很多，回家食欲也很好，心情好，吃嘛嘛香。還期待您給我的大禮呢。

這說來也快，再有兩個月就要過年了，我們又可以歡歡喜喜的團聚在一起，這是一件多麼幸福、開心的事情！您不是愛吃火鍋嗎？最近我發現大連有一家火鍋自助特別棒，等您來了我們就去吃，好嗎？我這兩個月無論是工作上還是身體上，都不錯呢！

正好也開工資了，還跟媽媽商量給您買些什麼，等您回家了我們一起去選，一起去逛街。您要好好照顧自己，馬上我們就可以見面，很想您呢。

以下這是以前香爐礁劉老師前幾天給我發的信息：

劉老師：溫新，你好！你走後一直沒有給我打電話，你走了我也很遺憾，我知道有些事並不是你我能說了算的。但我們在一起時，最讓我感動的兩件事至今沒忘，一件是我腰跌壞了，你跑去買藥，從家拿藥；另一件是我們聚餐時你為我擋酒，一直坐在我身邊照顧我。撇開專業的事不說，你是個有情有義的孩子，只是社會經驗不足。有時間我們倆坐下聊聊，我挺想你的！

溫新：好的，劉老師，有時間出來坐坐，我也挺想你的。這都是我應該做的，這一年多您和王園長也不斷的幫助我啊，不厭其煩的教我，開始什麼經驗也沒有，什麼都不會，沒少讓你操心，等有機會的話回去看看你，然後出來請你吃飯。

劉老師：好哇！」

大大說「《妳體會到健康的益處了》－妳前天說自個兒身體越來越棒，掩不住喜悅溢於言辭之間，妳說最近一段時間一切都很順利，心情自然也不錯，體重增加到了九十斤。今年入冬以來沒有感冒，身體素質也越來越棒，在幼兒園裡老師都說妳比二個月前長肉了。瞧你樂得那個樣子，我也感受到妳的開心呢！

看到妳健康又快樂，我也很高興，而且，我是多麼希望妳能快樂、開朗，現在妳已經逐步走上這條康莊大道，真叫我心滿意足呢！只要妳好了，我和媽媽都好，我們一家三口齊心，其利斷金，多麼興旺啊！瞅瞅妳吃得香、睡得香，正如妳所說的是吃嘛嘛香，妳真正體會到健康的重要和好處了吧！

我最近一切照常，生活和工作照舊，身體大致恢復到往常水平，只是孤單的時候特別想妳和媽媽，特別懷念來家共同生活的美好，我一個人生活真的很不方便，還很無趣！不過，現在快了，距離過年只剩兩個月，距離我們再次團聚更只有一個月的時間而已，團聚是那麼幸福、快樂、開心，大約在冬季不再是那麼遙遠不可及了！等我來家，自然會給妳頒發獎勵，雖然不一定是大禮，但是肯定能讓妳喜歡就是，這不就是我們愉快的約定嗎？妳要領我去吃日本料理、羊肉湯、自助火鍋，我都喜歡，到時一定去品嘗一番。正好妳開工資了，剛好可以享受一下自己的勞動成果，我也可以參加分享呀！所以我一定會照顧好自己，準備和妳團聚、和媽媽團聚。

妳昨天說到劉老師給妳發信息，她對妳很惦記著，也想跟妳坐下來嘮一嘮；妳的回信很得體，不記前嫌，只念情誼，這樣的態度和心胸非常大度，少一個人敵人還多一個朋友呢！這充分証明了妳離開香爐礁幼兒園的道別是多麼正確和成功，為妳自己留給別人一道美好的身影，留予他人去評說。這樣的離職做法非常成熟得體，尤其是像妳這般的年輕人，十有八九做不到，而妳卻是那唯一的一位，接著，妳在泉水的離職，同樣做得很圓滿，留給別人許多的不捨與懷念。

昨天有同學回家鄉與妳相見，看妳嘿皮了一天，心花朵朵開，祝福妳，我的寶貝。人的本能是成長、成熟、尋找配偶，這都是自然的過程，談戀愛更是一件令人賞心悅目的美事。雖然一次就到位和成功，很少見，但至少懂得如何跟異性相處，如何表達對異性的愛慕，卻是人生一項很重要的課程，如果懂得如何與人相處，在人生路上一輩子不會孤單。」

媛媛說「最近這些日子我的身體狀況不錯，體重也不斷上升，真的很不錯，體質也很棒，多虧了您的蛋白粉兒。現在每天養成良好的作息習慣，上網的時間也縮短了。

這一年我的轉變很大，從各個方面都有很大的改觀，一步步向好的方向發展著。您也在不斷的扶持我，為我指引正確的方向，遇到一些小麻煩也是您和媽媽在第一時間為我出謀劃策，讓我朝著好的方向努力著，真的超級開心。現在每天都很開心，住在溫馨的房子裡，心情也很不錯，但唯一遺憾的是您不在，您在那邊就自己，每天都要裡裡外外自己忙活，等我過段時間慢慢獨立了，就讓媽媽去照顧您。等到您退休就可以一直跟我們在一起啦，好開心。」

大大說「《開心的寶貝》－妳已經想到不久的將來我們生活在一起的美好和期盼，這叫人生有夢最美，而且這個夢想還都是我們的共同目標，一致要達成的境界，所以它不但是我們的夢想，也是我們的理想和可以達到的目標。我退休大概還要二、三年吧？我們一起來期待。但是我們的團聚就比較快了，只剩下一個月我就能來家看妳、看媽媽，然後過二個月我們又會再一起過春節，像去年的春節一樣團團圓圓，而且還會比蛇年更加快樂！

我昨天說妳體會到健康的益處了，我知道妳是一個漂亮的韓國洋娃娃，妳愛漂亮、愛打扮，這都很好、很自然、也很正常，但是我再三說漂亮的基礎必須是建立在健康之上的，一點也沒錯吧！每當看妳感冒頻頻的時候，妳整個人都蔫了，面黃肌瘦，垂頭喪氣，無精打采，妳的漂亮因此就無所附麗了。這一點我和媽媽看在眼裡再清楚不過了，跟妳說漂亮的根本之道還是在於健康，現在妳可相信忠言不必逆耳吧！

妳最近的身體狀況不錯，體質也棒，是來自多方面的，蛋白粉兒只是其中的一項而已，妳只須繼續保持目前的良好作息習慣準沒錯。妳這一年半的轉變確實很大、也很好，到目前為止經過檢驗之後可以證實為真的，小樹慢慢要變成一棵大樹了，妳只要踏穩腳步，相信一定能夠達成的。我費心，妳費力，終究會叫妳知道超級開心的，加上住房很溫馨，天天都開心，是不是就此過著和和美美的小日子呢？

妳今天去做頭髮把自己打扮得美美的，準備迎接下周起的新工作，真是開心。一個女性的漂亮是從頭開始的，也就是從頭髮開始，尤其是燙頭髮，立馬給人帶來成熟的感覺，為妳鼓鼓掌。昨天聽說妳同學的哥哥要在今天結婚請吃喜酒，邀請妳出席參加。妳當場拒絕了，看他有些不高興，妳就跟他解釋不合適的道理，他聽完覺得有理也能諒解了。我發現妳成長和成熟了不少，拒絕得明白，解釋得有理，非常恰當，值得飄揚哦！妳也曉得做什麼事情講究一個度，也就是一個分寸怎麼拿捏，過猶不及，皆不恰當。什麼場合應該是什麼作法為宜，確實會起到一定的效果，像有家庭聚會性質的宴席，一個關係還不成熟、還不確定的外人貿然加入，會引起宴會中其他人的側目，自己也會很彆扭，只不過是成全了對方的一點虛榮心而已，那又何必呢？

我記得以前跟妳說過我唸高中讀到英文課外讀物看到一篇文章裡面，一位美國高中女生的媽媽早上送女兒出門上學前叮嚀女兒說今天吃過避孕藥沒有？當時我心想，這個美國媽媽真不像話，高中生才十七歲就想那檔事了？然而那個女兒還一本正經地告訴媽媽說吃過了。十多年之後我自己結婚、生子，才醒悟人家美國人那叫開放和開明，事情都擺在明面上來講，而且預防勝於治療。由於她們早熟的緣故，初中生就已經有性生活了，高中生更是普遍，而我們的大學生都還不普遍呢！這一點，西方人比我們早熟五年，當然啦，她們後來也比我們早衰了五年，所以上帝還是公平的。下周我將會說明一下健康教育中，關於月經、排卵、懷孕、避孕、安全期、危險期的常識，省得妳還要去看電視或者逛夜市。」

媛媛說「這幾天到新單位一切都好，大家對我都不錯。由於剛開始，對工作上的流程還不是很熟悉，有些問題需要慢慢化解，最近也沒跟您打電話、發郵件，真是不好意思，還讓您一直惦記著，我會好好努力的。」

大大說「今天寫《閑談人體健康教育》初稿很長，有二千六百字，但是很有參考價值，值得妳多看幾遍。」

媛媛說「最近都一直沒開電腦，也不怎麼上網。很久沒有給您回復郵件了，不要怪我哈。在六加一幼兒園工作已經將近半個月，說來也快，跟大家相處的都很融洽，工作也很順心沒有什麼煩心事。很快的就進入良好的工作狀態。離家近，環境好，工作順心，可謂是天時地利人和，我一定會好好努力的工作，不斷的充實自己，不斷的積累經驗，您就放心吧。

您給我發送的郵件都有看，《出納工作心得報告》以及《閑談人體健康教育》內容都很豐富，對我也很受益，謝謝您，那麼費盡心思的引導我，我一定不會辜負您的。

馬上就要元旦，我們又可以團聚，真是太開心啦，坐等您回家過年。」

大大說「《換工作一段比一段好》－我知道妳最近沒有打開電腦，一方面是忙著男同學凱旋榮歸故里，另方面是苦於眼睛眨巴眨巴的難受，對嗎？我當然不會怪妳，只要妳過得好，生活好、工作好、身體好最重要，其他事情都是次要的。說起男同學回鄉給妳帶來生活上、情緒上一些繽紛色彩，的確非常愉快；見面之後談一些今後的人生規劃和憧憬，充滿無限希望和光明，真是一個美好的時光，祝福妳一切順風順水，水到渠成。至於眼睛的苦楚和受罪，妳現在更加明白了，放任自己掛在網上的後遺症，還得自己承受，現在改變總算不晚，然後再慢慢恢復到正常的狀況就好了。

今天再來回想起換工作的階段，一段比一段好，真是不出當初的意料之外，就是說換工作並不是一件不好的事情。從香爐礁公辦的西崗區第十幼兒園一年，換到泉水民辦的新穎幼兒園二個月，再到現在民辦的六加一幼兒園二周，讓妳見識到不同單位之間的不同水平、不同作風和不同的單位文化，確實增長不少見識。如果死守在香爐礁那麼樣的憋屈，根本無從比較外面的世界好與壞的差別會是如何？所以說王園長真的是妳的貴人，先給妳實習一年的機會，又讓妳有改變工作環境的機會，促進妳另一方面的成長，讓妳放飛、讓妳自強自立。

我和媽媽對妳參加工作之後最大的意外是，驚奇於妳在單位裡的人際關係不但沒有搞砸了，而且還得到很多讚賞，真叫出人意表。因此妳在新單位二周的時間沒有什麼障礙，反而獲得不少好感，媽媽和我都對妳非常放心，真是個好樣的！可以說妳在人和上的表現比工作上還要好，而這人和正是妳工作上有益的利器，可以相得益彰，甚至是無形的資產，我給妳拍拍手按一個讚。

《閑談人體健康教育》算得上是一篇很不錯的文章，讀起來有趣又有用處，尤其是最適合十二歲以上的少年人、青年人閱讀，不限女孩或男孩都有參考價值。當然啦，現在更適合妳的需要，免得過幾天妳回來跟媽媽說：妳準備要當姥姥了！妳就不要說我們同學都會了、都懂得。十八歲或二十歲談戀愛，那是天經地義和理所當然的事，何況俺們家的姑娘長得又俊又招人喜歡，韓國洋娃娃叫誰見了不喜歡呢？媽媽並不會反對，也不會阻攔，況且那天小帥哥上門拜見過了丈母娘，媽媽可真是看女婿越看越中意。只不過，要提醒妳的是，自身的工作和將來必須掌握在自己的手裡，不能全然依賴別人，這包括父母、家人、親人都一樣，妳的人生路要妳好好地走，最要緊的一點就是自立自強。

《出納心得》是我二十年前的事情和軌跡，當時剛剛學會一點電腦打字，然後打印出來留存，這叫做凡是曾經走過，必然留下痕跡。我被領導趕鴨子上架的去做我不想做的出納工作，結果短短的一年半載時間我就完全上手，而且做了很多的改變及創新，獲得很亮眼的成績。因此，我的前手那位出納小姐是商科出身的，很佩服地對我說『我想不到你居然能把出納做到這步境地，我自己做了十幾年的出納，也曾經想過要這樣做，可是我一樣都做不到，不成想你卻能做到，實在了不起』。

是的，元旦馬上就要來臨了，我們又要快樂的團聚在一起，開心的時光就要跟著來。想一想，咱們一家三口一起迎接二〇一四年的第一道曙光是多麼令人期待呀！只要等到叮叮咚…叮叮咚…的鈴聲響過之後，我就能來家了。」

第十四回　大大千里送愛心，三代同飲高蛋白

2013/12/23

媛媛說「看了您和姐姐的郵件往來，看出你們倆就像無話不談的朋友，距離雖遠，心卻緊緊地連在一起。姐姐過春節要回來呢？真好，你們還可以團聚。說來也快，馬上就到元旦，還有四天您就著陸大連，歡歡喜喜過元旦，一起跨年，太棒了，您最近一切都還好嗎？大連這面的年味兒越來越足，大街小巷都張燈結綵的，幼兒園的教室裡也掛滿了許多亮閃閃的小裝飾品，大家都一起歡度聖誕和元旦，真的很棒啊。

過幾天大連要降溫了，您可一定要穿厚實點，我們一起去吃火鍋自助，您看如何？華南有一家相當不錯的飯店，回來的時候我們一起去嘗嘗，太期待週五的來臨了，我們和和美美的過新年。」

大大說「《三天後我就來家跨年》－妳上週的郵件我還沒來得及回復，昨天又收到

新郵件，正好一併做個交代，我的寶貝。

妳說到最近一帆風順呢，各方面都很順利，也很愉悅。對未來充滿無限的規劃和憧憬，真的很開心呢。這是我和媽媽一樣樂意看見的現況，妳想一想咱們一家三口人人健康，個個開心，多麼賞心悅目，又是多麼興旺啊！一家裡面只要有一個人頭疼腦熱的，其他人的情緒就會跟著動盪起伏不安，妳說是不是呀？去年一年當中我三次住院治療，每次都是住院十天，妳和媽媽都會為此牽動著心情，擔心不已，所以一個人的健康與否，連帶地也會深深影響到家人的心思。幸好，今年以來我的身體狀況大致上都已恢復往常的模樣，最近我的身體一直都是健康良好、精神飽滿的。妳惦記著我，正如我也惦記著妳是一樣的，每次回到我們溫馨、溫柔、溫暖的家團聚，總是那麼喜悅、喜樂和喜歡，和和美美的小日子叫人心曠神怡。

所以我和妳一樣盼望著一起過大年，在沒過大年之前，先回來和妳一起跨年迎接二〇一四年元旦的第一道曙光，今天距離我來家的日子也就只剩三天而已，妳說快不快呀？

妳步入工作崗位一年多一點點，那自然會是新手上路，多多包涵，妳的青澀和生疏當然不在話下，只要假以時日，成長和成熟也不成問題的。但是很難得的是妳在單位裡面的情緒控制得宜，原來急躁容易得罪人的脾氣竟然一絲一毫也沒有發生過，因此贏得很好、很多的人和，這是非常不簡單的一件事。妳的待人接物從此打下良好的基礎，不但妳在工作上順風順水，而且在妳的人生路上同樣受益無窮！

妳看過我和小女兒的來往郵件跟以前一般，都是無話不談，其實我和妳在郵件上也是暢所欲談，講道理、講人生、講經驗，有些還挺實用的，而且每篇文章都有下標題，今後妳要是遇到什麼事情有疑惑的，如果是曾經出現在我們的郵件中，妳不妨拿出來對照一下，指不定還有一些些參考價值呢。我也在等待小女兒的回信看一看年前或年後能不能彎到大連？我們大家一起聚在一塊多親近一下總是一件好事，就看她的行程安排了。

妳提到『說來也快，馬上就到元旦，還有四天您就著陸大連，歡歡喜喜過元旦，一起跨年，太棒了』。沒錯，三天後我就會在夜裡著陸大連，然後跟著妳和媽媽一起回家轉，我還幫妳買了二條牛仔褲呢，希望妳會喜歡。華南商城是妳的管區，回家後就請妳領我去吃一頓好吃的自助火鍋，我們好像一起吃過四回的火鍋了吧？然後我們一起過完新年之後，不到一個月我們又再一起過春節，真是快樂和美好的日子。」

媛媛說「再過四個小時，我們就見面，開心極了！

喜歡啊！晚上和幼兒園的同事們聚餐，我還喝了一瓶啤酒，很開心呢！大連人民歡迎你，我們更加歡迎你！」

大大說「我也是好開心，因為我要回家了，回到我們溫馨的家、溫柔的家、溫暖的家，多麼高興呀！下午我發的《老頭愛丫頭十七》，妳收到沒？喜歡不喜歡啊？《老頭愛丫頭十七》——歲末已過聖誕節，收拾行李把家返；媳婦閨女望眼穿，深夜機場接回家。手牽手一起跨年，歡歡喜喜過元旦；新的一年新希望，老小姑娘展笑顏。

2013/12/27　我倒是不稀罕大連人民歡迎我，我只愛姐妹花歡迎我就好。姐妹花真漂亮，真叫我好想念。」

大大說「寶貝閨女，祝福妳明天生日快樂！我記得妳是一月六號聖誕，我這一趟來家就是沒趕上妳過生日，只能在紙上傳情意了，祝願妳第一是健康，第二是漂亮，第三是快樂，正如妳當前的狀態，妳說好不好？」

媛媛說「謝謝大大的祝福，我會越來越好。還好，有您的不斷付出和引導，才換來我今天的成績，您到廈門後好好休息吧。」

大大說「漂亮寶貝，早上好，生日快樂！我越來越愛妳，因為妳第一健康，第二漂亮，第三快樂。這正是妳目前的狀態，希望妳繼續維持下去。

《八天後來家過春節》－聽媽媽說周一晚上妳來家身體不怎麼舒服，有感冒的徵兆，她就讓妳吃了二顆藥喝了二杯薑母茶之後上床去捂了一場汗，轉天早上起床就一切OK，恭喜妳的身體素質越來越好，免疫力越來越強，現在妳可知道身體健康的好處了吧。

自從中秋節前夕我們在山東勝利會師迄今以來整整四個月，妳的身體都是健康的，妳的心情都是快樂的，真好，我為妳高興，也為妳喝采！甚至連本周一身體有些許不適，也能夠迅速克服，身體的抵抗力逐步在增強，將疾病拒之體外。那篇《妳體會到健康的益處了》也提到妳的身體狀況良好，我們都非常樂意見到這個發展，現在妳都能繼續保持。

對於《閑談人體健康教育》這一篇很有實用及參考價值的文章，妳可以多看兩遍，嫻熟自己的身體狀況，把預防措施做好，省卻很多的事後麻煩。小青年男女正當對異性最好奇、最有興趣的階段，並不是什麼不得了的事情，只是對於事情的醞釀及發展儘量能夠按部就班的進行到底，不要跳躍式的就一步到位，比如說突然跑回家跟媽媽說：妳要當姥姥了。談情說愛誠然是一件美事，身體的親密接觸更是不在話下，唯一要提防的就是意外的懷孕。

意外的懷孕往往會改變一個人的一生，尤其是小青年男女，那叫當頭棒喝、措手不及。如果不是官二代、富二代的家庭，一般家庭都會承受不起，年輕人的人生規劃便會因此而全部亂了套，人生之路從此坎坷不平，受盡苦楚。不想要孩子的情況下懷孕，善後處理起來非常困難，代價非常慘痛，由於不能生、不敢生，勢必要動手術做人工流產。但是，小產甚於大產，人流後沒有坐好月子，對於身體的傷害非常大，年輕時扛得住，看不出什麼負擔或差別，可身體就此種下虛弱的病因。

法律規定十八歲成年／台灣法律是二十歲才成年，就可以自己管自己，不需要父母親當監護人行使監護權了。所以成年人是一條很重要的界線，成年人就該管好自己，也要對自己負責，父母只需從旁給予協助而已，該放手時就放手。妳現在虛歲二十，也已經滿十八歲，妳是大人，妳的身體妳做主。這些日子以來，妳的各方面情況都是很好，我也替妳高興。不過，對於妳的夜歸還是很有一些不放心，就是安全問題，人身安全問題，一如日日防火，夜夜防賊一般，是不能疏忽的，不怕一萬，就怕萬一。

妳的年齡現在談戀愛很正常，也很美好，但是不用急躁，不能疏忽安全。談戀愛一次ＯＫ不是沒有，但是少之又少，所以要用心投入，更要理性認知雙方種種，合適之後才能全心投入，不要孤注一擲，不能飛蛾撲火，否則，愛得越深，傷得越重。現在家裡沒有人反對妳談戀愛，也願意祝福妳情場得意，頂多替妳把把關，注意一些細節，比如說出入的時間早晚。夜歸充滿很多變數及危險，越晚危險係數就越高，在大道上如此，在小區中如此，在大樓裡亦如此。一旦發生事故，身體的傷害容易治療，心理的陰影終身揮之不去，千萬不能落到那種境地之內，悔之不及矣！

妳的夜歸逾時，正如妳在早上的洗漱不能掌握得宜一樣，說明了妳的時間管理還是沒有到位，想一想妳出門一天半天，回家的時間怎麼就不能在事前訂好呢？總是要超過一時半刻呢？雖然妳們可以像熱情的沙漠那般熱火朝天的，但是妳每次都可以將回家的時間先跟他說好、約好啊！希望妳能夠掌握好時間管理的那個度。

再過八天，哥哥就該來家，回到溫馨又溫暖的我們家，回家看我的妹妹了，然後歡歡喜喜一起過大年，想一想多麼開心呀！聖誕節過了，元旦過了，春節還會遠嗎？妳問我何時回家？我也不知在何月在何日？我想大約是在冬季，而且還是臘月的隆冬，這不就在眼前了嗎？」

媛媛說「最近一切都好，心情也不錯。前幾天有點著涼，有些感冒，還好挽救的及時，回家吃完飯後又吃顆藥早早的就躺在床上，喝了兩杯薑母茶立刻大汗淋漓，睡了一覺後第二天精神煥發，多虧了蛋白粉讓我擁有抵抗力，將病毒消滅掉。

您上次給我發的郵件我有仔細看，關於生理常識對我也很有益處，我會謹記於心的，您和媽媽就放心吧。還有八天您就到家，太好啦，這是第三個年頭我們歡歡喜喜過新年，太開心啦。

姐姐今年不能回來過新年？有機會一定要好好聚聚，她還真是善解人意，懂得人情世故，也很孝順您。希望能請姐姐和姐夫有時間來家裡，品嘗我和媽媽的手藝。」

大大說「我於六點十分到廈門機場報到和劃位，排隊等安檢，一切ＯＫ。

《老頭愛丫頭十八》——離開短短二十日，迫不及待回大連。三年之內十八飛，見証我倆情意長；老頭愛丫頭半生，丫頭愛老頭一世。又到除夕連春節，守著愛巢守著家；快樂幸福常相隨，為情為愛為將來。　２０１４／01／25　飛機在十點起飛，十二點四十五落地大連，薛爺爺回來了，薛大爺回來了。」

媛媛說「歡迎、歡迎，回來就好。」

大大說「今天正月初八是二月七號也是過年後第一天上班，妳又要開始那朝九晚五的規律生活，妳做好準備了嗎？心猿和意馬都收回來沒？這四、五個月來妳的身體均能遠離疾病，叫妳知道健康的好處，體重也如願的升到九十斤，真好。稍微有那麼一點可以改善的空間，就是那時間管理，看妳每天早起後的洗漱和出門，總是慌張忙亂顯得時間不夠用。這樣子，妳有必要把起床時間再往前提早十分鐘，此其一，再把洗漱和吃飯及化妝的動作程式化、公式化，所需時間固定化，此其二。比如我的作法是，起床後喝半杯溫開水，上完馬桶後運動，洗漱過後再洗澡，然後吃早餐八點出門。

這樣子從起床到出門是一個半小時，一般是六點半起的床。妳的起床是不是太晚了一些？」

媛媛說「以後我會養成良好的作息習慣，收收心，好好地努力工作，你放心吧。」

大大說「我於晚上六點二十分平安降落廈門，明早八點半退房去碼頭坐船，回去看從美國回來的小女兒。」

媛媛說「好的，大大安全到達就好，早點休息！回家後你不在，總感覺少些什麼，快點回來呀。」

大大說「前天妳又開工資，正是妳享受辛苦一個月之後勞動成果的時候，而且還比上個月多出四分之一的五百元，真是收穫豐碩，可喜可賀！如此一來，俺們一家三口人人有工作，個個有收入，正當齊心協力共創輝煌。而且妳今年的工資超過媽媽，明年就能趕上爺爺，豈不是超英趕美了嗎？妳真是個好樣的。」

媛媛說「我今天上班沒有帶手機，拿著考試的書到單位復習了，我一切都很好，特別想你喲！

姐姐真是想的周全，遠在大洋彼岸還掛記著我們，都不好意思了。您說得對，國際郵費很貴的，郵東西也很浪費，等有機會我們見面，帶姐姐一起去逛街，去大連好玩的地方遊覽，希望自由行快點開通，那樣相見就很方便。

轉告姐姐不用破費，有時間來大連我們好好款待她。最近我一切都很順利，開學了，孩子們都來了，工作也步入正軌，體重九十斤。您也要好好照顧自己，想你啊。」

大大說「寶貝，我也想妳，好愛妳！愛妳的健康、愛妳的漂亮、愛妳的快樂，妳做什麼事只要是讓妳健康、漂亮、快樂的，妳都可以去做的。我也巴不得儘快回到我們家來團聚，只是不知道在何時在何月？我想大約是在冬季吧？」

媛媛說「我之所以有今天的改變，少不了您的支持與鼓勵。為我營造良好的生活環境，給我提供營養品，每天想著如何提高我的抵抗力。剛步入社會還是一頭霧水，您不斷的為我指明方向，讓我不再迷茫，一步一個腳印的走到今天，所以我的每一個閃光點都離不開您的功勞。」

大大說「《妳的改變真好》－妳有一句話說得很對，妳說俺們要齊心協力共創輝煌，二年多前，媽媽和我相親相愛十分愉快，我們倆就知道光是我們兩個過得好並不足夠，一定也要妳和我們一起過得好才有用，而妳當時的身體狀況及情緒狀態都不理想，我們必須下工夫好好從旁協助妳，還要助妳一臂之力，加速改善。一年多前我們搬進新家就是一個新的開始，要有新的面貌迎接新的生活，只有妳好了，我們一家三口才能算是真正的好。可是看到妳的生活作息，妳的身體狀況都不盡理想，我們知道必須取得妳的配合，從根本之處調整才有效果，因此我們苦口婆心、費盡口舌、循循善誘，終於得到妳的配合和執行。從作息正常化的早睡早起開始，幾個月後便能見到成效，接著再養成天天吃早餐，只消幾個月妳的精神頭就出來了。因此妳也相信我們所說的話，更樂意採納我們的意見，妳說這不是齊心協力是什麼呢？

妳愛漂亮，我們也愛妳漂亮，這項目的是相同的，只是達成目的之手段有些不同而已，妳放棄錯誤的做法，選擇正確的做法，終於達成相同之目的，檢驗是實現真理的不二法門，這話沒錯吧！

妳初入社會一頭霧水的時間很短，也就一年兩年而已，算是很短暫，有些人恐怕得費十年八年才能走出迷霧呢！妳的成長很快速，省掉很多彎彎曲曲的道路，就能直接走上正道，妳的表現已經很不錯，給妳按一個讚。為了早一天回到我們溫馨、溫柔、溫暖的家，我一定會好好照顧自己，目前的狀況也很穩定，就是胃酸逆流的毛病有幾十年，一年半載還斷不了，只能慢慢養病，至少現在總算知道方向，不會束手無策。」

媛媛說「我如今一切都呈上升的趨勢，一點點往好的方向發展，您就是我的指明燈，為我指明前進的方向。我會好好努力，希望您早日歸來，我們團聚。」

大大說「《三八節快樂》－寶貝，二〇一四年三八婦女節快樂！祝妳青春又美麗。」

第十五回　在家不會宴賓客，出外方知少主人

2014/03/27

大大說「《做客及待客之道》」今天下午三點，妳帶著妳的王同學來家吃飯，這是好幾天前我們三個人共同商定的飯局，媽媽從早上就陸陸續續在準備這一餐飯了。現在睡覺之前我們再來一起做一個總結，妳看咋樣？

妳的同學長得好，有禮貌也很客氣，但是，我們雙方在做客和待客方面仍有一些可以改進的空間。俗話說亡羊補牢，時猶未晚，此種補救措施對當前的失誤並無任何效果或作用，但是對於下一次的錯誤可以起到避免再犯，不致於重蹈覆轍，仍有一定的價值及意義，何況，我們是一家人沒有什麼不可以討論的。首先，這次的會面和飯局是妳同學提出來的，我們同表贊成和歡迎，然而，做客人有客人的禮節，這跟妳平時和他的單獨交往是不一樣的。最起碼的禮數是攜帶禮物上門，幾乎是不可少的，可是他卻來了一

個空手道，失了他自己的禮，禮物原是一個心意的表示，並非在於貴不貴重？相同的，這做客之道以後當妳第一次做客時，千萬注意不可失了禮數才好。

其次，這待客之道，是我已經邀請他坐下來喝茶嘮嗑，正要跟他交談和相互了解，妳卻在這時候把他叫到妳屋子裡去講話，還將門關起來，害我沒辦法和他交談下去，妳不應該拉走他妨礙到他上門拜訪的用意。再次，擺桌和上菜是我們做主人份內的事，最多他可以幫忙抬一下桌子，上菜就不應該麻煩他，那麼多道菜都是主人家的事，也就是妳的事，因為媽媽在做菜，我在招呼他談話，妳不應該讓他去端菜的。這些場合及角色的分工就好像是舞台上的演員一般，各司其職，不可錯亂；我知道妳沒有接待客人的經驗，不算是妳的錯，只是做為下一次的改進和參考。」

媛媛說「好呀，招待客人我可是從來沒有這經驗，也不曉得哪裡做錯了？其實，下午他倒是問過我要帶禮物的事，是我自己告訴他別帶，因為我們拿了很多衣服在手上，實在騰不出手來。」

大大說「寶貝，我順利到達登機口，是最深、最遠、最裡面的。很快的我就要離開北方的家，很快地還會再回來，我想大約在冬季吧？」

媛媛說「您回家這幾天我特別開心，期待您下次早日回來我們團聚。」

大大說「《回憶一下過往》－寶貝，看看三年前的第一條短信當時妳是怎麼說的嗎？一是妳給我飄揚著叫我差一點找不著北呢！二是妳對自己的身體有些著急，雖然妳想堅持鍛鍊及補充營養，但其實妳根本不知從何下手？只能期望結果是理想的，那就是一個空想而已。還是我想到方法，在補充營養方面用中藥的轉大人處方給妳配了十帖藥方郵過去使用，前五帖是每周一帖，後五帖是每二周一帖，用雞湯或大骨湯燉藥方服食。五個月後，不可思議的效果出現了，體重從八十一斤一下子增加到九十斤，叫妳都不敢相信這是真的嗎？隨後妳在體育課推鉛球時，一下就優秀了，比妳塊頭大的同學還趕不上妳呢！神奇…真是神奇！

現在回頭看看妳當時的期望倒是真的很理想呢，補充營養是第一件，養成天天吃早餐是第二件，養成早睡早起的規律作息是第三件，因此今天妳的體重再度站上九十斤，免疫力增強了，精神頭充足，皮膚亮麗光彩了。可是，對於堅持鍛鍊，妳卻是什麼都沒有做，這一點妳還是有改進的空間！」

媛媛說「《夢想成真》－叔叔，您真是細心呀，幾年前的郵件您還保存著，看看以前的願望沒想到夢想成真，是您的關懷讓我夢想照進現實，健康快樂，擁有舒適的生活環境。工作也很舒心，您真是我的福星，自從媽媽認識您後我的各方面也都節節高升，謝謝您。

如今我的工作很順利，起色也不小呢，家長都對我連連誇讚，孩子們也格外喜歡我，每天都開開心心的。班級的保育員和我聊天，向我發牢騷，因為跟我搭檔的老對兒和保育員有些摩擦，園長還讓我來幫助調節緊張的氛圍，旁邊班級的老師也對我讚譽有加。」

大大說「今天就是妳要照顧麻麻的時候，我們知道妳能行，是不是？一切保持平常心，儘量放輕鬆，如果有事找我就用麻麻的電話打這個號碼，她的電話有開通國際長途。

妳從昨晚到醫院堅守陣地整整一天，硬是要得！下午妳姐和姐夫都過來了，是不是人多好辦事，也能夠壯一壯膽子啊？說到底還是人多好辦事，團結力量大，我們一起為媽媽加油，也給她壯膽，相信手術一切順風順水。

媽媽幾點進手術室的？何時麻醉的？手術需要多長時間呢？妳真棒，有了妳就安心，還有姐姐和姐夫在身旁，那就很放心。」

媛媛說「叔叔放心吧，麻麻已經準備好手術，我在外面等候，我會照顧好麻麻的，手術一定很順利，等待麻麻的好消息吧，您也不要太擔心。

手術馬上要結束了，一會兒等待媽媽手術順利的消息吧！我們三個人都在替媽媽壯膽。媽媽六點十分進入手術室，六點半開始麻醉，何時結束不確定，正常來說八點半到九點之間就應該結束，媽媽手術結束就通知你，不要太擔心。

姐姐、姐夫和小舅媽已經回去了，媽媽的手術在八點四十結束後推回來病房，她現在的頭腦意識很清楚，但是身體及四肢還沒有感覺和知覺。」

大大說「剛才通電話時，媽媽說她很難過。我想起昨晚上她說傷口不疼，是裡面疼，因為這次的手術除了切掉子宮肌瘤外，同時做絕育將輸卵管一併切除，所以這兩個部位在術後都會疼痛，一次手術元氣大傷。幸好手術後有妳在身旁照顧她，妳這一次做得太好了，有妳真好！媽媽中午排氣後喝了妳姐熬的粥，晚上還沒吃飯，要到後天才能正常飲食，真是辛苦了。

妳好棒，已經在最重要的時刻照顧媽媽三天，過兩天應該就會越來越好的。」

媛媛說「大大，不必擔心，剛才打了止吐針，媽媽手術後的現象有緩解一些，她喝了點小米粥，恢復還需要一段時間，現在除了傷口有些疼痛外，其他都正常。」

大大說「今天是母親節，天下的媽媽都是一樣的慈祥和偉大。人說女人是弱者，但是身為母親就變成強大，妳說是嗎？這一次媽媽住院開刀，充分展現我們一家三口團結無間，齊心協力共渡難關；開刀前我先準備部分開刀費，免除媽媽的後顧之憂，開刀時妳代替我在醫院當了三天的陪護，開刀後結帳時我再把開刀費補足，了結一樁事情。這一次分工合作，妳當陪護我當後勤，各司其職，都能夠充分達成任務。母親節過後我們掃除陰霾，眺望天邊的那一片彩虹。

妳對媽媽的回報正在一步一步的加強，妳能對媽媽存有感恩的心更是非常可取，媽媽對妳的付出與犧牲都是值得的。做為一個男人和家長挑起養家的責任和擔子，那可是責無旁貸的，能如此才不會有負主心骨和頂樑柱的要求，叔叔在這一點上是從不懈怠的，妳說是不是？」

媛媛說「大大您是我和媽媽的頂梁柱，幫助我和媽媽排憂解難。我為她做的一切都是應該的，媽媽這麼多年對我無條件的寵愛，把我捧在手心如獲至寶，很不容易。我為她做再多也是應該和本份，以後我要好好孝順您和媽媽。」

大大說「晚上領著媽媽出去溜達，那就把她交給妳了。有一句俗話說在家不會迎賓客，出外方知少主人的意思是說，在家不會接待客人，出外就不會當主人。所以，那一天我們接待客人沒有做到位，我才會不厭其煩地告訴妳作客之道及待客之道在哪裡，做為下一次的參考以及改進之用。」

媛媛說「是的，這都是生活中常見的場合，必須練習與熟悉應對進退之道。」

大大說「《千里送愛心》——三代同飲高蛋白，姑娘媽媽和姥姥；小的喝了長身體，大的術後好調理，老的對付慢性病，一天一勺見功效。千里郵寄高蛋白，我的愛心無大小。2014/05/27」

大大說「再過一周就是六月十七日，這是我們一家三口搬進新家二周年的美好日子，我們一起在新家過了二個春節的好年，一家樂開懷，人人笑開口。今天我還跟妳提個二角錢的意見，請妳就此寫一篇《搬到新家二年的感想和變化》，將妳的看法、想法、生活、身體的改變，以及不足的地方或需要改進的地方發表出來，讓我們三人一起來欣賞和討論，妳說行嗎？」

媛媛說「《我的改變來自您的關愛》－聽媽媽說您六月二十七號就要著陸大連，好開心啊，還有十六天就見面啦。真是特別想您，這次要帶您去領略大連夏季的美景和美食，不要每次都宅在家裡。每次您回來家裡都變得生機勃勃，充滿著歡聲笑語，最重要的是，隨時隨地能聽到您一展歌喉，洪亮動聽的歌聲，這次我們出去唱歌，您說好嗎？這次回來能住多久呢？每次回來都只是待了幾天就要離開，您一走家裡立刻就變得寧靜，只有我和媽媽作伴，真是人走茶涼呀，這次可以多待幾天不？

我最近一切都很好，身體、工作、心情，都很不錯，最近園裡在搞環境創設，園長單獨讓我一個人製作走廊吊飾，我要爭口氣好好做呢。她看了我的成品很滿意，我自己也很開心，付出得到了回報，自己很有成就感，越戰越勇。

努力完善自己，改正不足之處。跟同事之間的關係也很融洽，每天在單位心情愉悅，跟小朋友們也打成一片，充滿著歡聲笑語，回到家會幫媽媽拖地、刷碗。媽媽最近感冒了，身體不太舒服。我也要多做些力所能及的家務，為她減輕些壓力，放心，我會照顧好你妹妹的，叔叔。

還有六天就是六一七紀念日，時間過得真快，轉眼間搬到新家已經兩年，現在仍然是新家，還是我們的三口之家，溫馨又和諧，好開心呢！是您為我和媽媽創造了這麼優越的環境，居住在裡面格外舒心，還有您的關愛和牽掛。遠在千里之外照樣惦記著我和媽媽的狀況，尤其是對我的身體格外上心，真的是特別感激您，雖然說一家人不說兩家話，但還是很感謝您，要通過我的實際行動來回報您。

這兩年我的改變很大，情緒上開朗許多。兩年前我每天都悶悶不樂，心情一直很壓抑，幹什麼事情都提不起精神。生活在緊張的環境當中，因此整個人都不陽光，也不快樂。但是自從認識您，我的人生有了翻天覆地的轉變，您細心的疏導我的情緒，一直鼓勵我，教導我如何完善自己，讓我一點點從陰霾中走出來，變得開朗、陽光，精神頭也足了。

最主要的是，脾氣改變很多，以前總是很浮躁，愛發脾氣。但經過您的不斷疏導，我一點點變得沉穩了，學會與人溝通的技巧，能夠很快的融入集體當中。身體方面，更是節節高升。從前是個身體單薄的醜小鴨，經常生病，體質虛弱，稍有點風吹草動我就會生病。但是您一直建議媽媽如何調理我的飲食起居。我也一點點的改善了不少，還有您寄來的蛋白粉，喝了一段時間真的是增強免疫力，食欲也好多了，超級感謝您的關愛。工作方面，也在一步步向上攀登，最開始在香爐礁時，還是個懵懵懂懂的黃毛丫頭，沒有一點社會經驗，難免給人當了炮灰，那段時間我非常灰心。也是您不斷的鼓勵我，讓我不氣餒，慢慢理清工作中的瑣事。

離開香爐礁又來到住家附近的新穎幼兒園，雖然環境一般，但是得到鍛鍊的機會，同時也得到園長的賞識，臨走時有的老師還一再挽留我，給大家留下好印象。我也很開心，更加自信。如今已經邁出一大步，來到六加一幼兒園，我很喜歡這裡的工作環境和氛圍。無論是軟體還是硬體，這家幼兒園都很不錯，和園長溝通的很好，也得到園長的信任。

才去了幾個月就安排我擔任小班的主班老師，園長這麼信任我，我也不能掉以輕心，在工作上要格外上心，吸取老教師的經驗，完善自己欠缺的地方。每天都很開心，這就足夠啦。是您不厭其煩的一直引導我，在社會上如何與人交際，如何做人，我真的受益匪淺。

馬上就是我們二周年的日子，要好好慶祝。以後要一起過二十周年的，想一想就很開心呢。」

大大說「我看了妳昨天寫的郵件，寫得真好，我喜歡，我愛妳呦！文長一千二百字，難得見到妳寫這麼長的篇幅，不愧是語文課代表，的確是一棵好苗子，值得栽培和雕琢。我把這篇文章加上一道標題《我的改變來自您的關愛》，同時將段落再捋一捋，讓段落順暢，層次分明。然後寄回去讓妳瞅一瞅。」

媛媛說「收集最美的霞光，願父親歲歲安康；捕獲最柔的清風，願父親夜夜好夢；摘下最亮的星星，願父親天天開心。若說母愛比海深，那麼父愛比山重，父親節快樂！」

大大說「《妳的健康和漂亮與快樂》－我的身體最近不怎麼利索，上個月感冒咳嗽，吃了二周的藥才好，可是沒有完全的好，偶而還來咳兩聲；接著這二周天氣逐漸燥熱起來，我耐不住熱又受涼了，一早起床穿上衣服仍然流鼻水、打哈欠，精神也不濟，真想早一天回到我們的三口之家，享受一番溫暖，依妳說中不中？

是啊，六月二十七號的深夜我就能落地大連周水子機場，然後回到我們溫馨、溫柔、溫暖的家，我也很開心、很想妳。這次回家就不會宅在家裡頭，趁著暑假來臨一切聽老師的安排，賞美景、吃美食，就全看妳了。聽說我來家之前妳都能看見冰箱裡雞鴨魚肉、蔬菜水果堆滿滿，就知道準是我要回家的一項前兆，妳還會跟我吃味呢，是不是啊？

我不曉得我來家會帶來這般明顯的變化呢？我不過是很隨性、很隨意、很實在嘛。瞧妳說的家裡變得生機勃勃、歡聲笑語、歌聲洪亮、皆大歡喜，打算出去唱歌，當然好啊，只要妳喜歡，那有什麼不可以？到時候也要叫上妳的帥哥同學一起去，而且聲明在先，由我作東買單才行喔！妳問我來家住多久？我本來打算只住三天的，但是妳又問我能不能多待幾天？那麼我就再延長五天好了，總共八天行不行？

從去年中秋節前我們在山東姥姥家勝利會師以來，這九個月中妳的身體都處於良好的狀態，幾乎沒有遭遇感冒的侵襲，是這三年來難得一見的情況，我和麻麻都是見証，真好，非常好。妳自己也知道一切很好，不論身體、心情、工作都不錯，尤其是現在的工作單位，領導對妳很滿意、很器重，短短半年越幹越得心應手，叫妳曉得什麼是勝任愉快、什麼是樂在工作。跟同事關係融洽，跟孩子水乳交融，還跟麻麻分擔家務活，真是個好樣的，我很喜歡。麻麻感冒了，身子不舒服，多謝妳替叔叔我照顧好我的妹妹。而且，聽說妳這個月的工資拿到三千二百元，首度超英趕美，超越麻麻了，真是我們家的生力軍。

六一七轉眼就到，這是我們的新家，也是我們三口之家入住二周年的紀念日，叫我們愉快的特別日子，因為我們的家就是我們的天堂。環境對於一個人的身體健康及心情愉快，影響非常大，而住家氣氛跟住家環境一樣重要，這二點妳都有非常深刻的感受，尤其是這兩年環境的改變教妳更加深刻體會到。妳看不但有麻麻的愛心，還有叔叔的關心不遠千里的投注在妳的身上，叫妳越發的成長和茁壯，亭亭玉立。

說到妳的改變，妳自己十分的清楚，工作、身體、心情、自信、作息，樣樣都改變，樣樣都變好，真是翻天覆地的變化。我和麻麻本來最擔心的是妳的個性及脾氣，認為這是妳最大的罩門，是踏入職場最大的致命傷。可是萬萬想不到的是，妳卻從來沒有在工作場所發生過與人的摩擦或衝突，相反的，妳的人緣博得很多同仁的稱許和誇獎，這一點做得太好了，太不容易了，我真的不曉得妳是怎麼做到的？我們常說做事成功的要件是天時、地利、人和，前兩項是客觀的環境因素，個人無法操控，只能加以因勢利導，只有後者是主觀的個人因素，而且是操之在我，盡其在我，所以人緣、人和是一項非常重要的事項，千萬輕忽不得，妳現在也明白他的好處及重要了。

一年多的時間，妳就轉戰了四個工作單位，讓妳見識到各單位之間的工作氣氛天差地別，這項經驗也是極其寶貴的，特別是從失敗中、從挫折中再度成長起來，更是教人如寒天飲冰水，點滴在心頭！從坎途再走進順途，更是令人不會忘記。

明天就是六一七，妳說馬上就是我們二周年的日子，要好好慶祝。以後要一起過二十周年的，想一想就很開心呢。對呀，我們一起過完二周年之後，還要一塊過二十周年，叫人怎麼不開心呢？」

第十六回　搬新家二週年，姑娘改變翻天覆地

2014/06/17

媛媛說「看到您回復的郵件了，寫的很不錯，概括事情的主要內容，體現了中心思想。我寫的很一般，跟您的文采無法相提並論，還仰仗您多指點。不過，我敘述的都是心裡話，是您把我誇的太高了，我要提升的地方還有很多，會繼續努力的，越來越出色。

今天就是搬到我們新家兩周年的日子，好開心呢！時間過的可真快，回想起過去的點點滴滴，是您一點一點幫我改變，讓我重拾自信，才有今天的好生活。您要注意身體啊，再過十天就見面啦，好開心呢！」

大大說「《老頭愛丫頭二十》——慶生日四十有五，不辭千辛和萬苦；哥哥飛萬水千山，妹妹張雙臂歡迎。為將玉體交情郎，八年陳疴一刀除；攜手真心度一生，愛的路

上我和妳。　2014/06/28

我愛開心果，飛機平安著陸大連，是深夜十二點五十分，航班實際起飛時間是十點十分，剛好晚了一個小時。感謝這些時間以來，妳代替我照顧好我的妹妹，就是不知道該如何向妳道謝才好呢？」

大大說「寶貝，南飛的我到登機口了，妳們上車了沒有啊？很快的，來家八天一下子就到時間了，我又要起飛啦！」

媛媛說「現在一點半，我們剛上車呢！路上小心，注意安全噢！期待您下次回來團聚。」

大大說「我的寶貝，請妳看過來，我們的約定《六一七快到了》妳還記得不？」

媛媛說「《我的改變翻天覆地》－最近太忙了，幼兒園的事情也比較多，沒來得及給您及時回復，不要介意哦。二〇一二年六月十七日入住新家，如今已經一年多，我的身體和情緒都有翻天覆地的改變，彷彿從地獄慢慢走到天堂。現在我的身體已經很不錯，多虧您一直惦記著，想方設法幫我增強抵抗力，至關重要的法寶就是蛋白粉，看見身體的顯著改變，不僅長身體還提高抵抗力，一舉兩得呀。自從畢業後，您一直是我的人生導航者，一步步引領我少走彎路。我也很幸運，遇到王園長一直包容我、引領我，還有董小茗和劉小華的幫助，使我快速的成長。

您不斷告訴我進入社會要如何與人相處，如何應對挫折，對我都起到了至關重要的作用，一年之內我的改變離不開您的細心指導和關懷，不厭其煩的給我講道理，之所以有您才讓我有今天的起色。希望您早日回大連我們一起團聚，每天在一起其樂融融，家裡有您真的很開心很溫暖，以後要好好報答您。」

大大說「我的寶貝，請妳上點心。我在上個月六月十日寫的《六一七快到了》－話說六一七正是我們一家三口搬進新家二周年的美好日子，請妳就此寫一篇《搬到新家二年的感想和變化》，將妳的看法、想法、生活、身體的改變，以及不足的地方或需要改進的地方發表出來，妳還記得不？」

媛媛說「《第二年我的改變更大》－上次是我回復的不認真，隨便敷衍幾句，也沒有按照您的思路表達。入住新家已經二年，我卻記錯。說來時間過的真是快，已經兩周年了。這兩年我蛻變了許多，無論是身體還是身心發展都有了飛越的提升。第一年我還沒有完全改變，有好多地方需要提高和改善，但到了第二年我的改變更大。體重從八十四斤一下子又回復到九十斤，不但長身體了，皮膚也變的有光澤，不像從前那樣黯淡無光，因為搬到新家心情好，生活起居和飲食也得到良好的改善。媽媽聽取您的良好建議為我補身體，每天督促我喝蛋白粉，適當的也進行一些運動，這些好習慣都是從您那裡吸取的。

從二〇一二年六月十七日踏入新家的那一天，我的整個人生都有了不小的顛覆，住在溫暖的環境裡，沒有爭吵沒有矛盾，一切都有條不紊的進行著，我也一點點從醜小鴨朝白天鵝的方向蛻變。第二年我的身體已經基本調理好了，抵抗力也提高，感冒發燒基本都可以抵擋。情緒也有改變，從前我是個急躁的小孩兒，不會圓滑的與人相處，難免會有些小摩擦，但經過您一年的悉心指導，我有了微妙的變化，開始變的能沉住氣，學會忍讓，出現問題先進行換位思考。在第二年我離開西崗早教中心，來到新穎幼兒園，雖然工作環境不是很舒適，但是人與人之間的關係處理的很到位，每天都開開心心。白天工作順心，晚上又回到溫暖的家吃到媽媽精心準備的晚餐，真是太幸福啦。

還有您遠在他鄉的惦記我和媽媽，真的很幸福，今年的春節我們其樂融融的團聚在一起，貼春聯、備年貨、熱熱鬧鬧的吃年夜飯、看春晚，比起前年的春節我們在姐姐家無處落腳要好上一百倍。這一切優越的條件都是您給我創造的，真的很感激您。

如今我變的開朗，不會每天都悶悶不樂、心事重重的，工作上了一個新的臺階。身體也棒棒的，我會繼續保持越來越好。」

大大說「《叔叔愛姑娘》——黃毛丫頭丑小鴨，二十姑娘一朵花；亭亭玉立初長成，吾家有女萬家求。　2014/07/26　這首小詩送給妳，喜歡嗎？」

媛媛說「大大，您不愧是文采非凡，簡短的小詩將我這幾年的變化敘述得淋漓盡致、合轍押韻。這其中也充滿您對我的上心和關懷，這個小詩我要送您一百個讚、一千個讚，我是實話實說，的確不凡。」

大大說「待親的小大姐，二年多前，朱麗君阿姨曾經問過妳：『會不會怨恨朱阿姨，把妳媽介紹跟大大認識』？妳回說：『幹嘛會怨恨呢？我還要感謝妳救了我媽，是妳將她從坑裡面拽出來呢』！

妳說得真好，自從妳搬到新家二年後的變化更是脫胎換骨，亦如從坑裡面給拽出來一般，妳說是不是呀？妳說的也很對，我們一起在新家共度了二年，以後還要一起迎接二十年的生活呢！而且，妳已經長大長開了，長好了也長漂亮，難怪吾家有女萬家求著呢！」

媛媛說「八八父親節快樂！所有的思念，更融合著無限的感激與敬仰，願您的節日裡洋溢著璀璨、平安，願我的祝福更使您一生平安。我和媽媽等著您回家團圓。」

大大說「謝謝妳的祝願！我也盼望著早日回家來團圓，盼星星、盼月亮，就盼著那一天早點來臨！父親節快樂，因為有妳和媽媽的關心及想念，我會堅持下去的。

親愛的開心果，妳說妳和媽媽等著我回家團圓，我也盼望早日團圓才好呢！那麼，依妳說我該在什麼時候來家團圓好呢？」

媛媛說「後天回來吧，正好還是星期五，我和媽媽準備好酒好菜等您回來吃，您就這周五回來吧。今天在家和媽媽一起去教堂，早點回來哦！」

第十七回　早睡早起吃早餐，不吃是慢性自殺

2014/09/05

媛媛說「《早睡早起吃早餐》－一直以來您都非常關心我的身體狀況，以前抵抗力差，稍有風吹草動就會生病，早飯也不按時吃，導致那段時間一直頻繁生病。剛開始您不斷叮囑我要早睡早起、不要熬夜，早晨起床後要按時吃早餐，按照您的叮囑我堅持了一段時間，晚上早睡早起而且每天都吃早餐。身體明顯就有提升，臉色也沒有那麼黯淡無光，後來您郵來蛋白粉，每天早晚我也堅持喝，食欲變好，體質也變好了，體重一路飆漲，從開始的八十一斤一直長到九十斤，這些改變都是您傾注很多心思為我合理的調理身體。

俗話說：早餐要吃好，午餐要吃飽，晚餐要吃少。為什麼要這麼安排呢？每當我們吃過飯後，大約經過四個小時，食物通過在體內的消化吸收，將全部排空。因此，為

了不斷給人體補充能量，必須四至六小時安排一次用餐。早晨，當我們經過八個小時的睡眠後，會感到特別的精神，自然上午的工作、學習效率要比下午的要高。但是，許多人為了趕時間，就把早餐省略了，其實，這是一個很不明智的選擇。不吃早餐，工作、學習的效率會下降，我們的胃就好像一個食物加工的袋子，我們所吃進的食物都要經過胃，把食物一點一點地磨碎，達到消化吸收。當胃裡沒有食物，胃還是要不斷地摩擦，時間久了就會感到胃痛，再加上沒有食物供給能量，常常會出現頭昏、無力、心慌、出冷汗等。

另外，如果早晨不吃早餐，一天就只有兩餐了。這樣，空腹的時間就會變長，每餐的飯量也就增多，從而使胃的消化吸收功能增強，吃進去的食物就會被完全吸收，日本的相撲運動員就是這樣來增加體重。因此，不吃早餐的人也容易發胖。所以早餐一定要吃飽，以使身體得到正常發育並保持健康狀態。一頓好的早餐應能提供能量、蛋白質等，一杯牛奶或豆漿加麵包，或者稀飯加油條，基本上可以滿足需要，如果再加一個雞蛋、一個水果，則更可以提高早餐品質。」

大大說「《體重合適體態動人》－妳現在的體重回到九十斤，比之前八十四斤的狀態，可是改變很多、很大，由於妳的體重比例在合適的位置，有兩大好處，其一是體態合宜，胖瘦適度，其二是體格結實，抵抗力好。以妳的身高和體重的比例，在九十斤至一百斤之間幾乎都是妳的黃金比例，也就是最佳的比例。妳看那天還有一則新聞說，令男人最心動和衝動的女人是什麼型態？第一項開宗明義就說是，身材小巧可愛、嬌小玲瓏的女人排在第一位，妳瞅瞅我們家就有兩位讓人心動和衝動的女人，一是大姑娘，一是老姑娘，我都愛我都喜歡。

妳也知道一直以來我都非常關心妳的身體狀況，因為強國必先強種，有強健的國民才會有強大的國家，有強健的身體才會有美好的人生；妳之前的身體狀況確實很糟糕，又瘦又小又黑又沒精打采，當務之急便是要立刻改造身體，奠定健康的基礎。道理上，先給妳做說明，要妳自己身體力行，實行上，喝中藥湯，調整作息，喝蛋白粉，再改善作息，一年、兩年就能看到輝煌的效果，這巨大的變化，當初是連妳也不敢奢望夠能美夢成真的。於今，撥雲見日，還妳一個亭亭玉立而俊美的佳人。說實在的，這一份改變的成果和功勞，是我們一家三口同心協力共同打造出來的，人人有分，不只是我一個人的份。

住的環境首先獲得翻天覆地的改善，那是我們生活安居樂業的一個基地，這是第一步，吃的調理其實老早就有麻麻的用心，只是妳自己食不知味而已，作息的合理安排和調整時間卻是進度最慢的。因為妳還不能相信它的重要和用處，住進新家後的第一年，妳做不到位，第二年起妳就能做到位，那成果更是迅速而明顯，丑小鴨蛻變為美天鵝，現在妳變得人見人愛，花見花開了。一家人不說兩家話，光是我和麻麻過得好還不夠，一定要妳也過得好才是全家福、全家好，所以這就是為什麼會關心妳的身體，為什麼要苦口婆心的勸導妳配合執行到底，妳看看現如今幾乎是全部達成目標了，多麼好啊！

妳如今也曉得三餐的合理分配在哪裡，早餐的重要性以及不可免，道理既能明白，實踐又能落實，那是再好不過。但是，這一趟我來家九天，卻看到妳的早餐都沒吃好，有好些天都沒吃呢！今後，一定要天天吃早餐，而且還要吃好、吃飽，尤其是冬天就要來了，早餐的重要性更是無與倫比。

給妳轉發一條網絡上的信息，『不吃早餐等於慢性自殺』，讓妳知道吃早餐的重要性。現在妳可知道吃早餐的重要性了吧，不吃早餐就等於是慢性自殺耶！別人是沒有早餐吃，或是沒有時間吃；而妳有早餐有時間，就是沒有胃口吃早餐，真是太不像話了，必須好好反省，深刻檢討！

忠言逆耳利於行，良藥苦口利於病，我說的是真話實話，妳可不要犯那種低級的錯誤，叫做什麼人在福中不知福！我和麻麻都是愛妳的，所以會關注妳的身體、妳的健康、妳的快樂、妳的漂亮，妳可不要不耐煩喔。

我的寶貝，我說一個生活重要常識，早上五個要，起床要慢、要喝水、要大便、要運動和洗澡、要吃早餐再出門。我都做得到耶！特別是其中的喝水、大便、早餐，這三要更是必不能少的。」

媛媛說「幸好這三要頂頂要緊的事情，我都能做到。

大大，問你一個問題，昨天早晨一個家長要送一瓶香水，說今天會放在孩子書包裡。我以為是要送給我和我老對兒兩個人的，結果那個家長說就是送我的，現在那個老對也知道了，我是要還是不要呢？這香水還很貴呢！

可是我也不知道該怎麼辦？她好像不太高興了。還是退回去呢？老對兒讓我自己拿著，但我決定平分，或者另外送她一瓶家裡的香水。家裡的香水是以前的，還沒開封。我平分的意思，是拿到商場格外再把香水分裝一個小瓶子，因為我要是直接給她，她還不肯要，她讓我拿著不要多想。」

大大說「寶貝，這就是一個考驗妳度量的機會，好的東西和昂貴的物品，人人都想要擁有它。度量小的人一定要獨得，不容他人分享，更別說是分一杯羹了。度量大的人就樂意和他人分享，這叫獨樂樂不如眾樂樂，況且，錢財和物品都是身外之物，得之我幸，不得我命。家長送給妳的香水，妳可以和老對分享，也可以轉送給她，既然老對知道了，說不定她也認為她有份的，妳就和她分享，二一添做五吧！如果不能二分法，妳就拿出來給她看，問她該怎麼分配不就得了。說到底，天下只有親情與愛情，是不能拿來分享的，其他的物品及金錢都是可以分享的。

退回家長是最不得已的作法，那叫得罪人了，家長肯定會不高興的。妳最好的做法是把香水拿到老對的面前，向她公開並說明是怎麼到妳手上的，然後問她該怎麼分配？如果是兩瓶以上好分配，如果只有一瓶看她如何處理？妳願意讓給她嗎？如果妳願意倒也簡單，如果不願意的辦法還有一項，就是交給園長處理，無論園長如何處理都接受。妳能夠把東西拿出來讓老對決定如何分配，就說得上是做得很到位，不會落下小氣的話柄了，這一點很重要。

老對說要讓給妳，那就沒話可說了。妳決定均分，那就更顯得度量大，或者另外送她一瓶家裡的香水，也是個很好的做法。只有一瓶就不必再動手腳了，老對讓妳拿著不要多想，妳就照著她的意思做吧！妳把東西拿出來問她怎麼分配，就是對她的尊重，算是做得很到位了，實在不需要再分成小瓶子來分配。如果把家裡有現成的、未開封的香水，送她一瓶也是一個好的做法。」

大大說「凌晨麻麻來家，妳看到面膜、眼影了嗎？妳喜歡嗎？送給妳喔！」

媛媛說「才看到您的信息，昨晚媽媽來家說您跑了很遠的路給我買眼影，太感動了！您可真用心，其實不必那麼麻煩噢，您送的我都喜歡，以後不要破費啦，家裡還有沒用完的，您回來就很開心了。還要感謝你跑了很遠的路，為我買眼影，你真是太有心啦。

看完你寫的郵件《十分開心，十分圓滿》，完整的記敘媽媽去金門和你相聚的經過和見聞，感覺很充實呀！見了你的親朋好友，而且聊得很愉快，媽媽還給你家裡來了一個大掃除，這下子一定更舒服了。媽媽說你喜愛交朋友，不分年齡都能合得來，很仁義啊！」

大大說「講這樣，買眼影還不是小菜一碟嗎？客氣啥呀！這一篇《十分開心，十分圓滿》寫的很充實，看的很舒服，對我們一家人特別有意義，這是一份真實的紀錄，別人可沒有這種記憶呢！妳的總結很有系統、很有見地，真是後生可畏，不可小覷啊！」

媛媛說「生日快樂！沒能給你慶祝生日有些遺憾，等你回來的時候補上噢！祝你身體越來越強壯，青春永駐，永遠年輕的小伙。」

大大說「謝謝妳，我生日大家快樂就好。至於過生日，等下次來家再補上好了。我現在生活規律，飲食合理，身體狀況良好，不在一般人之下！像本周起氣溫下降，只有二十一度攝氏，我在運動場走完八圈不稀奇，稀奇的是，我打赤膊走完，上半身不穿衣服，仍然扛得住那一份冷涼，洗澡還是用冷水哦！

寶貝妳現在越來越漂亮，因為妳的生活作息越來越上軌道，妳的精神面貌和皮膚光澤都會越來越好喔！

等到聖誕老公公的叮叮咚…叮叮咚…的鈴聲響過之後，我就要來家看妳了，妳說好不好？媽媽說昨天妳秤了體重到達九十一斤，挺好的，現階段妳根本不用考慮減肥或控制飲食，直到九十五斤的時候才要踩剎車，控制飲食量。」

媛媛說「飯後九十一斤，空腹是八十八斤。」

大大說「魏麻麻下午回去山東老家了，妳晚上一個人在家會不會後怕呢？」

媛媛說「不害怕呢！」

大大說「姥爺的情況可能就在旦夕之間吧！我的身體狀況一切照常，謝謝妳關心。」

媛媛說「明天就是平安夜。但願姥爺能挺過去，您是直接去山東還是回家呢？」

大大說「姥爺在今天凌晨一點半走了，蒙主寵召，早登極樂。這兩年他沒少受罪，到此結束，也算是一場解脫了！看到妳淚如雨下，我也跟著心如刀割！」

媛媛說「是呀，姥爺是解脫了，真的受了不少罪呀！」

大大說「早上好，聖誕節快樂！魏麻麻說她後天回家，薛大大也是後天來家，妳開心嗎？」

媛媛說「Merry Christmas. 開心呢！因為我們一家人終於要團聚啦！您知道嗎？華南那邊新開了一家好大的商場叫億合城，裡面吃喝玩樂一應俱全，可以比得上西安路上的商場，回來帶您去逛逛。」

大大說「昨天麻麻說她明晚七點的飛機回大連，八點落地之後要在機場等我十二點抵達的班機，我說要等四個小時那可不行，叫她下機後自行回家，我到達後打車回家就可以。

《老頭愛丫頭二十三》——老父病危周一返，周三凌晨歸塵土，上午火化下午葬，五女二子葬父親。子欲養而親不待，盡孝道全歸母親，春節過後花開時，奉養老娘到大連。　2014/12/27　妳看到小詩是不是就很明白麻麻回山東老家的情況了？」

媛媛說「現在十一點多，我和媽媽去接您，她沒帶手機，用這個電話聯系。」

大大說「今天妳要上班了，麻麻陪我十二點多到機場，我坐二點的班機回南方。

大連的花季少女
——兩岸人情皆文章

很快的，我回家一下子就過了八天，下次來家時就要過春節了。」
媛媛說「我今天摘牙套了，好開心喔！還有一個多月就見面啦，我也想你哦！」
大大說「生日快樂！今天是妳長尾巴的日子耶，怎麼慶祝呢？吃披薩還是牛排？」
媛媛說「快樂哦！不一定呢，嗓子有點疼，感覺像要感冒了。」
大大說「那就先喝一杯薑母茶吧！俺們一家團聚，一起迎接二〇一五年元旦曙光的到來，新的一年，新的開始，也是新的希望。再過四十天我們又會團聚迎來羊年的春節，一道守歲一塊過年，妳喜歡嗎？」
媛媛說「謝謝大大，晚睡的害處我已經深刻體會到，毒零食居然那麼多，我以後要多注意些。」
大大說「《最新社會現象》－妳今天有沒有看過我發的郵件『無流產，不青春』呢？這一項口號是不是很嚇人？這一則新聞中提到中國一年的人工流產人數是一千三百萬人次，其中二十五歲以下的人數佔了一半，這一項絕對數字排名全世界第一，依我看，按人口比例的相對數字也會名列全球前茅。除了數字驚人之外，其實也顯示了中國的性教育不夠普及和正確，也可以說是一種落後的表現。

我記得二十年前，年輕的新人類喊出的口號是『只要我喜歡，有什麼不可以』？因此一度掀起一股墮胎潮，帶給家長們一陣驚慌。十年前，年輕的新人類又喊出新口號『青春不要留白』，又掀起一股社會風潮，一時帶給家長們一陣驚恐。

今天的新人類又喊出無流產，不青春的口號，也是很嚇人的，但是這口號並沒有講明的是，流產的害處並不少，因為年輕的關係，一時之間還顯現不出來，但是經過十年二十年就會出現後遺症。二十歲之前的青春期，不論男女，都是對異性的身體最好奇、最迷戀的階段，發生男女身體的接觸實難避免，最要緊的是如何保護女孩不要懷孕？因為萬一懷上了，百分之九十以上都會走上流產，說到底，這個口號應該改成『只要青春，不要流產』才是皆大歡喜。」

大大說「閨女，二〇一五年三八婦女節快樂！祝妳青春又美麗。」

媛媛說「我是小女孩。」

大大說「妳都二十足歲了，哪能是小女孩呀？活脫脫就是一個大姑娘。」

國家圖書館出版品預行編目

大連的花季少女：兩岸人情皆文章/方亞先著.
-- [金門縣金城鎮]：薛芳千, 2023.07
面；　公分
ISBN 978-626-01-1539-5(平裝)

1.CST: 方亞先 2.CST: 傳記

783.3886　　112011973

大連的花季少女

──兩岸人情皆文章

作　　者／方亞先
出版策劃／薛芳千
製作銷售／秀威資訊科技股份有限公司
114 台北市內湖區瑞光路76巷69號2樓
電話：+886-2-2796-3638
傳真：+886-2-2796-1377
網路訂購／秀威書店：https://store.showwe.tw
博客來網路書店：https://www.books.com.tw
三民網路書店：https://www.m.sanmin.com.tw
讀冊生活：https://www.taaze.tw

出版日期／2023年7月
定　　價／650元